ECONOMICS & MANAGEMENT

教育部经济管理类核心课程教材

Accounting

会计学

——原理与方法（第3版）

▸▸ 夏冬林　秦玉熙　编著

中国人民大学出版社
· 北京 ·

前　言

《会计学——原理与方法》（第 3 版）继续秉承让非会计专业只需学习一本书就可以读懂有天书之称的财务报表的宗旨，对相关知识点不断琢磨，对重点和难点重新打磨、重新编写，最终具备了现在的样子。

会计学内容庞杂而深邃，如何萃取会计学的精华，让学生在短时间内掌握读懂财务报表应知应会的知识和技能，既从会计信息的生成逻辑、程序与方法着手，又不放过对财务报表主要项目的解读，这无疑是一个巨大的挑战。

为了避免雷同又有所创新，本教材将许多分散的会计知识进行拆分和融合，以业务循环来构建会计学的知识体系，透过一笔笔富有逻辑的交易数据，让从来没有接触过商业活动的学生慢慢形成财务思维和商业直觉，为今后进行投资决策、经营管理打下坚实的基础。

随着人工智能、大数据、区块链技术的日臻完善，各种财务机器人、审计机器人、税务机器人的诞生，人们对会计专业人才培养存在一定的困惑。但不管出现什么样的技术发明，只要商业的逻辑没有改变，作为进入商业社会的通用语言的会计学就不会过时。具备会计学专业知识是一种基本素养，而不是一种选择。

在前两版的基础上，编者按照新颁布的会计准则做了较大范围的调整和更新，主要修改内容包括：

（1）新增第 4 章货币时间价值。货币时间价值涉及现值、终值、年金等重要概念，特别是作为计量属性之一的现值，更是财务管理、金融的工具性基础知识，有必要进行深入学习，这对于理解时间超过一年的资产、负债甚至收入的确认，会计为什么要考虑货币时间价值，为什么要采用实际利率法对债券、租赁、投资、含有融资成分的收入进行利息调整十分有益。

（2）按照《企业会计准则第 14 号——收入》和预期信用损失模型对第 5 章收入确认与应收项目进行了全面更新。

（3）按照《企业会计准则第 22 号——金融工具确认和计量》对第 8 章金融资产进行了重新编写。

（4）对较难理解的知识点——企业合并和递延所得税，按照更便于阅读和理解的方式进行了重新编写。

（5）为加强对增值税设计原理的理解，在第 5 章收入确认与应收项目中新增增值税专栏。

（6）对涉及增值税税率部分全部按最新增值税税率进行了更新。

（7）对第3章财务报表新增项目进行了补充，并按2018年年报数据对相关项目进行了全面更新。

（8）按2018年年报数据对第12章财务报表分析中涉及的近20家上市公司的相关指标重新进行计算。

（9）将原第8章金融工具和第7章长期股权投资与企业合并进行了顺序调整，并将第8章章名改为金融资产，其他章节顺延。

（10）对部分案例进行更新，如第8章案例投资决策会议内容由对金融危机的讨论更新为对汇率的讨论，并新增预期信用损失的估计案例。第12章案例以华为投资控股有限公司替代朗科科技。引入华为公司财务报表的目的有二：一是向学生展现这家世界级高科技公司的风貌；二是拓宽视野，华为采用的英式报表格式与我们通常介绍的报表格式完全不同，但并不影响我们阅读与理解。

这再一次证明了学会计最重要的是要懂概念、懂逻辑、懂程序、懂方法、懂原理。

这本教材是专门为非会计专业学生编写的较为专业的会计学教材，有一定的难度，但我们坚信，学习一本融合了《初级会计学》《中级财务会计》《高级财务会计》《财务报表分析》知识精华的会计学教材，是高效省时读懂财务报表的恰当途径。

对于初学者而言，企业合并、金融工具、递延所得税、公司债券以及货币时间价值等内容似乎难度过大。但这些内容又是阅读财务报表应知应会的知识，比如货币时间价值，几乎像空气一样存在，影响着对商业的判断和决策，复利思维更是每个商科学生必备的思维，如果舍去总觉得欠缺太大而有失完整。对这部分内容，授课老师可以灵活处理，根据课时和教学对象或轻轻带过，或重点讲解。

本教材的新增部分曾作为中国人民大学2018级金融3班、4班、5班和财税班“会计学”课程的部分讲义，在使用过程中得到同学的积极反馈，在此表示衷心的感谢。

此外，中国人民大学出版社编辑为本书的出版付出了辛勤的劳动，在此一并感谢！

书中的不妥之处，敬请读者批评指正。

编著者

教材结构示意图

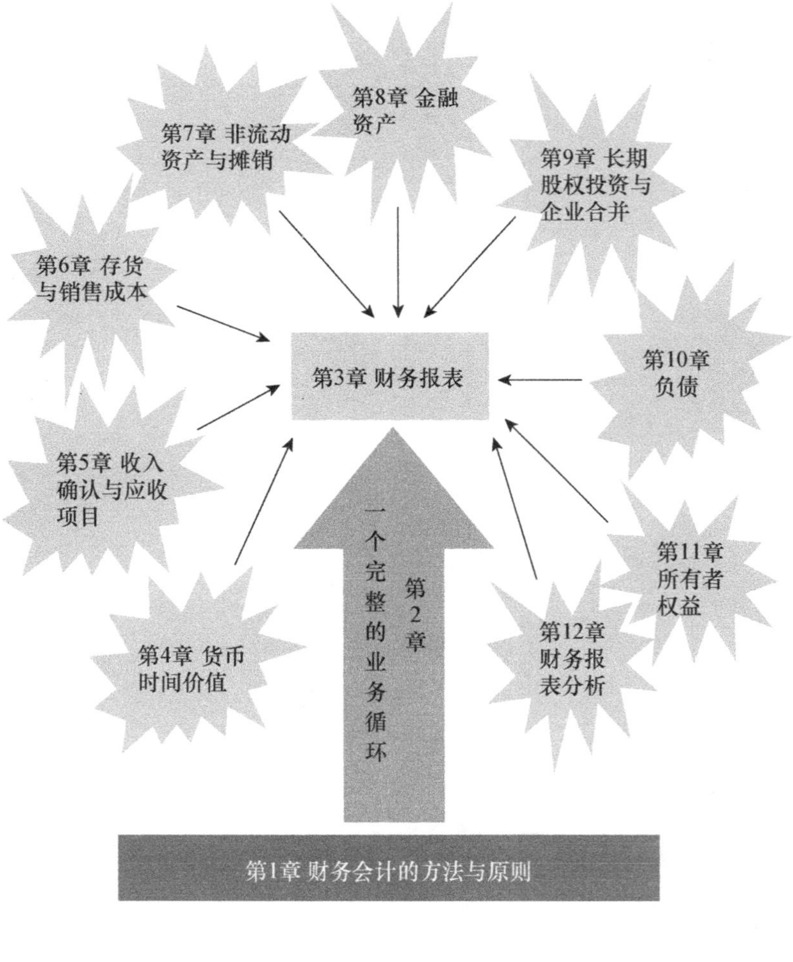
第8章 金融资产
第7章 非流动资产与摊销
第9章 长期股权投资与企业合并
第6章 存货与销售成本
第3章 财务报表
第10章 负债
第5章 收入确认与应收项目
一个完整的业务循环
第2章
第11章 所有者权益
第4章 货币时间价值
第12章 财务报表分析
第1章 财务会计的方法与原则

目　录

第1章

财务会计的方法与原则

学习目的

1. 了解企业的性质、组织形式及经济活动；
2. 理解会计等式恒等的原理，熟悉账户结构，掌握复式记账法；
3. 明确会计核算程序，初步了解财务报表的格式和编制方法；
4. 理解基本会计原则、会计准则和会计法规对会计核算的要求；
5. 了解会计与审计的关系，明白审计的作用和审计意见的含义；
6. 了解内部控制制度与会计的关系，明白合规经营关系企业存亡的道理；
7. 了解会计职业及职业素养。

本章简介

财务会计是以会计信息反映和报告企业经济业务的知识体系，进而保障经济业务合规和资产安全。针对企业发生的经济业务，财务会计主要回答三个问题：是什么、是多少以及如何报告。是什么回答会计确认的问题，比如企业发生的经济业务是资产还是费用，是负债还是收入；是多少回答会计计量的问题，比如企业的设备应该记录多少金额，设备的价格变动是否需要调整账面金额；如何报告回答报表格式和报表项目分类问题，比如企业在股票市场上的证券投资是流动资产还是非流动资产，库存商品应该单独报告还是并入存货项目。财务会计回答这三个问题时需要遵循财务会计的基本概念和原则，也要运用财务会计的专门方法。本章将介绍会计等式、账户设置、复式记账等专门方法，还将介绍权责发生制、历史成本计价、可比性、稳健性、重要性等财务会计的基本核算原则。在反映和报告企业经济业务的过程中，财务会计在企业内部发挥着重要的控制作用。

1.1 企业经济活动与会计核算

1.1.1 企业的性质和组织形式

企业是以营利为目的的经济组织，盈利通常用收入减费用的差额来表示。例如，服装店进货的成本是50元/件，卖出服装的价格是70元/件，这样每件赚20元，再扣除服装店的日常开支，如租金、水电、工资等，就是服装店净赚的利润。

任何企业在创立的时候都需要股东的投资，这是设立企业的必要条件。在工商行政管理部门登记注册后，企业就正式成立了。企业开展经营活动需要具备一定的条件，比如办公场地、办公设备、员工等，制造企业还需要购置生产设备。企业经营活动需要的条件一开始一般都是由股东的投资形成的。具备经营活动的条件后，企业就可以正式营业了。典型的商业企业从进货开始，到销售商品收回货款结束，这个从现金到现金的过程称为业务循环或经营循环。企业的经营活动是由循环往复、连续不断的业务循环构成的。与商业企业的业务循环相比，制造企业的业务循环多了制造环节。制造企业典型的业务循环可以表述为：(1) 投入现金，购买设备和原材料；(2) 加工生产产品；(3) 销售产品；(4) 收回货款。一个完整的业务循环所需要的时间长短会因为产品或者服务的复杂性而有所不同，造船企业的业务循环通常会超过一年，超市的业务循环可能只需要一个月甚至更短的时间。不论企业的业务性质有多大的差异，所有企业都有一个共同的利润计算公式：

利润＝收入－费用

在创立和经营过程中，企业需要处理与不同利益相关者的关系。企业的利益相关者包括股东、债权人（银行等）、客户、供应商、管理层、员工、政府、社区（见图1-1）。股东是企业的所有者，股东投入企业的资金称为企业的资本，除非存在企业减少资本、解散等原因，否则股东不能抽回资本，公司赚取的利润归股东所有。债权人将钱借给企业，拥有索取本金和利息的权利，供应商则拥有收回应收未收货款的权利，企业因承担了负债而被称为债务人。客户是购买企业产品和服务的人或者组织。供应商是向企业提供商品、原材料的人或者组织。管理层是负责企业日常经营活动的团队，如总经理、副总经理等。员工是企业聘用的、由企业支付报酬的、直接从事生产经营活动的人员。政府不仅向企业征收税收，还对企业经营活动的合规性进行监督管理。尽管社区没有直接成为企业的利益相关者，但企业作为社区的一员，要履行企业公民的责任，如保护环境等。

尽管企业有很多利益相关者，但最终对企业盈亏和风险承担责任的是股东。按照股东的数量和承担的责任来分类，企业的组织形式有独资企业、合伙企业和公司三种主要形式，其中公司分为有限责任公司、股份有限公司。独资企业是由一个股东

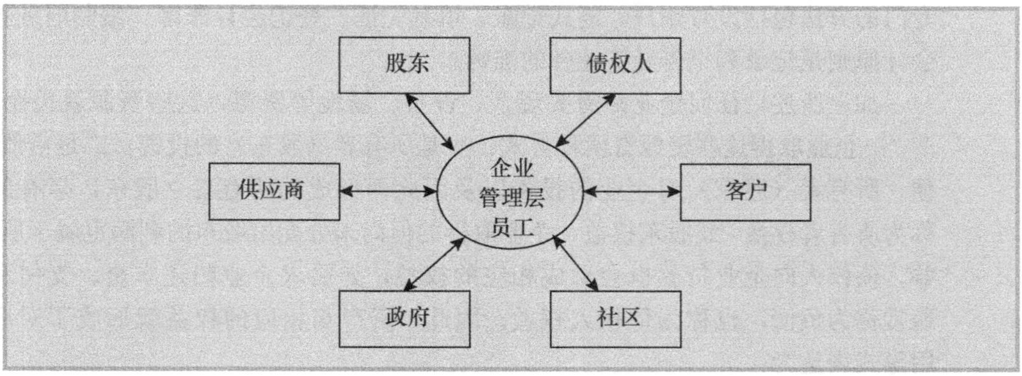

图1-1 企业的利益相关者

出资并承担无限责任的企业。① 所谓无限责任，是指股东以个人的财产对企业的债务承担连带责任。合伙企业是企业合伙人按照合伙合同成立的企业，合伙人也需要承担无限责任，并且合伙人之间存在连带责任。有限责任公司是由 2～50 个股东设立的、股东承担有限责任的企业。有限责任是指股东仅以自己的投资额为限承担责任，债权人不能追溯股东个人的财产。股份有限公司是指按照政府特定批准程序设立的、股东承担有限责任的公司，股东以出资额为限承担责任。股份有限公司的资本划分为股份，每一股的金额相等。我国的股份有限公司一般都是在证券交易所挂牌交易的上市公司。

例如，张三和李四各投资 10 万元成立了一家企业，因为企业无力偿还所欠 30 万元的债务，宣布破产。破产清算时，公司的全部资产只能偿还 20 万元的债务。如果张三和李四承担无限责任，债权人就可以要求张三或者李四用个人财产偿还剩余的 10 万元。如果张三和李四承担有限责任，债权人就不能追溯张三或者李四的个人财产，剩下的 10 万元就不用还了。

1.1.2 企业的经济业务和会计等式

企业的经济业务（也称为经济活动）是企业与股东、债权人、供应商、客户等外部利益相关者之间发生的经济交易以及企业内部发生的事项。企业的经济业务一般分为融资业务、投资业务和经营业务三类。融资业务是向企业外部筹集资金，如发行股票、发行债券、向银行借款；投资业务是购入长期性的资产，如购买机器设备、对外投资形成的长期股权投资等；经营业务是与日常购买商品、销售商品或者制造产品相关的一些业务。

会计的基本功能是记录并报告企业的经济业务。经济业务包括外部交易和内部事项。企业与外界发生的经济业务称作交易（transaction），企业内部发生的经济业务称作事项（event），不管是交易还是事项统称为经济业务或经济事项。

会计核算是指采用专门的会计方法和原则来记录和报告企业的经济业务，这些

① 按照我国《公司法》，可以设立一人公司，即单一股东的有限责任公司。

专门的方法包括设置账户、复式记账、填制凭证、登记会计账簿、编制财务报表等，会计原则是记录和报告经济业务的准则。

如上所述，任何企业都需要现金、设备、场地等资源，这些资源就是企业的资产。① 企业取得这些资源有两种方式：一是所有者（股东）的投资；二是借债或者欠债。所有者（股东）对企业的投资以及因此而形成的所有者（股东）享有的权益，称为所有者权益②或股东权益，企业取得的但尚未分配给股东的利润也属于所有者权益。债权人向企业贷款也会形成相应的权益，如要求企业归还本金、支付利息等，通常称为负债，也称为债权人权益。因此，资产与相应的权益就形成了对应关系，用等式表达为：

资产＝负债＋所有者权益

这个等式的基本含义是：企业用于生产经营的资产只有两个来源：要么来自所有者（股东），要么来自债权人。换句话说，企业每一分钱的资产，不是来自债权人，就是来自所有者；反之，企业从债权人和所有者筹集的每一分钱都投资于企业的各项资产。

一个企业所拥有的资产与权益（债权人权益＋所有者权益）是同一资金的两个侧面，有一定数额的资产，就必然有一定数额的权益；反之，有一定数额的权益，就必然形成相应数额的资产。不存在没有权益的资产，也不存在没有资产的权益。如果没有资产，权益就不存在主张的对象，也就失去了有效性。

从法律意义上也比较容易理解，一个主体的经济资源称为资产，所有者和债权人对该资产的索取权统称为权益。负债是债权人的索取权，所有者权益是企业所有者的索取权。由于企业的全部资产或者由债权人索取，或者由所有者索取，显然，这些索取权的总和不能超过被索取资产的总量，所以“资产＝权益”。资产、负债和所有者权益之间这种内在的依存关系使会计等式恒等。

为了更好地理解该等式的平衡关系，下面以王五和赵六成立明德复印社为例予以解释。

例1-1

股东投资。王五、赵六两人各出资10万元共同成立明德复印社，主要提供复印、打字、装订、传真等服务。明德复印社共收到20万元（2×10）的现金（存入银行）③，王五、赵六各拥有明德复印社10万元的股权（会计通常用“实收资本”来表示），并享有公司取得的利润。明德复印社获得两位股东（所有者）投入的20万元股本是一项融资业务。明德复印社既要反映取得的20万元现金，也要反映20万

① 会计对资产、负债和所有者权益有严格的定义，具体内容将在第3章介绍。

② 根据企业性质的不同，所有者权益有几种名称，股份有限公司称为股东权益，有限责任公司称为所有者权益，合伙企业称为合伙人权益，独资企业称为业主权益。在没有特指公司组织形式的情况下，本书采用所有者权益。

③ 实务中，王五和赵六需到当地工商行政管理局去申请注册，并到指定银行开设账户，将20万元的资金存入银行。存入银行的资金称为银行存款。以后公司有现金收入都要按《现金管理暂行条例》进行处理，并及时将多余现金存入银行。

元现金的来源。等式金额单位为万元（下同）。

资产(银行存款)＝所有者权益(实收资本)

20　＝　20

例1－2

借款。20万元的股东投资并不能满足明德复印社开业经营的需要，于是股东向朋友李伟借入期限为1年的款项10万元。这样明德复印社的资产又增加了10万元，负债（资金的来源）也增加了10万元，负债用其他应付款[①]来表示。

资产(银行存款)＝负债(其他应付款)＋所有者权益(实收资本)

30　＝　10　＋　20

例1－3

购买办公设备。明德复印社购买电脑、复印机、传真、打印机等花费10万元。这些办公设备具有使用时间长、价值高的特点，属于复印社的固定资产。于是，公司的资产形态发生变化，30万元的银行存款中有10万元变成了固定资产。

银行存款＋固定资产＝负债(其他应付款)＋所有者权益(实收资本)

20　＋　10　＝　10　＋　20

明德复印社分别从股东（王五和赵六）和债权人（李伟）融资20万元和10万元，购买办公设备支出10万元。会计反映这些经济业务的结果是：资产30万元，分别是银行存款20万元，固定资产10万元；负债10万元，所有者权益20万元。这些业务包括融资业务和资金运用业务，融资业务是企业从外部获得必要的资金，资金运用业务是将获得的货币资金转化为企业经营所需的设施。将这些信息汇总为表1－1，即可形成简明资产负债表。

表1－1　简明资产负债表（一）

×年×月×日　　　　金额单位：万元

项目	金额	项目	金额
银行存款	20	其他应付款	10
固定资产	10	实收资本	20
资产总计	30	负债和所有者权益总计	30

明德复印社通过融资和资金运用，已经具备运营的条件，可以对外正式营业了。在营业过程中，明德复印社会产生收入和费用。向顾客收取的打字、复印费用是明德复印社的收入，支付的电费、房租等是明德复印社的费用。

例1－4

明德复印社取得收入8万元（实务中，对个人业务收取的大多是现金，对公业

① 实务中，习惯将向个人的借款列入其他应付款进行核算。会计科目表中的短期借款和长期借款一般用于企业向金融机构借入的款项。

务数额较大者通过银行转账），相关费用（电话、传真、复印纸等的消耗以及电费、房租等）5万元。收入增加银行存款，费用减少银行存款。

银行存款　＋固定资产＝负债＋所有者权益＋(收入－费用)
(20＋8－5) ＋　10　＝ 10 ＋　20　＋　(8－5)

从上面的等式看，收入会增加所有者权益，费用会减少所有者权益。

例1-5

明德复印社接受现金捐赠2万元。这2万元属于利得，利得是指收入以外的其他收益，通常从偶发的经济业务中取得。如企业接受现金捐赠（暂不考虑税收问题）、收取其他企业的违约罚款等。明德复印社由于经验不足，不慎丢失顾客资料，被索赔1 000元，属于损失。损失通常发生在偶然的事故或自然灾害中，会减少所有者权益。

银行存款＋固定资产＝负债＋所有者权益＋(收入－费用)＋(利得－损失)
(23＋2－0.1)＋ 10 ＝ 10 ＋ 20 ＋ (8－5) ＋ (2－0.1)

例1-6

明德复印社偿还李伟借款2万元。该业务减少公司银行存款，其他应付款（负债）也减少2万元。

银行存款＋固定资产＝　负债　＋所有者权益①
(24.9－2)＋　10　＝(10－2)＋　24.9

例1-7

假设李伟将明德复印社欠款8万元（例1-6中已偿还2万元）中的5万元转为投资。李伟的身份因为这项业务发生了变化，由债权人转变成股东。这时，李伟既是明德复印社的股东（投资5万元），也是明德复印社的债权人（债权3万元）。明德复印社对该业务进行记录，减少负债5万元，增加所有者权益5万元。

银行存款＋固定资产＝　负债　＋　所有者权益
22.9　＋　10　＝(8－5)＋　(24.9＋5)

将上述业务的变化结果编成与表1-1一样的资产负债表，如表1-2所示。

表1-2　简明资产负债表（二）

×年×月×日　　　　金额单位：万元

项目	金额	项目	金额
银行存款	22.9	其他应付款	3
固定资产	10	所有者权益	29.9
资产总计	32.9	负债和所有者权益总计	32.9

以上7笔经济业务的发生对明德复印社的资产、负债和所有者权益都产生了影

① 所有者权益包括初始投资20万元＋利润3万元＋利得净额1.9万元。

响，但会计等式的平衡关系没有发生变化。

实务中，企业的经济业务复杂多变，不易辨别。从影响会计等式的业务类型来看，可将这些业务总结为以下四种：

（1）同时以相同金额增加等式左边和右边，平衡关系不变；

（2）同时以相同金额减少等式左边和右边，平衡关系不变；

（3）等式左边一增一减相同金额，平衡关系不变；

（4）等式右边一增一减相同金额，平衡关系不变。

从会计等式看，我们还可以得出几个基本结论：

（1）总资产增加（即等式左边增加），负债或者所有者权益必然会增加（即等式右边增加）；

（2）等式右边各项目之间增减（隐含等额）都不会影响总资产的变化；

（3）除了资本项目（股东的投资）的增减变化，如果所有者权益发生变化，就意味着企业产生了损益。

1.1.3　设置账户

会计等式中的资产、负债和所有者权益是财务会计的基本要素，为了更详细地表达经济业务状况，还需要对资产、负债和所有者权益进行详细分类，如资产进一步分为银行存款、存货、固定资产等，负债进一步分为短期借款、应付账款等。

将企业发生的经济业务进行分类并按照一定的形式和规则分门别类地进行登记和处理，在会计上称为设置账户。账户就是对经济业务进行分类的名称，如把企业存在银行的钱取名叫银行存款，凡是与银行存款有关联的业务都集中在银行存款账户中进行登记、汇总，这样一家企业银行存款的增加、减少和结余就能清楚地呈现出来了。

在对经济业务进行分类时，主要考虑其经济特征。按交易或事项的经济特征进行分类便形成了上述的资产、负债、所有者权益、收入和费用，财务会计将其称为会计要素。对会计要素进行更详细的分类，就形成各个账户的名称，以分门别类地反映企业的经济业务数据变化。例如，将会计要素资产进一步分为库存现金、银行存款、应收票据、固定资产、长期股权投资等。经济业务、会计要素与会计账户之间的关系如图 1－2 所示。

图 1－2　经济业务、会计要素与会计账户之间的关系

1. 账户分类

（1）按经济内容分类。账户根据会计要素分为资产类账户、负债类账户、所有者权益类账户、收入类账户和成本费用类账户。

1）资产类账户设库存现金、银行存款、应收账款、固定资产、无形资产、长期股权投资等账户；

2）负债类账户设短期借款、应付账款、应付职工薪酬、应交税费、应付债券等账户；

3）所有者权益类账户设实收资本或股本、资本公积、盈余公积和未分配利润等账户；

4）收入类账户设主营业务收入、其他业务收入、营业外收入等账户；

5）成本费用类账户设主营业务成本、其他业务成本、营业外支出、管理费用、财务费用和销售费用等账户。

这些账户的具体含义将在第3章介绍财务报表项目时予以介绍。

（2）按是否有余额分类。账户按是否有期末余额可分为实账户和虚账户。

1）实账户是指有期末余额的账户，本期期末余额即下期期初余额，如上述的资产类、负债类和所有者权益类账户；

2）虚账户是指期末没有余额的账户，其余额将于期末结转至其他账户，如本年利润（将在第2章介绍），这类账户包括收入类账户和成本费用类账户。

（3）根据不同的需要，账户还有其他分类方式，如按账户提供经济信息的详细程度分为总分类账户和明细分类账户，该分类将结合实务在第2章介绍。

2. 账户的结构

由于企业每发生一笔经济业务，不是带来资产、负债、所有者权益、收入和费用的增加，就是带来资产、负债、所有者权益、收入和费用的减少。总之，这种变动的结果就是两个：要么增加，要么减少。为了把各会计要素的变动有序地记录下来，习惯将账户一分为二，在中间画一条垂直线，垂直线的左边为左方，右边为右方；在垂直线的上方再画一条水平线，在水平线上方写上账户的名称（会计科目）或编码，一个简单明了的账户结构就清晰可见（见图1-3）。这个账户结构的形状像英文字母“T”，也像汉字“丁”，会计便把这种账户称为T形账户或丁字形账户。为了与后面的借贷记账法相对应，将丁字形账户的左方改为借方，右方改为贷方。

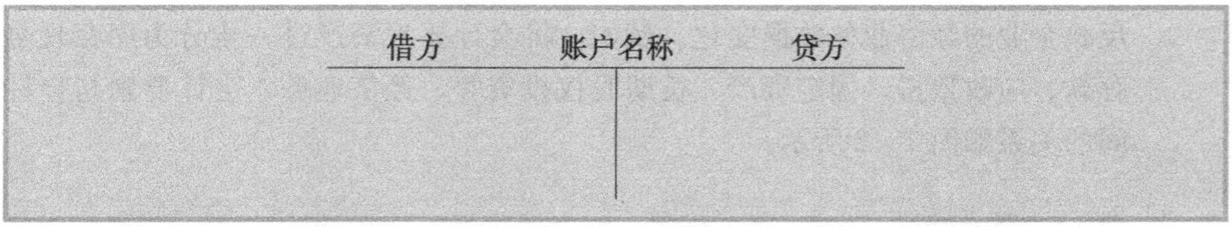

图1-3 账户结构

经济业务使得资产、负债和所有者权益产生增减变化，如购置一台电脑会使固定资产增加、银行存款减少。那么，在丁字形账户中如何记录呢？这时就要决定哪类账户的借方记录增加，贷方记录减少；或者相反，借方记录减少，贷方记录增加。为了满足这种记录要求，习惯上在资产类与成本费用类账户的借方记录增加额，贷方记录减少额；在负债类、所有者权益类和收入类账户的贷方记录增加额，借方记录减少额。这样，通过丁字形账户记录增减变化，就可以随时反映企业发生的业务。现将丁字形账户的记账规则总结如下。

（1）所有账户的左方叫借方，所有账户的右方叫贷方。

（2）资产类和成本费用类账户的借方记录增加额，贷方记录减少额。

（3）负债类、所有者权益类和收入类账户的贷方记录增加额，借方记录减少额。

（4）任何账户的正常余额都在记录增加额的那一方。因此，资产类账户的余额在借方，负债类和所有者权益类账户的余额在贷方。

图 1-4 是账户结构的总结。

资产类账户

借方	贷方
期初余额	
本期发生额	本期发生额
期末余额	

负债类或所有者权益类账户

借方	贷方
	期初余额
本期发生额	本期发生额
	期末余额

收入类账户

借方	贷方
收入的减少额（转销额）	收入的增加额
本期发生额	本期发生额

成本费用类账户

借方	贷方
费用的增加额	费用的减少额（转销额）
本期发生额	本期发生额

图 1-4　账户结构的总结

3. 账户的余额

账户的余额表示该账户的累计结余。比如，企业存在银行的钱用银行存款账户表示，月初银行存款 50 万元，当月增加 80 万元、减少 60 万元，其中，50 万元称为期初余额，当月增减的 80 万元和 60 万元称为本期发生额，70 万元（50＋80－60）称为期末余额。会计的结账周期可以分为月、季和年，以年为例，会计上就有年初余额、当年发生额和年末余额。其他账户依此类推。

资产类账户期末借方余额＝期初借方余额＋本期借方发生额合计数－本期贷方发生额合计数

负债类和所有者权益类账户期末贷方余额＝期初贷方余额＋本期贷方发生额合计数－本期借方发生额合计数

4. 账户的编号

会计设置的账户很多，为便于使用，一般每个账户都有一个编号，以在会计信息系统环境下分清账户的性质和用途。

账户编号一般以四个数字作为号码，其中每个数字均表示不同的含义。如库存现金账户的编号为 1001，第一个 1 表示资产，第一个 0 表示货币资产，后面的 01 表示现金。企业可以根据自己的需要编制账户编号。

5. 账户表（会计科目表）

实务中习惯将账户的名称叫会计科目。表1-3是财政部颁布的会计科目表。

表1-3 会计科目表

顺序号	编号	会计科目名称	顺序号	编号	会计科目名称
一、资产类			33	1408	委托加工物资
			34	1411	周转材料
1	1001	库存现金	35	1421	消耗性生物资产
2	1002	银行存款	36	1431	贵金属
3	1003	存放中央银行款项	37	1441	抵债资产
4	1011	存放同业	38	1451	损余物资
5	1012	其他货币资金	39	1461	融资租赁资产
6	1021	结算备付金	40	1471	存货跌价准备
7	1031	存出保证金	41	1501	债权投资
8	1101	交易性金融资产	42	1502	债权投资减值准备
9	1111	买入返售金融资产	43	1503	其他债权投资
10	1121	应收票据	44	1504	其他权益工具投资
11	1122	应收账款	45	1511	长期股权投资
12	1123	预付账款	46	1512	长期股权投资减值准备
13	1131	应收股利	47	1521	投资性房地产
14	1132	应收利息	48	1531	长期应收款
15	1201	应收代位追偿款	49	1532	未实现融资收益
16	1211	应收分保账款	50	1541	存出资本保证金
17	1212	应收分保合同准备金	51	1601	固定资产
18	1221	其他应收款	52	1602	累计折旧
19	1231	坏账准备	53	1603	固定资产减值准备
20	1301	贴现资产	54	1604	在建工程
21	1302	拆出资金	55	1605	工程物资
22	1303	贷款	56	1606	固定资产清理
23	1304	贷款损失准备	57	1611	未担保余值
24	1311	代理兑付证券	58	1621	生产性生物资产
25	1321	代理业务资产	59	1622	生产性生物资产累计折旧
26	1401	材料采购	60	1623	公益性生物资产
27	1402	在途物资	61	1631	油气资产
28	1403	原材料	62	1632	累计折耗
29	1404	材料成本差异	63	1701	无形资产
30	1405	库存商品	64	1702	累计摊销
31	1406	发出商品	65	1703	无形资产减值准备
32	1407	商品进销差价	66	1711	商誉

续表

顺序号	编号	会计科目名称	顺序号	编号	会计科目名称
67	1801	长期待摊费用	102	2702	未确认融资费用
68	1811	递延所得税资产	103	2711	专项应付款
69	1821	独立账户资产	104	2801	预计负债
70	1901	待处理财产损益	105	2901	递延所得税负债
二、负债类			三、共同类		
71	2001	短期借款	106	3001	清算资金往来
72	2002	存入保证金	107	3002	货币兑换
73	2003	拆入资金	108	3101	衍生工具
74	2004	向中央银行借款	109	3201	套期工具
75	2011	吸收存款	110	3202	被套期项目
76	2012	同业存放	四、所有者权益类		
77	2021	贴现负债	111	4001	实收资本
78	2101	交易性金融负债	112	4002	资本公积
79	2111	卖出回购金融资产款	113	4101	盈余公积
80	2201	应付票据	114	4102	一般风险准备
81	2202	应付账款	115	4103	本年利润
82	2203	预收账款	116	4104	利润分配
83	2211	应付职工薪酬	117	4201	库存股
84	2221	应交税费	五、成本类		
85	2231	应付利息	118	5001	生产成本
86	2232	应付股利	119	5101	制造费用
87	2241	其他应付款	120	5201	劳务成本
88	2251	应付保单红利	121	5301	研发支出
89	2261	应付分保账款	122	5401	工程施工
90	2311	代理买卖证券款	123	5402	工程结算
91	2312	代理承销证券款	124	5403	机械作业
92	2313	代理兑付证券款	六、损益类		
93	2314	代理业务负债	125	6001	主营业务收入
94	2401	递延收益	126	6011	利息收入
95	2501	长期借款	127	6021	手续费及佣金收入
96	2502	应付债券	128	6031	保费收入
97	2601	未到期责任准备金	129	6041	租赁收入
98	2602	保险责任准备金	130	6051	其他业务收入
99	2611	保户储金	131	6061	汇总损益
100	2621	独立账户负债	132	6101	公允价值变动损益
101	2701	长期应付款	133	6111	投资收益

续表

顺序号	编号	会计科目名称	顺序号	编号	会计科目名称
134	6201	摊回保险责任准备金	147	6531	退保金
135	6202	摊回赔付支出	148	6541	分出保费
136	6203	摊回分保费用	149	6542	分保费用
137	6301	营业外收入	150	6601	销售费用
138	6401	主营业务成本	151	6602	管理费用
139	6402	其他业务成本	152	6603	财务费用
140	6403	税金及附加	153	6604	勘探费用
141	6411	利息支出	154	6701	资产减值损失
142	6421	手续费及佣金支出	155	6702	信用减值损失
143	6501	提取未到期责任准备金	156	6711	营业外支出
144	6502	提取保险责任准备金	157	6801	所得税费用
145	6511	赔付支出	158	6901	以前年度损益调整
146	6521	保单红利支出			

1.1.4 复式记账

复式记账由单式记账演变而来。比如要买一条渔船，在单式记账下，可能只记录钱的减少，而不记录渔船的增加，或相反只记录渔船的增加，而不记录钱的减少；复式记账既要记录钱的减少，也要记录渔船的增加。因此，复式记账要求每一笔经济业务同时在两个或两个以上相互联系的账户中以相等的金额进行记录，以反映资金的来龙去脉。

复式记账有收付记账法、增减记账法和借贷记账法三种方法。以“收、付”或“增、减”为记账符号虽然直观明了，但在试算平衡时需要进行差额平衡，不便于检查错误，因此被逐步放弃，改为借贷记账法。

借贷记账法历史悠久，起源于14世纪的威尼斯簿记，通过1494年意大利数学家卢卡·巴其阿勒《算术、几何、比与比例概要》① 的传播，被世界各国广泛接受。我们说会计是一门通用的商业语言，也体现在记账方法的统一上。

借贷记账法是以“借、贷”为记账符号，以会计恒等式为基础，采用“有借必有贷，借贷必相等”的记账规则，对企业发生的经济业务在两个或两个以上的账户中进行记录的方法。

记账符号用来反映各种经济业务在金额上的增加和减少，借和贷具有增加和减少的双重含义。借既可以表示增加，也可以表示减少；贷既可以表示增加，也可以表示减少。在什么情况下为增加、在什么情况下为减少，需要遵循会计惯例并根据具体的账户性质确定。

① 《算术、几何、比与比例概要》是一本数学巨著。在这本数学书中，作者用一章详细介绍了威尼斯复式簿记的记账原理和方法。会计界通常将其作为复式簿记的起源。事实上，复式簿记的出现时间更早，只是没有特别有影响力的著作加以传播。作者卢卡·巴其阿勒也译为卢卡·帕乔利。

借贷是一对相互矛盾和对立的符号。借既可以表示借入，也可以表示借出；贷同样既可以表示贷入，也可以表示贷出。要站在不同的立场上理解。如果只从中文字面去理解，确实容易糊涂。因此，初学会计者可以不去理会借、贷两个字的表面含义，只需将其视为一个纯粹的记账符号。牢记会计科目名称和账户的结构，对实际发生的经济业务进行分析，并按记账规则进行记录，这是一个较为漫长的逐步熟悉和熟练的过程。

借贷记账法的记账规则有如下几条：

（1）记账符号。以“借、贷”作为记账符号。

（2）记账规则。以“有借必有贷，借贷必相等”作为记账规则。

（3）账户结构。左“借”右“贷”，有两种结构：一是借方表示增加，贷方表示减少；二是贷方表示增加，借方表示减少。

不同类别账户的借方和贷方表示不同的增减含义，如表 1－4 所示。

表 1－4　借方和贷方的增减含义

借方	贷方
资产增加	资产减少
负债减少	负债增加
所有者权益减少	所有者权益增加
收入减少	收入增加
费用增加	费用减少

在学习和理解各种会计科目的具体使用方法时，还可以按单一账户结构、双重账户结构和备抵账户结构对会计科目进一步分类。

1.1.5　会计分录

会计分录是指对每一项经济业务，按照借贷记账法的规则，分别列示应借应贷账户名称及其金额的一种记录。在实际工作中，会计形成了一些基本规范和编制方法，包括基本格式和编制步骤。

会计分录的基本格式为：

借：会计科目 1　　　　×××

　贷：会计科目 2　　　　×××

（1）先借后贷；

（2）借贷要分行写（一般错一格）；

（3）借贷金额要相等。

会计科目之前的“借”或“贷”都可以表示增加或减少，增减含义要看具体的账户类别。如果该笔会计分录中的会计科目 1 和会计科目 2 都是资产类账户，则会计科目1之前的“借”表示增加，会计科目2之前的“贷”表示减少；如果该笔会计分录中的会计科目1和会计科目2都是负债类账户，则会计科目1之前的“借”表示减少，会计科目2之前的“贷”表示增加。会计科目1和会计科目2后面的金额要相等。

编制步骤为：

（1）判断经济业务的性质，涉及何种账户；

（2）确定账户的类别；

（3）确定账户的方向（借方或贷方）；

（4）编成会计分录。

根据经济业务的复杂程度，企业编制的会计分录有简单会计分录和复杂会计分录之分。

1. 简单会计分录

简单会计分录是由一个借方账户与一个贷方账户所组成的会计分录，即一借一贷。

例1-8

明德复印社从银行提取现金5 000元，以备日常零星之用。

分析：这笔业务属于取款业务，涉及库存现金和银行存款账户，库存现金和银行存款都是资产类账户，账户结构相同，都是借方登记增加额、贷方登记减少额。分录可写成：

借：库存现金	5 000	
贷：银行存款		5 000

简单会计分录的账户对应关系清楚，资金的来踪去迹一目了然：库存现金增加5 000元，导致银行存款减少5 000元；反之，银行存款减少5 000元，导致库存现金增加5 000元。

2. 复杂会计分录

复杂会计分录是由一个借方账户与多个贷方账户或一个贷方账户与多个借方账户组成的会计分录，即一借多贷，或一贷多借，甚至多借多贷。

例1-9

明德复印社从蓝天电子商贸公司新购进一台电脑，价值10 000元。用银行存款支付6 000元，用现金支付2 000元，剩余2 000元承诺1个月内支付。

分析：这笔业务属于购买资产业务。所购电脑属于固定资产，但支付方式多样，用现金和银行存款分别支付2 000元和6 000元，未支付的部分形成明德复印社的负债，通过应付账款账户进行核算。在该笔业务中，固定资产增加10 000元，记入固定资产账户的借方；库存现金减少2 000元，记入库存现金账户的贷方；银行存款减少6 000元，记入银行存款账户的贷方；尚未支付的2 000元记入应付账款账户的贷方（表示增加）。分录可写成：

借：固定资产	10 000	

　　贷：银行存款　　6 000
　　　　库存现金　　2 000
　　　　应付账款　　2 000

该业务形成了一借三贷的情况，账户之间的对应关系复杂许多。分录显示购买电脑的钱来自三个部分，用银行存款支付 6 000 元，用现金支付 2 000 元，还欠商店或供应商 2 000 元。从资金去向的角度理解，库存现金、银行存款的减少和负债的增加是因为购买了电脑。

下面将前面列举的 7 笔经济业务按借贷记账法逐一编成会计分录。

例 1 - 10

股东投资。引起资产和所有者权益的同时增加。资产用银行存款账户进行核算，其借方增加 20 万元；所有者权益用实收资本账户进行核算，其贷方增加 20 万元。

（1 - 1）借：银行存款　　200 000
　　　　　贷：实收资本　　200 000

例 1 - 11

借款。引起资产和负债的同时增加。资产用银行存款账户进行核算，其借方增加 10 万元；负债用其他应付款账户进行核算，其贷方增加 10 万元。

（1 - 2）借：银行存款　　100 000
　　　　　贷：其他应付款——李伟　　100 000

例 1 - 12

购买办公设备。引起资产内部的一增一减变化。电脑、复印机等用固定资产账户进行核算，其借方增加 10 万元，减少银行存款，其贷方减少 10 万元。

（1 - 3）借：固定资产　　100 000
　　　　　贷：银行存款　　100 000

例 1 - 13

取得收入、支付费用是两笔业务。第一笔导致收入增加，资产增加。第二笔导致费用增加，资产减少。取得收入时，增加银行存款，其借方增加 8 万元，同时增加营业收入，其贷方增加 8 万元；支付费用时，增加营业成本，其借方增加 5 万元，减少银行存款，其贷方减少 5 万元。

（1 - 4）

①取得收入时：

　借：银行存款　　80 000
　　贷：营业收入　　80 000

②支付费用时：

　借：营业成本　　50 000
　　贷：银行存款　　50 000

例 1 - 14

接受现金捐赠、遭受损失也是两笔业务。第一笔导致利得增加，资产增加。第二笔导致损失增加，资产减少。捐赠属于利得，用营业外收入账户进行核算。收到捐赠时，在增加（借记）银行存款2万元的同时，增加（贷记）营业外收入2万元；发生损失时，在增加（借记）营业外支出1 000元的同时，减少（贷记）银行存款1 000元。

（1－5）

①收到捐赠时：

借：银行存款　　20 000

　贷：营业外收入　　20 000

②遭受损失时：

借：营业外支出　　1 000

　贷：银行存款　　1 000

例1－15

偿还借款。引起资产和负债的减少。借记其他应付款2万元，贷记银行存款2万元。

（1－6）借：其他应付款——李伟　　20 000

　　　　贷：银行存款　　20 000

例1－16

债务转为投资。引起负债和所有者权益的一减一增。借记其他应付款5万元，贷记实收资本5万元。

（1－7）借：其他应付款——李伟　　50 000

　　　　贷：实收资本　　50 000

将上述9笔会计分录过入丁字账，并计算各账户本期借方、贷方发生额合计数和期末余额。

借方	银行存款		贷方
(1-1)*	200 000	(1-3)	100 000
(1-2)	100 000	(1-4) ②	50 000
(1-4) ①	80 000	(1-5) ②	1 000
(1-5) ①	20 000	(1-6)	20 000
		(1-8)	5 000
		(1-9)	6 000
本期发生额	400 000	本期发生额	182 000
期末余额	218 000		

借方	实收资本		贷方
		(1-1)	200 000
		(1-7)	50 000
本期发生额	0	本期发生额	250 000
		期末余额	250 000

* (1-1) 指例1-1，下同。

借方	库存现金		贷方
(1-8)	5 000	(1-9)	2 000
本期发生额	5 000	本期发生额	2 000
期末余额	3 000		

借方	其他应付款		贷方
(1-6)	20 000	(1-2)	100 000
(1-7)	50 000		
本期发生额	70 000	本期发生额	100 000
		期末余额	30 000

借方	固定资产		贷方
(1-3)	100 000		
(1-9)	10 000		
本期发生额	110 000	本期发生额	0
期末余额	110 000		

借方	应付账款		贷方
		(1-9)	2 000
本期发生额	0	本期发生额	2 000
		期末余额	2 000

借方	营业成本		贷方
(1-4) ②	50 000		
本期发生额	50 000	本期发生额	0

借方	营业收入		贷方
		(1-4) ①	80 000
本期发生额	0	本期发生额	80 000

借方	营业外收入		贷方
		(1-5) ①	20 000
本期发生额	0	本期发生额	20 000

借方	营业外支出		贷方
(1-5) ①	1 000		
本期发生额	1 000	本期发生额	0

1.2 会计核算程序

会计核算程序又称会计循环，是财务报告的产生过程，即将经济业务信息转变成会计信息的过程。企业发生的经济业务首先应按照会计准则和财经法规的要求及一定的记账规则记录在会计（记账）凭证中，即将会计分录记录在一定格式的凭证中（该步骤称为编制记账凭证），然后从会计凭证登记到会计账簿（该步骤称为过账），最后根据会计账簿的余额或者当期发生额合计数编制财务报表。由于企业经济业务量大，需要采用一定的会计核算程序（即证账表的组织方式），有条不紊地将经济业务转化为会计信息。可见，记录经济业务不是目的，编制的财务报表才是财务会计的最终结果。会计凭证、会计账簿与财务报表的关系如图1-5所示。

图1-5 证账表关系图

会计凭证—会计账簿—财务报表就构成了一个会计循环。完整的会计循环包括编制会计分录、过丁字账、试算平衡、账项调整、结账和编制财务报表。第2章将通过一个制造企业的业务循环进行详细介绍。

1.2.1 会计凭证

会计凭证是记录经济业务并明确经济责任的书面文件。会计凭证分为原始凭证和记账凭证。

1. 原始凭证

原始凭证是在经济业务发生或完成时形成的单据，最常见的原始凭证是购买商品取得的发票，企业内部经济活动产生的领料单等也是原始凭证，因而有外来原始凭证与自制原始凭证之分。以最常见的销售发票为例，分为增值税专用发票和增值税普通发票。增值税专用发票是一般纳税人开具的，一般纳税人是指年销售额500万元以上的企业，增值税专用发票可以抵扣进项税额，增值税的缴纳方式是差额缴纳，即本期应交的增值税＝当期销项税额－当期进项税额，税率分别为13%，9%和6%，增值税专用发票的样式见图1-6。增值税普通发票是小规模纳税人（年销售额500万元以下）开具的发票，对小规模纳税人实行简易征税，即按照当期销售额的一定百分比进行征收，征收率为3%和5%，增值税普通发票的样式见图1-7。

尽管发票种类繁多、形式各异，但有一些共同的要素：(1) 发票名称；(2) 购货方与销货方的名称，销货单位加盖有本单位名称的发票专用章；(3) 发票编号；(4) 交易发生的时间；(5) 经济业务摘要；(6) 交易内容（货品名称、经营项目、往来项目等)；(7) 交易数量、单价和金额(包括大小写)；(8) 开票人等。

企业经济业务发生时，有关业务人员要按发票的内容逐项进行填写，原始凭证在作为记账依据之前必须经过审核。对于外来原始凭证，主要识别各种不同交易使用的原始凭证，只有真实合法的原始凭证才是有效的凭证。对于自制原始凭证，主要关注填写的及时性与规范性、相关人员的签名盖章等。

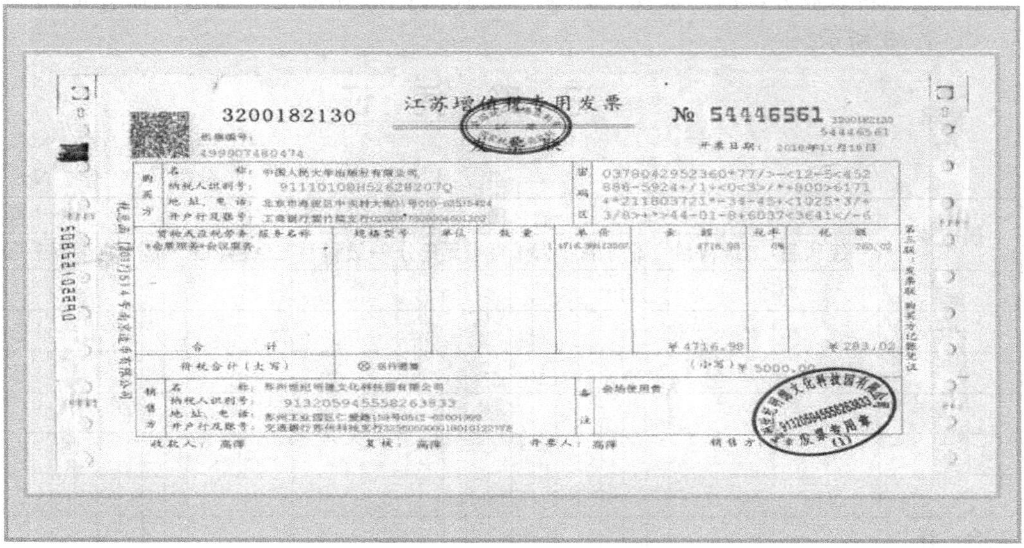
江苏增值税专用发票
3200182130
№ 54446561
发票联
机器编号：499907480474
开票日期：2018年11月18日
购买方　名称：中国人民大学出版社有限公司
纳税人识别号：91110108H52628207Q
货物或应税劳务、服务名称｜规格型号｜单位｜数量｜单价｜金额｜税率｜税额
合计　¥4716.98　¥283.02
价税合计(大写)　(小写)¥5000.00
销售方　名称：苏州世纪明德文化科技园有限公司
纳税人识别号：913205945558263833
备注　会场使用费
收款人：高萍　复核：高萍　开票人：高萍　销售方：
第三联：发票联　购买方记账凭证

图 1-6　增值税专用发票

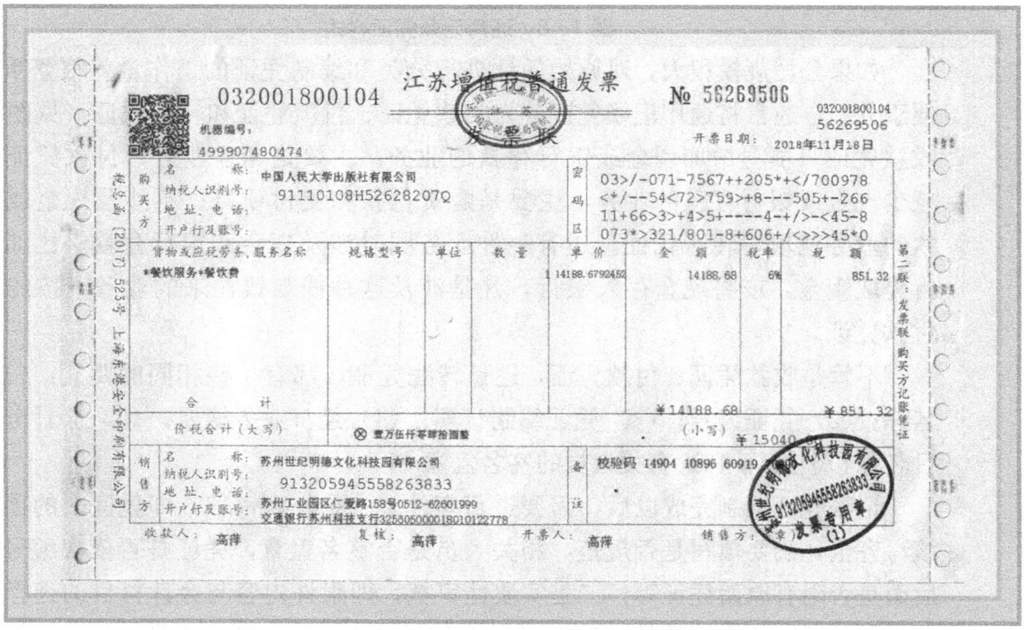
江苏增值税普通发票
032001800104
№ 56269506
032001800104
56269506
发票联
机器编号：499907480474
开票日期：2018年11月18日
购买方　名称：中国人民大学出版社有限公司
纳税人识别号：91110108H52628207Q
地址、电话：
开户行及账号：
密码区　03>/-071-7567++205*+</700978
<*/--54<72>759>+8---505+-266
11+66>3>+4>5+----4-+/>-<45-8
073*>321/801-8+606+/<>>>45*0

货物或应税劳务、服务名称	规格型号	单位	数量	单价	金额	税率	税额
*餐饮服务*餐饮费			1	14188.6792452	14188.68	6%	851.32
合计					¥14188.68		¥851.32

价税合计(大写)　⊗壹万伍仟零肆拾圆整　(小写)¥15040.00
销售方　名称：苏州世纪明德文化科技园有限公司
纳税人识别号：913205945558263833
地址、电话：苏州工业园区仁爱路158号0512-62601999
开户行及账号：交通银行苏州科技支行325505000018010122778
备注　校验码 14904 10896 60919
收款人：高萍　复核：高萍　开票人：高萍　销售方：(章)
税总函[2017]523号 上海东港安全印刷有限公司
第二联：发票联　购买方记账凭证

图 1-7　增值税普通发票

2. 记账凭证

记账凭证是企业会计部门根据原始凭证填制的、作为登记账簿依据的书面(用

文字方式）文件。原始凭证只是记录原始的经济业务，不是会计记录，记账凭证才是会计人员根据原始凭证内容做的会计记录，这个会计记录就是我们在前面介绍的会计分录，这是经济业务进入会计系统的第一步。

实务中，如果经济业务量小，企业可选择一种通用的记账凭证。通用记账凭证也叫标准凭证，可以记录企业发生的所有经济业务。不管是收款业务、付款业务，还是转账业务，都记录在一种统一格式的记账凭证上。通用记账凭证的样式如图1－8所示。

记　账　凭　证

记账凭证总号：No.

年　月　日　　　　分类号：　字：No.

摘要	借方		√	金额											贷方		√	金额										
	一级科目	二级科目		亿	千	百	十	万	千	百	十	元	角	分	一级科目	二级科目		亿	千	百	十	万	千	百	十	元	角	分
合计																												

财务主管：　记账：　出纳：　审核：　领款人：　制单：　附单据：　张

图1－8　通用记账凭证样式

如果公司规模很大，对原始凭证进行分类和编制凭证的工作量就很繁重。为了便于分工，通常将通用记账凭证分为收款凭证、付款凭证和转账凭证（见图1－9）。收款凭证只填写增加现金或银行存款的业务，主要是销售业务；付款凭证只填写减少现金或银行存款的业务，主要是购货付款和支付项目；不涉及现金或银行存款的业务就填写转账凭证。还有一种业务同时涉及现金和银行存款。比如，从银行提取现金，或将现金存入银行，凡是涉及这种钱与钱往来的业务，按约定只填付款凭证。

不管是收款凭证、付款凭证，还是转账凭证，都有一些相同的要素：(1) 凭证名称；(2) 凭证编号；(3) 凭证编制日期；(4) 经济业务摘要；(5) 会计分录（科目名称和金额）；(6) 有关人员的签名盖章。

记账凭证填制完成以后，需要进行审核。一是外观审核，即凭证上的项目是否填写齐全，摘要填写是否规范，相关人员是否签名盖章，凭证是否依次编号，凭证后面是否附有原始凭证等；二是实质性审核，即附件内容与会计科目的选择是否相符，原始凭证的合计数是否等于记账凭证上的数据等。确保正确以后，才能登记到会计账簿中。

下面将明德复印社的经济业务加以细化，记录在记账凭证中。

收　款　凭　证

凭证号：

借方科目：库存现金或银行存款　　　　年　月　日　　　　附件__张

摘　要	贷　方		√	金　额									
	总账科目	明细科目		千	百	十	万	千	百	十	元	角	分

会计主管：　　　记账：　　　出纳：　　　审核：　　　制单：

付　款　凭　证

凭证号：

贷方科目：库存现金或银行存款　　　　年　月　日　　　　附件__张

摘　要	借　方		√	金　额									
	总账科目	明细科目		千	百	十	万	千	百	十	元	角	分

会计主管：　　　记账：　　　出纳：　　　审核：　　　制单：

转　账　凭　证

凭证号：

年　月　日　　　　附件__张

摘　要	总账科目	明细科目	√	借方金额										√	贷方金额									
				千	百	十	万	千	百	十	元	角	分		千	百	十	万	千	百	十	元	角	分

会计主管：　　　记账：　　　审核：　　　制单：

图 1-9　通用记账凭证样式

例 1-17

明德复印社20×8年1月2日收到银行转来的收款通知书，告知王五和赵六的投资款200 000元已到账。同时，王五和赵六将投资协议书交到公司。会计人员根据收款通知书和投资协议书、公证书共3张原始凭证，编制收款凭证（见图1-10）。

收 款 凭 证

借方科目：银行存款　　　　20×8年1月2日　　　　银收 1 号

摘要	贷方科目		金额											记账√
	总账科目	明细科目	亿	千	百	十	万	千	百	十	元	角	分	
收到王五、赵六投资各10万元	实收资本	王五				1	0	0	0	0	0	0	0	
		赵六				1	0	0	0	0	0	0	0	
合计					¥	2	0	0	0	0	0	0	0	

财务主管：　记账：　出纳：　审核：　制单：钱明　附件 3 张

图 1-10　银收1号收款凭证

例 1-18

明德复印社20×8年1月5日向李伟借入10万元，期限为1年，利率为6%。复印社会计人员根据收到的借款入账通知书，连同借款合同原始凭证，编制收款凭证（见图1-11）。

收 款 凭 证

借方科目：银行存款　　　　20×8年1月5日　　　　银收 2 号

摘要	贷方科目		金额											记账√
	总账科目	明细科目	亿	千	百	十	万	千	百	十	元	角	分	
收到向李伟的借款10万元，利率为6%	其他应付款	李伟				1	0	0	0	0	0	0	0	
合计					¥	1	0	0	0	0	0	0	0	

财务主管：　记账：　出纳：　审核：　制单：钱明　附件 2 张

图 1-11　银收2号收款凭证

例 1-19

明德复印社20×8年1月8日与蓝天电子商贸公司签订购买合同，购买3台电脑，价值4万元，2台复印机，价值5万元，1台打印扫描机，价值1万元。单位相关人员验收后，会计人员根据商贸公司开具的发票，编制付款凭证（见

图 1－12）。

付　款　凭　证

贷方科目：银行存款　　　　20×8 年 1 月 8 日　　　　银付　1　号

摘　要	借方科目		金　额											记账√
	总账科目	明细科目	亿	千	百	十	万	千	百	十	元	角	分	
从蓝天电子商贸公司购入电脑 3 台、复印机 2 台、打印扫描机 1 台	固定资产	电脑					4	0	0	0	0	0	0	
		复印机					5	0	0	0	0	0	0	
		打印扫描机					1	0	0	0	0	0	0	
合　计					¥	1	0	0	0	0	0	0	0	

财务主管：　　记账：　　出纳：　　审核：　　制单：钱明　　附件　1　张

图 1－12　银付 1 号付款凭证

例 1－20

明德复印社 20×8 年 1 月 20 日通过整理有关发票等得知：截至 1 月 20 日取得业务收入共计 8 万元，全部存入银行；相关费用（水电、耗材、通信等）共计 5 万元，通过银行存款支付。会计人员根据相关凭证，编制收款凭证 1 张和付款凭证 1 张（见图 1－13、图 1－14）。假设有关收入的原始凭证有 10 张，有关费用的原始凭证有 5 张，它们将作为记账凭证的附件。

收　款　凭　证

借方科目：银行存款　　　　20×8 年 1 月 20 日　　　　银收　3　号

摘　要	贷方科目		金　额											记账√
	总账科目	明细科目	亿	千	百	十	万	千	百	十	元	角	分	
汇总 1 月 10—20 日的收入共计 8 万元	主营业务收入						8	0	0	0	0	0	0	
合　计						¥	8	0	0	0	0	0	0	

财务主管：　　记账：　　出纳：　　审核：　　制单：钱明　　附件　10　张

图 1－13　银收 3 号收款凭证

付款凭证

贷方科目：银行存款　　　　20×8年1月20日　　　　银付 2 号

摘要	借方科目		金额											记账√
	总账科目	明细科目	亿	千	百	十	万	千	百	十	元	角	分	
汇总1月10—20日的费用共计5万元	主营业务成本						5	0	0	0	0	0	0	
合计						¥	5	0	0	0	0	0	0	

财务主管：　　记账：　　出纳：　　审核：　　制单：钱明　　附件 5 张

图1-14　银付2号付款凭证

例1-21

明德复印社20×8年1月21日接受现金捐赠，捐赠人已将2万元划入公司账户，编制收款凭证（见图1-15）；1月22日将赔偿款1 000元转入客户账户，编制付款凭证（见图1-16）。

收款凭证

借方科目：银行存款　　　　20×8年1月21日　　　　银收 4 号

摘要	贷方科目		金额											记账√
	总账科目	明细科目	亿	千	百	十	万	千	百	十	元	角	分	
接受现金捐款2万元	营业外收入	捐款利得					2	0	0	0	0	0	0	
合计						¥	2	0	0	0	0	0	0	

财务主管：　　记账：　　出纳：　　审核：　　制单：钱明　　附件 2 张

图1-15　银收4号收款凭证

付款凭证

贷方科目：银行存款　　　　20×8年1月22日　　　　银付 3 号

摘要	借方科目		金额											记账√
	总账科目	明细科目	亿	千	百	十	万	千	百	十	元	角	分	
赔偿客户资料损失费1 000元	营业外支出	赔偿损失						1	0	0	0	0	0	
合计							¥	1	0	0	0	0	0	

财务主管：　　记账：　　出纳：　　审核：　　制单：钱明　　附件 1 张

图1-16　银付3号付款凭证

例 1－22

明德复印社 20×8 年 1 月 25 日偿还李伟 2 万元借款。根据李伟的收据和汇款回单，编制付款凭证（见图 1－17）。

付　款　凭　证

贷方科目：银行存款　　　　20×8 年 1 月 25 日　　　　银付　4　号

摘　要	借方科目		金　额											记账√
	总账科目	明细科目	亿	千	百	十	万	千	百	十	元	角	分	
偿还李伟 2 万元借款	其他应付款	李伟					2	0	0	0	0	0	0	
合　计						¥	2	0	0	0	0	0	0	

财务主管：　　记账：　　出纳：　　审核：　　制单：钱明　　附件　2　张

图 1－17　银付 4 号付款凭证

例 1－23

20×8 年 1 月 31 日，李伟与明德复印社签订协议，同意将 5 万元借款转为对明德复印社的投资，编制转账凭证（见图 1－18）。

转　账　凭　证

20×8 年 1 月 31 日　　　　转字　1　号

摘　要	会计科目		借方金额											贷方金额											记账√
	总账科目	明细科目	亿	千	百	十	万	千	百	十	元	角	分	亿	千	百	十	万	千	百	十	元	角	分	
李伟借给明德复印社的 5 万元转为对明德复印社的投资	其他应付款	李伟					5	0	0	0	0	0	0												
	实收资本	李伟																5	0	0	0	0	0	0	
合　计						¥	5	0	0	0	0	0	0				¥	5	0	0	0	0	0	0	

财务主管：　　记账：　　审核：　　制单：钱明　　附件　1　张

图 1－18　转字 1 号转账凭证

例 1－24

明德复印社 20×8 年 1 月 26 日从银行提取 5 000 元现金，根据现金支票存根，编制付款凭证（见图 1－19）。

付款凭证

贷方科目：银行存款　　　　20×8年1月26日　　　　银付 5 号

摘要	借方科目		金额											记账√
	总账科目	明细科目	亿	千	百	十	万	千	百	十	元	角	分	
提取现金备用	库存现金							5	0	0	0	0	0	
合计							¥	5	0	0	0	0	0	

财务主管：　　记账：　　出纳：　　审核：　　制单：钱明　　附件 1 张

图 1-19　银付5号付款凭证

例 1-25

明德复印社20×8年1月31日购入电脑1台，价值1万元，用银行存款支付6 000元，用现金支付2 000元，余款2 000元1个月后支付。由于支付方式复杂，可填3张凭证，包括2张付款凭证和1张转账凭证，也可填1张通用记账凭证。下面是3张凭证，但实物只有1台电脑。值得注意的是，当同一笔业务需要编制几张不同的记账凭证时，可以采用分数编号法，如本例第1张编号为第9笔1/3号。在摘要栏内分别简写为$9\frac{1}{3}$，$9\frac{2}{3}$，$9\frac{3}{3}$，分母3表示这笔业务需要编制3张记账凭证，分子1，2，3分别表示第1，2，3张记账凭证（见图1-20～图1-22）。

付款凭证

贷方科目：银行存款　　　　20×8年1月31日　　　　银付6号$9\frac{1}{3}$

摘要	借方科目		金额											记账√
	总账科目	明细科目	亿	千	百	十	万	千	百	十	元	角	分	
购买电脑1台，分3张凭证，$9\frac{1}{3}$	固定资产	电脑						6	0	0	0	0	0	
合计							¥	6	0	0	0	0	0	

财务主管：　　记账：　　出纳：　　审核：　　制单：钱明　　附件 1 张

图 1-20　银付6号$9\frac{1}{3}$付款凭证

付款凭证

贷方科目：库存现金　　　　20×8年1月31日　　　　现付1号$9\frac{2}{3}$

摘要	借方科目		金额											记账√
	总账科目	明细科目	亿	千	百	十	万	千	百	十	元	角	分	
购买电脑1台，同一原始凭证，$9\frac{2}{3}$	固定资产	电脑						2	0	0	0	0	0	
合计							¥	2	0	0	0	0	0	

财务主管：　　记账：　　出纳：　　审核：　　制单：钱明　　附件 1 张

图 1-21　现付1号$9\frac{2}{3}$付款凭证

转 账 凭 证

20×8年1月31日　　　　　　转字2号$9\frac{2}{3}$

摘要	会计科目		借方金额											贷方金额											记账
	总账科目	明细科目	亿	千	百	十	万	千	百	十	元	角	分	亿	千	百	十	万	千	百	十	元	角	分	√
购买电脑1台，同一原始凭证，$9\frac{2}{3}$	固定资产	电脑						2	0	0	0	0	0												
	应付账款	蓝天电子商贸公司																	2	0	0	0	0	0	
合计							¥	2	0	0	0	0	0					¥	2	0	0	0	0	0	

财务主管：　　记账：　　审核：　　制单：钱明　　附件 1 张

图1-22 转字2号$9\frac{2}{3}$转账凭证

1.2.2 会计账簿

会计账簿是由相同格式的账页组成，连续、系统地记录某一类经济业务的簿籍（见图1-23）。一张记账凭证通常只能记录一笔经济业务，所以，记账凭证所记录的经济业务是零散的、不连续的。比如，一家企业一年总共购买了多少设备是不可能在记账凭证中反映出来的，不过将这家企业一年购买的所有设备记录在一本簿籍上，就可以清晰地反映出来，这体现出会计账簿连续、系统、全面的作用。将记账凭证的会计记录登记到会计账簿上的过程称为过账。

分 类 账 簿

总页号　　分页号

一级科目

子目或户名

年		凭证		摘要	借方											核对	贷方											核对	借或贷	余额											核对
月	日	字	号数		亿	千	百	十	万	千	百	十	元	角	分		亿	千	百	十	万	千	百	十	元	角	分			亿	千	百	十	万	千	百	十	元	角	分	

图1-23 会计账簿样式

会计账簿通常是按照会计科目来设置的，如银行存款日记账、固定资产账簿等。按登记的内容可将账簿分为序时账簿（日记账）、分类账簿和备查账簿。日记账就是按经济业务发生的先后顺序进行登记的账簿，由于现金和银行存款的收支比较频繁，一般把登记现金和银行存款的账簿称为日记账，实务中需要日清月结。分类账簿又分为总分类账簿和明细分类账簿，简称总账和明细账。在登记总账和明细账时要遵循平行登记的原则：依据相同，方向相同，时间相同，金额相等（总账的金额等于所属明细账金额之和）。备查账簿登记的内容较为丰富：一是不属于本企业，但存放在本企业的资产，如代为加工的各种原材料；二是便于管理的各种文件、合同，如发行股票时，需要登记每位股东的姓名、持股数量等。

下面是明德复印社的现金日记账和银行存款日记账（见图1－24、图1－25）。

现金日记账

第1页

20×8年 月	日	凭证 种类	凭证 号数	摘要	对方科目	借方（亿千百十万千百十元角分）	核对	贷方（亿千百十万千百十元角分）	核对	借或贷	余额（亿千百十万千百十元角分）	核对
				期初余额								
1	26	银付	5	提取现金备用	银行存款	500000					500000	
	31	现付	1	购买电脑1台	固定资产			200000			300000	
	31			本月合计		500000		200000			300000	
				过次页								

图1－24 现金日记账第1页

银行存款日记账

第1页

20×8年 月	日	凭证 种类	凭证 号数	摘要	对方科目	借方（亿千百十万千百十元角分）	核对	贷方（亿千百十万千百十元角分）	核对	借或贷	余额（亿千百十万千百十元角分）	核对
				期初余额								
1	2	银收	1	收到王五、赵六投资	实收资本	20000000					20000000	
	5	银收	2	收到李伟借款	其他应付款	10000000					30000000	
	8	银付	1	购买办公设备	固定资产			10000000			20000000	
	20	银收	3	截至1月20日取得的收入	主营营业收入	8000000					28000000	
	20	银付	2	截至1月20日支付的费用	主营营业成本			5000000			23000000	
	21	银收	4	接受现金捐款	营业外收入	2000000					25000000	
	22	银付	3	赔偿客户损失	营业外支出			100000			24900000	
	25	银付	4	偿还李伟借款	其他应付款			2000000			22900000	
	26	银付	5	提取现金备用	库存现金			500000			22400000	
	31	银付	6	购买电脑1台	固定资产			600000			21800000	
				本月合计		40000000		18200000			21800000	
				过次页								

图1－25 银行存款日记账第1页

1.2.3　财务报表

财务报表是综合全面反映企业财务状况和经营成果的表格文书。虽然会计账簿可以连续反映企业某一类经济业务（账户）的情况，但是仅限于单个账户，无法综合全面反映企业的财务状况。可将各个会计账簿（账户）的信息按照一定的方法填入财务报表相应的项目，最终产生一套完整的会计信息。

财务报表主要有资产负债表、利润表、现金流量表和所有者权益变动表。资产负债表的主要内容是资产、负债和所有者权益三大类项目。利润表的主要内容是收入和费用两大类项目。现金流量表主要反映企业各类现金的收入和支出情况。所有者权益变动表主要反映企业所有者权益的变动及其原因。第 3 章将介绍各种财务报表的主要功能、主要项目的概念及编制原则。

明德复印社发生了 9 笔经济业务，通过编制会计分录（记账凭证）和登记丁字账（会计账簿），明德复印社记录了全部经济业务。将记录经济业务的账户及其金额填入财务报表，就可以编制出资产负债表和利润表。为了便于编制明德复印社的财务报表，先用会计等式将各个账户的发生额直观地列示出来，如表 1－5 所示。

表 1－5　明德复印社经济业务汇总表　　金额单位：元

序号	摘要	资产			= 负债		+ 所有者权益	
		库存现金 +	银行存款 +	固定资产 =	应付账款 +	其他应付款 +	实收资本 +	留存收益
(1)	股东投资		200 000				200 000	
(2)	借款		100 000			100 000		
(3)	购买办公设备		－100 000	100 000				
(4)	取得收入		80 000					80 000
	支付费用		－50 000					－50 000
(5)	接受现金捐赠		20 000					20 000
	遭受损失		－1 000					－1 000
(6)	偿还借款		－20 000			－20 000		
(7)	债务转为投资					－50 000	50 000	
(8)	提取现金	5 000	－5 000					
(9)	购买设备	－2 000	－6 000	10 000	2 000			
	合计	3 000	218 000	110 000	2 000	30 000	250 000	49 000

将表 1－5 中的业务用会计账户的方式列示出来，如表 1－6 所示。

表 1－6　明德复印社会计账户信息　　金额单位：元

账户	本期发生额		期末余额	
	借方	贷方	借方	贷方
库存现金	5 000	2 000	3 000	
银行存款	400 000	182 000	218 000	
固定资产	110 000		110 000	
应付账款		2 000		2 000

续表

账户	本期发生额		期末余额	
	借方	贷方	借方	贷方
其他应付款	70 000	100 000		30 000
实收资本		250 000		250 000
营业收入		80 000		80 000
营业外收入		20 000		20 000
营业成本	50 000		50 000	
营业外支出	1 000		1 000	
合计	636 000	636 000	382 000	382 000

将表1-6中的收入和成本费用类账户及其金额按下面的格式进行编制，就可以得到利润表（见表1-7）。同样，将表1-6中的资产、负债和所有者权益类账户及其余额编制成表格，就可以得到资产负债表（见表1-8）。

表1-7 利润表

编制单位：明德复印社　　20×8年1月　　金额单位：元

项目	金额
一、营业收入	80 000
减：营业成本	50 000
二、营业利润	30 000
加：营业外收入	20 000
减：营业外支出	1 000
三、利润总额	49 000

表1-8 资产负债表

编制单位：明德复印社　　20×8年1月31日　　金额单位：元

资产	金额	负债和所有者权益	金额
货币资金*	221 000	应付账款	2 000
固定资产	110 000	其他应付款	30 000
		实收资本	250 000
		未分配利润	49 000
合计	331 000	合计	331 000

*货币资金221 000＝现金3 000＋银行存款218 000

说明：明德复印社的业务忽略固定资产折旧，固定资产折旧将在第2章涉及。

1.3 财务报告的目标与会计原则

1.3.1 财务报告的目标

财务报告主要包括财务报表和财务报表附注。财务报表包括资产负债表、利润表、现金流量表和所有者（股东）权益变动表。财务报表附注是对财务报表的具体解释和说明，包括编制财务报表所采用的会计政策、财务报表主要项目的构成和变化以及影响财务报表的重大事项。

财务报告的目标是向投资者、债权人以及其他有关方面提供对决策有用的会计信息，反映企业管理层受托责任的履行情况。对决策有用的会计信息包括企业的财务状况、经营成果以及现金流量的有关信息。决策有用性是指会计信息能够影响甚至改变投资者、债权人的决策。比如，对于投资者或潜在的投资者，会计信息应当有助于他们评价公司的投资价值，并用于制定买入或者卖出股票的决策；对于商业银行，会计信息应当能够帮助它们评价公司的偿债能力，并用于制定贷款决策；企业管理层可以运用会计信息对企业的运行状况进行评估，适时调整生产经营决策甚至是投资、重组等重大决策。会计信息的使用者很广泛，除了投资者和债权人，监管机构、供应商、客户、税务机关、研究人员等都是常见的会计信息使用者。不同的会计信息使用者有不同的目的，财务报告不可能逐一满足不同使用者的特定需求，而是要满足所有使用者的共同需求。通用的财务报告的目标是满足投资者、债权人等基本使用者的资源配置决策需要。

会计信息对资源配置发挥着重要的基础性作用。投资者希望通过会计信息发现有投资价值的公司，债权人希望通过会计信息鉴别有偿债能力的公司。如果会计信息能够为他们的决策提供帮助，会计信息就有助于提高资金的盈利能力、维护资金的安全，进而有利于整个社会的资源配置。因此，财务会计不仅是通用的商业语言，也是一个社会经济系统的基础设施。

企业需要定期对外提供财务报告。这里的定期是一个时间度量，可以按自然年度，也可以按月度或季度提供财务报告。通常将按年度提供的报告叫年度报告，简称年报；按半年度提供的报告叫半年度报告，简称中报；按季度提供的报告叫季度报告，简称季报；按月度提供的报告叫月度报告，简称月报。

企业在处理经济业务的同时，需要对经济业务进行甄别，使会计信息能够如实反映企业经济业务的实质。因此，财务会计本身就能够发挥控制作用，包括对资产的安全性、信息的可靠性和完整性以及企业经济活动的合规性等方面的控制作用。

1.3.2　会计假设

会计假设也称会计核算的前提条件，是对会计核算的空间范围和时间范围的界定。如果没有会计假设，会计信息的边界就会产生混乱。比如，明德复印社的股东王五买了一台彩电放在自己家里，这是王五的个人财产还是明德复印社的固定资产？再如，明德复印社计算利润的周期是多久？一年还是一个月？显然，这些问题不解决，就无法进行会计核算。

公认的会计假设有四个：会计主体、持续经营、会计期间和货币计量。

1. 会计主体

会计主体假设规定了会计核算和财务报告的范围，即哪些业务应当确认、计量并纳入财务报告，哪些业务不能确认、计量并反映在财务报告里。按照会计主体的要求，首先要区分企业和企业股东个人的业务。比如，股东个人的消费不能作为企业的经济业务。其次要区分企业与企业之间的业务。在开展会计工作的时候，要从本企业的立场分析问题，而不是从股东的角度甚至其他企业的角度分析问题。比如，明德复印社向A企业投资5万元。如果会计主体是明德复印社，该业务就是明德复印社的投资业务；如果会计主体是A企业，该业务则是融资业务。

2. 持续经营

持续经营假设是指在可预见的将来，预期企业不会破产清算或倒闭，即假定企业会一直经营下去。当然，有很多企业事实上做不到这一点，但在进行会计核算时，要假设该企业能够持续经营下去。持续经营就意味着企业的资产会按照原定用途继续使用，企业的业务循环也一直按照商业惯例周而复始。如果改变资产的用途，就意味着要改变资产计价方法，资产价值也会不同。

3. 会计期间

会计期间假设是在持续经营假设的基础上，人为地将企业持续的经营活动划分为相同的时间间隔，这个时间间隔短至一天，长至一年，主要目的是及时反映企业的财务状况和经营成果。如果是上市公司，需要按季度、半年度和年度对外公布财务报告。一季报报告的时间是1月1日至3月31日；半年报（也称为中报）报告的时间是1月1日至6月30日；三季报报告的时间是1月1日至9月30日；年报报告的时间是1月1日至12月31日，如图1-26所示。国外的财务报告时间可以是跨年的，比如当年4月1日至次年3月31日。

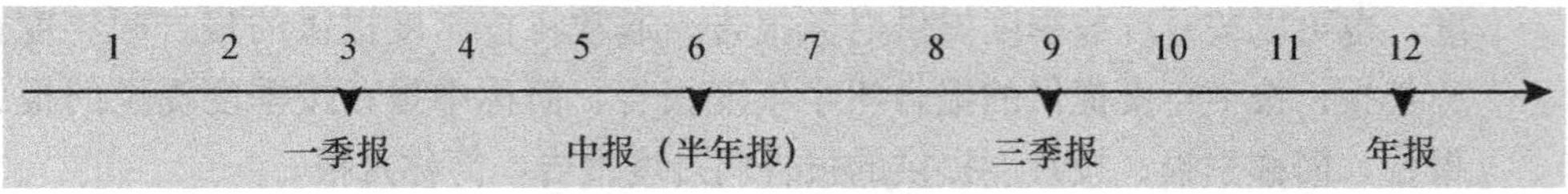

图1-26 上市公司定期编制会计报表时间

4. 货币计量

企业对外提供的信息都是综合的财务信息，实物数量的信息主要用于内部的管理和考核，因此需要一个统一的度量尺度，将不同的会计要素进行汇总，会计选择了统一的货币作为计价的单位。我国采用人民币进行计价，如果发生了以外币计价的业务，需要折算为人民币。

1.3.3 财务会计的主要原则

财务会计主要解决确认、计量、记录和报告四个问题。确认要解决“是什么”的问题，比如一项业务发生以后是确认为企业的资产还是费用。计量要解决“是多少”的问题，比如该资产或者费用的价值是多少。记录要解决“记录方法”的问题，比如是采用单式记账还是复式记账。报告要解决“以什么方式”对外报告的问题，包括报告的内容和形式，报告内容决定报告什么、不报告什么，报告形式的核心是分类问题。会计确认和会计计量也可以统称为会计核算。企业财务会计的原则很多都是针对具体经济业务，下面介绍的财务会计原则是基本的原则。

1. 权责发生制

企业的业务循环可能超过一年或者跨年度，但财务报告是定期的，到时间就要编报表。因此，可能出现这种情况：企业的业务循环还没有完成就需要编制报表了。比如，当年 11 月 20 日销售产品 20 万元，按照约定，第二年 1 月才能收回货款，当年 12 月 31 日编制财务报表时就会遇到一个问题：这笔销售收入是计入当年的财务报表还是等收到现金时再确认？

权责发生制是按照权利和义务关系的发生来记录会计事项的，与此相对应的收付实现制则是按照实际收付现金的标准来记录会计事项的。如果按照权责发生制，20 万元的收入就可以在当年确认，因为买卖双方的权利义务关系已经发生，只是没有收到现金，但是可以作为应收账款。如果按照收付实现制，当年就不能确认 20 万元的收入，只能等到第二年 1 月收到现金时再确认。

权责发生制不仅会产生应收应付项目，还会出现摊销、预提等会计事项。比如，明德复印社购买固定资产发生的现金支出 10 万元没有作为费用，而是形成了能够长期使用的固定资产，按照权责发生制的要求，长期使用的资产要在使用期限内分期摊销成本，固定资产的成本通过折旧的方法逐步摊销到各个使用期间。

权责发生制与收付实现制是会计中的重要概念，我们将在第 2 章结合具体例子详细介绍。

2. 历史成本计量与公允价值计量

历史成本是会计计量的一种方法。按照历史成本计价意味着经济业务按照发生时的成本计价，以后价格即使发生变化也不做账面调整。比如，明德复印社购买固定资产的成本是 10 万元，假设一年以后固定资产的价格上涨到 12 万元，明德复印社不需要将固定资产的账面价值调整到 12 万元。

历史成本计价的前提是持续经营，即假设企业在可预见的将来不会破产清算。企业购入固定资产是为了使用，在使用过程中发挥固定资产的作用并获得收益，而不是为了出售固定资产获得收益。

公允价值是会计计量的另一个重要方法。金融工具的大量出现对历史成本计量提出了挑战。很多金融工具，比如股票，流动性强，价格变化频繁，盈利方式体现为直接的买卖差价，历史成本计量不能及时反映金融工具的收益和风险，公允价值成为金融工具更恰当的计量方法。公允价值的一种表现形式就是市场价格。

按照公允价值计量要求已经在财务报表中确认的项目需要按照编表日的公允价值重新调整账面价值，公允价值与原来的账面价值的差额或者计入当期损益，或者计入其他综合收益。

第 3 章将结合资产计价方法详细介绍历史成本和公允价值计量。

3. 会计信息的可靠性与相关性

对决策有用的会计信息应当符合可靠性和相关性的要求。可靠性是指会计信息应当如实反映经济业务的实质，具有可验证性；相关性是指会计信息应当及时满足使用者的决策需要。可靠性与相关性有时是冲突的，历史成本计价和公允价值计价之间的争论就是这种冲突的典型代表：批评历史成本计价的人认为，历史成本是很早以前的信息，不能满足相关性的需要；批评公允价值计价的人认为，公允价值的弹性更大，容易被操纵，不满足可靠性的要求。

4. 可比性

会计信息的可比性包括两层含义：一是企业纵向的可比性，即对同一交易或事项在不同会计期间发生的处理要一致；二是横向对比，即在不同企业之间，对相同或相似的交易或事项的处理要一致。这样就能保证信息在企业内部和企业外部都具有可比性。

5. 稳健性

财务会计涉及资产的安全性、信息的准确性，因此，财务会计工作本身需要审慎，大胆冒进容易导致更多的风险。会计的稳健性要求企业不高估资产，不低估负债，不预计未来的收入，但可以预计未来的损失。稳健性并不意味着企业可以违反会计原则一味地追求稳健，而是指在使用会计原则时要保持稳健的态度。

6. 重要性

在合理的预期下，如果财务报表某项目的省略或错误会影响使用者据以做出的经济决策，该项目就具有重要性。重要性要求企业重视重要的会计事项，不能误导报表使用者。

重要性通常使用金额来表达，如净利润的1%，资产总额的5%，意思是如果报表项目的金额达到了这个水平，就是重要的，不能出现错报或者漏报；而如果在这个水平以下，错报或者漏报可以忽略。重要性也可以从报表使用者的角度来考虑，如果财务报表错报或者漏报的金额不足以影响报表使用者的决策，就是不重要的，可以忽略。

7. 实质重于形式

实际交易具有复杂性，如航空公司以租赁方式取得飞机，从法律意义上讲，只要还有一分钱没有付完，该飞机就不属于航空公司，但在会计实务中却将融资租入的飞机作为航空公司的固定资产进行核算。新租赁准则将融资租入固定资产列入使用权资产进行核算。

一味固守原则会使会计在具体的确认和计量上难以适从，于是就有了这个修订性的原则。这里的实质是指经济实质，形式是指法律形式。在对某些特殊业务进行判断时需要遵从实质重于形式的原则。

1.3.4 会计准则和其他会计法规

会计是在一定的规则下运行的。除了前面提到的基本会计原则，还有相关的法律法规、部门规章等进行约束和规范。

会计准则是会计确认、计量和报告的依据。我国制定会计准则的部门是中华人民共和国财政部，目前实施的 43 个会计准则是 2006 年 2 月发布、2014 年后修订和发布的，包括 1 个基本准则和 42 个具体准则。

基本准则主要规范了财务会计报告的目标，明确规定确认、计量和报告的基础是权责发生制，会计核算的前提（前述 4 个会计假设）以及借贷记账法；会计信息质量的要求；会计要素的定义；按会计属性进行计量及财务会计报告的具体内容。

具体会计准则有 42 个，主要规定企业发生的各类交易和事项的会计确认、计量和报告的具体要求。如主要资产、重大交易如合并、股份支付等；收入确认；政府补助；或有负债；建造合同；借款费用；外币折算；会计政策及会计变更等的确认、计量和相关信息的披露。

除了会计准则，财政部还制定了会计准则指南和解释，主要针对有关重点和难点问题提供示例，指导会计准则的实施。

我国规范会计行为的法律法规还包括全国人民代表大会常务委员会颁布的《会计法》和国务院颁布的《企业财务会计报告条例》等。此外，《公司法》《证券法》等也对企业会计行为做出了规定。

《会计法》是会计的根本大法，为确保统一的会计行为和财务报告提供了基本的法律框架。该法规定了企业会计行为和财务报告的范围以及使用的原则和要求，并要求企业确保披露的财务业绩是真实和公允的。

《公司法》明确了管理层的义务是确保财务报表的真实和可靠。

《证券法》规定了上市公司披露中报和年报的内容和时间，如果信息披露存在虚假记载、误导性陈述或者有重大遗漏，致使投资者在证券交易中遭受损失，发行人、承销的证券公司应当承担赔偿责任，负有责任的董事、监事、经理应当承担连带赔偿责任，对涉案公司和机构可处以 30 万～60 万元的罚款，对直接负责的主管人员和其他直接责任人员可以处以 3 万～30 万元的罚款。构成犯罪的，依法追究刑事责任。

国务院 2000 年 6 月下发、2001 年实施的《企业财务会计报告条例》是根据《会计法》制定的，核心是保证财务会计报告的真实、完整，适用于所有企业。该条例规定，企业不得编制和对外提供虚假的或者隐瞒重要事实的财务会计报告。该条例还强化了各方的责任。企业负责人对本企业财务会计报告的真实性、完整性负责。任何组织或者个人不得授意、指使、强令企业编制和对外提供虚假的或者隐瞒重要事实的财务会计报告。注册会计师、会计师事务所审计企业财务会计报告，应当依照有关法律、行政法规以及注册会计师执业规则的规定进行，并对所出具的审计报告负责。

税收征管在很大程度上依赖会计记录和档案，如果由于会计记录不完整、不准确导致少缴税甚至故意漏税，逃避税收监管，企业和相关责任人将承担经济责任，严重的将承担刑事责任。

此外，企业在海外资本市场融资还要接受当地会计准则和相关法规的监管。为了适应资本国际化和全球化的需要，各国会计准则都在努力与国际财务报告准则趋同。通过制定发布国际财务报告准则（International Financial Reporting Standards，IFRS），国际会计准则理事会（International Accounting Standards Board，IASB）在推动全球会计准则趋同方面发挥了积极作用。

1.3.5 会计信息与审计报告

企业以财务报表方式提供的会计信息是否客观公正地反映了企业的财务状况和经营成果，需要独立的第三方即注册会计师进行鉴证，通过鉴证出具审计报告。

审计报告是指注册会计师根据审计准则的规定，在实施审计工作的基础上对被审计单位财务报表发表审计意见的书面文件。包括标题，收件人，审计意见，形成审计意见的基础，管理层对财务报表的责任，注册会计师对财务报表审计的责任，按照相关法律法规的要求报告的事项（如适用），注册会计师的签名和盖章、会计师事务所的名称、地址和盖章以及报告日期。审计报告是由审计准则规定的标准格式，以下是立信会计师事务所为浙江森马服饰股份有限公司2018年年度报告出具的无保留审计意见的审计报告。

浙江森马服饰股份有限公司全体股东：

1. 审计意见

我们审计了浙江森马服饰股份有限公司（以下简称贵公司）财务报表，包括2018年12月31日的合并及母公司资产负债表，2018年度的合并及母公司利润表、合并及母公司现金流量表、合并及母公司股东权益变动表以及相关财务报表附注。

我们认为，后附的财务报表在所有重大方面按照企业会计准则的规定编制，公允反映了贵公司2018年12月31日的合并及母公司财务状况以及2018年度的合并及母公司经营成果和现金流量。

2. 形成审计意见的基础

我们按照中国注册会计师审计准则的规定执行了审计工作。审计报告的“注册会计师对财务报表审计的责任”部分进一步阐述了我们在这些准则下的责任。按照中国注册会计师职业道德守则，我们独立于贵公司，并履行了职业道德方面的其他责任。我们相信，我们获取的审计证据是充分、适当的，为发表审计意见提供了基础。

3. 关键审计事项

关键审计事项是我们根据职业判断，认为对本期财务报表审计最为重要的事项。这些事项的应对以对财务报表整体进行审计并形成审计意见为背景，我们不对这些事项单独发表意见。我们确定下列事项是需要在审计报告中沟通的关键审计事项。

关键审计事项	该事项在审计中是如何应对的
收入确认	
收入确认的会计政策详情及收入的分析请参阅合并财务报表附注“五、重要会计政策及会计估计”注释 28 所述的会计政策及“七、合并财务报表项目”注释 52。 贵公司于 2018 年度实现主营业务收入 15 616 316 444.05元，主营业务主要收入模式有加盟分销模式、直营模式、联营模式、电商直销模式、电商代销模式。加盟分销模式于商品发出时按照从购货方已收或应收的合同或协议价确认收入；直营模式于商品交付至消费者时按照实际收取的货款确认收入；联营模式依据联营条款，在实际销售时暂估确认收入，对账时按照结算清单的货款调整已确认收入；电商直销模式根据合同约定将产品交付给购货方且退货期结束后确认收入；电商代销模式根据合同约定将产品交付给购货方且收到代销清单后确认收入。由于收入是贵公司的关键业绩指标之一，收入确认的准确和完整对公司利润的影响较大。因此，我们将公司收入确认作为关键审计事项。	我们针对收入确认相关的上述关键审计事项执行的主要审计程序如下： 1. 了解和评价管理层与收入确认相关的关键内部控制的设计和运行有效性。 2. 选取样本检查销售合同，识别与商品所有权上的风险和报酬转移相关的合同条款与条件，评价收入确认时点是否符合企业会计准则的要求。 3. 结合产品类型对收入及毛利情况进行分析，判断本期收入金额是否出现异常波动的情况。 4. 对本年记录的收入交易选取样本，核对发票、销售合同及出库单，评价相关收入确认是否符合公司收入确认的会计政策。 5. 按照抽样原则选择客户样本，询证报告期内重要客户的应收账款余额及销售额，结合应收账款期后收款程序，确认收入的真实性。 6. 就资产负债表日前后记录的收入交易，选取样本，核对出库单及其他支持性文档，以评价收入是否被记录于恰当的会计期间。
存货跌价准备计提	
请参阅财务报表附注“五、重要会计政策及会计估计”注释 12 所述的会计政策及“七、合并财务报表项目”注释 7。 2018 年 12 月 31 日，贵公司合并财务报表中存货余额为 5 158 840 753.06 元，存货跌价准备余额为 741 347 304.57 元，账面价值为 4 417 493 448.49元，存货采用成本与可变现净值孰低进行计量，存货跌价准备计提是否充分对财务报表影响较大。 贵公司以库存商品的估计售价减去估计的销售费用和相关税费后的金额，确定其可变现净值。 管理层以库存商品的状态估计其预计售价，在估计过程中管理层需要运用重大判断。 2018 年 12 月 31 日存货账面余额重大，并且涉及可变现净值的估计，因此我们将其识别为关键审计事项。	我们就存货跌价准备实施的审计程序包括： 对贵公司存货跌价准备计提相关的内部控制的设计与运行进行了评估。 对贵公司的库存商品实施监盘，检查库存商品的数量及状态，并对库龄较长的库存商品进行检查。 获取贵公司库存商品跌价准备计算表，检查是否按贵公司相关会计政策执行，检查以前年度计提的存货跌价准备本期的变化情况等，分析存货跌价准备计提是否充分。 对于能够获取公开市场销售价格的产品，独立查询公开市场价格信息，将其与估计售价进行比较；对于无法获取公开市场销售价格的产品，将产品估计售价与最近或者期后的实际售价进行比较。 比较同类产品的历史销售费用和相关税费，对管理层估计的销售费用和相关税费进行评估，并与资产负债表日后的实际发生额进行核对。

4. 其他信息

贵公司管理层（以下简称管理层）对其他信息负责。其他信息包括贵公司 2018 年年度报告中涵盖的信息，但不包括财务报表和我们的审计报告。

我们对财务报表发表的审计意见不涵盖其他信息，我们也不对其他信息发表任何形式的鉴证结论。

结合我们对财务报表的审计，我们的责任是阅读其他信息，在此过程中，考虑其他信息是否与财务报表或我们在审计过程中了解到的情况存在重大不一致或者似乎存在重大错报。

基于我们已执行的工作，如果我们确定其他信息存在重大错报，我们应当报告该事实。在这方面，我们无任何事项需要报告。

5. 管理层和治理层对财务报表的责任

管理层负责按照企业会计准则的规定编制财务报表，使其实现公允反映，并设计、执行和维护必要的内部控制，以使财务报表不存在由于舞弊或错误导致的重大错报。

在编制财务报表时，管理层负责评估贵公司的持续经营能力，披露与持续经营相关的事项（如适用），并运用持续经营假设，除非计划进行清算、终止运营或别无其他现实的选择。

治理层负责监督贵公司的财务报告过程。

6. 注册会计师对财务报表审计的责任

我们的目标是对财务报表整体是否不存在由于舞弊或错误导致的重大错报获取合理保证，并出具包含审计意见的审计报告。合理保证是高水平的保证，但并不能保证按照审计准则执行的审计在某一重大错报存在时总能发现。错报可能由于舞弊或错误导致，如果合理预期错报单独或汇总起来可能影响财务报表使用者依据财务报表作出的经济决策，则通常认为错报是重大的。

在按照审计准则执行审计工作的过程中，我们运用职业判断，并保持职业怀疑。同时，我们也执行以下工作：

(1) 识别和评估由于舞弊或错误导致的财务报表重大错报风险，设计和实施审计程序以应对这些风险，并获取充分、适当的审计证据，作为发表审计意见的基础。由于舞弊可能涉及串通、伪造、故意遗漏、虚假陈述或凌驾于内部控制之上，未能发现由于舞弊导致的重大错报的风险高于未能发现由于错误导致的重大错报的风险。

(2) 了解与审计相关的内部控制，以设计恰当的审计程序，但目的并非对内部控制的有效性发表意见。

(3) 评价管理层选用会计政策的恰当性和作出会计估计及相关披露的合理性。

(4) 对管理层使用持续经营假设的恰当性得出结论。同时，根据获取的审计证据，就可能导致对贵公司持续经营能力产生重大疑虑的事项或情况是否存在重大不确定性得出结论。如果我们得出结论认为存在重大不确定性，审计准则要求我们在审计报告中提请报表使用者注意财务报表中的相关披露；如果披露不充分，我们应当发表非无保留意见。我们的结论基于截至审计报告日可获得的信息。然而，未来的事项或情况可能导致贵公司不能持续经营。

(5) 评价财务报表的总体列报、结构和内容（包括披露），并评价财务报表是否公允反映相关交易和事项。

(6) 就贵公司中实体或业务活动的财务信息获取充分、适当的审计证据，以对财务报表发表审计意见。我们负责指导、监督和执行集团审计，并对审计意见承担全部责任。

我们与治理层就计划的审计范围、时间安排和重大审计发现等事项进行沟通，包括沟通我们在审计中识别出的值得关注的内部控制缺陷。

我们还就已遵守与独立性相关的职业道德要求向治理层提供声明，并与治理层沟通可能被合理认为影响我们独立性的所有关系和其他事项，以及相关的防范措施（如适用）。

从与治理层沟通过的事项中，我们确定哪些事项对本期财务报表审计最为重要，因而构成关键审计事项。我们在审计报告中描述这些事项，除非法律法规禁止公开披露这些事项，或在极少数情形下，如果合理预期在审计报告中沟通某事项造成的负面后果超过在公众利益方面产生的益处，我们确定不应在审计报告中沟通该事项。

立信会计师事务所 中国注册会计师：蔡畅（项目合伙人）

（特殊普通合伙） 中国注册会计师：陶凌雪

审计报告表达的审计意见有两类，一类是标准无保留审计意见，另一类是非标准无保留审计意见。非标准无保留审计意见包括保留意见、否定意见和无法表示意见。

1. 无保留意见的审计报告

无保留意见是指当注册会计师认为财务报表在所有重大方面按照适用的财务报告编制基础的规定编制并实现公允反映时发表的审计意见。

被审计单位采用的会计处理方法遵循了会计准则及有关规定；财务报表反映的内容符合被审计单位的实际情况；财务报表内容完整，表达清楚，无重要遗漏；报表项目的分类和编制方法符合规定要求。

如果注册会计师认为有必要提醒报表使用者关注已经在报表中列报或披露的事项，并且这些事项对于报表使用者理解报表至关重要，注册会计师会专门增加强调事项段。虽然强调事项不足以使注册会计师出具非无保留意见的审计报告，但这些强调事项对于理解报表是有重大影响的。比如，天健会计师事务所对恒生电子股份有限公司2017年度财务报表出具的无保留意见审计报告中加了“强调事项段”，就中国证监会对其子公司杭州网络技术服务公司的行政处罚（没收违法所得109 866 872.67元、罚款329 600 618.01元）提醒报表使用者关注。

2. 保留意见的审计报告

如果认为财务报表整体是公允的，但是，充分有效的证据表明错报对财务报表产生了重大影响，或者，无法获得充分有效证据，未发现的错报可能对财务报表产生重大影响，对于这些错报或者可能的错报，注册会计师在发表审计意见时予以保留。

3. 否定意见的审计报告

如果充分有效的证据表明错报对财务报表产生了重大影响而且影响了整个报表的公允性，注册会计师将出具否定意见的审计报告。否定意见意味着整个财务报表没有公允反映企业的财务状况、经营情况和现金流量情况。

4. 无法表示意见的审计报告

如果无法获得充分有效的证据，但未发现的错报可能对财务报表产生重大影响而且影响整个财务报表，注册会计师将发表无法表示意见。尽管无法表示意见对财务报表的公允性未置可否，但报表使用者通常持负面看法，无法获得充分有效证据本身就存在问题。

1.4 内部控制制度与会计

内部控制制度是企业为保证合规有效经营、资产安全和信息可靠而制定的各部门、各岗位之间既分工负责又相互衔接的制度安排。比如采购业务，需要安排不同部门、不同岗位完成提出采购需求、批准、合同签订和审批、实施采购、验收、付款等各个环节。如果这些采购工作都由一个部门、一个人完成，显然是有制度缺陷的。

任何企业都需要建立与其环境、发展阶段相适应的组织结构以及权责安排，这既是专业化的要求，也是企业健康稳定运营的基础。权力集中有利于保证工作效率，但却不利于企业资产安全、合规经营。为此，企业需要在效率和控制之间找到恰当的均衡。

2001年12月和2002年6月，美国安然、世通等大公司相继爆出会计舞弊丑闻，促使人们思考为什么令人尊敬的大公司，在令人信任的会计师事务所的审计下，在令人称道的市场监管环境中，居然可以持续造假而不被发现。人们普遍认可的是，公司治理、内部控制制度等方面的缺陷是未能防范会计舞弊的重要因素。为了提高财务报告的可靠性和提振投资者对资本市场的信心，2002年7月30日美国《萨班斯-奥克斯利法案》正式发布，其中的404条款要求公司管理层对公司内部控制制度的完整性和有效性承担责任，并由注册会计师对公司内部控制制度的完整性和有效性发表审计意见。众多公司为此付出了高昂的成本。2008年5月，我国财政部、证监会、审计署、银监会、保监会联合发布《企业内部控制基本规范》，要求上市公司应当对本公司内部控制的有效性进行自我评价，披露年度自我评价报告，并可聘请具有证券、期货业务资格的会计师事务所对内部控制的有效性进行审计。

会计是内部控制制度的重要组成部分，没有会计职能的内部控制是不完整的，也是无效的。比如，收款或者付款环节是所有重要业务循环的一部分，也是资产安全、业务合规的重要控制因素。在记录确认经济业务时，相关的会计人员必须对业务发生的合规性、经济实质、确认和计量的可靠性等众多问题一一认定。因此，对经济业务进行记录的过程，也是对经济业务进行监督和控制的过程。

内部控制包括控制环境、风险评估、控制活动、信息与沟通、独立监督五个要素。控制环境是企业实施内部控制的基础条件，如治理结构、机构设置及权责分配、内部审计、人力资源政策、企业文化等。风险评估是企业识别、确认经营活动中与实现内部控制目标相关的风险，并合理确定风险的应对策略。控制活动是企业根据风险评估结果，采取相应的控制措施，将风险控制在可承受的范围之内。信息与沟通是企业及时、准确地收集、传递与内部控制相关的信息，确保信息在企业内部、企业与外部之间进行有效沟通。独立监督是独立地评价内部控制的有效性，发现内部控制缺陷时应当及时加以改进，独立监督一般由内部审计机构完成。

1.5　会计职业与职业素养

1.5.1　企业的财务会计工作

企业的财务会计工作包括的范围较为广泛，大致可以分为会计核算和财务管理两大类。会计核算主要涉及与会计信息处理相关的工作，如日常会计核算、编制报表、成本管理、税务管理等。财务管理主要涉及与资金和资产相关的工作，如筹集资金、投资管理、预算管理、资产管理等。除了具备会计专业知识，财务管理工作还需要掌握公司财务、投资以及金融等专业知识。

企业通常都设立了专业的会计部门，统一组织和管理财务会计工作。由于规模不同、行业不同，企业的会计部门也不同，有的企业将会计核算工作和财务管理工作分为两个部门，有的企业则只设一个部门，统一负责会计核算和财务管理工作。

1.5.2　会计职业与会计职业素养

1. 会计职业

会计职业是指会计人员所从事的工作，可以通过单位或组织设置的岗位来理解。一般而言，从职称序列看，有助理会计师、会计师、高级会计师。从行政职务看，有科员、科长、处长、财务经理、财务总监或总会计师等。各种职称资格的取得都要通过全国会计人员的职称考试。

尽管会计人员从事的工作都可以称为会计职业，但会计职业主要是指注册会计师的工作。注册会计师的审计工作是按照规定的审计标准对所审计的企业的财务报告发表意见，从而提高企业对外财务报告的可信度。在会计师事务所从事审计工作的专业人员大多具备注册会计师资格。取得注册会计师资格必须通过全国统一的注册会计师考试。

此外，还有很多工作需要具备会计专业知识，如财务分析、企业购并等。

可以看出，会计是一项专业性很强的工作，会计人员应当具备从事会计工作所需要的专业能力。

2. 会计职业素养

会计职业素养是指会计人员在从事会计工作中的行为规范，包括会计人员专业能力和会计职业道德。

（1）会计人员专业能力。会计学是一门专业性很强的学科，会计准则经常处于变化当中。在实践中，会计工作还具有很强的政策性和法规性。因此，会计人员不仅要掌握会计学的知识和方法，还要熟悉各种法规，如《税法》《合同法》《劳动合同法》《公司法》《证券法》等。

实践中，会计的确认和计量需要大量的职业判断，会计工作与企业的经济业务密切相关。因此，会计人员仅仅具备会计专业知识、熟悉法律法规是不够的，还需要了解、熟悉企业的经济活动、交易方式、商业模式、组织结构、技术特点、工艺流程、产品性能等多方面的信息和知识。只有这样，会计人员才能将会计专业知识用于实践，服务于企业决策。

此外，会计工作与战略、市场营销、人力资源等各职能领域的工作是相互影响的，会计人员应当学习、了解这些领域的知识和方法，将会计专业知识与相关的职能领域结合起来，发挥会计细致、系统、综合、全面、平衡的特长。

提高会计专业能力的渠道之一是通过考试获得专业资格，如会计职称考试、注册会计师考试、特许公认会计师（ACCA）考试、注册管理会计师（CMA）考试、国际内部审计师协会（IIA）内部审计师资格考试等。

(2) 会计职业道德。会计日常工作涉及企业各项财产物资、资金的进出，是企业的信息库。信息的可靠性与准确性与个人、集体、企业以及利益相关者的利益息息相关。因此，会计工作特别强调职业道德。

第一，会计人员要诚实守信。会计人员的使命是如实反映，任何歪曲、虚假的会计信息都与会计工作本身的要求相违背。要使会计信息如实反映经济业务，会计人员自己要首先做到诚实守信、尊重事实。

第二，会计人员要坚持原则。企业经济活动复杂多样，员工、管理者也会有个人利益的诉求，这就要求会计人员敢于坚持原则，旗帜鲜明地抵制不合法、不合规的事项。

第三，会计人员要有服务意识。会计是企业管理工作的一部分，会计的作用体现在投资、融资以及日常生产经营活动的时时处处，会计业务的处理是企业业务循环的一个环节，因此，会计人员要有周到、细致的服务意识，杜绝管卡思想，为提高决策质量和运营效率发挥作用。

第四，会计人员要洁身自好，以身作则，率先垂范。己不正，不足以正人。

第五，会计人员要保守企业的商业秘密，遵守企业的规章制度。企业的各种交易和活动最终都要表现在会计信息上，会计人员掌握着大量的商业信息，不经意时极容易泄露。会计人员要有保密意识，忠诚于自己所服务的企业，不做损害企业利益的事，也要避免产生利益冲突。

习　题

（一）辨析与思考

Q1-1 对经济组织形式及活动的辨认。

(1) 张三毕业以后得到家里 100 万元的支持，他思索了很久，这笔钱可以用来先买一套房，交个首付，也可以用来周游世界。最终他下定决心自己创业，准备到当地工商行政管理局注册一家公司。请从税收角度向张三建议：注册个人独资企业还是一人有限责任公司。他的这一行为属于投资行为吗？请查阅自 2000 年 1 月 1 日起施行的《个人独资企业法》和自 2018 年 10 月 26 日起施行的《公司法》。

(2) 6 位法学院的同学即将毕业，在一次卧谈会上有位同学发出倡议：成立一个律师事务所。这个提议得到大家的一致同意，每人表示愿出资 5 万元。请问这几位同学要成立的律师事务所采用什么样的组织形式较好？为什么？请参阅《律师法》。

(3) 一家科技有限责任公司在成立的 5 年时间里，经营非常顺利，利润每年都以 30%的比例稳步增长，公司管理层经过多次讨论以后，决定在国内创业板上市。请问在创业板上市后，公司的性质改变了吗？公司发行股票的行为属于投资活动还是筹资活动？

(4) 公司成立以后，购买各种设备、采购大量的原材料并组织生产，最后销售出去。公司开展的这些业务属于投资活动、筹资活动还是经营活动？

Q1－2　财务会计的目标就是定期向外提供财务报告，从这个意义上讲，会计主要是为满足会计信息使用者的决策需要。但会计人员又是信息最灵通的人，对企业经营活动中的各项资金进出了然于胸，因此，有人说会计具有控制作用。你是如何理解会计目标的？

Q1－3　如果企业资不抵债，进入破产清算程序，到底谁的权利更能得到优先保证？请看下面股东代表和债权人代表的争论：

股东代表：我们把钱投给企业，企业给我们的分红有时多，有时少，有时甚至连一分钱也没有，我们都没有什么意见，现在企业破产了，你们至少得把我们投的钱优先还给我们吧！

债权人代表：我们把钱借给你们，利息到现在一分也没有收到，我们平时并不参与你们的经营活动，企业现在变成这样，投资的一方也负有一定的责任，因此，公司的财产应该优先分配给我们。

请查阅《破产法》，回答破产企业的财产应该如何分配？债权人的权益是否优先于股东的权益？

Q1－4　两位同学在讨论会计信息的相关性和可靠性时争执起来。

同学 A：我认为企业对外披露的财务报告，其可靠性是最重要的。

同学 B：我认为会计信息的相关性更重要。如果会计信息十分可靠，但与我的决策不相关，可靠的信息又有什么用呢？

会计信息的可靠性与相关性是矛盾的吗？企业提供的会计信息能不能既可靠又相关呢？

Q1－5　假如甲公司的收入有 500 万元，其中有一笔 1 万元的货款还没有收回来，甲公司应及时对外报告吗？乙公司的收入只有 10 万元，其中有 1 万元没有收回来，乙公司应及时对外报告吗？

Q1－6　“意大利人很早就认识到会计对经商的重要性。巴其阿勒提出，凡是希望获得经营成功的商人，必须具备三个条件。其中最主要的是现款，或某些与此等值的经济实力；经商的第二个条件是商人必须是精明的会计员和敏捷的数学家；经商的第三个条件是所有商业事务必须采取有条不紊的方式加以记录，使商人能一目了然地了解自己的经营活动。应该采用借贷记账法，因为借贷记账法是记述经营活动最有效的方法……”——《巴其阿勒会计论》

请结合上面的论述，谈谈你对借贷记账法的认识。

Q1－7 公司业务人员出差回来到单位报销时，为什么会计一定要公司业务人员将机票、火车票、轮船票、地铁车票、公交车票、出租车票等原始凭证作为报销凭证？如果你要自己记账的话，需要像单位那样必须有原始凭证并严格审核吗？为什么？

Q1－8 注册会计师在为上市公司出具无保留意见的审计报告后，为什么上市公司还会被查出财务造假？谁应该对会计信息的真实性负最终的责任？

（二）练习题

E1－1 练习会计等式

某公司发生了如下业务：

（1）假设公司资产有100万元，当所有资产来自一人的投资时，所有者权益是多少？

资产(100万元)＝所有者权益(?万元)

（2）假设公司资产有100万元，50%来自投资者，50%来自银行，负债是多少？所有者权益是多少？

资产(100万元)＝负债(?万元)＋所有者权益(?万元)

（3）假设公司资产有100万元，70%来自投资者，30%来自银行，负债和所有者权益是多少？

资产(100万元)＝负债(?万元)＋所有者权益(?万元)

（4）假设公司资产有100万元，其中45万元来自投资者，负债是多少？

资产(100万元)－所有者权益(45万元)＝负债(?万元)

（5）假设公司资产有100万元，其中60万元来自银行，所有者权益是多少？

资产(100万元)－负债(60万元)＝所有者权益(?万元)

（6）公司原资产有100万元，50%来自投资者，50%来自银行。经过一年的经营公司赚了100万元的收入，当然代价也是有的，费用支出是50万元。会计等式还成立吗？公司经过一年的经营后资产是多少？

资产(?万元)＝负债(50万元)＋所有者权益(50万元)＋收入(100万元)
－费用(50万元)

(7) 假设情况与 (6) 相反，经营一年后费用是 100 万元，收入是 50 万元。企业的资产还剩下多少？

资产(?万元)=负债(50 万元)+所有者权益(50 万元)+收入(50 万元)
　　　　　　　−费用(100 万元)

要求：

请完成上述等式。

E1－2　练习会计分录和填制记账凭证

(1) 从银行提取现金 5 000 元。

(2) 向银行借入 3 个月短期借款 10 万元。

(3) 用现金购买 300 元办公用品。

(4) 公司开出转账支票 6 万元购买商品。

(5) 用现金支付交通部门违章罚款 200 元。

(6) 购买设备 4 万元，设备款尚未支付。

要求：

将上述经济业务先编成会计分录（忽略所有税费），再尝试设计并填制收款凭证、付款凭证和转账凭证。

(三) 案例

C1－1　甜甜水果店

小甜投资 6 万元于 20×7 年 6 月 1 日开了一家水果店，并在工商行政管理局登记注册为个体工商户。水果店主要经营一些时令水果，如苹果、香蕉、猕猴桃、橙子、橘子、菠萝、山竹、木瓜、葡萄等，并雇有一名员工。初始投资花费 36 000 元，主要用于装修，购买货架、计算机和电子秤。每月的房租 2 000 元，水电费 500 元，市场管理费 600 元，员工工资 2 000 元，每天为员工提供 15 元午餐，固定税费 400 元，运输费 1 600 元。由于滞销、短少、腐烂等造成的损失大约为整体进货成本的 15%，每天的毛收入 2 095 元，进货成本 1 500 元。小甜从来不记账，每天进货都直接支付现金，日子就这么一天天过着。小甜发现水果生意并不好做，好卖的水果往往货太少，自认为会卖得好的却发生了滞销，看着这些已经变了色、流着水的水果，小甜有些心灰意冷。水果店还要继续经营下去吗？这时她的一个朋友提出建议：在重量上做点手脚不就找补回来了吗？小甜心里咯噔一下，能这么干吗？经过激烈的思想斗争，她决定不做这种亏心事，即使自己干不下去，也坚决不这么做。

要求：

请你用本章所学知识将甜甜水果店的业务记录下来，编制一份简明利润表和资产负债表（初始投资可根据实际情况合理地设定使用年限），并回答下列问题：

(1) 甜甜水果店属于什么性质的组织形式？

(2) 甜甜水果店的利益相关者有哪些？

（3）尽可能在经营或财务方面为小甜提供一些建议。

（4）最后就小甜朋友的建议谈一谈你对诚信的认识。

C1-2 社会调查题

以小组（不超过5人）为单位，到学校周边进行实地访谈并调查一家商店的经营情况，将其主要业务记录下来。

第2章

一个完整的业务循环

学习目的

1. 通过了解一家简单的制造企业的业务循环掌握会计循环；
2. 熟练运用借贷记账法完整地记录一家企业的经济业务；
3. 加深对会计核算方法和财务报表编制过程的理解。

本 章 简 介

本章虚构了一家从事西服和旗袍制作的时代公司，从接受第一笔股东投资开始，历经原材料的采购、衣服的制作和销售，以及利润的计算与分配业务循环。运用借贷记账法，完成编制会计分录、登记会计账簿、编制财务报表的会计核算全过程。本章涉及的业务未考虑增值税，数据与实际情况有一定差距，所述方法适用于手工簿记。

会计主体：时代公司

会计期间：20×8年1月1日至20×8年12月31日

会计记账基础：权责发生制

记账本位币：人民币

2.1 资金循环与资金结算方法

2.1.1 资金循环

资金循环是指资金完成一次从货币资金到货币资金的转换过程。不同性质的企业完成一次资金循环的过程是不同的。商业企业的资金循环是从进货到销售；制造企业完成一次资金循环需经过进货、生产到销售的过程；金融企业如商业银行的传统存贷业务资金循环需要经过吸收存款、发放贷款、偿还储户资金、收回贷款的过程。资金完成一次循环所需的时间越短，表明企业的资金利用效率越高，经济效益越好。

以制造企业的资金循环为例。资金以货币资金为起点，在供应阶段因购买原材料将货币资金转化为储备资金（原材料等），在生产阶段将原材料投入生产而形成生产资金（在产品、半成品等），产品生产出来以后形成产成品资金（产成品），在销售阶段因销售商品而取得货币资金。从资金使用方式看，购买原材料可以理解为垫付资金，在生产阶段因消耗人力资源（支付工资）和物质资源（存货、固定资产折旧），垫付的资金加上新增的价值形成产成品资金。在销售阶段通过售价将产品的成本收回并形成利润，使资金形态回归到货币资金，在正常情况下，货币资金得到增值。制造企业的资金就是这样从采购、生产到销售一次次周而复始地循环，形成源源不断的资金流。图2-1是资金从采购到销售循环的示意图。

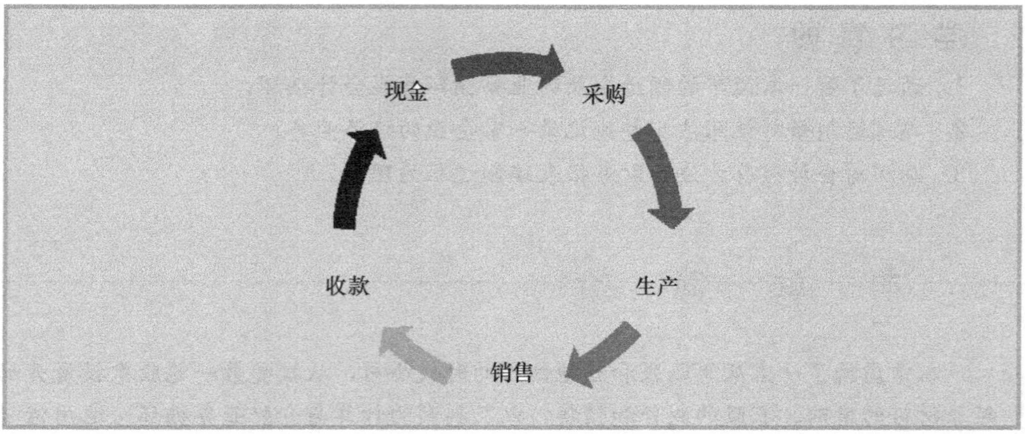

图2-1 制造企业资金循环示意图

2.1.2 资金结算方法

企业货币资金的收付称为资金的结算。按我国《现金管理暂行条例》的规定，结算点①以上的资金需通过银行转账结算。转账结算是指通过银行或网上支付平台将款项从付款单位账户划转到收款单位账户的货币收付行为。银行提供的资金结算方法主要有支票结算、银行汇票结算、银行本票结算、汇兑结算、托收承付结算、委托收款结算、商业汇票结算、银行卡结算、信用证结算等（见表2-1）。这些结算方法主要通过票据或非票据来完成，票据分为支票、汇票和本票。

因此，每个企业需要到银行开设账户，并指定一个基本账户用于提取现金或转账，其他账户只能用于转账。本章重点介绍时代公司选用的支票结算和商业汇票结算两种方法。②

---

① 结算点会随着经济总量的增加不断变化。1988年国务院发布的《现金管理暂行条例》规定的结算点是1000元。现在多数企业的结算点都超过了这一规定。

② 随着互联网安全性的进一步提高及新技术的广泛运用，电子票据、网上银行、第三方支付如支付宝、微信等方式使结算方法进一步简化，现有结算方法将逐步被新的结算方法取代。

表2-1 资金结算方法

序号	种类	概念	签发人	类别	起点额	有效期（从签发次日起）	适用范围
1	支票	由出票人签发，委托银行见票时无条件支付确定的金额给收款人或持票人的票据	出票人（存款人）	现金支票或转账支票	100元	10天	同城或异地
2	商业汇票	由出票人(付款人或收款人)签发，由承兑人承兑，并于到期日向收款人或被背书人支付款项的一种票据；承兑是指票据付款人承诺在到期日无条件支付汇票上载明的金额的行为	付款人或收款人	商业承兑汇票或银行承兑汇票	1 000元	6个月	同城或异地
3	银行汇票	由出票银行签发，由其在见票时按实际结算金额无条件支付给收款人或持票人的票据	银行	记名汇票	500元	1个月	同城或异地
4	银行本票	由银行签发，承诺自己在见票时无条件支付确定的金额给收款人或持票人的票据	银行	定额或不定额	100元	2个月	同城
5	汇兑	汇款人委托银行将款项支付给收款人的一种结算方式	汇款人	电汇或信汇	无规定		异地
6	委托收款	收款人委托银行向付款人收取款项的一种结算方式	收款人	电报（邮寄划回）	无规定		同城或异地
7	托收承付	根据购销合同由收款人发货后委托银行向异地付款人收取款项，付款人承诺付款的一种结算方式	收款人	邮寄或电报	10 000元（新华书店系统为1 000元）	验单3天、验货10天	异地
8	银行卡	由商业银行向单位或个人发行的具有消费信用、转账结算、存取现金等全部或部分功能的信用支付工具，分信用卡和借记卡	持卡人	信用卡（授信额度内先用后付）或借记卡（无透支功能）	无规定	根据客户信用额度不同，授信额度、时间不同	同城或异地
9	信用证	由开证银行依据申请人的申请开出，凭符合信用证条款的单据支付的付款承诺	银行	即期信用证、提货担保信用证、不可撤销信用证等	按实际金额	跟单，国内信用证的有效期最长不得超过6个月	国际结算为主，国内信用证结算始于1997年

1. 支票结算

支票是由出票人签发的，委托银行见票时无条件从其存款中支付确定金额给收款人或持票人的票据。支票结算适合同城或异地之间的商品交易、劳务供应和其他款项的结算。支票分为现金支票和转账支票：现金支票用于提取现金，从公司的基本账户中提取；转账支票用于转账，不能提取现金。支票的结算起点为100元，付款有效期为10天。如果企业签发空头支票，银行除退票，还处以票面金额5%的罚款，最低罚款额不低于1 000元，接受空头支票的持票人有权要求出票人支付支票金额2%的赔偿金。

（1）现金支票结算。

1）用现金支票提取现金。由公司出纳人员签发现金支票并加盖银行预留印鉴后收款人持票到开户银行提取现金，银行在验证相关证件后见票即付。

2）用现金支票向外单位或个人支付现金。由公司出纳人员签发现金支票并加盖银行预留印鉴和注明收款人后交收款人，收款人持现金支票到付款单位开户银行提取现金，并按照银行的要求交验有关证件。

（2）转账支票结算。

1）由签发人交收款人办理结算：①付款人签发转账支票给收款人；②收款人持票并填写进账单[①]到开户银行办理入账；③银行间（付款人开户银行与收款人开户银行）办理划拨；④收款人开户银行下发收款通知[②]。

2）由签发人交签发人开户银行办理结算：①签发转账支票并填写进账单办理转账；②银行间（双方开户银行）办理划拨；③收款人开户银行下发收款通知。

进账单（见图2-2）和收款通知都是重要的原始凭证。

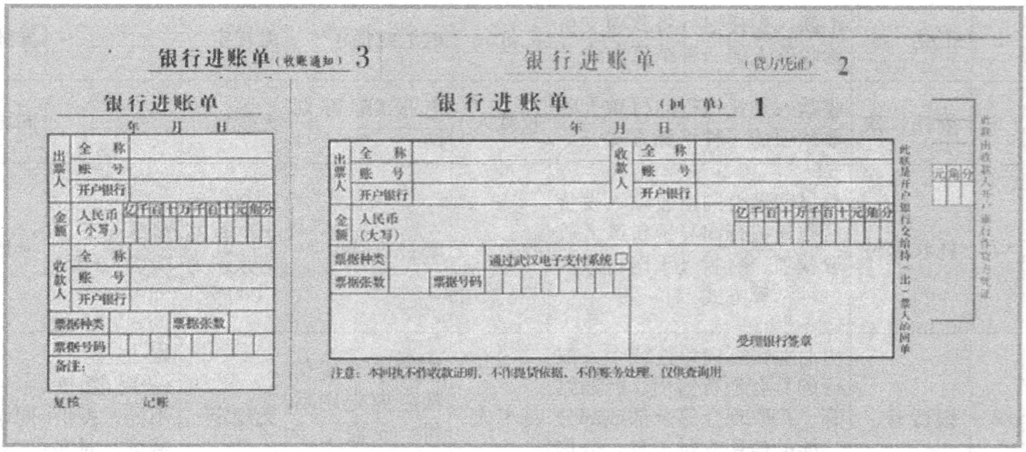

图2-2　银行进账单样式

2. 商业汇票结算

商业汇票结算是由出票人（收款人或付款人）签发商业汇票，承兑人承兑汇票，并于到期日向收款人或被背书人支付票据款项的一种结算方式。商业汇票按承兑人

---

① 单位将转账支票送存开户银行进账或将汇款或现金送存开户银行后都需要填写进账单，向银行办理进账手续。银行凭公司开具的进账单将款项记入公司的账户。因此，进账单第一联为回单或收款通知联，是收款人开户银行交给收款人的回单；第二联为收入凭证联，由收款人开户银行作收入传票。

② 收款通知是收款人开户银行在款项收到后向企业下发的通知，企业可据此增加自己的银行存款。

不同，分为商业承兑汇票和银行承兑汇票。承兑人为付款人（购货方）的称为商业承兑汇票，承兑人为银行的称为银行承兑汇票。由于银行的规模和信誉等因素，绝大部分企业使用银行承兑汇票。

商业汇票是一种延期票据，采用记名方式，适用于同城或异地，可以背书转让。① 承兑期限最长为 6 个月。商业汇票到期前，付款人应将票款交存开户银行，银行在汇票到期日无条件将款项划给收款人或被背书人。如果付款人到期无力支付票款，承兑银行应为付款人垫付票款给持票人，对付款人按承兑协议规定做逾期短期借款处理并加收罚息。

如时代公司向 X 公司采购原材料，需向对方支付货款，时代公司到其开户银行办理银行承兑汇票结算。具体步骤如下：

（1）签订交易合同。时代公司与 X 公司签订购买原材料的合同，销售方提出采用银行承兑汇票进行结算。

（2）签发汇票。付款方（时代公司）签发银行承兑汇票。银行承兑汇票一式四联：第一联为卡片，由承兑银行支付票款时作付出传票；第二联由收款人（X 公司）开户银行向承兑银行收取票款时作银行往来账付出传票；第三联为解讫通知联，由收款人开户银行收取票款时随报单寄给承兑银行，承兑银行作付出传票附件；第四联为存根联，由签发单位编制有关凭证。

时代公司在填制银行承兑汇票时，应当逐项填写签发日期，收款人和承兑申请人（付款单位）的单位全称、账号、开户银行，汇票金额大小写，汇票到期日，交易合同编号等内容，并在银行承兑汇票的第一联、第二联、第三联的汇票签发人盖章处加盖预留银行印鉴及负责人和经办人印章。

（3）汇票承兑。付款方（时代公司）在填制完银行承兑汇票后，应将汇票的有关内容与交易合同进行核对，核对无误后填制银行承兑协议，并在承兑申请人处盖单位公章。银行承兑协议一式三联，其内容主要是汇票的基本内容和汇票经银行承兑后承兑申请人应遵守的基本条款等。

承兑是一种法律行为，由付款人作出，表示其于到期日支付汇票金额的票据行为。实务中，银行承兑汇票的承兑文句，即“承兑”字样印在汇票的正面，如“本汇票已经承兑到期无条件付款”“本汇票已经承兑，到期日由本行付款”等，承兑人只需在承兑人签章处签章并在承兑日期栏填明承兑日期即可。

（4）支付手续费。按照银行承兑协议的规定，付款单位办理承兑手续后需向承兑银行支付手续费，由开户银行从付款单位存款账户中扣收。按照现行规定，银行承兑手续费按银行承兑汇票的票面金额的万分之五收取，每笔手续费不足 10 元的，按 10 元计收。

承兑期限最长不得超过 6 个月。承兑申请人在银行承兑汇票到期未付款的，按规定计收逾期罚息。

时代公司采用银行承兑汇票向 X 公司支付货款的程序如图 2－3 所示。

---

① 背书转让业务将在第 5 章介绍。

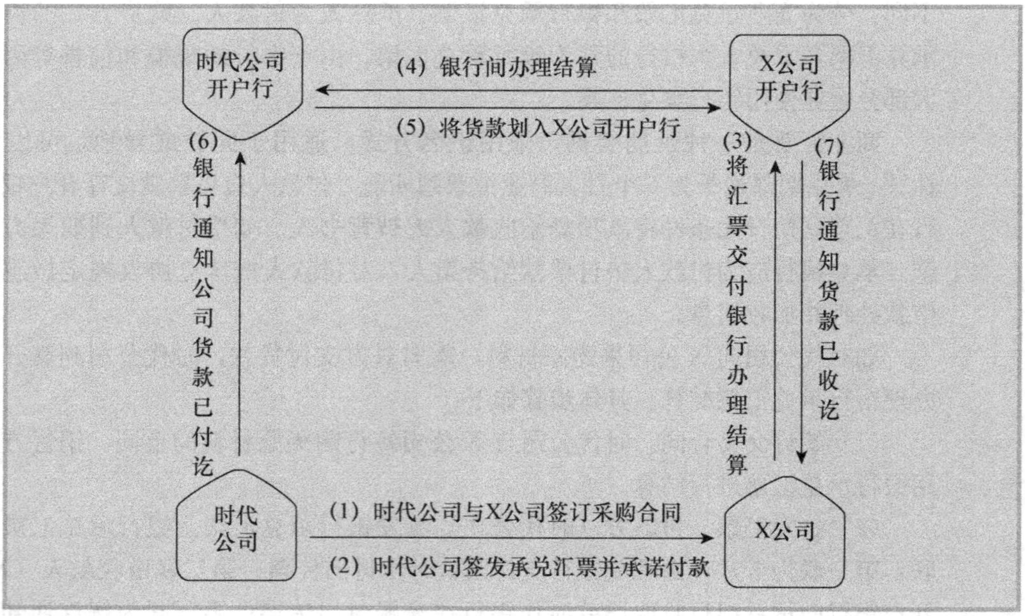

图2-3　银行承兑汇票结算程序

2.2 筹资活动的核算

2.2.1 来自投资者的资金

1. 投资主体及资金投入方式

任何个人、组织只要有合法的资金来源都可以从事一切法律允许的投资活动，从而成为不同的投资主体并享有责权利。根据《公司法》第二十七条的规定，股东的出资方式可以有货币出资和非货币出资。非货币出资方式下可以用实物、知识产权、土地使用权等可以用货币估价并且依法转让的非货币财产作价出资，其中法律法规规定不得作为出资的财产除外。企业在收到投资者的投资款以后应分别按投资者的身份进行记录：代表国家出资的形成国有资本；代表单位出资的形成法人资本；代表个人出资的形成个人资本；代表外资出资的形成外资资本等。

2. 吸收投资涉及的主要账户

当企业收到投资者投入的资金后，有限责任公司设置实收资本账户，股份有限公司设置股本账户进行核算。实收资本账户和股本账户属于所有者权益类账户，贷方登记增加额，借方登记减少额，余额在贷方。吸收投资的会计核算如图2-4所示。图中的资产可分别用库存现金、银行存款、固定资产、无形资产等账户进行核算。

实务中，会计人员需要收集资金投入的重要原始凭证，如投资协议书、资产评估报告、银行收款入账通知单等。

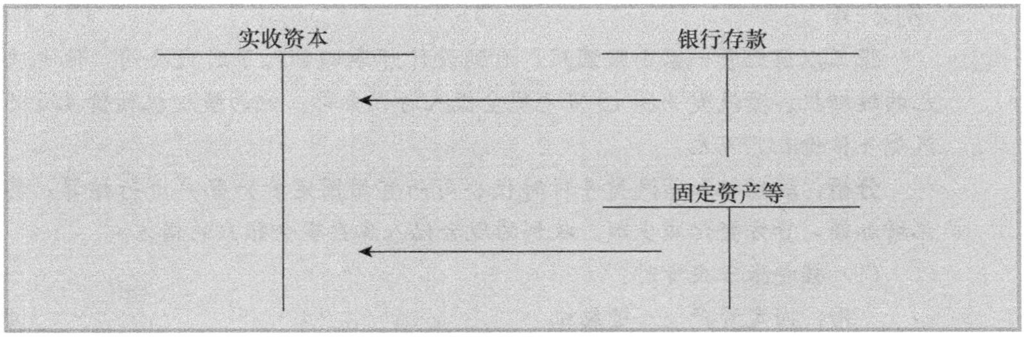

图2-4　吸收投资会计核算示意图

3. 吸收投资业务举例

王五和赵六在成功经营明德复印社的基础上，结识了服装设计师李四和一家小服装厂的老板张三。共同的兴趣和愿望使他们四人走到了一起，准备投资设立一家专门从事西服和旗袍加工与销售业务的公司，取名“时代公司”。

例2-1

王五和赵六各出资50万元投入时代公司，出资额已按投资协议规定的时间划转至时代公司账户。

分析：王五、赵六各投资50万元后就成为时代公司的个人股东，这100万元的出资额就成为时代公司的资本。时代公司收到银行的收款通知书后，在增加银行存款的同时，增加实收资本。实收资本需按股东姓名进行记录。

借：银行存款	1 000 000	
贷：实收资本——个人资本——王五		500 000
——个人资本——赵六		500 000

例2-2

明德复印社开出转账支票一张，向时代公司投资100万元。投资款已转入时代公司的账户。

分析：王五和赵六是个人投资者，而明德复印社以法人名义投资，需在实收资本账户下设法人资本二级账户进行记录。

借：银行存款	1 000 000	
贷：实收资本——法人资本——明德复印社		1 000 000

例2-3

李四是一位服装设计师，在某服装设计大赛中获得一等奖，他有志于服装行业，决定携带自己的作品（该作品已申请专利）加入公司。经评估机构估值及与时代公司股东商议，该作品作价30万元。

分析：李四携带自己设计的作品以著作权的方式加入时代公司，公司应该将该著作权作为无形资产入账（价值30万元），并增加实收资本30万元。

借：无形资产——著作权	300 000	
贷：实收资本——个人资本——李四		300 000

例2-4

张三以前经营一家小服装厂，看到设计师李四加入了时代公司，他也决定将自己的缝纫机、蒸汽熨斗和15万元现金投入时代公司。他的缝纫机估价4.5万元，蒸汽熨斗估价0.5万元。

分析：缝纫机和蒸汽熨斗对时代公司而言用固定资产账户进行核算，其借方登记增加额，贷方登记减少额。收到的现金记入库存现金账户的借方。

（1）接受张三投资时：

借：固定资产——缝纫机　　45 000

　　　　　　——蒸汽熨斗　　5 000

　　库存现金　　150 000

　贷：实收资本——个人资本——张三　　200 000

（2）按照国家对现金的管理规定，时代公司将15万元现金送存银行。

借：银行存款　　150 000

　贷：库存现金　　150 000

2.2.2 来自债权人的资金

时代公司的资金除来自股东，还从银行借入。会计人员需要收集公司与金融机构签订的各种借款合同、担保合同、借款到账的通知书等作为原始凭证。

例2-5

时代公司于4月1日向华夏银行借入期限为9个月、利率为6%、金额为20万元的借款，按照合约，华夏银行将钱划入时代公司指定的账户。

分析：这笔借款的期限只有9个月，可通过短期借款账户进行核算。利率在没有特别声明的情况下假设为年利率。

借：银行存款　　200 000

　贷：短期借款——华夏银行　　200 000

例2-6

时代公司于20×8年1月1日从中国工商银行借入有担保的借款300 000元。担保人为明德复印社，时代公司需按担保额的1%支付担保费。时代公司与中国工商银行签订的借款合同约定借款期限为2年，利率为8%，到期一次还本付息。

分析：这笔业务需编制两笔会计分录：一是按借款金额的1%支付担保费给明德复印社，担保费属于公司的融资费用，记入财务费用账户；二是记录负债的增加，由于借款期限是2年，设长期借款账户进行核算。

（1）担保费＝300 000×1%＝3 000（元），向明德复印社支付担保费时：

借：财务费用——担保费　　3 000

　贷：银行存款　　3 000

（2）收到银行入账通知时：

借：银行存款　　300 000

　贷：长期借款——中国工商银行　　300 000

时代公司到现在为止已筹集资金 265 万元。为了使生产顺利进行，时代公司在郊区购置废弃的车间作为制衣车间。招聘车间管理人员和工人、购买设备等工作都在紧锣密鼓地进行。

2.3 投资活动的核算

投资是一个宽泛的概念，既可以是企业对内投资，也可以是对外投资。本节所称投资活动是企业的对内投资，主要投资于厂房、机器设备等。会计人员需要收集房屋、设备等的购买合同，以及银行存款支付单等原始凭证作为记账的依据。

2.3.1 对内投资

对内投资主要投资于企业的厂房、生产设备等，供企业长期使用，通过固定资产账户进行核算。

例 2-7

时代公司与某厂经过几轮谈判后，以 120 万元购得其废弃的车间，作为时代公司的制衣车间。

分析：时代公司将购买的废弃车间作为制衣车间，这是公司的一项重要资产，用固定资产账户进行核算。

借：固定资产——厂房　　1 200 000

　贷：银行存款　　1 200 000

例 2-8

时代公司向一家缝纫机厂购买 10 台缝纫机和 5 只蒸汽熨斗。缝纫机每台 20 000 元，蒸汽熨斗每只 5 000 元。

分析：时代公司购进的缝纫机和蒸汽熨斗都属于固定资产。缝纫机的预计使用年限为 5 年，蒸汽熨斗为 4 年。需要按物品名称进行明细分类核算。

借：固定资产——缝纫机　　200 000（10×20 000）

　　　　　——蒸汽熨斗　　25 000（5×5 000）

　贷：银行存款　　225 000

为了支付一些日常的零星开支，时代公司从银行提取一部分现金。会计人员需填写现金支票，现金支票存根是重要的原始凭证。该业务不是投资业务，主要是为满足公司日常经营活动中现金支付的需要。

例 2-9

时代公司开出现金支票，从银行提取现金 10 000 元备用。

分析：从银行提取现金，库存现金账户余额增加，银行存款账户余额减少。

借：库存现金　　10 000

　贷：银行存款　　10 000

2.3.2 对外投资

对外投资主要是有价证券的购买及股权投资，此类业务相对复杂，将在第8章和第9章进行讲解。

2.4 经营活动的核算

经营活动是指企业日常进行的生产经营活动，包括原材料的采购、生产加工和销售。下面分别从供应阶段、生产阶段和销售阶段以及其他与经营活动有关的业务的角度对会计核算进行说明。

2.4.1 供应阶段的核算

1. 供应阶段的经济活动

供应阶段也称采购阶段，是货币转化为实物资产的过程。企业供应阶段的主要经济活动是根据生产计划采购各种原材料，以备生产所需。具体的经济活动包括选择供应商、签订合同、实施采购、验收入库、支付货款等。会计人员需要收集原材料采购合同、购买原材料的原始发票、运费结算单、保险单、海关单、原材料验收入库单、运输费用分配单等，以计算原材料的采购成本。

2. 供应阶段涉及的主要账户

企业采购原材料发生的成本通过在途物资账户进行核算，采购成本包括买价、运费、装卸费、税费、保险费等。在途物资是资产类账户，借方表示增加，贷方表示减少，会计期末若借方还有余额，则表示采购手续还没有完成，比如购买发票尚未取得，相关的其他费用尚未结算，或凭证（如入库单）尚未及时送达财务部门等。

采购成本按成本归属是否明确又分为直接采购成本和共同采购成本，原材料的买价是原材料的直接采购成本，如果多种原材料一起运送，发生的运输费用就属于共同采购成本，需要在各种原材料之间进行分配。在计算运输费用分配率时，要遵循合理、简单的原则，分配基础可以选用重量、体积、长度、成本等。

采用预付款方式购买原材料时，需设置预付账款账户进行核算；采用赊购方式购买原材料时，需设置应付账款账户进行核算；用票据结算时，需设置应付票据账户进行核算。

当原材料验收入库后，仓库保管员要及时将原材料入库单送交财务部门，财务部门根据原材料入库单将在途物资账户借方归集的所有已完成采购手续的采购成本进行结转①：从在途物资账户的贷方转入原材料账户的借方。供应阶段各账户之间的

---

① 这里所谓的结转主要是指账户间的结转，比较多见的是从一个账户的贷方转入另一个账户的借方，通常是从成本费用类账户的贷方结转到资产类账户的借方，例如：结转原材料的采购成本，借记原材料，贷记在途物资；结转完工产品的成本，借记库存商品，贷记生产成本。或是从资产类账户的贷方结转到成本费用类账户的借方，例如，结转已售产品的成本，借记主营业务成本，贷记库存商品。

关系如图 2-5 所示。

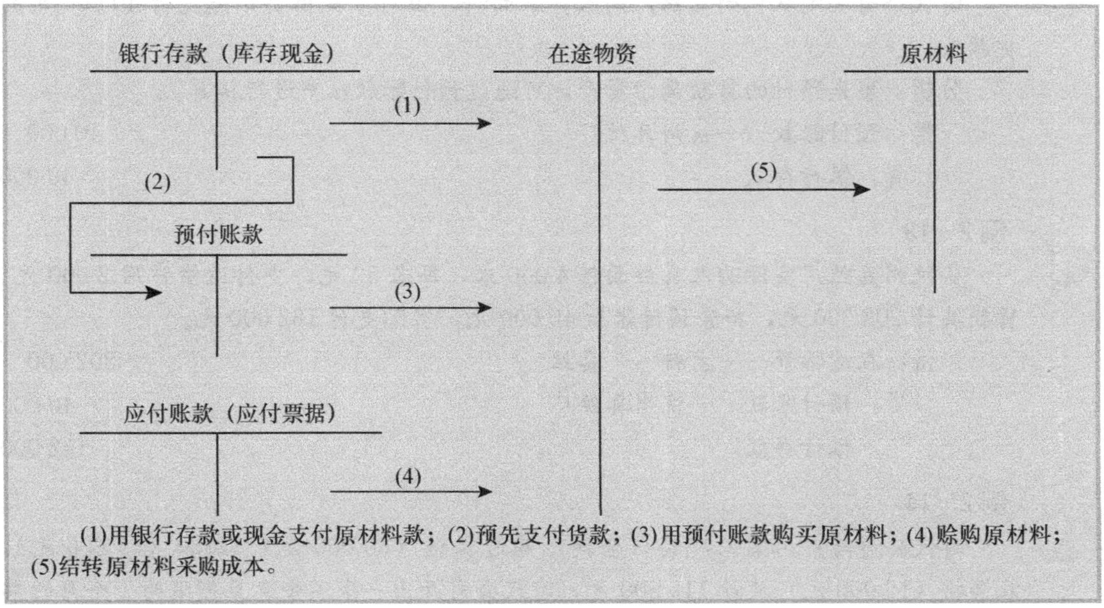

图 2-5 供应阶段的会计核算

3. 供应阶段业务举例

例 2-10

时代公司从上海购入西服毛料 6 000 米，每米价格 80 元，辅料（衬布）13 000 米，每米 15 元。货款通过银行转账支付。

分析：公司应将服装的面料和辅料分开核算，分别设主料和辅料两个明细账户。主料＝6 000×80＝480 000（元），辅料＝13 000×15＝195 000（元）。

借：在途物资——主料——毛料	480 000	
——辅料——衬布	195 000	
贷：银行存款		675 000

例 2-11

公司收到运输公司发来的运输费用结算单，上述运输费用共计 5 700 元，对方要求用现金结算。

分析：由于运输费用属于共同采购成本，需要由主料和辅料共同负担，可按布料的长度或重量来合理分配。

运输费用分配率＝运输费用/布料米数＝5 700/19 000＝0.3(元/米)

主料分担的运输费用＝6 000×0.3＝1 800(元)

辅料分担的运输费用＝13 000×0.3＝3 900(元)

借：在途物资——主料——毛料	1 800	
——辅料——衬布	3 900	
贷：库存现金		5 700

例 2-12

时代公司决定从杭州真丝厂购入真丝面料，但对方提出要预先支付40 000元的货款。

分析：事先预付的货款属于资产，可通过预付账款账户进行核算。

借：预付账款——杭州真丝厂　40 000
　贷：银行存款　40 000

例 2-13

从杭州真丝厂实际购入真丝面料4 000米，每米50元，支付运输费用2 000元。货款共计202 000元，扣除预付账款40 000元，实际支付162 000元。

借：在途物资——主料——真丝　202 000
　贷：预付账款——杭州真丝厂　40 000
　　　银行存款　162 000

例 2-14

时代公司与广州某工厂签订合同，购进拉链（60 000元）、纽扣（41 600元）、装饰物（15 000元）共计116 600元，时代公司开出一张不带息且期限为1个月的票据，全额为80 000元，另外36 600元承诺1个月后支付，运输费用由对方支付。

分析：时代公司购进的拉链等物品属辅料范围，在辅料明细账户中进行核算，80 000元记入应付票据账户的贷方，36 600元记入应付账款账户的贷方。

借：在途物资——辅料——拉链　60 000
　　　　　　——辅料——纽扣　41 600
　　　　　　——辅料——装饰物　15 000
　贷：应付票据　80 000
　　　应付账款　36 600

例 2-15

时代公司购买的主料和辅料都已验收入库，财会部门收到仓库保管员开具的原材料入库单（见表2-2）。经汇总，毛料成本为481 800元，真丝成本为202 000元，衬布成本为198 900元，辅料成本为116 600元，其中纽扣41 600元、拉链60 000元、装饰物15 000元。

表 2-2　时代公司原材料入库单

20×8年×月×日　　仓库：1号仓库

原材料名称	数量	单位	产地
毛料	6 000	米	上海
真丝	4 000	米	杭州
衬布	13 000	米	上海
拉链	5 000	条	广州
纽扣	26 000	粒	广州
装饰物	2 500	个	广州

仓库保管：陈功　　送料：李汉　　检验：王网

分析：原材料成本归集完成以后，凭入库单可以结转原材料的采购成本，从在途物资账户的贷方转入原材料账户的借方。

借：原材料——主料——毛料　481 800
　　　　——主料——真丝　202 000
　　　　——辅料——衬布　198 900
　　　　——辅料——纽扣　41 600
　　　　——辅料——拉链　60 000
　　　　——辅料——装饰物　15 000
　贷：在途物资——主料——毛料　481 800
　　　　　——主料——真丝　202 000
　　　　　——辅料——衬布　198 900
　　　　　——辅料——纽扣　41 600
　　　　　——辅料——拉链　60 000
　　　　　——辅料——装饰物　15 000

时代公司可据此编制一张原材料价目表，如表 2－3 所示。

表 2－3　时代公司原材料价目表

名称	单价（元）	单位
毛料	80.3	米
真丝	50.5	米
衬布	15.3	米
拉链	12.0	条
纽扣	1.6	粒
装饰物	6.0	个

制表：钱明　　　　复核：章良

2.4.2　生产阶段的核算

1. 生产阶段的经济活动

生产阶段是生产资料与劳动力相结合制造出产品的过程。生产阶段发生的经济活动主要是车间根据生产计划或产品订单填制领料单，从原材料仓库领取各种原材料，投入生产车间加工和生产。车间核算人员需在月末计算出工人的工资，各种水电的消耗，厂房、机器设备的折旧等费用，按生产产品的种类进行归集，计算出总的生产成本（制造成本）和单位成本。产品成本的计算是成本会计的核心内容，本书只按产品品种计算产品成本，更复杂的产品成本计算方法请参见成本会计教材。

生产阶段进行会计记录的原始凭证主要是内部填制的生产计划、领料单、工资结算单、折旧计提明细表、水电费清单、班组生产记录、制造费用分配表等。

2. 生产阶段涉及的主要账户

生产阶段需要设置生产成本账户来归集产品的生产（制造）成本。产品的生产成本包括直接材料成本、直接人工成本和间接费用（如制造费用）。生产成本账户通常按照产品品种设置明细账户。直接材料和直接人工成本按照相应的产品品种进行归集。

制造费用是车间组织生产活动而发生的费用，包括车间发生的办公费、折旧费以及车间管理人员薪酬等，是一项间接费用，是生产成本的组成部分。因此，在归集完制造费用后，要按适当的分配基础，将制造费用分配给各种产品，按分配的金额借记生产成本，贷记制造费用。如果只生产一种产品，制造费用就全部转入该产品的成本；如果生产两种以上产品，就需要在各产品之间进行分配。

产品完工并且经检验合格后转入库存商品账户的借方，形成可供出售的商品。生产阶段各账户之间的关系如图2-6所示。

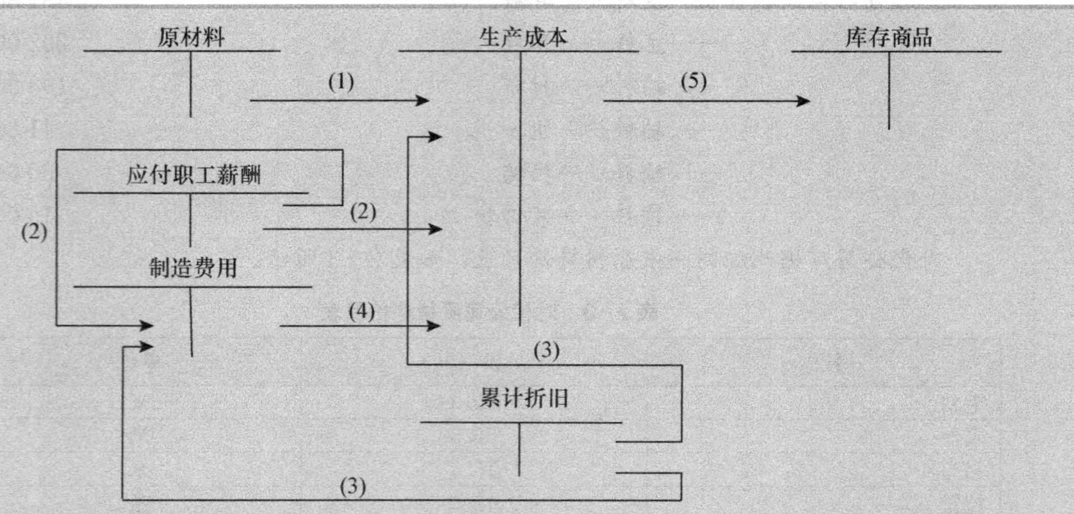

(1)生产领用原材料；(2)将工资计入成本、费用；(3)计提折旧；(4)将制造费用结转至生产成本；(5)将已完工产品成本结转至库存商品。

图2-6 生产阶段的会计核算

3. 生产阶段业务举例

例2-16

时代公司按计划生产2 000套西服和2 000件旗袍。车间填制的领料单如表2-4所示。

表2-4 时代公司领料单

领料单位：制衣车间　　20×8年×月×日　　仓库：1号仓库

项目	西服		旗袍	
	数量	单位	数量	单位
毛料	6 000	米		
真丝			4 000	米
衬布	5 000	米	4 000	米
拉链	2 000	条	2 000	条
纽扣	20 000	粒	6 000	粒
装饰物			2 000	个

领料人：吴非　　仓库保管：陈功　　复核：章良

根据领料单和表 2－3 中的原材料单位成本，可以确定西服和旗袍两种产品的原材料成本（见表 2－5）。

表 2－5　时代公司原材料成本计算表

20×8 年×月×日　　　　金额单位：元

名称	西服			旗袍			合计
	数量	单价	金额	数量	单价	金额	
毛料（米）	6 000	80.3	481 800				481 800
真丝（米）				4 000	50.5	202 000	202 000
衬布（米）	5 000	15.3	76 500	4 000	15.3	61 200	137 700
拉链（条）	2 000	12.0	24 000	2 000	12.0	24 000	48 000
纽扣（粒）	20 000	1.6	32 000	6 000	1.6	9 600	41 600
装饰物（个）				2 000	6.0	12 000	12 000
合计			614 300			308 800	923 100

制表：钱明　　　　复核：章良

分析：要计算西服和旗袍的成本，需设置生产成本账户进行核算，该账户的借方归集产品消耗的各种主辅材料、人工成本等，按产品设置明细账户。从仓库中领用原材料，记入生产成本账户的借方、原材料账户的贷方。

借：生产成本——西服　　614 300
　　　　　　——旗袍　　308 800
　贷：原材料——主料——毛料　　481 800
　　　　　　——主料——真丝　　202 000
　　　　　　——辅料——衬布　　137 700
　　　　　　——辅料——拉链　　48 000
　　　　　　——辅料——纽扣　　41 600
　　　　　　——辅料——装饰物　　12 000

例 2－17

时代公司在郊区租用房屋作为办公和仓库用房，与房东签订为期 2 年的合同，租金采用现金结算，每年的租金费用为 30 000 元，需一次性付清两年的房租 60 000 元。

分析：公司支付的两年房租属于预付性质，随着使用逐渐转化为费用。由于要支付现金，公司在处理这笔业务时需先从银行提取 6 万元现金。

（1）提取现金时：

借：库存现金　　60 000
　贷：银行存款　　60 000

（2）支付房租时：

借：预付账款——房租　　60 000
　贷：库存现金　　60 000

例 2－18

时代公司全年的水电费为 50 000 元，用银行存款支付。假定水电费的明细情况（实务中可能无法精确划分）如表 2－6 所示。

表 2－6　时代公司水电费明细表　　金额单位：元

生产车间	39 900
其中：西服	25 100
旗袍	14 800
车间行政部门	5 000
厂部办公部门	3 100
仓库	2 000
合计	50 000

制表：钱明　　复核：章良

分析：产品消耗的水电费记入生产成本（西服和旗袍），车间行政部门消耗的水电费记入制造费用账户，厂部办公部门和仓库消耗的水电费记入管理费用账户。金额分别为 39 900 元、5 000 元和 5 100 元。

借：生产成本——西服——水电费　　25 100
　　　　　　——旗袍——水电费　　14 800
　　制造费用——水电费　　5 000
　　管理费用——水电费　　5 100
　贷：银行存款　　50 000

例 2－19

时代公司拥有的固定资产如表 2－7 所示。固定资产折旧采用直线法，按月计提折旧。

表 2－7　时代公司固定资产目录

项目	历史成本（元）	预计使用年限（年）	残值（元）
厂房	1 200 000	30	60 000
缝纫机	245 000	5	5 000
蒸汽熨斗	30 000	5	0

制表：钱明　　复核：章良

分析：固定资产年折旧额＝(1 200 000－60 000)/30＋(245 000－5 000)/5＋30 000/5＝38 000＋48 000＋6 000＝92 000（元）。

由于固定资产的使用时间比较长，其成本需要在固定资产的有效使用期间进行系统合理的分配，会计将每期分配到费用中的固定资产成本取名“折旧”。换句话说，折旧是对固定资产成本的分配。每期的分配额即每期要计提的折旧额。具体分配方法请参见第 7 章。

对固定资产成本进行分配的过程在会计上叫计提折旧。计提折旧就是将资产转化为费用的过程，按每期的折旧额记入生产成本等成本费用类账户的借方，同时记入累计折旧账户的贷方。累计折旧是固定资产的备抵账户，起冲减固定资产的作用，反映到现在为止有多少固定资产的成本已经转化为费用。

根据上述计算，时代公司厂房的折旧额为 38 000 元，由于厂房与车间管理用房在一起，假定办公用房分担 3 000 元，剩余 35 000 元由西服和旗袍承担（假定分配比例为 6∶4，则西服承担 21 000 元，旗袍承担 14 000 元）。缝纫机和蒸汽熨斗的折旧额共 54 000 元（假定分配比例为 6∶4，则西服承担 32 400 元，旗袍承担 21 600 元）。①

借：生产成本——西服　　53 400
　　　　　　——旗袍　　35 600
　　制造费用　　3 000
　贷：累计折旧　　92 000

例 2-20

时代公司采用直线法对无形资产进行摊销，摊销时间为 3 年。

分析：无形资产年摊销额＝300 000/3＝100 000（元）。

无形资产的摊销可以比照固定资产折旧的处理，设置累计摊销账户进行核算，根据谁受益谁负担的原则，记入相关成本费用类账户。由于时代公司的这项无形资产是为服装所做的设计，应该由生产的产品来承担，直接记入生产成本账户的借方（假定西服和旗袍按 6∶4 的比例分配）。②

借：生产成本——西服　　60 000
　　　　　　——旗袍　　40 000
　贷：累计摊销——著作权摊销　　100 000

例 2-21

时代公司经过两个月的经营，发现流动资金非常紧张，管理上也有些疏漏。公司决定找个清静的地方开会、总结。会议费共计 3 000 元。

分析：公司开会的支出可列入管理费用。

借：管理费用——会议费　　3 000
　贷：银行存款　　3 000

例 2-22

时代公司 1 月工资总额为 60 000 元，其中厂部管理人员工资 20 000 元，车间管理人员工资 4 000 元，工人工资 36 000 元（西服和旗袍按 6∶4 的比例分配）。每月末将工资计入成本，并将工资划入职工工资卡。

分析：管理人员工资在管理费用账户中列支，工人的工资列入生产成本账户。

---

① 实务中如果无法详细划分，也可将厂房、机器、设备等的折旧全部计入制造费用，再按一定的比例在所生产的产品之间进行分配。

② 按照会计准则，无形资产的摊销计入管理费用。由于时代公司的服装设计著作权用途明确，这里直接将无形资产的摊销计入产品成本。由于服装业是一个时尚产业，在人们追求个性化的今天，服装设计的成本占服装成本的比重逐年上升，特殊定制的设计成本会更高。

(1) 每月计算工资费用时，按照人员归属部门记入相应账户。

借：管理费用——薪酬 20 000
　　制造费用——薪酬 4 000
　　生产成本——西服——薪酬 21 600
　　　　　　——旗袍——薪酬 14 400
　贷：应付职工薪酬 60 000

(2) 将工资划入职工账户时：

借：应付职工薪酬 60 000
　贷：银行存款 60 000

假定以后每月工资不变，需要按月编制相同的会计分录。为了简化起见，将后11个月的工资加总编制一笔会计分录。11个月的工资总额=60 000×11=660 000（元），其中厂部管理人员工资=20 000×11=220 000（元），车间管理人员工资=4 000×11=44 000（元），生产西服人员工资=21 600×11=237 600（元），生产旗袍人员工资=14 400×11=158 400（元）。

(3) 借：管理费用——薪酬 220 000
　　　制造费用——薪酬 44 000
　　　生产成本——西服——薪酬 237 600
　　　　　　　——旗袍——薪酬 158 400
　　贷：应付职工薪酬 660 000

例2-23

时代公司的供货商前来洽谈业务，公司宴请花费800元。公司购买办公用品支付600元。以上均通过现金进行支付。

分析：这笔餐费属于公司开展正常业务所需，记入管理费用账户的借方；办公用品也记入管理费用账户的借方。

借：管理费用——业务招待费 800
　　　　　　——办公用品 600
　贷：库存现金 1 400

例2-24

期末，时代公司将制造费用进行归集，共计56 000元，全部转入生产成本。公司共生产4 000件（套）服装，其中西服2 000套，旗袍2 000件。

分析：制造费用属于间接（共同）费用，需要在所生产的产品之间进行分配。可选择适当的分配标准，如产品数量、机器小时数等。本例按产品数量进行分配。制造费用分配率的计算及产品分担的金额如表2-8所示。

借：生产成本——西服 28 000
　　　　　　——旗袍 28 000
　贷：制造费用 56 000

表 2-8　时代公司制造费用分配表　　　　金额单位：元

制造费用		分配率	生产成本		
项目	金额		产品	数量	金额
水电费	5 000	56 000/4 000= 14/件（套）	西服（套）	2 000	28 000
折旧	3 000		旗袍（件）	2 000	28 000
工资	48 000				
合计	56 000		合计	4 000	56 000

制表：钱明　　　　复核：章良

例 2-25

时代公司生产的 2 000 套西服和 2 000 件旗袍已全部完工，结转产品的生产成本。归集生产成本如表 2-9 所示。

表 2-9　产品生产成本计算表　　　　金额单位：元

项目	生产成本		合计
	西服	旗袍	
原材料	614 300	308 800	923 100
水电费	25 100	14 800	39 900
折旧	53 400	35 600	89 000
无形资产摊销	60 000	40 000	100 000
薪酬	259 200	172 800	432 000
制造费用	28 000	28 000	56 000
合计	1 040 000	600 000	1 640 000
数量	2 000 套	2 000 件	
单位成本	520/套	300/件	

制表：钱明　　　　复核：章良

分析：时代公司全年共生产西服 2 000 套，旗袍 2 000 件，生产西服的成本为 1 040 000 元，生产旗袍的成本为 600 000 元。从生产成本账户的贷方转入库存商品账户的借方。

借：库存商品——西服　　1 040 000
　　　　　　——旗袍　　600 000
　贷：生产成本——西服　　1 040 000
　　　　　　——旗袍　　600 000

2.4.3　销售阶段的核算

1. 销售阶段的经济活动

销售阶段的经济活动主要是将生产出来的产品销售出去，是商品转化为货币的过程。在产品销售的过程中还会发生一些推销费用，最典型的是各种宣传和广告费用等。在这个阶段，一方面企业按产品售价取得销售收入，另一方面要将已售产品的成本进行结转，以方便利润的计算。推广宣传活动不一定都发生在产品生产完成之后。

会计人员需要收集销售合同、销售发票、产品出库单以及各种宣传制作、广告的支付凭证等原始凭证作为记账依据。

2. 销售阶段涉及的主要账户

由于时代公司的主要业务是服装的生产和销售，销售服装取得的收入是公司的主要收入来源，因此公司设置主营业务收入账户核算已售出产品取得的收入，并将已售产品的成本结转至主营业务成本账户的借方。此外，一切为推销产品发生的费用需要单独设置销售费用账户进行核算。在销售过程中，企业会针对不同的客户采用不同的销售政策，有现销、赊销和预收货款等形式，涉及库存现金、银行存款、应收账款、应收票据、预收账款等账户。销售阶段各账户之间的关系如图2-7所示。

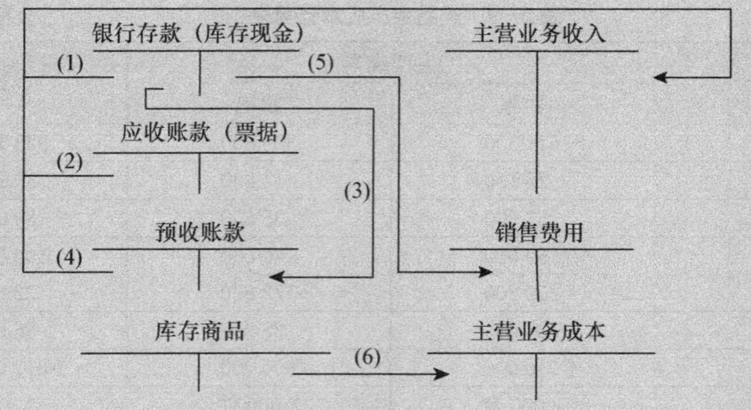

(1)采用现销方式销售产品；(2)采用赊销方式销售产品；(3)预收客户货款；(4)将预收账款转为营业收入；(5)支付销售费用；(6)结转已售产品成本。

图2-7 销售阶段的会计核算

3. 销售阶段业务举例

例2-26

时代公司销售西服1 400套，每套1 300元；旗袍1 400件，每件900元。货款均已存入银行。

分析：公司销售商品取得的收入，在借记银行存款的同时，贷记主营业务收入。西服收入1 820 000元（1 400×1 300），旗袍收入1 260 000元（1 400×900）。

借：银行存款	3 080 000	
贷：主营业务收入——西服		1 820 000
——旗袍		1 260 000

例2-27

时代公司10月1日销售西服200套，每套1 300元；旗袍200件，每件900元。公司收到一张面值为440 000元、利率为4%、期限为6个月的票据。

分析：公司销售商品虽未收到银行存款，但获得了 6 个月后收取 44 万元的权利，应记入应收票据账户的借方，同时，记入主营业务收入账户的贷方。西服收入 260 000 元（200×1 300），旗袍收入 180 000 元（200×900）。

借：应收票据　　440 000
　贷：主营业务收入——西服　　260 000
　　　　　　　　——旗袍　　180 000

例 2－28

时代公司销售西服 200 套，每套 1 300 元；旗袍 200 件，每件 900 元。客户承诺 2 个月后支付货款。

分析：公司销售商品虽未收到银行存款，但获得了 2 个月后收取 44 万元的权利，应记入应收账款账户的借方，同时，记入主营业务收入账户的贷方。西服收入 260 000 元（200×1 300），旗袍收入 180 000 元（200×900）。

借：应收账款　　440 000
　贷：主营业务收入——西服　　260 000
　　　　　　　　——旗袍　　180 000

例 2－29

时代公司预收客户 100 套西服和 180 件旗袍的货款，单价分别为 1 300 元和 900 元，货款已存入银行。

分析：时代公司预收客户货款属于负债，记入预收账款账户的贷方，同时记入银行存款账户的借方 292 000 元（西服 130 000 元，旗袍 162 000 元）。

借：银行存款　　292 000
　贷：预收账款　　292 000

例 2－30

时代公司已将 100 套西服和 180 件旗袍发运给顾客。

分析：时代公司已经履行自己的义务，将商品发运给顾客，前期收到的预收账款可以转为公司的收入，记入主营业务收入账户的贷方，并冲减预收账款。

借：预收账款　　292 000
　贷：主营业务收入——西服　　130 000
　　　　　　　　——旗袍　　162 000

例 2－31

结转已售商品的成本。时代公司共销售 1 900 套西服、1 980 件旗袍。西服的单位成本是 520 元/套，旗袍的单位成本是 300 元/件。

分析：将公司已经销售的产成品的成本转入主营业务成本，以便与主营业务收入进行配比，从而计算出产品的销售利润。已售产品的成本计算如下：

已售西服的成本＝1 900×520＝988 000(元)

已售旗袍的成本＝1 980×300＝594 000(元)

借：主营业务成本——西服　988 000
　　　　　　　　——旗袍　594 000
　贷：库存商品——西服　988 000
　　　　　　　——旗袍　594 000

例 2-32

时代公司支付产品印刷、宣传费共计 32 000 元，用银行存款支付。

分析：公司支付的产品印刷、宣传费属于销售费用，记入销售费用账户的借方。

借：销售费用　32 000
　贷：银行存款　32 000

2.4.4 其他与经营活动有关的业务核算

除了供应阶段、生产阶段和销售阶段的经济活动，企业还会发生一些与经营活动有关的经济活动，如捐赠、罚款等。

会计人员需要收集捐赠协议书、出租合同、罚款通知书、完税证明等原始凭证作为记账依据。

例 2-33

时代公司将服装剩余的边角余料做成各种靠枕或抱枕，实现销售收入 100 000 元，货款已存入银行，相应的成本为 95 000 元（假设全部为人工成本）。

分析：时代公司利用边角余料做成靠枕或抱枕，取得的收入可通过其他业务收入账户进行核算。其他业务收入是指除主营业务以外的其他活动实现的收入，包括出租固定资产、出租无形资产、出租包装物和商品、销售原材料等所取得的收入。相应的成本记入其他业务成本账户。

（1）取得其他业务收入 100 000 元时：

借：银行存款　100 000
　贷：其他业务收入　100 000

（2）结转其他业务成本 95 000 元时：

借：其他业务成本　95 000
　贷：银行存款　95 000

例 2-34

时代公司按合同收取客户违约金 30 000 元；向税务部门支付滞纳金 4 000 元。

分析：公司收到的违约金记入营业外收入账户，支付的滞纳金记入营业外支出账户。

（1）收到客户交来的违约金 30 000 元时：

借：银行存款　30 000
　贷：营业外收入——违约金　30 000

（2）向税务部门支付滞纳金 4 000 元时：

借：营业外支出——滞纳金　4 000
　贷：银行存款　4 000

例 2 - 35

时代公司向希望小学捐款 50 000 元。

分析：捐款列入营业外支出账户进行核算。

借：营业外支出——捐赠支出 50 000
　贷：银行存款 50 000

例 2 - 36

时代公司将厂区的一大块露天空地出租给某公司，租期为 3 年，租金为 15 000 元，客户一次付清。

分析：时代公司收到的租金是 3 年的，不能立即确认为收入，只能确认为负债。通过预收账款账户进行核算。

借：银行存款 15 000
　贷：预收账款——租金 15 000

例 2 - 37

时代公司开出一张转账支票，金额为 660 000 元，支付前面尚未支付的 11 个月的工资。实务中通常是每个月支付一次工资。

分析：支付工资减少应付职工薪酬，减少银行存款。

借：应付职工薪酬 660 000
　贷：银行存款 660 000

2.5 试算平衡与错误修正

2.5.1 试算平衡前的工作

到目前为止，时代公司当年的经营活动已全部完成。为了检查上述 37 笔会计分录的记录是否正确，可以编制一张试算平衡表。[①] 在编制试算平衡表之前，需要进行对账和结账。

1. 对账

对账就是核对账目，包括三个层面的工作。一是本单位会计账簿记录的核对；二是与外单位有关的债权债务及一些财产物资的核对；三是账实核对，即本单位财产物资账簿记录与实际库存数的核对。第二类和第三类核对将在后面的财产清查及第 6 章相关内容中进行讲解。

下面主要介绍本单位会计账簿记录的核对。

---

① 试算平衡表可以随时编制。企业一般在期末编制财务报表之前编制一张试算平衡表，以检查在记账、过账过程中是否有错。试算平衡表根据编制时点的不同，分为调整前试算平衡表、调整后试算平衡表和结账后试算平衡表。调整主要是指按权责发生制进行账项调整和对尚未记录的业务进行补充记录。结账是指后面介绍的狭义的结账，即通过编制结账分录将虚账户和临时性账户清零的行为。

为了确保会计记录数据准确可靠，在结账之前需要核对各账户的记录是否完整，确保每一笔会计分录（记账凭证）都已记入丁字账（总分类账和明细分类账），账户之间的对应关系清楚，没有张冠李戴，如果发现错漏账要及时补记、更改。在确保本期全部经济业务无错误的基础上，进行结账。

2. 结账

结账是出于编制财务报表的需要而进行的工作。结账有广义结账和狭义结账之分。广义结账是指在账簿（丁字账）上通过画结算线的方式，直接计算出本期发生额及期末余额的行为。狭义结账是指通过编制会计分录，将所有虚账户和临时性账户结转为零的行为。狭义结账见教材2.7节“利润形成的核算”。

在计算出本期借方发生额和本期贷方发生额及期末余额之后，需要再次核对本期发生额和期末余额的计算是否有错。主要核对：

（1）各账户本期借方、贷方发生额合计数及期末余额是否正确。

（2）总分类账与所属明细分类账之间的金额是否相等。包括：

1）总分类账的期初余额是否与所属明细分类账的期初余额之和相等。

2）总分类账的本期借方发生额是否与所属明细分类账的本期借方发生额之和相等。

3）总分类账的本期贷方发生额是否与所属明细分类账的本期贷方发生额之和相等。

4）总分类账的期末余额是否与所属明细分类账的期末余额之和相等。

对账与结账是不可分割的两项工作，需要随时交叉进行，实务中的对账工作是十分细致和繁重的，在进行账实核对时更是如此。

2.5.2 试算平衡

1. 试算平衡表的格式

试算平衡表是根据借贷记账法的原理进行设计、编制的。在“有借必有贷，借贷必相等”的规则下，每笔经济业务的发生都以一个相等的金额进行借记和贷记，在正常情况下，所有账户借方发生额的合计数一定等于所有账户贷方发生额的合计数。试算平衡表设计为期初余额、本期发生额和期末余额三大栏，各自平衡。具体格式如表2-10所示。

表2-10 ××公司试算平衡表

20×8年×月×日　　　　金额单位：元

项目	期初余额		本期发生额		期末余额	
	借方	贷方	借方	贷方	借方	贷方
库存现金						
银行存款						
⋮						
合计						

2. 试算平衡表的填制

（1）试算平衡表中的项目按资产、负债、所有者权益、收入和费用的顺序依次填列。资产中先列流动资产，后列非流动资产；负债中也是先列流动负债，后列非流动负债。

（2）将总分类账户中的期初借方余额和期初贷方余额、本期借方发生额和本期贷方发生额、期末借方余额和期末贷方余额逐一过到试算平衡表中。

（3）确保所有账户都过到试算平衡表中后，加计合计数。

3. 错误的情况

需要特别指出的是，即使三栏都各自平衡也不意味着记账过程一定完全正确。如果出现下列错误，即使试算平衡也无法发现。

（1）一笔经济业务的记录全部遗漏或全部重复。

（2）一笔经济业务记录的借贷双方金额发生同一错误。

（3）一笔经济业务应借应贷账户相互颠倒或误用账户，且恰好是同一性质的账户。

（4）分录的借贷双方或一方，在过账时误记了账户。

（5）借方或贷方的各项金额偶然同方向（如借方）一多一少，其金额恰好相互抵销。

试算平衡是正确计算利润和编制财务报表的基础，虽然有些烦琐，但却是一项必要的工作程序。

时代公司过账、结账及调整前试算平衡表的结果见后面的丁字账和表 2－11。

表 2－11　时代公司调整前试算平衡表

20×8 年 12 月 31 日　　金额单位：元

项目	期初余额		本期发生额		期末余额	
	借方	贷方	借方	贷方	借方	贷方
库存现金			220 000	217 100	2 900	
银行存款			6 167 000	3 329 000	2 838 000	
应收票据			440 000		440 000	
应收账款			440 000		440 000	
预付账款			100 000	40 000	60 000	
在途物资			999 300	999 300		
原材料			999 300	923 100	76 200	
生产成本			1 640 000	1 640 000		
库存商品			1 640 000	1 582 000	58 000	
固定资产			1 475 000		1 475 000	
累计折旧				92 000		92 000
无形资产			300 000		300 000	
累计摊销				100 000		100 000
短期借款				200 000		200 000

续表

项目	期初余额		本期发生额		期末余额	
	借方	贷方	借方	贷方	借方	贷方
应付职工薪酬			720 000	720 000		
应付票据				80 000		80 000
应付账款				36 600		36 600
预收账款			292 000	307 000		15 000
长期借款				300 000		300 000
实收资本				2 500 000		2 500 000
主营业务收入				4 252 000		4 252 000
其他业务收入				100 000		100 000
营业外收入				30 000		30 000
主营业务成本			1 582 000		1 582 000	
其他业务成本			95 000		95 000	
营业外支出			54 000		54 000	
制造费用			56 000	56 000		
管理费用			249 500		249 500	
财务费用			3 000		3 000	
销售费用			32 000		32 000	
合计			17 504 100	17 504 100	7 705 600	7 705 600

银行存款

(2-1)*	1 000 000	(2-6) ①	3 000
(2-2)	1 000 000	(2-7)	1 200 000
(2-4) ②	150 000	(2-8)	225 000
(2-5)	200 000	(2-9)	10 000
(2-6) ②	300 000	(2-10)	675 000
(2-26)	3 080 000	(2-12)	40 000
(2-29)	292 000	(2-13)	162 000
(2-33) ①	100 000	(2-17) ①	60 000
(2-34) ①	30 000	(2-18)	50 000
(2-36)	15 000	(2-21)	3 000
		(2-22) ②	60 000
		(2-32)	32 000
		(2-33) ②	95 000
		(2-34) ②	4 000
		(2-35)	50 000
		(2-37)	660 000
本期发生额	6 167 000	本期发生额	3 329 000
期末余额	2 838 000		
		(2-48) ②	**578 500****
结账后余额	2 259 500		

* (2-1) 指例 2-1，余同。

** 加粗的部分表示后面的例子。

实收资本

		(2-1)	500 000（王五）
		(2-1)	500 000（赵六）
		(2-2)	1 000 000（明德复印社）
		(2-3)	300 000（李四）
		(2-4)	200 000（张三）
本期发生额	0	本期发生额	2 500 000
		期末余额	2 500 000

库存现金

(2-4) ①	150 000	(2-4) ②	150 000
(2-9)	10 000	(2-11)	5 700
(2-17) ①	60 000	(2-17) ②	60 000
		(2-23)	1 400
本期发生额	220 000	本期发生额	217 100
期末余额	2 900		
(2-44) ①	**100**		
调整后余额	3 000		

固定资产

245 000	（缝纫机）	
30 000	（蒸汽熨斗）	
1 200 000	（厂房）	
本期发生额	1 475 000	本期发生额 0
期末余额	1 475 000	

固定资产——缝纫机

(2-4)	45 000	
(2-8)	200 000	
本期发生额	245 000	本期发生额 0
期末余额	245 000	

固定资产——蒸汽熨斗

(2-4)	5 000	
(2-8)	25 000	
本期发生额	30 000	本期发生额 0
期末余额	30 000	

固定资产——厂房

(2-7)	1 200 000	
本期发生额	1 200 000	本期发生额 0
期末余额	1 200 000	

累计摊销

		(2-20)	100 000
本期发生额	0	本期发生额	100 000
		期末余额	100 000

短期借款

		(2-5)	200 000
本期发生额	0	本期发生额	200 000
		期末余额	200 000

长期借款

		(2-6) ②	300 000
本期发生额	0	本期发生额	300 000
		期末余额	300 000
		(2-41)	**24 000**
		结账后余额	324 000

无形资产——著作权

(2-3)	300 000		
本期发生额	300 000	本期发生额	0
期末余额	300 000		

财务费用

(2-6) ①	3 000		
本期发生额	3 000	本期发生额	0
期末余额	3 000		
(2-40) **(2-41)**	**8 000** **24 000**	**(2-42)**	**4 400**
调整后	30 600	**(2-47)**	**30 600**

预付账款

(2-12)	40 000	(2-13)	40 000
(2-17) ②	60 000		
本期发生额	100 000	本期发生额	40 000
期末余额	60 000		
		(2-38)	**30 000**
调整后余额	30 000		

预付账款——杭州真丝厂

(2-12)	40 000	(2-13)	40 000
本期发生额	40 000	本期发生额	40 000
期末余额	0		

预付账款——房租

(2-17) ②	60 000		
本期发生额	60 000	本期发生额	0
期末余额	60 000		
		(2-38)	**30 000**
调整后余额	30 000		

应付票据

		(2-14)	80 000
本期发生额	0	本期发生额	80 000
		期末余额	80 000

应付账款

		(2-14)	36 600
本期发生额	0	本期发生额	36 600
		期末余额	36 600

在途物资

(2-10)	480 000（毛料）	(2-15)	999 300
(2-11)	1 800（运费）		
(2-10)	195 000（衬布）		
(2-11)	3 900（运费）		
(2-13)	202 000（真丝）		
(2-14)	60 000（拉链）		
(2-14)	41 600（纽扣）		
(2-14)	15 000（装饰物）		
本期发生额	999 300	本期发生额	999 300
期末余额	0		

在途物资——主料——毛料

(2-10)	480 000	(2-15)	481 800
(2-11)	1 800		
本期发生额	481 800	本期发生额	481 800
期末余额	0		

在途物资——主料——真丝

(2-13)	202 000	(2-15)	202 000
本期发生额	202 000	本期发生额	202 000
期末余额	0		

在途物资——辅料——衬布

(2–10)	195 000	(2–15)	198 900
(2–11)	3 900		
本期发生额	198 900	本期发生额	198 900
期末余额	0		

在途物资——辅料——拉链

(2–14)	60 000	(2–15)	60 000
本期发生额	60 000	本期发生额	60 000
期末余额	0		

在途物资——辅料——纽扣

(2–14)	41 600	(2–15)	41 600
本期发生额	41 600	本期发生额	41 600
期末余额	0		

在途物资——辅料——装饰物

(2–14)	15 000	(2–15)	15 000
本期发生额	15 000	本期发生额	15 000
期末余额	0		

原材料

(2-15)	481 000（毛料）	(2-16)	481 800（毛料）
(2-15)	202 000（真丝）	(2-16)	202 000（真丝）
(2-15)	198 900（衬布）	(2-16)	137 700（衬布）
(2-15)	60 000（拉链）	(2-16)	48 000（拉链）
(2-15)	41 600（纽扣）	(2-16)	41 600（纽扣）
(2-15)	15 000（装饰物）	(2-16)	12 000（装饰物）
本期发生额	999 300	本期发生额	923 100
期末余额	76 200		

原材料——主料——毛料

(2–15)	481 800	(2–16)	481 800
本期发生额	481 800	本期发生额	481 800
期末余额	0		

原材料——主料——真丝

(2–15)	202 000	(2–16)	202 000
本期发生额	202 000	本期发生额	202 000
期末余额	0		

原材料——辅料——衬布

(2–15)	198 900	(2–16)	137 700
本期发生额	198 900	本期发生额	137 700
期末余额	61 200		

原材料——辅料——拉链

(2–15)	60 000	(2–16)	48 000
本期发生额	60 000	本期发生额	48 000
期末余额	12 000		

原材料——辅料——纽扣

(2–15)	41 600	(2–16)	41 600
本期发生额	41 600	本期发生额	41 600
期末余额	0		

原材料——辅料——装饰物

(2–15)	15 000	(2–16)	12 000
本期发生额	15 000	本期发生额	12 000
期末余额	3 000		

生产成本

(2-16)	923 100(原材料)	(2-25)	1 640 000
(2-18)	39 900(水电费)		
(2-19)	89 000(折旧)		
(2-20)	100 000(无形资产摊销)		
(2-22)	432 000(薪酬)		
(2-24)	56 000(制造费用)		
本期发生额	1 640 000	本期发生额	1 640 000

生产成本——西服

(2-16)	614 300(原材料)	(2-25)	1 040 000
(2-18)	25 100(水电费)		
(2-19)	53 400(折旧)		
(2-20)	60 000(无形资产摊销)		
(2-22) ①	21 600(薪酬)		
(2-22) ②	237 600(薪酬)		
(2-24)	28 000(制造费用)		
本期发生额	1 040 000	本期发生额	1 040 000

生产成本——旗袍

(2-16)	308 800(原材料)	(2-25)	600 000
(2-18)	14 800(水电费)		
(2-19)	35 600(折旧)		
(2-20)	40 000(无形资产摊销)		
(2-22) ①	14 400(薪酬)		
(2-22) ②	158 400(薪酬)		
(2-24)	28 000(制造费用)		
本期发生额	600 000	本期发生额	600 000

制造费用

(2-18)	5 000 (水电费)	(2-24)	56 000
(2-19)	3 000 (折旧)		
(2-22) ①	4 000 (薪酬)		
(2-22) ③	44 000 (薪酬)		
本期发生额	56 000	本期发生额	56 000
期末余额	0		

管理费用

(2-18)	5 100 (水电费)		
(2-21)	3 000 (会议费)		
(2-22) ①	20 000 (薪酬)		
(2-22) ③	220 000 (薪酬)		
(2-23)	800 (业务招待费)		
(2-23)	600 (办公用品)		
本期发生额	249 500	本期发生额	0
(2-38)	**30 000**		
调整后余额	279 500	**(2-47)**	**279 500**

应付职工薪酬

(2-22) ②	60 000	(2-22) ①	60 000
(2-39)	660 000	(2-22) ③	660 000
本期发生额	720 000	本期发生额	720 000
		期末余额	0

库存商品

(2-25)	1 640 000	(2-31)	1 582 000
本期发生额	1 640 000	本期发生额	1 582 000
期末余额	58 000		

库存商品——西服

(2-25)	1 040 000		988 000
本期发生额	1 040 000	本期发生额	988 000
期末余额	52 000		

库存商品——旗袍

(2-25)	600 000		594 000
本期发生额	600 000	本期发生额	594 000
期末余额	6 000		

主营业务收入

		(2-26)	3 080 000
		(2-27)	440 000
		(2-28)	440 000
		(2-30)	292 000
(2-46)	**4 252 000**	本期发生额	4 252 000

主营业务收入——西服

		(2-26)	1 820 000
		(2-27)	260 000
		(2-28)	260 000
		(2-30)	130 000
(2-46)	**2 470 000**	本期发生额	2 470 000

主营业务收入——旗袍

		(2-26)	1 260 000
		(2-27)	180 000
		(2-28)	180 000
		(2-30)	162 000
(2-46)	**1 782 000**	本期发生额	1 782 000

主营业务成本

(2-31)	1 582 000		
本期发生额	1 582 000	**(2-47)**	**1 582 000**

主营业务成本——西服

(2-31)	988 000		
本期发生额	988 000	**(2-47)**	**988 000**

主营业务成本——旗袍

(2-31)	594 000		
本期发生额	594 000	**(2-47)**	**594 000**

其他业务收入

		(2-33) ①	100 000
本期发生额	0	本期发生额	100 000
		期末余额	100 000
		(2-39)	**5 000**
(2-46)	**105 000**	调整后余额	105 000

其他业务成本

(2-33) ②	95 000		
本期发生额	95 000	**(2-47)**	**95 000**

营业外收入

		(2-34)	30 000（违约金）
本期发生额	0	本期发生额	30 000
		期末余额	30 000
		(2-44)	**100**
(2-46)	**30 100**	调整后余额	30 100

营业外支出

(2-34) ②	4 000		
(2-35)	50 000		
本期发生额	54 000	**(2-47)**	**54 000**

营业外支出——滞纳金

(2-34) ②	4 000		
本期发生额	4 000	**(2-47)**	**4 000**

营业外支出——捐赠支出

(2-35)	50 000		
本期发生额	50 000	**(2-47)**	**50 000**

累计折旧

		(2-19)	92 000
本期发生额	0	本期发生额	92 000
		期末余额	92 000

应收票据

(2-27)	440 000		
本期发生额	440 000	本期发生额	0
期末余额	440 000		

应收账款

(2-28)	440 000		
本期发生额	440 000	本期发生额	0
期末余额	440 000		

预收账款

(2-30)	292 000	(2-29)	292 000
		(2-36)	15 000
本期发生额	292 000	本期发生额	307 000
		期末余额	15 000
(2-39)	**5 000**		
		调整后余额	10 000

预收账款——销售款

(2-30)	292 000	(2-29)	292 000
本期发生额	292 000	本期发生额	292 000
		期末余额	0

预收账款——租金

		(2-36)	15 000
本期发生额	0	本期发生额	15 000
		期末余额	15 000
(2-39)	**5 000**		
		调整后余额	10 000

销售费用

(2-32)	32 000		
本期发生额	32 000	**(2-47)**	**32 000**

应付利息

		(2-40)	**8 000**
本期发生额	0	本期发生额	8 000
		期末余额	8 000

应收利息

(2-42)	**4 400**		
本期发生额	4 400	本期发生额	0
期末余额	4 400		

信用减值损失

(2-43)	**22 000**		
本期发生额	22 000	(2-47)	**22 000**

坏账准备

		(2-43)	**22 000**
本期发生额	0	本期发生额	22 000
		期末余额	22 000

待处理财产损溢——待处理流动资产损溢

(2-44)	**100**	(2-44)	**100**
本期发生额	100	本期发生额	100

2.5.3　错误修正

错误的修正方法有三种（适用于手工簿记）。

1. 划线更正法

划线更正法适用于记账凭证填制正确，只是在登账过程中产生了差错，且尚未进行期末结账的情况。对于该错误，可用红笔在分类账（或丁字账）错误的金额上画一条横线，在横线的上方写出正确的数据，并加盖更改人的签名或盖章。

2. 红字冲销法

红字冲销法适用于以下三种情况：

(1) 记账凭证填错了科目，并已登记到相应的账簿中。

(2) 记账凭证填制科目正确，但金额错误（错误的金额大于正确的金额），并已登记到相应的账簿中。

(3) 记账凭证填制正确，只是在登账过程中产生了差错并已结账，且错误的金额大于正确的金额。

针对第一种情况，用红笔编制一笔同样错误的会计分录，然后用蓝笔编制一笔正确的会计分录。

针对第二种情况，先计算错误金额与正确金额的差额，然后按差额用红笔编制一笔同样的会计分录。

针对第三种情况，更正方法与第二种情况相同。

3. 补充登记法

补充登记法适用于以下两种情况：

(1) 记账凭证填制科目正确，但金额错误（错误的金额小于正确的金额），并已登记到相应的账簿中。

（2）记账凭证填制正确，只是在登账过程中产生了差错并已结账，且错误的金额小于正确的金额。

针对第一种情况，先计算错误金额与正确金额的差额，然后按差额用蓝笔编制一张同样的记账凭证。

针对第二种情况，更正方法与第一种情况相同。

2.6 计算利润前的工作

为了准确计算企业的利润，在编制财务报表之前应完成两项重要的工作。一是按权责发生制的原则进行账项调整；二是进行实物盘点和核对所有的债权债务，确保所有业务都已登记入账。重新计算调整账户的本期发生额和期末余额，做到账账相符和账实相符。

2.6.1 账项调整

时代公司当年发生了37笔经济业务，并已做了会计记录。但是，这些会计记录并不是完整的，还有一些内部会计事项没有记录。由于会计利润是按会计期间计算的，企业发生的一些经济业务的受益期却是跨期的，因此有些交易不是一次记录就能完成的，需要在多个会计期间进行调整，比如，固定资产折旧和坏账准备的计提。因此，为了真实完整地反映企业的经营成果，需要在结账前进行账项调整。

账项调整是指记录尚未被记录的内部事项，其依据是权责发生制。按照权责发生制，凡是属于本期的收入和费用，都应该在本期确认，不论是否收到或者支付了现金。账项调整的目的就是要严格区分本期和非本期的界限，将归属于本期的收入调整为本期的收入，将归属于本期的费用调整为本期的费用，将相关的收入和相关的费用进行配比，以计算出权责发生制下的利润。实务中需要进行账项调整的业务可大致归纳为递延项目、应计项目和估计项目。如果存货采用实地盘存制，还需要编制销货成本的调整分录（详见第6章）。

1. 递延项目

递延项目是指现金已在本期收到或支付，但不在本期确认，而要推迟到以后期间确认的项目，即款项虽已收到或款项虽已支付，但收入和费用要在以后期间确认的项目。递延项目包括预付费用和预收收入两种。

（1）预付费用。预付费用是企业为取得资产或资产的使用权而发生的已经支付但尚未受益的成本。这项支出将给企业带来未来的经济利益，其实质是一项资产。随着经济利益的获得，这些预付费用就转为费用。预付费用的实质是现金支付在前，费用确认在后，调整的目的是将资产转化为费用（见图2-8）。

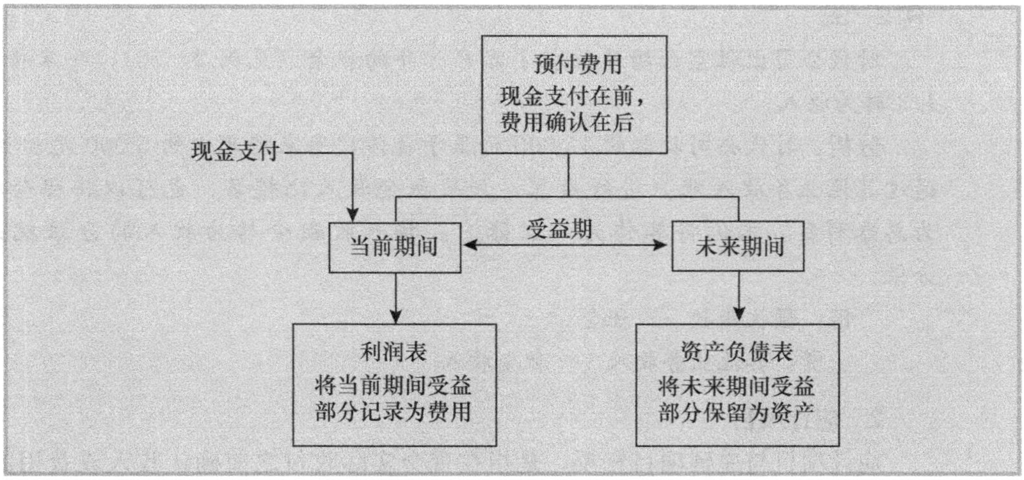

图2-8 预付费用会计处理

例2-38

时代公司在郊区租用仓库时，一次性支付了两年的房租60 000元（详见例2-17）。年底已使用一年，将1/2的预付账款转为费用。

分析：一次性支付的房租需要在租赁期间进行分摊，年末应将由本年度承担的房租30 000元转入管理费用账户。这笔会计分录就是调整分录。

借：管理费用　　30 000

　贷：预付账款——租金　　30 000

(2) 预收收入。预收收入是企业在出售商品或提供劳务之前收到的现金或者其他资产。预收收入调整就是要将本期的收入归入本期，在本期收到但不属于本期的要作为负债，调整的目的是将负债转为收入（见图2-9）。

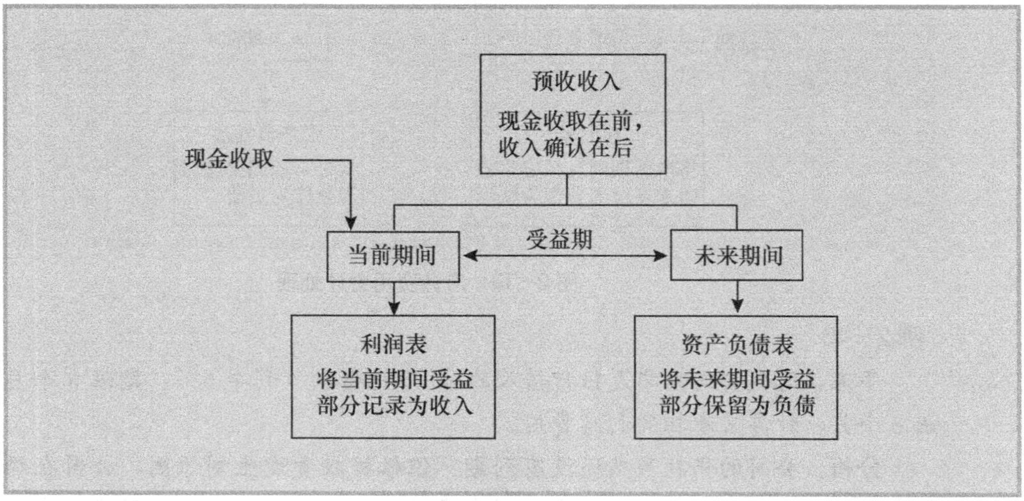

图2-9 预收收入会计处理

例 2-39

时代公司出租空余场地收取了客户3年的租金（见例2-36），年末将其中的1/3转为收入。

分析：时代公司收取的15 000元属于负债，年末将其中的5 000元转为收入。通过其他业务收入账户进行核算，如果租金收入比较多，也可以将租金收入作为总账科目，本例将其作为二级账户。将预收租金转为收入的分录就是调整分录。

借：预收账款——租金　　5 000

　贷：其他业务收入——租金收入　　5 000

2. 应计项目

应计项目与递延项目相反，是指在现金实际收付之前确认收入或费用的项目，即企业交易或内部事项产生的营利活动在前，与此相关的现金流动在后，且尚未记录的项目，或是已发生但尚未入账的项目。因此，必须在期末调整费用、负债或收入以及资产账户。应计项目包括应计费用和应计收入，最典型的业务是应付利息或应收利息的调整。

(1) 应计费用。应计费用也称应付费用，是本期虽未支付，但已在本期耗用，或已由本期受益，从而应由本期负担的费用，如应付利息、应付职工薪酬等。应计费用的特点是费用确认在前，现金支付在后（见图2-10）。

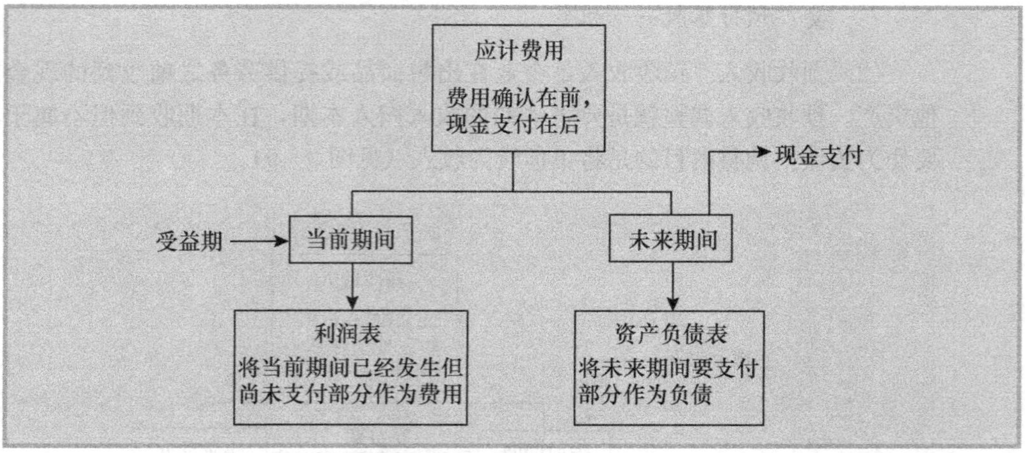

图2-10　应计费用会计处理

例 2-40

年末，时代公司向华夏银行借入的20万元借款（利率6%，期限9个月）已使用8个月，计算应承担的利息费用。

分析：公司的借款虽然还没有到期，但根据权责发生制原则，公司在编制财务报表之前应确认从借款日至年末的利息费用。利息费用是企业的融资成本，记入财务费用账户。

$$年末应负担的利息=200\,000\times6\%\times8/12=8\,000(元)$$

借：财务费用　　8 000

　贷：应付利息　　8 000

例 2－41

时代公司向中国工商银行借入的 2 年期、利率 8%、金额 30 万元的借款到年底正好使用一年。计算公司应承担的利息费用。

分析：道理同上。按现行会计制度的规定，尚未支付的长期借款利息不单独设置账户，记入长期借款账户。

年末应负担的利息＝300 000×8%×12/12＝24 000(元)

借：财务费用　　24 000

　贷：长期借款　　24 000

(2) 应计收入。应计收入也称应收收入，是本期已经实现，但尚未收到款项的收入。它主要是企业向外界提供劳务或资产使用权，而尚未结算、尚未收到款项的收入，如债券投资利息收入、租金收入等。应计收入的特点是收入确认在前，现金收取在后（见图 2－11）。

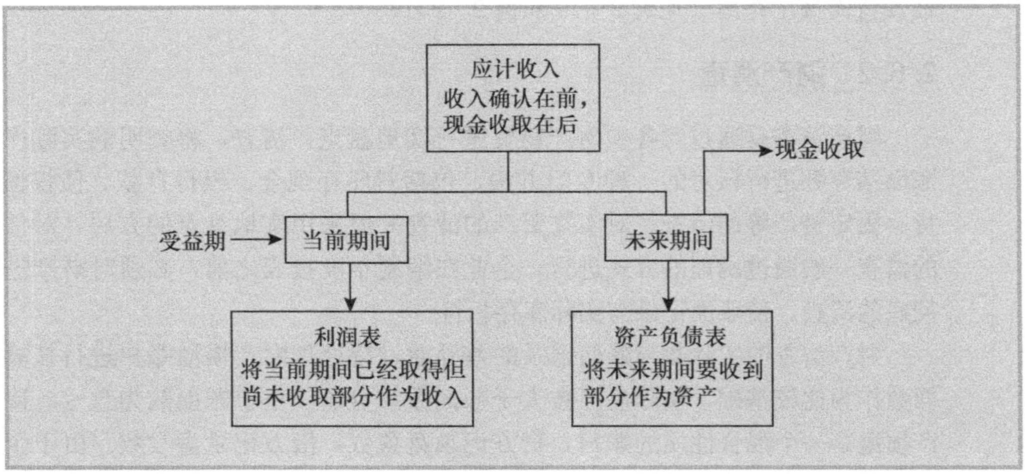

图 2－11　应计收入会计处理

例 2－42

时代公司在销售服装时收到一张 440 000 元带息票据，年底已持有票据 3 个月，需要计算已赚取的利息收入。票据期限为 6 个月，利率为 4%，出票时间为 20×8 年 10 月 1 日（详见例 2－27）。

分析：计算公司持票期间的利息收入，按现行会计制度的规定记入财务费用账户的贷方。

年末应收取的利息＝440 000×4%×3/12 ＝4 400(元)

借：应收利息　　4 400

　贷：财务费用　　4 400

3. 估计项目

企业在计算收益时，有些费用是无法直接计算或确认的，必须根据历史资料和经验来估计判断。估计项目主要包括固定资产折旧、应收账款坏账准备、各项资产计提的减值准备等。

例2-43

时代公司20×8年的赊销额（应收账款）为440 000元，年底早已过了客户承诺的付款期，详见例2-28。假设时代公司估计的应收账款信用损失为22 000元。

分析：会计将无法收回的应收账款称作坏账，坏账核算采用备抵法。坏账的估计应采用预期信用损失方法，即按预期无法收回的应收账款及其发生概率进行计算，具体计提方法见第5章。计提的坏账损失通过信用减值损失账户进行核算，会计在计算损益时会进行冲减，但税务部门在计算应纳税所得额时不予冲减。

借：信用减值损失　　22 000

　贷：坏账准备　　22 000

为便于计算和结转产品销售成本，时代公司的固定资产折旧和无形资产摊销已经在前面做了介绍（见例2-19和例2-20）。

2.6.2 财产清查

财产清查是通过对各项财产物资进行实地盘点、清查，将查明的实际库存数与账面结存数进行核对的一种专门方法，包括对库存现金、银行存款、债权债务、存货、固定资产等的清查。对实物资产的清查一般采用实地盘点的方法，对债权债务的清查一般通过函证的方式进行。企业在编制年度报表之前，必须对财产进行一次彻底的清查，使账面记录与实际库存相符。

财产清查的实际数与账面记录的差异通过待处理财产损溢账户进行核算。以账面数作为比较基础，实际盘存数大于账面数为盘盈，小于账面数为盘亏。待处理财产损溢是一个混合性质的账户，贷方记录盘盈数，借方记录盘亏数。由于企业资产分为流动资产和非流动资产，待处理财产损溢也需相应设置待处理流动资产损溢和待处理非流动资产损溢两个明细账户进行核算。查明盘盈和盘亏的原因后，财务部门据此再做相应的会计处理，结转待处理财产损溢账户。待处理财产损溢账户的核算内容如图2-12所示。

待处理财产损溢	
待处理财产盘亏或毁损数 批准转销的待处理盘盈数	待处理财产盘盈数 批准转销的待处理盘亏或毁损数
余额：尚未批准处理的盘亏或毁损数与盘盈数的差额	余额：尚未批准处理的盘盈数与盘亏或毁损数的差额

图2-12 待处理财产损溢账户的核算内容

1. 现金的清查

例 2 - 44

时代公司在对现金的清查过程中发现保险柜中的实有现金比现金日记账中的余额多 100 元。编制的库存现金盘点报告表见表 2 - 12。

表 2 - 12　库存现金盘点报告表

单位名称：时代公司　　20×8 年 3 月 31 日　　金额单位：元

实存金额	账存金额	实存与账存对比		备注
		长款	短款	
3 100	3 000	100		

盘点人盖章：　　出纳员盖章：

分析：

第 1 步，将盘盈的 100 元现金记录下来。

借：库存现金　100

　贷：待处理财产损溢——待处理流动资产损溢　100

第 2 步，根据处理意见编制会计分录。经查，原因不明。时代公司决定将其列入营业外收入。

借：待处理财产损溢——待处理流动资产损溢　100

　贷：营业外收入　100

2. 银行存款的清查

由于企业的钱都存入银行，银行定期（通常每月）会寄一份银行存款对账单给企业，企业会计人员将对账单上每笔存款的增减记录与企业银行存款日记账上的记录进行核对，将有差异的款项记录下来进行调整，使企业的银行存款日记账与银行对账单一致。导致差异的原因主要是未达账项。会计上将一方已入账而另一方尚未入账的事项称为未达账项。未达账项通常包括四种情况：

(1) 银行已收款入账，而企业尚未收款入账；

(2) 银行已付款入账，而企业尚未付款入账；

(3) 企业已收款入账，而银行尚未收款入账；

(4) 企业已付款入账，而银行尚未付款入账。

为什么会出现未达账项？主要是因为票据的传递不及时。由于各种票据都有一个有效时间，如现金支票的有效期为 10 天，企业在开出现金支票时便减少了银行存款，但经办人员没有及时到银行去办理，时间恰好跨越会计期间，就会造成银行方面没有同步减少这笔款项，因而形成差异。发生无须承兑的支付业务，如水电煤气费的支付时，银行在接到委托扣款通知以后，直接将款项从公司的账户中扣除，相关通知随后送达，也会形成差异。此外，还可能存在一些差错。这些业务都会导致一方已入账、另一方未入账的情况出现。

为了及时核实企业在银行的存款数额，实务中企业每月要编制一张银行存款余额调节表（见表2-13）。

表2-13 银行存款余额调节表

20×8年10月31日　　金额单位：元

项目	金额	项目	金额
调整前企业银行存款日记账余额		调整前银行对账单余额	
加：银行已增加企业未收款入账的款项		加：企业已增加银行未增加的款项	
减：银行已减少企业未付款入账的款项		减：企业已减少银行未减少的款项	
调整后企业银行存款日记账余额		调整后银行对账单余额	

调整后如果余额相等，说明企业的银行存款日记账与银行对账单没有差错，核对工作结束。值得注意的是，银行存款余额调节表只起核对作用，不能据此编制调整分录。只有等未达账项变成已达账项时，才能编制会计分录。

例2-45

20×8年3月31日某企业银行存款日记账余额为59 500元，银行对账单余额为52 400元。经核对，有下列未达账项：

（1）3月31日企业送存转账支票7 300元，企业已入账，银行尚未入账；

（2）3月30日企业向客户开出转账支票700元用于支付运输费用，客户尚未去银行办理入账；

（3）3月29日银行代收委托收款2 700元，银行已入账，企业尚未收到入账通知；

（4）3月28日银行代付水电费3 200元，银行已入账，企业尚未收到支付通知。

根据以上资料，将数据填入表2-14。

表2-14 银行存款余额调节表

20×8年3月31日　　金额单位：元

项目	金额	项目	金额
调整前企业银行存款日记账余额	59 500	调整前银行对账单余额	52 400
加：银行代收款	2 700	加：企业送存转账支票	7 300
减：银行代付款	3 200	减：企业开出转账支票	700
调整后企业银行存款日记账余额	59 000	调整后银行对账单余额	59 000

3. 往来款项的清查

对往来款项的清查一般通过函证的方式，即向对方发送对账单进行核对。对账单格式见下页。

公司收到回单以后，核对双方的数据，作为调整往来款项的依据。

此外还有对存货、固定资产等的清查，具体清查和处理方法见第6章与第7章。

账项调整和财产清查完成以后，企业所有的账务就处理完毕了，此时要再重复一次过账与结账的程序，编制调整后的试算平衡表（见表2-15）。

往来款项对账单

××公司：

贵公司 20×8 年×月×日在我公司购入××，货款××元尚未支付，请核对后将回单联寄回。邮编：××，地址：××，单位：××。

清查单位：××

××年××月××日

如果核对相符，请在数据无误处盖章确认（沿此虚线裁开，将以下回单联寄回）。如果数据存在差异，请注明贵公司记载的金额。

××清查单位：

贵单位寄来的往来款项对账单已收到，经核对相符无误。

××单位　　盖章

××年××月××日

表 2-15　时代公司调整后试算平衡表

20×8 年 12 月 31 日　　金额单位：元

项目	期初余额		本期发生额		期末余额	
	借方	贷方	借方	贷方	借方	贷方
库存现金			220 100	217 100	3 000	
银行存款			6 167 000	3 329 000	2 838 000	
应收票据			440 000		440 000	
应收账款			440 000		440 000	
坏账准备				22 000		22 000
应收利息			4 400		4 400	
预付账款			100 000	70 000	30 000	
在途物资			999 300	999 300		
原材料			999 300	923 100	76 200	
生产成本			1 640 000	1 640 000		
库存商品			1 640 000	1 582 000	58 000	
固定资产			1 475 000		1 475 000	
累计折旧				92 000		92 000
无形资产			300 000		300 000	
累计摊销				100 000		100 000
短期借款				200 000		200 000

续表

项目	期初余额		本期发生额		期末余额	
	借方	贷方	借方	贷方	借方	贷方
应付职工薪酬			720 000	720 000		
应付票据				80 000		80 000
应付账款				36 600		36 600
应付利息				8 000		8 000
预收账款			297 000	307 000		10 000
长期借款				324 000		324 000
实收资本				2 500 000		2 500 000
主营业务收入				4 252 000		4 252 000
其他业务收入				105 000		105 000
营业外收入				30 100		30 100
主营业务成本			1 582 000		1 582 000	
其他业务成本			95 000		95 000	
营业外支出			54 000		54 000	
制造费用			56 000	56 000		
管理费用			279 500		279 500	
财务费用			35 000	4 400	30 600	
销售费用			32 000		32 000	
信用减值损失			22 000		22 000	
待处理财产损溢			100	100		
合计			17 597 700	17 597 700	7 759 700	7 759 700

制表：钱明　　　　复核：章良

2.7 利润形成的核算

2.7.1 利润形成阶段的核算

完成调整事项后，时代公司记录了所有会计事项，收入、费用以及各项收益和损失都已经全部确认，具备了结算利润的所有条件。

结算利润是收入和费用账户的结转过程，不需要取得外部的原始凭证。企业在记录各种收入时，设置了不同种类的收入类账户，而为取得收入所发生的各种成本和费用是通过不同的成本费用类账户来进行核算的，按照配比原则将相关的收入和成本进行比较即可得出企业的利润。企业在结转利润时设置一个本年利润账户，将企业所有的收入都转入这个账户的贷方，将企业所有的成本和费用都转入这个账户的借方。如果贷方大于借方，表示企业盈利；反之，则表示亏损。

本年利润账户是一个临时性的账户，会计期末需要将其结平。若企业盈利，则从该账户的借方转入利润分配——未分配利润账户的贷方；若企业亏损，则从本年利润账户的贷方转入利润分配——未分配利润账户的借方。利润形成阶段各账户之间的关系如图2-13所示。

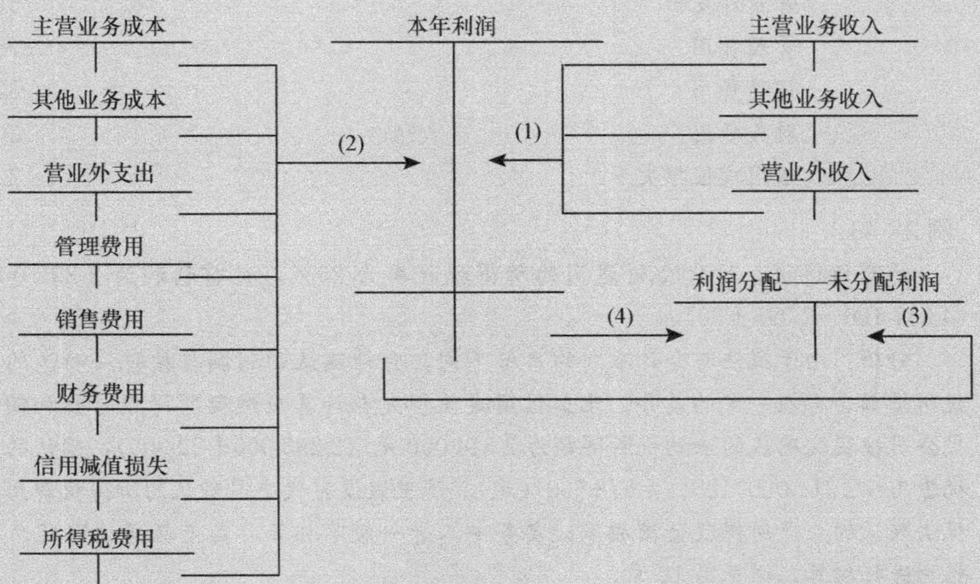

(1)将所有收入账户的贷方发生额合计数从其借方转入本年利润账户的贷方；(2)将所有成本、费用、损失和所得税费用的借方发生额合计数从其贷方转入本年利润账户的借方；(3)将本年利润账户的贷方余额从其借方结转至利润配——未分配利润账户的贷方；(4)将本年利润账户的借方余额从其贷方转入利润分配——未分配利润账户的借方。

图2-13　利润形成的会计核算

2.7.2　利润形成阶段的业务举例

例2-46

时代公司共取得主营业务收入4 252 000元（其中西服2 470 000元，旗袍1 782 000元），其他业务收入105 000元，营业外收入30 100元。

分析：将所有的收入结转至本年利润账户的贷方。

借：主营业务收入	4 252 000
其他业务收入	105 000
营业外收入	30 100
贷：本年利润	4 387 100

例2-47

时代公司发生的主营业务成本为1 582 000元（其中西服988 000元，旗袍594 000元），其他业务成本为95 000元，营业外支出为54 000元。管理费用为

279 500 元，销售费用为 32 000 元，财务费用为 30 600 元，信用减值损失为 22 000 元。

分析：将以上成本和费用全部结转到本年利润账户的借方。

借：本年利润	2 095 100	
贷：主营业务成本		1 582 000
其他业务成本		95 000
营业外支出		54 000
管理费用		279 500
销售费用		32 000
财务费用		30 600
信用减值损失		22 000

例 2-48

计算所得税。时代公司适用的所得税税率为 25%，税前利润为 2 292 000 元（4 387 100－2 095 1 00）。

分析：由于税法与会计准则的目标不同，会计确认的利润与按税法确认的应纳税所得额会存在一定的差异。比如信用减值损失在计算应纳税所得额时要加回。时代公司按税法确认的应纳税所得额为 2 314 000 元（2 292 000＋22 000），确认的所得税费用＝2 314 000×25%＝578 500（元）。这里假设时代公司确认的所得税费用与按税法确认的应交所得税金额相等，实务中二者一般不相等，其差额通过递延所得税账户进行核算，详见第 10 章。

会计设置所得税费用账户进行核算，其结构与成本费用类账户一样，借方登记增加额，贷方登记减少额。编制如下会计分录：

（1）借：所得税费用	578 500	
贷：应交税费——应交所得税		578 500

（2）实际缴纳金额可依据当地税务部门的规定执行。缴纳所得税时：

借：应交税费——应交所得税	578 500	
贷：银行存款		578 500

（3）所得税作为一项费用，年末计算损益时，也要将该账户清零。从所得税账户的贷方转入本年利润账户的借方。

借：本年利润	578 500	
贷：所得税费用		578 500

例 2-49

时代公司将本年利润账户结清，将余额结转至利润分配——未分配利润账户。

分析：本年利润账户的贷方发生额为 4 387 100 元，大于借方发生额 2 673 600 元（2 095 100＋578 500），差额为时代公司的盈利 1 713 500 元（4 387 100－2 673 600），归时代公司的所有者所有，记入利润分配——未分配利润账户的贷方。

借：本年利润	1 713 500	
贷：利润分配——未分配利润		1 713 500

2.8　利润分配的核算

2.8.1　利润分配的概念

利润分配是指公司按照《公司法》、相关财务制度和董事会的规定（或决议），对净利润进行划分，并决定分配比例的过程。分配的顺序是提取法定盈余公积、提取任意盈余公积、向股东分配股利（利润）。当期未分配的利润作为企业留存收益留待以后分配。

2.8.2　利润分配阶段设置的主要账户

利润分配阶段需要设置利润分配账户。利润分配账户是一个混合性质的账户，贷方反映可供分配的利润金额，借方反映按不同要求分配出去的金额，分配完以后，如有贷方余额，表示有尚未指定用途的利润，留到以后年度再进行分配，并将此余额留在利润分配——未分配利润账户的贷方，该余额可以直接记入资产负债表所有者权益项目下的未分配利润项目。

利润分配账户下需设置若干明细分类账户，如利润分配——提取法定盈余公积、利润分配——提取任意盈余公积、利润分配——应付利润（股利）等，再将这些明细分类账户的发生额从贷方转到利润分配——未分配利润账户的借方。除利润分配——未分配利润账户有余额，其他所有利润分配的明细分类账户余额全部清零。利润分配阶段各账户之间的关系如图 2-14 所示。

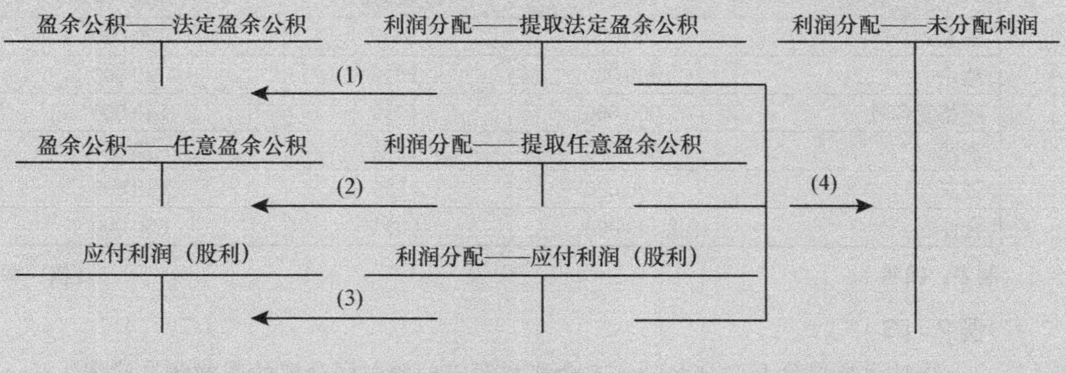

(1)按《公司法》计提法定盈余公积；(2)按公司规定计提任意盈余公积；(3)按公司利润（股利）分配政策分配利润（股利）；(4)将所有利润分配明细账户的借方金额从其贷方结转至利润分配——未分配利润账户的借方。

图 2-14　利润分配的会计核算

2.8.3　利润分配阶段的业务举例

例 2-50

根据《公司法》的规定，时代公司按当期税后利润的 10% 计提法定盈余公积。

分析：法定盈余公积＝1 713 500×10％＝171 350（元）。盈余公积属于所有者权益类账户，贷方表示增加，借方表示减少。盈余公积是总分类账户，下设法定盈余公积与任意盈余公积两个明细分类账户。

借：利润分配——提取法定盈余公积　　171 350

　贷：盈余公积——法定盈余公积　　171 350

例 2－51

时代公司在计提10％的法定盈余公积后，经商议，同意再按10％的比例计提任意盈余公积。

分析：任意盈余公积＝1 713 500×10％＝171 350（元）。

借：利润分配——提取任意盈余公积　　171 350

　贷：盈余公积——任意盈余公积　　171 350

例 2－52

时代公司在计提法定和任意盈余公积后只剩下1 370 800元（1 713 500－171 350－171 350）可供分配。公司决定将600 000元用于利润分配，投资者按持股比例分享。时代公司可编制一张利润分配明细表（见表2－16）作为备查簿。

分析：向投资者分配的利润600 000元在实际支付前先贷记应付利润。

借：利润分配——应付利润　　600 000

　贷：应付利润　　600 000

表 2－16　时代公司利润分配明细表

20×8年度　　金额单位：元

姓名	投资额	持股比例	分得利润
王五	500 000	20％	120 000
赵六	500 000	20％	120 000
明德复印社	1 000 000	40％	240 000
李四	300 000	12％	72 000
张三	200 000	8％	48 000
合计	2 500 000	100％	600 000

制表：钱明　　复核：章良

例 2－53

将时代公司除利润分配——未分配利润以外的利润分配的明细账户清零。

分析：时代公司为利润分配账户的借方设置了三个明细账户反映利润的去向，会计年度结束时，将这三个明细账户的借方发生额从贷方转入利润分配——未分配利润账户的借方。

借：利润分配——未分配利润　　942 700

　贷：利润分配——提取法定盈余公积　　171 350

　　　　　　　——提取任意盈余公积　　171 350

　　　　　　　——应付利润　　600 000

经过上述结转，利润分配——未分配利润账户的贷方余额为 770 800 元（1 713 500—942 700），可列入资产负债表所有者权益项目下的未分配利润项目。

到此为止，时代公司所有的账务处理已经完成。为了保证报表编制的准确性，可再编制一张结账后试算平衡表（见表 2－17）。例 2－46、例 2－47、例 2－48 的（3）、例 2－49、例 2－53 编制的会计分录也称为结账分录，即为将收入类账户、成本费用类账户、临时性账户和利润分配明细账户清零而编制的会计分录。通过编制会计分录进行结账就是前面提及的狭义的结账。

表 2－17　时代公司结账后试算平衡表

20×8 年 12 月 31 日　　金额单位：元

项目	期初余额		本期发生额		期末余额	
	借方	贷方	借方	贷方	借方	贷方
库存现金			220 100	217 100	3 000	
银行存款			6 167 000	3 907 500	2 259 500	
应收票据			440 000		440 000	
应收账款			440 000		440 000	
坏账准备				22 000		22 000
应收利息			4 400		4 400	
预付账款			100 000	70 000	30 000	
在途物资			999 300	999 300		
原材料			999 300	923 100	76 200	
生产成本			1 640 000	1 640 000		
库存商品			1 640 000	1 582 000	58 000	
固定资产			1 475 000		1 475 000	
累计折旧				92 000		92 000
无形资产			300 000		300 000	
累计摊销				100 000		100 000
短期借款				200 000		200 000
应交税费			578 500	578 500		
应付职工薪酬			720 000	720 000		
应付票据				80 000		80 000
应付账款				36 600		36 600
应付利息				8 000		8 000
应付利润				600 000		600 000
预收账款			297 000	307 000		10 000

续表

项目	期初余额		本期发生额		期末余额	
	借方	贷方	借方	贷方	借方	贷方
长期借款				324 000		324 000
实收资本				2 500 000		2 500 000
主营业务收入			4 252 000	4 252 000		
其他业务收入			105 000	105 000		
营业外收入			30 100	30 100		
主营业务成本			1 582 000	1 582 000		
其他业务成本			95 000	95 000		
营业外支出			54 000	54 000		
制造费用			56 000	56 000		
管理费用			279 500	279 500		
财务费用			30 600	30 600		
销售费用			32 000	32 000		
信用减值损失			22 000	22 000		
待处理财产损溢			100	100		
本年利润			4 387 100	4 387 100		
所得税费用			578 500	578 500		
利润分配——未分配利润			942 700	1 713 500		770 800
盈余公积				342 700		342 700
合计			28 467 200	28 467 200	5 086 100	5 086 100

本年利润

(2-47)	2 095 100	(2-46)	4 387 100
(2-48)	578 500		
本期发生额	2 673 600	本期发生额	4 387 100
(2-49)	1 713 500	期末余额	1 713 500

所得税费用

(2-48) ①	578 500	(2-48) ③	578 500
本期发生额	578 500	本期发生额	578 500

应交税费——应交所得税

(2-48) ②	578 500	(2-48) ①	578 500
本期发生额	578 500	本期发生额	578 500
		期末余额	0

利润分配——未分配利润

(2-53)	942 700	(2-49)	1 713 500
本期发生额	942 700	本期发生额	1 713 500
		期末余额	770 800

利润分配——提取法定盈余公积

(2-50)	171 350	(2-53)	171 350
本期发生额	171 350	本期发生额	171 350

利润分配——提取任意盈余公积

(2-51)	171 350	(2-53)	171 350
本期发生额	171 350	本期发生额	171 350

利润分配——应付利润

(2-52)	600 000	(2-53)	600 000
本期发生额	600 000	本期发生额	600 000

盈余公积

		(2-50)	171 350
		(2-51)	171 350
本期发生额	0	本期发生额	342 700
		期末余额	342 700

盈余公积——法定盈余公积

		(2-50)	171 350
本期发生额	0	本期发生额	171 350
		期末余额	171 350

盈余公积——任意盈余公积

		(2-51)	171 350
本期发生额	0	本期发生额	171 350
		期末余额	171 350

应付利润

		(2-52)	600 000
本期发生额	0	本期发生额	600 000
		期末余额	600 000

2.9 财务报表的编制

财务报表的编制顺序为：利润表→资产负债表→现金流量表。

2.9.1 利润表的编制

将时代公司的收入类和成本费用类账户的发生额按照利润表的项目逐一填入利润表（见表 2-18）。收入类和成本费用类账户可能与利润表的项目不一致，需要将收入类和成本费用类账户合并或者分拆，具体项目的填列如下：

（1）营业收入＝主营业务收入＋其他业务收入。

（2）营业成本＝主营业务成本＋其他业务成本。

（3）信用减值损失项目按信用减值损失账户的借方发生额合计数填列。

（4）管理费用项目按管理费用账户的借方发生额合计数填列。

（5）销售费用项目按销售费用账户的借方发生额合计数填列。

（6）财务费用项目按财务费用账户借方发生额合计数减去贷方发生额合计数的差额填列。

（7）营业外收入项目按营业外收入账户的贷方发生额合计数填列。

（8）营业外支出项目按营业外支出账户的借方发生额合计数填列。

（9）所得税费用项目按所得税费用账户的借方发生额填列。

表2-18　利润表

编制单位：时代公司　　　　20×8年度　　　　金额单位：元

项目	金额
一、营业收入	4 357 000
二、营业总成本	2 041 100
营业成本	1 677 000
销售费用	32 000
管理费用	279 500
财务费用	30 600
信用减值损失	22 000
加：投资收益	0
三、营业利润	2 315 900
加：营业外收入	30 100
减：营业外支出	54 000
四、利润总额	2 292 000
减：所得税费用	578 500
五、净利润	1 713 500
六、每股收益	
（一）基本每股收益	
（二）稀释每股收益	

2.9.2 资产负债表的编制

根据时代公司资产类、负债类和所有者权益类账户的期末余额，按照资产负债表的项目逐一填列。资产负债表项目与账户名称相同的项目，可直接根据总分类账户的余额填列；资产负债表项目与账户名称不同的项目，可将账户的余额经汇总后填列，如货币资金项目要根据库存现金、银行存款、其他货币资金三个账户的余额合计数填列，存货项目要根据原材料、库存商品、生产成本等账户的期末余额合计数填列。

资产负债表（见表 2-19）各项目的金额是净额，需要将账户的余额减去折旧、摊销和减值准备后填列，如固定资产金额是固定资产账户余额（原值）减去累计折旧和固定资产减值准备后的差额。

表 2-19　资产负债表

编制单位：时代公司　　20×8 年 12 月 31 日　　金额单位：元

项目	金额	项目	金额
流动资产：		流动负债：	
货币资金	2 262 500	短期借款	200 000
应收票据	440 000	应付票据	80 000
应收账款	418 000	应付账款	36 600
应收利息	4 400	应付利息	8 000
预付款项	30 000	应付利润	600 000
存货	134 200	预收款项	10 000
流动资产合计	3 289 100	流动负债合计	934 600
非流动资产：		非流动负债：	
固定资产	1 383 000	长期借款	324 000
无形资产	200 000	非流动负债合计	324 000
非流动资产合计	1 583 000	负债合计	1 258 600
		所有者权益：	
		实收资本	2 500 000
		盈余公积	342 700
		未分配利润	770 800
		所有者权益合计	3 613 500
资产总计	4 872 100	负债和所有者权益总计	4 872 100

2.9.3　现金流量表的编制

现金流量区分为经营活动、投资活动和筹资活动三类业务的现金流量。现金流量表分别按照这三种活动的现金流量列示。

现金流量表的编制方法有直接法和间接法。直接法是分别列示三类活动的现金流入和现金流出项目，得出三类活动的现金净流入量。间接法是将净利润调整为经营活动现金净流入的方法。间接法的原理见本书第 3 章。

根据时代公司发生的与现金收支相关的业务，逐一将现金收入和现金支出填入现金流量表的相关项目中。具体编制方法（直接法）如下：

（1）销售商品、提供劳务收到的现金，根据例 2-26、例 2-29 和例 2-33 的数据填列。

（2）收到与其他经营活动有关的现金，根据例 2-34、例 2-36 和例 2-44 的数据填列。

（3）购买商品、接受劳务支付的现金，根据例 2-10、例 2-11、例 2-12 和例 2-13 的数据填列。

(4) 支付给职工以及为职工支付的现金，根据例2-22、例2-33和例2-37的数据填列。

(5) 支付的各项税费，根据例2-48的数据填列。

(6) 支付其他与经营活动有关的现金，根据例2-17、例2-18、例2-21、例2-23、例2-32、例2-34和例2-35的数据填列。

(7) 购建固定资产、无形资产和其他长期资产支付的现金，根据例2-7、例2-8的数据填列。

(8) 吸收投资收到的现金，根据例2-1、例2-2和例2-4的数据填列。

(9) 取得借款收到的现金，根据例2-5和例2-6的数据填列。

(10) 分配股利、利润或偿付利息支付的现金，根据例2-6的数据填列。

最终形成的现金流量表如表2-20和表2-21所示。

表2-20 现金流量表（直接法）

编制单位：时代公司　　20×8年度　　金额单位：元

项目	金额
一、经营活动产生的现金流量：	
销售商品、提供劳务收到的现金	3 472 000
收到其他与经营活动有关的现金	45 100
经营活动现金流入小计	3 517 100
购买商品、接受劳务支付的现金	882 700
支付给职工以及为职工支付的现金	815 000
支付的各项税费	578 500
支付其他与经营活动有关的现金	200 400
经营活动现金流出小计	2 476 600
经营活动产生的现金流量净额	1 040 500
二、投资活动产生的现金流量：	
处置固定资产、无形资产和其他长期资产收回的现金净额	0
购建固定资产、无形资产和其他长期资产支付的现金	1 425 000
投资活动产生的现金流量净额	－1 425 000
三、筹资活动产生的现金流量：	
吸收投资收到的现金	2 150 000
取得借款收到的现金	500 000
筹资活动现金流入小计	2 650 000
分配股利、利润或偿付利息支付的现金	3 000
筹资活动现金流出小计	3 000
筹资活动产生的现金流量净额	2 647 000
四、现金及现金等价物净增加额	2 262 500
加：期初现金及现金等价物余额	0
五、期末现金及现金等价物余额	2 262 500

表 2-21 现金流量表（间接法）

编制单位：时代公司　　20×8 年度　　金额单位：元

项目	金额
净利润	1 713 500
加：信用减值损失	22 000
固定资产折旧、油气资产折耗、生产性生物资产折旧	92 000
无形资产摊销	100 000
长期待摊费用摊销	
处置固定资产、无形资产和其他长期资产的损失	0
财务费用	30 600
投资损失	
递延所得税资产减少	
预付账款减少（增加）	−30 000
预收账款增加（减少）	10 000
存货减少（增加）	−134 200
经营性应收项目减少（增加）	−880 000
经营性应付项目增加（减少）	116 600
经营活动产生的现金流量净额	1 040 500
现金期末余额	2 262 500
减：现金期初余额	0
现金及现金等价物净增加额	2 262 500

习　题

（一）辨析与思考

Q2-1　小李在学完资金循环与资金结算方法后有些问题想不通，比如公司在正常的销售活动中取得了大量现金，为什么不可以直接用来支付货款或发放工资？为什么钱都要存到银行里？请查阅现金管理的相关资料，尝试为小李回答以上问题。

Q2-2　以下是三位同学初学会计的疑惑，请为他们进行解答。

（1）新学会计的张同学总也不明白，同样是折旧、同样是工资、同样是水电费等，为什么要记入不同的账户？生产成本、制造费用、管理费用、销售费用账户中都记录了相同的经济业务，另外，制造费用和管理费用中的很多项目是一样的，同样性质的费用为什么要放在两个账户内核算？

（2）与张同学同样有不少疑惑的王同学也提出疑问：会计期间的经济业务登记完成后，为什么还要结账？为什么还要把收入类、成本费用类的账户转来转去？为什么凭空多出一个本年利润账户，继而又消失了？

（3）小杨一回到寝室就不停地嚷着："会计课怎么办啊？为什么越学越难？今天老师讲的权责发生制真是让人一头雾水，最难理解的就是递延项目和应计项目。为什么要用'递延'和'应计'这么拗口的词呢？期末为什么要进行账项调整？"

Q2-3　小曹是某银行新来的员工，在柜台为顾客办理存取款业务，每天下班前的对账工作是必经的步骤。有一天，在核对现金账目时，小曹发现实际库存现金比电脑系统记录的金额多了3元人民币。为了省事，小曹将3元人民币直接装进了自己的口袋。过了一段时间，上级领导来检查工作，在调看银行录像时，发现了这个问题，小曹被立刻开除。请问小曹的做法属于什么性质的行为？正确的做法应该是什么？

Q2-4 按照权责发生制，下列哪些收入和费用应归属于本月？金额是多少？

(1) 支付上个月水电费2 500元。

(2) 收回以前期间的应收账款5 000元。

(3) 本月收到上月发生的营业收入50 000元。

(4) 支付本月应负担的办公费900元。

(5) 支付下季度房屋租金1 800元。

(6) 本月发生营业收入25 000元，但货款尚未收到。

(7) 本月收到客户货款5 000元，下月发出货物。

(8) 承担上季度已经预付的房屋租金8 000元。

Q2-5 公司会计人员小赵负责银行存款日记账的工作，每到月末的时候特别苦闷，平日自己辛辛苦苦一笔账一笔账地记录，也没有出现任何差错，为什么与银行对账单一核对就会发现不是多了就是少了？你能帮助小赵回答这个问题吗？

Q2-6 小林在初学编制财务报表时，对有些问题比较纠结，编制财务报表一定要根据会计循环吗？编制试算平衡表是必经的步骤吗？什么时候编制试算平衡表比较合适？

（二）练习题

E2-1 练习会计分录

某公司20×8年度结账后，利润表已编制完成，但尚未公布，发现原记录有误，需要更正的事项如下：

(1) 厂部办公楼折旧少计提10 000元。

(2) 预收房屋租金中，含有已经确定的房租收入5 000元。

(3) 误将其他单位寄售的商品26 000元列在存货中。

(4) 漏列12月水电费4 000元，水电费已支付。

(5) 一客户应付账款中多列1 500元。

(6) 已到期尚未收取的仓库租金8 000元，未入账。

要求：

(1) 编制有关会计分录。

(2) 简述上述事项对该公司的资产、负债、所有者权益及本年利润的影响。

E2-2 练习会计分录

某书店发生的经济业务如下：

(1) 1月1日预付全年房屋租金120 000元。

(2) 购置的空调等固定资产本月应计提折旧600元。

(3) 向银行借入 3 年期、利率为 5%、金额为 300 000 元的借款，计算本月应负担的利息。

(4) 预收出租图书半年的租金 30 000 元。

(5) 预提半年维修空调、电脑等的费用 3 000 元。

(6) 接银行通知，本月存款应计利息 900 元。

要求：

根据以上经济业务，按月编制调整分录。

E2-3　练习权责发生制与收付实现制

探险公司 20×8 年 8 月 1 日正式开张营业。各位股东共出资 100 万元。从当地银行借入 20 万元，利率为 6%，期限为 1 年。公司在 8 月还发生了如下业务：

(1) 8 月 1 日预付 8—10 月的房屋租金 45 000 元。

(2) 8 月 2 日赊购商品 120 000 元，并于 12 日偿还了 50 000 元。8 月 31 日公司盘点显示还有 20 000 元的商品没有卖出。

(3) 8 月 15 日支付煤气费 3 000 元。

(4) 8 月 31 日支付工资 52 000 元。

(5) 8 月公司取得的收入为 200 000 元，其中现销 160 000 元、赊销 40 000 元。

(6) 8 月 31 日编制有关调整分录。

要求：

按收付实现制和权责发生制分别计算探险公司 20×8 年 8 月的净收益并回答哪种会计核算基础能更好地反映公司的经营成果。假设所得税税率为 15%。

E2-4　练习银行对账单

甲企业 20×8 年 3 月 31 日收到其开户银行出具的对账单，银行对账单余额为 15 900 元；企业银行存款日记账余额为 14 800 元。经核对发现：

(1) 企业已收到并填好进账单，但银行尚未入账，金额为 2 850 元。

(2) 企业已开出支票，持票人尚未到银行兑付，金额为 6 600 元。

(3) 银行已将企业的电费划转至电力公司，有关通知还未送达企业，金额为 3 900 元。

(4) 银行代企业收到一笔委托收款，企业还未收到收款通知书，金额为 1 250 元。

要求：

根据以上资料为甲企业编制 20×8 年 3 月 31 日的银行存款余额调节表。

(三) 案例

C2　小丁蛋糕房

小丁从小就爱吃蛋糕，特别是蛋糕上面的各种奶油，她一直认为世界上最美味的食物莫过于此。小丁每年都盼着那块生日蛋糕，经常想过两个生日，一个按阴历计算，一个按阳历计算。但妈妈总是控制她吃奶油，怕她长得太胖，影响健康。高中毕业那年，小丁决定就读食品有关专业，好好研究一下各种食品的营养成分。转眼间小丁顺利拿到了毕业证书，找了一圈工作，但不是特别满意。到底做什么呢？

思来想去，奶油那淡淡的香味始终让她难以忘怀，小丁决定自己开家蛋糕房，做各种各样好吃不长胖的蛋糕。经与父母商量，父母同意出资5万元并贷款5万元给她，利率为3%，期限为3年。

7月天气非常炎热，但为了心中的理想，小丁四处奔走，经多方考察决定将店面设在人流比较集中的大型超市门口。小丁与业主签订了一份3年期店面租赁合同，约定租金的支付方式为每季度初缴纳3个月的房租，每月租金为5 000元，并在签订合同时一次性支付1万元作为押金，终止合同时退回。小丁9月花6 000元进行了简单的装修，购买了冰柜、冰箱、货架、收款机、电脑等（见表2-22)，还雇了2名员工。蛋糕房于20×7年10月1日正式开始营业。

最初的几天生意比较冷清，但随着蛋糕的花色、品种不断翻新，越来越符合顾客的口味，生意渐渐有了起色，每天晚上9点才打烊。由于顾客对新鲜度要求很高，一般都是现场制作现场销售，回款比较及时，小丁看着钱柜里的现金，心里美滋滋的。

日子就这样一天天地过去，转眼到了20×7年12月，从开业到现在都快3个月了，到底蛋糕房是赚钱还是亏钱了？赚了多少？亏了多少？小丁心里没有底，感觉是每天都有现金流入，但付房租，买面粉、砂糖、奶油等也花费不少。人员工资的开销也很大，还要缴纳水电费、电话费、上网费等，前几天因采购面粉数量大了些，差点付不了账。小丁决定整理账目，可是她对此一窍不通，于是给一位学会计的同学打了一个电话，请她帮忙算算账，以了解自己真实的财务状况。她让收银员把每天的销售小票做了整理，把购买面粉等各种原材料的发票找了出来，还有支付的各种账单，统统装进一个大袋子交给她的同学。经整理有关资料如下：

(1) 将金额较大、使用时间较长的冰箱等归入固定资产，估计所有资产的使用所限为5年，残值为零，采用直线法计提折旧。固定资产明细项目如表2-22所示。

表2-22 固定资产登记簿 金额单位：元

名称	数量	单价	金额
冰柜	2	5 500	11 000
冰箱	2	6 800	13 600
彩色激光打印机	1	2 000	2 000
收款机	1	3 600	3 600
电脑	1	6 300	6 300
货架	8	800	6 400
合计			42 900

(2) 面粉、砂糖、水果罐头、奶油9—12月共购货9次，支付货款115 000元，期末各种库存物品4 525元。明细项目如表2-23所示。

表2-23 库存物品明细表 金额单位：元

名称	库存数量	计量单位	单价	金额
面粉	100	千克	5	500
砂糖	10	千克	13	130

续表

名称	库存数量	计量单位	单价	金额
水果罐头	25	听	19.8	495
奶油	20	罐	30	600
生日蜡烛	160	盒	5	800
包装盒	100	个	10	1 000
包装彩带	500	米	2	1 000
合计				4 525

(3) 购买冰柜、冰箱、电脑等固定资产采用部分现付和部分赊购的方式，具体为用银行存款支付 40 000 元，余款 2 900 元尚未支付。

(4) 销售小票合计 190 000 元，其中有 40 000 元尚未收回。

(5) 支付员工工资共计 35 000 元。

(6) 支付水电费、通信费等费用共计 2 700 元。

此外，在 12 月 30 日收到一家公司开出的转账支票 20 000 元，自第二年 1 月 1 日起有 10 位员工会在生日那天到小丁蛋糕房领取一个蛋糕。

要求：

根据上述资料为小丁蛋糕房补编会计分录，过丁字账，编制试算平衡表，编制 20×7 年 7—12 月的利润表、现金流量表和 12 月 31 日的资产负债表，并回答下列问题：

(1) 小丁蛋糕房是赚钱还是亏钱了？

(2) 小丁蛋糕房真的如小丁担心的那样缺钱吗？

(3) 给小丁在财务方面提些建议。

第3章

财务报表

学习目的

1. 理解资产负债表的结构和各项目的含义，学会编制简单的资产负债表；
2. 理解利润表的结构和各项目的含义，学会编制简单的利润表；
3. 理解现金流量表的结构和各项目的含义，了解自由现金流的概念；
4. 了解所有者权益变动表的构成及含义；
5. 熟悉掌握四张报表的作用和相互之间的联系；
6. 了解附注在理解报表项目含义时的作用。

本章简介

通过对第1章和第2章的学习，我们已经熟悉了会计核算的基本方法和原则，也对财务报表有了初步认识。本章将以更专业的方式介绍资产负债表、利润表、现金流量表和所有者权益变动表的主要功能，各种报表主要项目的概念及其经济含义，以及财务报表之间的勾稽关系，以便完整地理解财务报表所传递的经济信息。

四张财务报表不是孤立的，而是互相联系的。虽然企业的经营活动是持续不断的，但财务报表总是会定期呈现在我们眼前，以不同的方式和时间节点向我们展示企业的财务状况、经营成果和现金流量的信息。资产负债表是企业财务状况的一张"快照"，所有的资产、负债和所有者权益都定格在某一特定时日，报表左边的资产代表企业的物质基础，右边的负债和所有者权益代表这些物质基础的来源。利润表就像一张期末考试成绩单，是企业在一系列经营活动结束之后的最终成果，不管好坏结果都将呈现在报表上。现金流量表是一张反映企业的资金从哪里来又到哪里去及其增减变动的报表。所有者权益变动表反映企业股东权益变化情况，例如哪些是损益带来的，哪些是非损益因素影响的。四张报表之间的项目是有对应关系的，如果是新设企业，资产负债表中的货币资金与现金流量表中的期末现金及现金等价物具有对应关系；资产负债表中的未分配利润与利润表中的净利润相关；资产负债表中存货的减少部分大多变成了利润表中的主营业务成本；利润表中的收入又会体现在资产负债表的货币资金和应收项目中。财务报表项目之间的这种勾稽关系全面展示了财务报表之间的相互依存关系。财务报表附注是对四张财务报表的进一步补充和说明。

3.1 资产负债表

资产负债表是反映企业某一特定时点财务状况的财务报表，主要包括三大类项目：资产、负债和所有者权益。

3.1.1 资产、负债和所有者权益及其分类

1. 资产

(1) 资产的概念。资产是指企业过去的交易或事项形成的、由企业拥有或者控制的、预期会给企业带来经济利益的资源。如时代公司资产负债表显示的资产项目有货币资金、应收账款、存货、固定资产、无形资产等。

根据资产的定义，资产有三个特征。第一，资产是为企业带来未来经济利益的资源，也就是说，资产能够为企业产生收益，如果不能产生收益，就不能确认为资产。第二，资产是企业拥有或者控制的，如果一项资源可以为企业带来经济利益，但是不属于企业，企业也不能控制，则不能确认为资产，典型的例子是公共资源，如企业门外的市政道路。第三，资产是由过去的交易或事项形成的，交易或事项未发生，就不会形成企业的资产，典型的例子是未执行的合同，如签订采购合同后，在履行合同之前，购买方不能将想要购买的货物作为自己的存货。

此外，还有两个资产确认条件：第一，该资源的价值或成本能够可靠计量。如果企业的一项经济资源符合上述三个特征，但不能可靠地确定价值，就不能在资产负债表上反映出来，典型的例子是人力资产。第二，与该资源有关的经济利益很可能流入企业，即企业能够获得该经济利益。

当企业的资产同时符合上述五个条件时，才能确认为企业的资产。换句话说，如果只符合资产的定义（前三个特征），不符合确认的条件（后两个条件），则不能确认为资产。

资产产生收益的最终形式是现金流量。所有资产都是要变成现金的，如应收账款通过收回现金变现，存货通过销售变成现金，固定资产通过折旧收回成本（变现）。从一般意义上看，资产变现的时间越短，金额越大，资产的变现能力就越强。例如，新上市的服装销售时一般无折扣，即使有折扣也不大，但是一旦过季，服装的折扣就很大，甚至不惜赔本甩卖。

为了加深对资产的认识，特别是辨清影响资产的经济业务，下面再举一些例子予以说明。

例3-1

时代公司销售一批服装给甲企业，货款价值20万元。甲企业已经收到该批服装并验收入库，开具了一张期限为3个月、面值为20万元的票据。

分析：根据资产的定义，该交易已经发生，企业拥有收回这20万元货款的权利，该交易能够带来经济利益，该利益流入的时间是确定的3个月以后，金额可以确切计量为20万元。所以时代公司可以确认一项资产，即应收票据增加20万元。

例3-2

时代公司与甲企业签订一份购买合同，购入10台缝纫机，价值15万元，分3年付款，每年支付5万元。这10台缝纫机已运抵企业并安装上线。由于缝纫机的款项未全部支付，时代公司并没有对缝纫机的法律意义上的所有权。

分析：可以确认为资产。因为从资产的定义及确认条件来看，除无法律意义上的所有权外，其他条件都满足。在实务中解决此类资产的确认问题时，需运用修订原则即实质重于形式的原则。从资产的经济实质来看，时代公司具有控制、使用和收益的权利，根据该修订原则，这10台缝纫机可以认定为公司的资产。

例3-3

时代公司花费20万元做商业广告，并投入10万元委托一家高校研究明年的服装流行趋势，以期为公司未来的商业活动带来利益。

分析：不能确认资产。尽管时代公司的商业广告和对服装流行趋势的研究都是为了获得未来的商业利益，但这些活动产生的未来收益具有很大的不确定性，不能可靠计量。

例3-4

时代公司12月初与供应商签订了第二年的服装面料采购合同，合同金额60万元。第二年3月，时代公司将与该供应商再签订一份采购合同。

分析：不能确认为资产，因为交易还没有发生。

(2) 资产的分类。按照变现时间长短，资产分为流动资产和非流动资产。流动资产是在一年或者长于一年的经营周期内转变成现金的资产，如应收账款、存货。非流动资产的变现时间则超过一年或者长于一年的经营周期，如固定资产的变现时间（使用年限）通常超过一年。变现能力也可以称为流动性，流动性越强的资产变现时间越短、变现金额越大。资产的变现能力同时也意味着资产的风险状况，变现时间越长，未来的不确定性越大，资产面临的风险也就越高。

按照是否具有货币形态，资产分为货币性资产和非货币性资产。货币性资产是指未来金额固定的资产，如现金、银行存款、应收账款。非货币性资产是指未来金额不固定的资产，如存货、固定资产，绝大多数非货币性资产都是实物资产，也称有形资产。与有形资产相对应的是无形资产，如专利权、商标等。在发生通货膨胀的时候，货币性资产会产生实际的损失，但账面没有确认。汇率会对货币性资产（外币存款、外币应收款等）产生直接影响，如果人民币对外币汇率上涨，外币货币性资产会产生账面损失。比如，12 月 6 日应收客户 100 万美元，汇率是 USD1＝RMB6.87，记录的应收账款是 687 万元人民币，年末编制财务报表时，汇率变为 USD1＝RMB6.80，应收账款等额的人民币为 680 万元，比交易发生时的应收账款等额人民币减少了 7 万元，即产生了汇兑损失 7 万元。

(3) 资产的计量。资产的计量，也称资产的计价，是指赋予资产一定的金额。资产既可以按照历史成本计量，也可以按照公允价值计量，取决于资产的特定属性和会计准则的规定。

历史成本是指资产交易发生时的价格。按照历史成本计量，在资产的入账价值确定之后，即使资产价格在编表日发生变动，企业也不需要调整资产的账面价值，除非资产发生了减值。例如，时代公司以每台 2 万元的价格购买 10 台缝纫机（见例 2－8），价值 20 万元，时代公司的固定资产增加 20 万元，此后，这 10 台缝纫机的账面原值保持不变，即不会根据缝纫机市场价格的变化进行调整。采用历史成本计量的依据是持续经营假设。在企业持续经营的情况下，企业购置固定资产的目的在于使用，即通过使用获得收益，并收回资产的成本，因此，资产价格变动不予考虑。比如，时代公司购买缝纫机是为了生产服装，而不是为了出售缝纫机获得收益。

公允价值是指市场参与者在计量日发生的有序交易中，出售一项资产所能收到或者转移一项负债所需支付的价格。在这个定义中有几个概念需要明确。一是市场参与者，市场参与者是指在相关资产或负债的主要市场（或最有利市场）中，同时具有下列特征的买方和卖方：1）相互独立，不存在关联方关系；2）熟悉情况，能够根据取得的信息对相关资产或负债以及交易合理认知；3）有能力并自愿进行相关资产或负债的交易。二是有序交易，有序交易是指在计量日前一段时期内相关资产或负债进行的惯常市场活动交易，清算等被迫交易不属于有序交易。三是计量日，计量日意味着不是交易实际发生日，资产或负债的价格是估计的，而不是交易结果。因此，公允价值的计量有三个层次，第一层次是有活跃市场的未经调整的报价；第二层次是可以通过相同或类似资产或负债直接或间接观测的输入值；第三层次是在无活跃市场报价和不可观测相同或类似资产或负债的情况下，采用估值技术确定，如未来现金流量贴现。

按照公允价值计量时，在资产的入账价值确定之后，企业需要按照资产在编表日的公允价值调整资产的账面价值，公允价值与账面价值的差异或者计入当期损益，或者计入所有者权益项目下的其他综合收益。按照我国会计准则，可以按照公允价值计量的资产项目有交易性金融资产、其他债权投资、其他权益工具投资、投资性房地产、生物资产等。此外，在企业合并、投资等会计事项中，公允价值计量也得到了广泛的应用。

资产除了按照历史成本和公允价值计量以外，还可以按可变现净值、重置成本等计量。它们适用于一些比较特殊的情况，如对即将处置的资产进行估价，可以用可变现净值法。可变现净值是指对该项资产进行估价时，用估计的售价减去估计的费用后的差额。重置成本也适用于估价，如企业的一项资产遭受毁损，按照目前情况重新购买或重新建造需要花费的成本即重置成本。重置成本还广泛用于资产评估。

2. 负债

（1）负债的概念。负债是指企业过去的交易或事项形成的、预期会导致经济利益流出企业的现时义务。典型的负债项目有短期借款、应付账款、应付职工薪酬、应交税费、长期借款等。

按照负债的定义，负债有三个特征。第一，负债是企业现时的义务，也就是企业当前已经承担的义务，而不是未来的义务。比如，替其他企业担保，尽管本企业承诺担保，但在承诺担保时还不是本企业现时的义务。第二，负债将导致经济利益流出企业，表现为资产的减少，这意味着负债需要用资产来偿还，如果企业的义务不用资产来清偿，就不是负债。第三，负债是由企业过去的交易或事项形成的，未发生的交易不会给企业带来现时的义务。

此外，与资产一样，负债也有两个确认条件：第一，与该义务有关的经济利益很可能流出企业；第二，未来流出的经济利益的金额能够可靠地计量。

负债要同时满足上述五个条件才能确认。如果只符合负债的定义，不符合负债确认的条件，则不能确认为企业的一项负债。

例3-5

时代公司于20×8年1月1日从工商银行借入有担保的借款300 000元，担保人为明德复印社（见例2-6）。

分析：因为向银行贷款，时代公司承担了现时的义务，发生了负债。明德复印社作为担保人并不意味着它承担了现时的义务，只有当时代公司不能偿还银行贷款时，明德复印社才承担现时义务，发生负债。因为替时代公司担保，明德复印社承担了或有负债。

例3-6

假设时代公司每月15日发放工资。截至20×8年12月31日，所有工资都全额发放。

分析：尽管时代公司已经全额发放了20×8年度所有的工资，但是，12月16—31日的工资要到第二年的1月15日发放。所以，时代公司20×8年欠了职工15天的工资。如果时代公司每月底发放工资，就不会发生负债，参见例2-22。

例3-7

时代公司与A顾客签订服装定制合同，约定2个月后交付，如果逾期交货，时代公司将赔偿A顾客1 000元。时代公司未收到定金。

分析：因为仅仅签订了合同，交易尚未发生，时代公司不需要确认负债。1 000元的罚金形成了时代公司的或有负债，但不是时代公司的现时义务，究竟是否形成负债取决于时代公司是否能按时交付定制的服装。

（2）负债的分类和计量。按照负债偿还时间，负债分为流动负债和非流动负债。流动负债是企业在一年或者长于一年的经营周期内偿还的负债，如应付账款、应付职工薪酬、应交税费等。非流动负债的偿还期超过一年或者长于一年的经营周期，如长期借款、应付债券等。有些特殊的负债很难确定偿还时间，甚至不存在偿还问题，如递延所得税负债。

负债也可以分为货币性负债和非货币性负债。非货币性负债是指将来不用货币偿还的负债，如递延收益、预收收入等。货币性负债则是将来要用货币偿还的负债，意味着金额是固定的。在发生通货膨胀的情况下，货币性负债将会产生实际收益，但账面没有确认。汇率也会对货币性负债产生直接影响，如果人民币对外币汇率上涨，外币货币性负债会产生账面收益（汇兑收益）。比如，12 月 10 日欠客户 100 万美元，汇率是 USD1＝RMB6.84，记录的应付账款是 684 万元人民币，年末编制财务报表时，汇率变为 USD1＝RMB6.82，应付账款等额的人民币为 682 万元，比交易发生时的应付账款等额人民币减少了 2 万元，即产生了汇兑收益 2 万元。

流动负债按照将来偿付的金额来计量，比如将来需要偿还 10 万元，流动负债就按照 10 万元计量。对于非流动负债，如果将来偿还的金额包含货币的时间价值，就需要把将来偿还的金额换算成现值。

3. 所有者权益

所有者权益是企业资产扣除负债后由所有者享有的剩余权益，表现为资产减负债的差额。作为企业的所有者，股东享有企业的利润，除了股东的投资本身所形成的权益（股本）外，企业尚未分配的利润也属于股东的权益。此外，企业还会发生一些影响所有者权益的业务，如股票溢价、资产增值、没有实现的收益等，这些也是所有者权益的组成部分。综合来看，所有者权益包括股本（实收资本）、资本公积、其他综合收益、盈余公积和未分配利润等项目。

所有者权益是不能单独计量的，而是依赖于资产和负债的计量。比如，股本的金额取决于股东投入企业的资产的价值，股东享有的利润则取决于收入和费用的计量，而收入和费用的计量取决于资产和负债的计量。

所有者权益是企业所有者财富在账面上的体现。为了全面反映所有者权益的变动情况，企业需要编制专门的所有者权益变动表。

所有者权益与负债的区别体现为资本与负债的区别。资本有很多种解释，最常见的解释是所有者的投资。资本与负债的区别主要有两个：

（1）资本是永久性投资，所有者不能随意抽回投资，负债则是到期要还的。相对于资本而言，负债的期限再长也是临时的。

（2）资本收益是不确定的，所有者与企业同舟共济、荣辱与共。企业盈利越高，资本收益就可能越多；企业亏损，资本就没有收益；企业破产，资本就可能会损失。借款的利息是固定的，企业的盈利多少与利息没有多大关系。

但是，假如企业进入破产清算程序，债权人的求偿权要优先于所有者的求偿权。

由此可见，所有者所承担的风险远远大于债权人的风险。企业经营失败，所有者的投资有可能血本无归，而债权人的求偿权优先于企业所有者，多多少少还可能收回一点。

3.1.2 资产负债表的格式

资产负债表是反映企业特定时点的资产、负债和所有者权益构成情况的报表。时点数字本身就是累计变化的结果，不能将两个时点的数字简单相加来计算某个期末的数字。比如，20×8年12月31日的资产金额不是20×8年年末数和20×7年年末数之和，20×8年年末各资产项目的金额本身就是累计变化的最终结果。

资产负债表分为左右两栏，左边是资产项目，右边是负债和所有者权益项目。资产和负债项目是按照流动性排列的，流动性越强的资产和负债越往前排。资产负债表通常包含两年的数字，称为比较资产负债表。

资产负债表各项目的金额都是扣除各项准备、摊销后的金额，称为账面价值。

资产负债表的格式如表3-1①所示。

表3-1 资产负债表

编制单位：浙江森马服饰股份有限公司　　2018年12月31日　　单位：万元

项目	2018年12月31日	2017年12月31日
流动资产：		
货币资金	243 462	128 658
应收票据及应收账款	195 268	142 215
预付款项	20 276	13 390
其他应收款	22 058	8 089
存货	441 749	238 429
其他流动资产	201 272	364 018
流动资产合计	1 124 085	894 798
非流动资产：	—	—
可供出售金融资产	43 770	42 275
持有至到期投资	—	6 045
长期股权投资	362	1 008
投资性房地产	109 547	126 415
固定资产	198 568	111 521
在建工程	25 382	84 471
无形资产	78 668	44 709
商誉	—	3 720
长期待摊费用	23 026	7 520
递延所得税资产	41 328	29 675
其他非流动资产	12 034	12 162
非流动资产合计	532 686	469 522
资产总计	1 656 771	1 364 321

① 为便于计算和分析，本表将原表的单位元改为万元，由此导致四舍五入的结果与实际报表数据存在差异，这种情况对分析没有影响。本书所选取的森马服饰报表均存在此种情况。

续表

项目	2018 年 12 月 31 日	2017 年 12 月 31 日
流动负债：	—	—
短期借款	17 457	2 050
衍生金融负债	655	—
应付票据及应付账款	305 845	227 718
预收款项	16 551	12 328
应付职工薪酬	33 299	16 115
应交税费	45 527	13 008
其他应付款	21 239	12 643
一年内到期的非流动负债	220	2 066
其他流动负债	230	1 905
流动负债合计	441 024	287 833
非流动负债：	—	—
长期借款	15 695	—
长期应付职工薪酬	1 085	—
预计负债	65 532	59 530
递延收益	4 454	2 366
递延所得税负债	9 709	2 848
非流动负债合计	96 475	64 745
负债合计	537 498	352 577
所有者权益：	—	—
股本	269 985	268 945
资本公积	255 917	249 989
减：库存股	6 832	2 133
其他综合收益	71	122
盈余公积	118 567	101 478
未分配利润	476 875	391 741
归属于母公司所有者权益合计	1 114 583	1 010 142
少数股东权益	4 690	1 602
所有者权益合计	1 119 273	1 011 744
负债和所有者权益总计	1 656 771	1 364 321

3.1.3 资产负债表主要项目的含义

1. 流动资产项目

企业常见的流动资产主要有货币资金、交易性金融资产、应收票据和应收账款、存货、合同资产等。

(1) 货币资金。货币资金是企业期末所拥有的库存现金、银行存款和其他货币资金之和。

（2）交易性金融资产。交易性金融资产是指以公允价值计量且其变动计入当期损益的金融资产，是企业持有的准备在短期内出售以获得差价收益的金融资产，如证券交易所上市交易的股票、债券、基金等。

（3）应收票据。应收票据是企业销售商品但收到的商业汇票，商业汇票由于有承兑人（银行或者企业）承兑，信誉相对较高。

（4）应收账款。应收账款是企业销售商品但没有收到的货款，尽管与应收票据一样，都是没有收到的货款，但应收账款只有合同约束，比应收票据的风险高。

（5）存货。存货包括企业持有的尚未加工的原材料、正在加工中的在产品和已完工但尚未销售的半成品和产成品等。

（6）合同资产。合同资产是企业销售商品或提供劳务而应向客户收取的价款，本质上也是一种应收款，但与应收账款不同的是，应收账款是无条件收取货款的权利，是确定事件，只受时间流逝的影响，合同资产则是有条件收取货款的权利，存在不确定性。合同资产除了面临信用风险外，还面临履约风险。

2. 非流动资产项目

企业常见的非流动资产项目主要有长期股权投资、固定资产、在建工程、无形资产、使用权资产和递延所得税资产。与金融工具相关的非流动资产包括债权投资、其他债权投资、其他权益工具投资。①

（1）债权投资。债权投资是企业持有的以摊余成本计量的金融资产，主要是企业持有的债券，如一部分国债、公司债券等。

（2）其他债权投资。其他债权投资是企业持有的以公允价值计量且其变动计入其他综合收益的债权性金融资产，如一部分国债、公司债券等。债权投资与其他债权投资的不同在于计量方法，前者是按摊余成本计量，后者是按照公允价值计量。

（3）其他权益工具投资。其他权益工具投资是企业持有的以公允价值计量且其变动计入其他综合收益的权益性金融资产，如持有的上市公司的股票等。若持有的是非上市公司的股票，可以通过指定为以公允价值计量且其变动计入其他综合收益的金融资产记入本项目。

（4）长期股权投资。长期股权投资是企业对子公司、合营企业和联营企业的投资。在证券市场上购买的少量的上市公司的股票按照金融工具会计准则核算，不包括在本项目中。

（5）固定资产。固定资产是企业报告期末拥有的房屋建筑物、机器设备等，资产负债表中列示的固定资产是扣除累计折旧和减值准备后的金额。

（6）在建工程。在建工程是企业报告期末正在建设的固定资产，固定资产的更

① 按照修订后的金融工具会计准则，持有至到期投资改为债权投资，可供出售金融资产分为其他债权投资和其他权益工具投资两个项目。森马服饰尚未执行修订后的金融工具会计准则，资产负债表中的项目仍为可供出售金融资产、持有至到期投资。

新改造工程通常也包括在内。

(7) 无形资产。无形资产是企业报告期末拥有的专利权、商标、土地使用权等，我国很多企业的无形资产中，土地使用权占了绝大部分。

(8) 使用权资产。使用权资产是企业租入的资产，如航空公司租入的飞机。

(9) 递延所得税资产。递延所得税资产是企业以后少缴所得税所产生的经济利益，这种经济利益不是所得税减免等优惠政策带来的，而是因为会计准则与税法的规定不同而产生的。

3. 流动负债

企业常见的流动负债项目有短期借款、应付票据及应付账款、合同负债、应付职工薪酬、应交税费等。

(1) 短期借款。短期借款是企业报告期末从银行或者非银行金融机构借入的资金，短期借款的偿还期通常在一年之内。

(2) 应付票据。应付票据是企业因为购买商品或服务而签发的商业汇票（银行承兑汇票和商业承兑汇票）。

(3) 应付账款。应付账款是企业因为购买商品或服务而欠供应商的货款。

(4) 合同负债。合同负债是企业在交付商品之前预先收取的客户的货款。

(5) 应付职工薪酬。应付职工薪酬是企业欠职工的工资、奖金、福利等报酬。

(6) 应交税费。应交税费是企业尚未交纳的税费，如企业所得税、增值税、消费税以及附加费等。

4. 非流动负债

多数企业常见的非流动负债有长期借款、应付债券、递延所得税负债。

(1) 长期借款。长期借款是企业从银行或非银行金融机构借入的长期资金，偿还期超过一年。

(2) 应付债券。应付债券是企业通过发行债券筹集资金所形成的债务，报告期末的金额表示期末尚未到期偿还的债券。具有债的性质的优先股、中期票据等混合型融资工具也在应付债券项目里。

(3) 递延所得税负债。递延所得税负债是企业以后多缴所得税产生的义务，这种义务不是税法规定的当年该交未交的所得税，而是因为会计准则与税法的规定不同而产生的今后的义务。

5. 所有者权益

所有者权益包括股本（实收资本）、资本公积、库存股、其他综合收益、盈余公积、未分配利润等项目。

(1) 股本。股本是股份有限公司按照法律规定，以每股1元人民币为面值进行表述的资本，是股东实际投资金额的一部分。股东只要不增加投资，资产负债表中的股本数字就是固定的。

有限责任公司股东的投资称为实收资本。根据我国法律要求，股东可以分期向企业投入资本，企业的实收资本和注册资本最终在数额上是相等的。注册资本是企业向工商管理部门登记注册的资本金额。

（2）资本公积。资本公积是企业股东共有的资本，主要由两部分构成。一是超面值缴入股本。股本的面值在我国统一为每股1元人民币。股东实际投资额超过面值的部分为股本溢价（即超面值缴入股本）。比如某公司发行1 000万股股票，发行价为每股5元人民币，按照面值计量的股本是1 000万元，超面值4 000万元为股本溢价，计入资本公积。二是其他资本公积，比如资产评估增值等。

通过以上两个项目可以看出，股东的投资在会计上分为股本和资本公积，面值部分为股本，超面值部分为资本公积（股本溢价）。股东拥有的股权比例是按照股本份额计算的，而不是按照股东实际投资额计算的。

（3）库存股。库存股是企业购回的已经发行在外的股份，是股本的减项。按照《公司法》的规定，公司可以因减少注册资本、股权激励、维护公司价值和股东权益等原因收购本公司股份。

（4）其他综合收益。其他综合收益是不能计入当期损益的损益项目。常见的有以公允价值计量且其变动计入其他综合收益的金融资产产生的损益、外币报表折算差额、设定受益计划产生的损益等。

资产负债表中的其他综合收益是一个累计数，即从企业成立日开始到编表日为止累积发生的其他综合收益。利润表中的其他综合收益项目则是本项目的当期发生额。需要特别注意的是，不是所有的其他综合收益实现损益后都可以转入利润表，详细规定参见第8章金融资产。

（5）盈余公积。盈余公积是具有特定用途的留存利润，即用于生产经营发展的留利。大多数企业的盈余公积是根据《公司法》的规定从当年净利润中提取的一部分利润，称为法定盈余公积，公司自愿提取的盈余公积称为任意盈余公积。

（6）未分配利润。未分配利润是企业完成利润分配后剩余的利润，需要注意的是，未分配利润包括由于会计差错而对以前年度损益进行的各项调整。

3.1.4 资产负债表的功能

资产负债表的功能是提供企业财务状况方面的信息。企业的财务状况是关于企业资产、负债和所有者权益的质量和构成的情况。财务状况信息有助于分析和判断企业的财务风险。

1. 资产、负债和所有者权益的构成情况

通过资产负债表可以掌握资产的总规模以及资产的来源：负债形成的资产有多少，所有者权益形成的资产有多少；在资产项目中，流动资产占多少，固定资产又占多少，在流动资产中，存货占多少；在负债项目中，流动负债占多少，在流动负债中，短期借款占多少；在所有者权益项目中，资本公积占多少，未分配利润占多少。这些信息可以帮助报表使用者分析企业资产、负债以及所有者权益构成的合理性，比如流动资产是否过多，流动资产与非流动资产的搭配是否合理等。

2. 流动性状况

由于资产和负债都按照流动性排列，报表使用者可以直接了解资产和负债的流动性状况，比如资产整体的流动性如何，流动资产的流动性如何，负债的压力是否太大，等等。

结合连续若干年的数字，还可以了解企业流动性的波动情况，判断企业流动性的发展趋势。

尽管资产负债表可以提供企业流动性状况的信息，但如果要全面分析企业的流动性状况，还需要结合现金流量表信息，并运用专门的比率分析法，各种资产的周转率都是反映资产流动性状况的指标。

3. 财务弹性

财务弹性是指企业资金运用的余地和空间，我国很多企业的财务弹性可以通过债务空间来衡量，即资产负债率。如果企业的资产负债率很高，如超过70%，企业今后通过债务融资的余地就很小，财务弹性就不大。

财务弹性可以表明企业在多大程度上可以灵活地调度资金以便把握将来的机会并应对可能的危机。出现机会而没有财务上的能力，将影响企业的发展；遇到危机而没有调动资金的余地，后果可能是灾难性的。

3.2 利润表

利润表是反映企业某一特定期间经营成果的财务报表。尽管叫作利润表，但它事实上是一张综合收益表。该表由两部分组成，净利润之前的部分反映当期的经营成果，包括企业日常经营活动的最终成果，也包括非日常活动带来的损益，投资活动带来的投资收益，政府补助带来的其他收益和采用公允价值计量带来的公允价值变动损益。后半部分是其他综合收益的税后净额，即资产负债表所有者权益中其他综合收益的当期发生额，分以后不能重新分类进损益的其他综合收益和以后将重分类进损益的其他综合收益进行列示。净利润加上其他综合收益税后净额就是综合收益。

由于其他综合收益没有计入净利润，因而不属于当期的经营成果。在评价企业当期经营成果时，通常使用利润表中净利润及以上指标，如营业利润、利润总额、净利润等。下面将重点介绍收入、费用、利得和损失项目。

3.2.1 收入和费用

1. 收入

收入是指企业在日常经营活动中形成的、会导致所有者权益增加的、与所有者投入资本无关的经济利益的总流入。收入不包括为第三方或客户代收的款项。

根据收入的定义，收入有四个特征。第一，收入来源于企业的日常经营活动，因此，收入是经常性的、重复发生的。第二，收入会增加企业的资产，尤其是流动资产，比如，销售商品取得收入，企业或者收到了现金，或者产生了应收账款、取得了应收票据。收入也会表现为负债的减少，比如预收账款转为收入。由于收入会增加资产或者减少负债，所以，收入会导致所有者权益的增加。第三，收入是总额，即毛收入，不是净额，收入当中包含了成本费用等因素。第四，收入只有在能够可靠计量时才能确认。

从产生收入的业务看，收入分为商品销售收入、劳务收入、租金收入、利息收入。合并利润表中的营业总收入是这些收入之和，营业收入则是企业主要经营活动的收入，对于工业或者商业企业，营业收入就是产品或者商品销售收入。

在什么时间确认收入是一个专门的会计问题。根据权责发生制，确认收入与收到现金可能发生在不同的时点上，不能以是否收到现金为标准来决定确认收入的时间。

确认收入的标准是企业是否履行了合同中约定的履约义务，即合同中承诺交付的商品和服务的控制权是否发生了转移，如果企业履行了履约义务，客户掌握了商品的控制权，企业就可以确认收入。对于大多数制造业和商业企业，履行履约义务的标志是交付商品。

收益是流入企业经济利益的净额，不需要再做任何扣除，如投资收益、变卖资产的收益。

2. 费用

费用是指企业在日常经营活动中形成的、会导致所有者权益减少的、与向所有者分配利润无关的经济利益的总流出。

根据费用的定义，费用有三个特征：第一，费用会导致资产的减少或者负债的增加，因此，费用会导致所有者权益的减少；第二，费用是在企业日常经营活动中发生的，是经常重复发生的，不是偶然发生的；第三，企业发生的费用属于当期的消耗，计入利润表，从当期收入中扣除。

3.2.2 利得和损失

1. 利得

利得是指企业在非日常经营过程中形成的、会导致所有者权益增加的、与所有者投入资本无关的经济利益的总流入。

2. 损失

损失是指企业在非日常经营过程中形成的、会导致所有者权益减少的、与向所有者分配利润无关的经济利益的总流出。

3. 利得和损失的进一步分类

（1）直接计入当期损益的利得和损失。直接计入当期损益的利得和损失是指可以直接记入利润表的利得和损失。利得可以直接增加当期利润，损失可以直接冲减企业的利润。

产生利得和损失的业务主要有：

1）处置报废的非流动资产产生的处置损益；

2）资产清查产生的盘亏损失；

3）进行公益捐赠产生的支出；

4）接受捐赠取得的收入；

5）行政性违规处罚以及不可抗力带来的损失等。

（2）计入其他综合收益的利得和损失。主要有：

1）以公允价值计量且其变动计入其他综合收益的金融资产公允价值变动；

2）长期股权投资权益法下，投资方按照持股比例计算的在被投资单位除净损益以外的其他所有者权益变动中应享有的份额；

3）存货或者自用房地产从成本计量模式转为以公允价值计量的投资性房地产时，资产在转换日的公允价值与账面价值的差额；

4）现金流量套期业务中，套期工具公允价值变动；

5）境外经营净投资套期业务中，套期工具公允价值变动；

6）外币报表折算差额。

3.2.3 收入、费用与利得、损失的对比

收入和费用是企业在日常活动中形成的，收入和费用之间有直接的因果关系，费用是因，收入是果，即费用的发生会带来收入。因此，收入与费用要严格遵循配比原则。收入是包含费用的收入，因而是一个总经济利益流入的概念；费用是一个总经济利益流出的概念。在核算时按总经济利益流入记录收入，按总经济利益流出记录费用，收入和费用进行对比得出利润。

利得和损失是企业在非日常活动中形成的，利得和损失之间不存在因果关系，因此不需要进行配比。换句话说，利得是没有消耗任何资产而得到的，如接受捐赠；发生损失不会带来任何利得的增加，如资产盘亏、遭受自然灾害等。

费用、成本、支出、损失是经常使用但容易混淆的概念。

成本是计入某一对象的支出，通常与资产项目有关，如固定资产成本、原材料成本、产品成本等。大多数资产的成本会随着资产的使用逐渐转化为费用，如固定资产通过折旧转化为费用，无形资产通过摊销转化为费用，产品成本在产品销售后转化为销售成本（主营业务成本）计入当期费用。成本在转化为费用之前，作为资产项目在资产负债表中反映。

支出的概念更广，凡是付出资产都可以称为支出，其中现金支出是最普遍的形式。现金支出不一定会形成费用或成本，如还债也是一种支出。所以，支出可以分为两部分，一部分是形成费用或成本的支出，另一部分是不形成费用或成本的支出。形成费用的支出又分为两种：一是资本性支出，如购买固定资产、无形资产等，这些支出会形成企业的资产；二是收益性支出，也就是应当从当期收入中扣除的费用。

损失是不属于企业正常生产经营活动的资产损耗，具有偶发性的特征。有些损失是在生产经营过程中发生的，如存货毁损所产生的损失；有些损失与企业生产经

营无关，如火灾、地震等灾害所造成的损失。

按照权责发生制的要求，企业发生费用与支付现金可能不在同一个时点上，不能以是否支付现金为标准来确认费用。确认费用的会计原则是配比原则，要求费用与该项费用所取得的收入相匹配，计入同一张利润表。凡是为取得当期收入发生的支出，都是费用，计入当期的利润表；凡是为以后各期收入发生的支出，都应当资本化（作为资产的成本），计入资产负债表。这个原则称为划分收益性支出和资本性支出的原则。

3.2.4 利润的计算

计算利润的方法有两种：一是利润表法；二是资产负债表法。

（1）利润表法，又称交易法。利润表法强调收入和费用只有在交易发生的情况下才会产生。其理论基础是交易观（transaction approach）。会计通过设置收入类和成本费用类账户进行配比，计算利润。

（2）资产负债表法，又称净资产法。资产负债表法是通过对比前后两期期末净资产计算利润的方法。其理论基础是资本保值观（capital maintenance approach），即利润只有在资本得到保值以后才会产生。只要资产和负债发生变动，就会影响净资产。但是，资产和负债的变动不一定全部是由经济业务（交易）引起的，资产市场价格的涨跌也会带来利润。因此，按这种方法计算出的利润包含资产或负债价值本身的变化，是综合收益的概念。综合收益也称全面收益，是指企业所有资源引起所有者权益变动的部分，而不只是产生收入和费用的交易引起的。

这两种计算利润的方法侧重点不同。利润表法注重流量的变化，资产负债表法更侧重于考察存量的变动。为了全面反映企业的综合收益，目前的利润表在通过收入费用计算利润的基础上加上了其他综合收益。

3.2.5 利润表的格式

1. 利润表的报告范围

对于利润表的报告范围有两种观点：当期经营观和损益满计观。

（1）当期经营观。按这种观点，利润表只要报告当期的和经常性的损益就可以了，因为本期和经常性项目是管理层可以控制和通过努力能够完成的，这种观点体现了受托责任的观念。

（2）损益满计观。按这种观点，利润表报告的内容既要包括经常性的，也要包括非经常性的，既要包括本期的，还要包括上期的。这种观点可以避免管理层或财务人员进行有选择性的披露。目前利润表遵循的是损益满计观。

2. 利润表的格式

利润表的格式是指用来反映企业利润的形成过程的方式，即企业的营业收入需要按照什么顺序来扣减哪些费用以便最终得到净利润。表现利润形成过程的方式有两种：单步式和多步式。

（1）单步式。单步式利润表是指利润只需一步就能算出，将所有的收入汇集起来减去所有的费用，便可得到净利润。

（2）多步式。多步式利润表是指利润的计算需要经过几个步骤。第1步，报告企业经营活动的成果，主要是日常活动取得的成果，从营业收入中直接抵减营业成本、税金及附加、期间费用以及公允价值变动收益、资产减值损失和投资收益等。第2步，将非日常活动带来的收益通过营业外收入和营业外支出项目进行反映。第3步，将第1步与第2步计算的结果相加得到利润总额。第4步，将第3步的利润总额减去所得税费用得到净利润。第5步，计算综合收益（损益满计观的体现），将本期列入所有者权益中的其他综合收益的金额列入利润表，将净利润与其他综合收益的税后净额相加，得到综合收益总额。第6步，计算每股收益（用净利润减去优先股股利后的差额除以流通在外的普通股加权平均股数）。如果母公司没有100%拥有子公司，还会存在一项属于少数股东的净利润。

利润表是期间报表，比如年度利润表各项目的金额是1月1日至12月31日的累计数，季度利润表各项目的金额则是该季度的累计数。不同时期利润表的各项目是可以累加的，比如可以将过去五个年度的销售收入相加得到五年销售收入的总和。

利润表是一个纵向的计算过程，从收入开始，逐步计算出最终经营成果净利润。利润表中的每股收益是一个附加信息，并不是计算净利润的一个步骤。利润表的格式如表3-2所示。

表3-2 利润表

编制单位：浙江森马服饰股份有限公司　　2018年度　　单位：万元

项目	2018年	2017年
一、营业总收入	1 571 913	1 202 630
其中：营业收入	1 571 913	1 202 630
二、营业总成本	1 382 537	1 062 770
其中：营业成本	946 586	775 567
税金及附加	11 137	8 305
销售费用	257 038	176 344
管理费用	52 190	28 547
研发费用	36 431	35 337
财务费用	−7 580	−7 929
资产减值损失	86 736	46 600
加：其他收益	4 545	3 603
投资收益（损失以“—”号填列）	12 706	7 915
其中：对联营企业和合营企业的投资收益	124	−207
公允价值变动收益（损失以“—”号填列）	939	—
资产处置收益（损失以“—”号填列）	456	−249
三、营业利润（亏损以“—”号填列）	208 022	151 129

续表

项目	2018年	2017年
加：营业外收入	20 051	1 149
减：营业外支出	1 248	899
四、利润总额（亏损总额以“—”号填列）	226 826	151 379
减：所得税费用	58 671	38 332
五、净利润（净亏损以“—”号填列）	168 155	113 047
归属于母公司所有者的净利润	169 363	113 793
少数股东损益	−1 208	−745
六、其他综合收益的税后净额	−50	32
七、综合收益总额	168 105	113 080
归属于母公司所有者的综合收益总额	169 313	113 825
归属于少数股东的综合收益总额	−1 208	−745
八、每股收益：		
（一）基本每股收益	0.63	0.42
（二）稀释每股收益	0.63	0.42

3.2.6 利润表主要项目的含义

1. 营业总收入

营业总收入是企业合并报表范围内的所有收入，包括营业收入、利息收入、手续费收入等，其中的利息收入、手续费收入是来自金融业务的收入，如果合并范围包括金融企业，如企业控制的财务公司等，就会出现这些报表项目。

营业收入包括主营业务收入和其他业务收入。主营业务收入是企业主要经营业务的收入，如制造企业的产品销售收入、商业企业的商品销售收入。其他收入是企业非主要经营业务的收入，如制造企业的租金收入、劳务收入等。

2. 营业总成本

营业总成本是企业合并报表范围内的所有费用，包括营业成本、税金及附加、销售费用、管理费用、研发费用、财务费用和资产减值损失、信用减值损失，如果合并范围包括金融企业，营业总成本还包括利息支出、手续费支出等。

（1）营业成本。营业成本是企业主要经营活动的成本，包括主营业务成本和其他业务成本，如制造企业的已售产品成本、商业企业的已售商品成本等。

（2）税金及附加。税金及附加是与企业销售收入相关的税金和附加，包括消费税、城市维护建设税、资源税、土地增值税、教育费附加、房产税、土地使用税、车船税、印花税等。

（3）销售费用。销售费用是企业为销售商品、提供劳务等发生的费用，包括企业在销售阶段发生的费用以及性质上属于销售活动的费用，如销售人员的工资、奖金和福利，销售部门的行政办公费用、广告费用等。

（4）管理费用。管理费用是企业管理部门发生的费用，包括行政管理部门发生的职工薪酬、修理费、物料消耗、低值易耗品摊销、办公费和差旅费等，以及工会经费、董事会费、聘请中介机构费、咨询费、诉讼费、业务招待费等。

（5）研发费用。研发费用包括企业研发支出中费用化的部分以及企业内部形成的无形资产的摊销费用。

（6）财务费用。财务费用是企业为筹集外部资金而发生的费用，包括利息支出（减利息收入）、汇兑差额以及相关的手续费等。

（7）资产减值损失。资产减值损失是企业资产的账面价值高于可变现净值（适用于存货）的差额，如某一项存货的账面价值为 1 000 元，如果出售只能收回 800 元，则该项存货发生了减值损失 200 元。资产减值损失包括按照会计准则要求计提的所有资产的减值损失，非流动资产的市场价值用可收回金额来度量（具体参见第 7 章非流动资产与摊销）。资产减值损失是尚未实际发生的损失，是一个估计数。

（8）信用减值损失。信用减值损失是企业持有的以摊余成本计量的金融资产的预期信用损失，工商企业的信用减值损失主要是应收账款的预期坏账损失和合同资产的预期减值损失，如果持有的债权投资发生了预期信用损失，也包括在内。

资产减值损失是物的损失，信用减值损失是人（企业法人）的信用损失。

3. 利润表中的收益项目

（1）其他收益。其他收益是企业收到的政府补助中可以记入当期利润表的货币性补助。

（2）投资收益。投资收益是因投资而取得的净收益（扣除费用后的收益）。投资收益包括两项内容：一是买卖股票、债券等金融工具获得的收益；二是长期股权投资产生的收益，包括成本法确认的投资收益和权益法确认的投资收益。

按成本法确认的投资收益是实际分红取得的收益，是已实现的收益。按权益法确认的对联营企业和合营企业投资产生的投资净收益通常是没有实现的。因为权益法是按持股比例直接乘以报告期被投资企业报告的净利润来确认投资收益，而不是根据分红的利润来确认投资收益。比如投资企业持有被投资企业的股份比例为 30%，报告期被投资企业实现净利润 100 万元，分派股利 50 万元。投资企业确认的投资收益为 30 万元（100×30%），而不是 15 万元（50×30%）。实务中，我国年度财务报表编制日为每年的 12 月 31 日，股利分派和股利实际到账时间一般是在次年。因而，投资收益项目中包括已实现的投资收益和未实现的投资收益。

（3）公允价值变动收益。公允价值变动收益是企业按照公允价值计量的资产和负债产生的公允价值变动差额。比如时代公司年初购入中国石油的股票 1 000 股，每股价格 10 元，年末价格涨到 13 元，这样，时代公司投资于中国石油股票的价值就从 10 000 元变成了 13 000 元，如果时代公司将买入的股票作为交易性金融资产，3 000 元的差额就可以作为利润表的公允价值变动净收益。公允价值变动收益没有实际发生，只是公允价值变动的差额。

（4）资产处置收益。资产处置收益是企业出售划分为持有待售的非流动资产（除金融工具、长期股权投资和投资性房地产外）或处置组时产生的利得或损失，以及处置未划分为持有代售的在建工程、固定资产、生产性生物资产及无形资产而产生的处置利得或损失。此外，债务重组中因处置非流动资产（除金融工具、长期股权投资和投资性房地产外）产生的利得或损失和非货币性资产交换产生的利得或损失也包括在内。

投资收益、公允价值变动收益、资产处置收益在利润表中正数表示收益，负数表示损失（一般在上述项目前加负号）。

4. 营业利润

营业利润是企业经常性的、预期可以重复获得的利润，是营业总收入减营业总成本再加上投资收益等损益项目的结果。

由于营业利润中包含资产减值、公允价值变动收益、投资收益和其他收益，企业不同时期的营业利润可能会出现较大的波动。如果需要更加准确地理解企业经常性的营业利润，可以单独计算企业主要经营活动的利润，即营业收入－营业成本－税金及附加－销售费用－管理费用－研发费用－财务费用。

5. 营业外收支

营业外收入和营业外支出是企业非日常活动发生的损益项目，如营业外收入中的罚没收入等，营业外支出中的赔偿支出、罚没支出、捐赠支出、非常损失、盈亏损失等。

6. 净利润

净利润，即税后利润，是扣除所得税以后的利润。净利润是企业的最终经营成果，全部由企业的所有者拥有，并区分归属母公司股东的净利润和少数股东的净利润。

7. 每股收益

每股收益由当期的净利润减去优先股股利后的差额除以发行在外的普通股股数得出，如果是合并利润表，分子则为归属母公司股东的净利润。每股收益是计算市盈率的指标之一，市盈率是每股价格对每股收益的倍数。比如森马服饰2018年的每股收益为0.63元，2018年年末（12月28日）的收盘价为8.92元/股，市盈率为14.16倍，如果森马服饰每年分配所有的利润，并且每股收益不变，那么投资者大约在14年后通过森马服饰的股利收回投资成本。市盈率高表示投资者看好公司的发展前景，而公司盈利则会降低市盈率。比如，A公司当前市盈率为60倍，如果公司成长性好，将来利润翻番，将来的市盈率就变成了30倍甚至更低。

8. 其他综合收益的税后净额

其他综合收益的税后净额是资产负债表中的其他综合收益在当期发生时的损益扣除所得税后的净额。它是资产负债表中的其他综合收益的本期发生额。尽管其他综合收益的税后净额列入利润表，但不属于当期的经营损益，在计算企业当期经营业绩指标（如净利润、每股收益、股东权益报酬率、总资产报酬率等）时不予考虑。

9. 综合收益总额

综合收益总额是净利润加上其他综合收益的税后净额的合计金额。综合收益是扣除所有者投资和向所有者分配利润后的所有者权益变动，体现所有者账面财富增减变动的总额。

如果不考虑企业与股东之间的交易，如利润分配、股本增减，企业的净利润就是所有者权益期末与期初之间的差额。然而，有些损益项目没有计入当期损益，而是直接计入资产负债表中的所有者权益（设专门项目其他综合收益），因此，利润表中的净利润与资产负债表中所有者权益的期末与期初差额不等。为了在利润表中全面反映企业报告期内所有损益，在净利润后面专门加上其他综合收益的税后净额，将净利润与其他综合收益的税后净额相加，得到综合收益。综合收益就是企业报告期内扣除所有者投资和向所有者分配利润后的所有者权益的期末与期初的差额。

3.2.7 利润表的功能

利润表反映企业的经营成果。经营成果是企业一定时期的财务业绩，如销售收入、营业利润、净利润等。经营成果也可以用非财务指标来反映，如市场占有率、产量等。

利润表可以提供以下信息。

1. 企业最终的经营成果

从净利润的计算过程可以看出，各种收入、收益弥补所有费用和损失之后，才是企业的最后所得。收入就像一块饼，由各个利益相关方共同分配。以制造业为例，企业取得收入后，首先分给供应商（产品成本的一部分），然后以税费的形式交给政府一部分，以工资和其他报酬形式分给职工一部分，还要弥补企业的日常消耗，最后剩下来的（净利润）留给股东。

2. 盈利能力

盈利能力是企业盈利水平及其波动状况。盈利水平高并且保持稳定增长是盈利能力强的典型表现。

判断企业盈利能力强弱不仅要看最终结果净利润，还要看净利润的产生过程。从净利润的产生过程可以看出企业盈利的稳定性。企业盈利能力的稳定性首先取决于企业的毛利状况。毛利是营业收入减营业成本和税金及附加后的差额，以制造业企业为例，毛利来自产品，是产品盈利能力的源泉。有了毛利，才能弥补企业的各种一般性费用，如销售费用、管理费用等。

判断企业盈利能力稳定性还要看利润的构成。从利润表的计算过程可以看出，除了来自主要经营活动的利润外，企业还有其他的利润来源，如公允价值变动、投资以及营业外业务。健康稳定的利润来源应当是主要经营业务，这也是盈利能力强的表现。

3. 收入规模

企业规模可以用不同的指标来衡量，如资产总额、职工人数等。收入规模是具有可比性的指标，不论哪个行业，收入都可以表示企业的大小和市场竞争力。也正因为如此，企业规模的排名都采用收入指标，如《财富》世界500强、中国500强等。

3.2.8 资产负债表与利润表的关系

资产负债表是一张时点报表，利润表是一张期间报表。从两张表的关系很容易看出，如果企业高估了利润，就会高估资产或者低估负债，净资产就被高估了；相反，如果低估利润，就会低估资产或者高估负债，净资产就被低估了。由于利润来源于资产和对资产的运用，而且，利润表是期间数字，资产负债表是时点数字，两者的关系就像缸和瓢的关系，资产负债表就像一口缸，今年少舀一点，缸里就会剩多一点，今年多舀了，缸里的水就少了。所以，高估利润实际上也是透支资产，最终还是会水落石出的。

从会计原则角度看，舀多舀多是有规矩的，不能违反会计准则，想怎么舀就怎么舀。然而，由于会计中存在很多专业判断，舀多舀少仍然存在余地，这个余地被人为夸大，就可能演变成舞弊事件。

利润表也可以部分解释资产负债表有关项目变动的原因。比如资产增加了，可以部分地用收入增加来解释，资产减少了，可以部分地用费用增加来解释。不过，资产负债表项目的增减变化不能全都用利润表来解释，还需要借助于现金流量表，因为有些资产负债的变化与损益无关，而只是与现金流量有关。

3.5节将专门解释财务报表的勾稽关系。

3.3 现金流量表

资产负债表和利润表分别提供了企业财务状况和经营成果方面的信息，资产负债表涵盖了企业的所有经济业务，利润表将涉及损益的经济业务予以单独报告，这两张表所反映的企业经济业务是完整的。但由于权责发生制的影响，利润表中的净利润并不等于同期净增的现金，这样，就需要单独提供关于现金流量的报表。现金流量表是反映企业某一特定期间现金变化及其结果的财务报表。

3.3.1 现金流量的分类

现金流量是指现金进出企业的金额，包括现金流出量和现金流入量。现金不仅指企业的库存现金，还包括银行存款和现金等价物。现金等价物是指企业持有的期限短、流动性强、易于转换为已知金额现金、价值变动风险很小的投资。期限短，一般是指自购买日起在3个月内到期的债权投资。

企业的现金来源和支出项目非常庞杂。以现金支出为例，购买原材料需要现金，支付工资需要现金，还债需要现金，投资需要现金，日常消耗如差旅费、会议费、办公费等也都需要现金。尽管企业的现金收支项目庞杂，但是，通过对现金进行恰当的分类，企业的现金收支情况可以得到清楚的反映。

按照企业经营活动、投资活动和筹资活动的性质，会计上将现金流量分为经营活动产生的现金流量、投资活动产生的现金流量和筹资活动产生的现金流量。

1. 经营活动产生的现金流量

这是由企业日常生产经营活动提供的现金流量，企业经营活动导致的现金流入主要有：

(1) 销售商品或提供劳务的现金流入，既包括当年销售商品收到的现金，也包括收回以前年度应收账款或应收票据的现金流入；

(2) 不属于投资或筹资活动的其他日常业务取得的现金流入，如打官司胜诉所得款项、保险赔偿款、供货商退款等。

企业经营活动导致的现金流出主要有：

(1) 购买原材料的现金支出，既包括本年度购买原材料支付的现金，也包括偿还应付账款、应付票据等欠款而支付的现金；

(2) 各种需要用现金支付的费用、损失和税金；

(3) 向职工支付的各种现金报酬，包括企业承担的各种社会福利；

(4) 不属于投资和筹资活动的其他日常经营活动产生的现金支出，如差旅费、办公费、会议费、招待费、维修费等，打官司败诉赔偿、捐款、退还客户的货款等非经常性的现金支出也包括在内。

2. 投资活动产生的现金流量

这主要是因为购买或处置长期资产而发生的现金流入或流出，企业投资活动导致的现金流入主要有：收回投资的现金流入、分配股利取得的现金流入、出售固定资产和无形资产取得的现金流入。

企业投资活动导致的现金流出主要有投资的现金支出（包括购买股票等金融工具、直接对外投资、收购兼并等）、购买固定资产和无形资产等长期资产的现金支出。

3. 筹资活动产生的现金流量

这主要是指在筹集资金过程中发生的各种现金流量，企业筹资活动导致的现金流入包括因获得利息收入取得的现金流入、发行股票取得的现金流入、因长期负债取得的现金流入（如发行债券、向银行借入长期资金等）。

企业筹资活动导致的现金流出包括偿还银行债务、支付利息、分配股利的现金支出。

4. 三类现金流量的关系

三类现金流量是相互影响的。企业的现金来源主要依赖于经营活动创造的现金。如果企业通过经营活动能创造足够多的现金，就可以自给自足，不需要向外部筹集资金；如果企业不需要扩大生产规模，就不需要投资，也就没有投资活动现金流量。此时，现金流量表只会出现经营活动产生的现金流量。

如果经营活动产生的现金流入不足以支付经营活动导致的现金流出，企业的经营活动产生的现金流量净额就是负数，必定要求用其他两类现金流量来弥补，或者通过融资获得，或者通过投资获得。当然，如果经营活动产生的现金流量净额为负数，也就意味着没有现金用于投资、支付利息、分派现金股利，即便企业发生了这些投资或者融资活动，现金流量也只能通过外部融资来解决。

三类现金流量增减变化之和是企业当期现金流量增减的结果，以森马服饰为例，2018 年经营活动产生的现金流量净额为 9.5 亿元，投资活动产生的现金流量净额为 7.9 亿元，筹资活动产生的现金流量净额为－7.8 亿元，三项相加，森马服饰 2018 年的现金流量增加 9.6 亿元。森马服饰 2018 年期初的现金余额为 13.1 亿元，当年增加 9.6 亿元，2018 年的期末余额为 22.7 亿元，如表 3－3 所示。

表 3－3 森马服饰三类现金流量 单位：万元

项目	2018 年	2017 年
经营活动产生的现金流量净额	95 497	219 073
投资活动产生的现金流量净额	79 126	－185 949
筹资活动产生的现金流量净额	－78 534	－104 282
当年现金增减变化	96 089	－71 158

3.3.2 现金流量表的格式

现金流量表按照三个类别的现金流量编制，每个类别的现金流量分别列示现金流入量和现金流出量。与利润表相同，现金流量表也是期间报表，森马服饰现金流量表见表 3－4 和表 3－5。

表 3－4 现金流量表（直接法）

编制单位：浙江森马服饰股份有限公司 2018 年度 单位：万元

项目	2018 年	2017 年
一、经营活动产生的现金流量：		
销售商品、提供劳务收到的现金	1 814 545	1 435 892
收到其他与经营活动有关的现金	33 437	28 344
经营活动现金流入小计	1 847 982	1 464 236
购买商品、接受劳务支付的现金	1 299 169	905 239
支付给职工以及为职工支付的现金	133 927	94 217
支付的各项税费	121 908	121 171
支付其他与经营活动有关的现金	197 481	124 536
经营活动现金流出小计	1 752 485	1 245 163
经营活动产生的现金流量净额	95 497	219 073
二、投资活动产生的现金流量：	—	—
收回投资收到的现金	1 836 141	1 521 423
取得投资收益收到的现金	1 063	70

续表

项目	2018 年	2017 年
处置固定资产、无形资产和其他长期资产收回的现金净额	2 613	1 374
投资活动现金流入小计	1 839 817	1 522 867
购建固定资产、无形资产和其他长期资产支付的现金	49 687	81 602
投资支付的现金	1 636 240	1 627 214
取得子公司及其他营业单位支付的现金净额	17 563	—
支付其他与投资活动有关的现金	57 202	—
投资活动现金流出小计	1 760 691	1 708 816
投资活动产生的现金流量净额	79 126	−185 949
三、筹资活动产生的现金流量：	—	—
吸收投资收到的现金	11 929	208
其中：子公司吸收少数股东投资收到的现金	5 096	208
取得借款收到的现金	28 140	2 050
筹资活动现金流入小计	40 069	2 258
偿还债务支付的现金	29 266	3 000
分配股利、利润或偿付利息支付的现金	68 165	100 950
支付其他与筹资活动有关的现金	21 172	2 590
筹资活动现金流出小计	118 603	106 540
筹资活动产生的现金流量净额	−78 534	−104 282
四、汇率变动对现金及现金等价物的影响	−883	—
五、现金及现金等价物净增加额	95 206	−71 158
加：期初现金及现金等价物余额	131 459	202 617
六、期末现金及现金等价物余额	226 665	131 459

表 3-5　现金流量表（间接法）

编制单位：浙江森马服饰股份有限公司　　2018 年度　　单位：万元

项目	2018 年	2017 年
净利润	168 155	113 047
加：资产减值准备	86 736	46 600
固定资产折旧、油气资产折耗、生产性生物资产折旧	14 082	11 485
无形资产摊销	3 965	2 055
长期待摊费用摊销	6 401	4 784
处置固定资产、无形资产和其他长期资产的损失（收益以“—”号填列）	−456	249
固定资产报废损失（收益以“—”号填列）	19	9
公允价值变动损失（收益以“—”号填列）	−939	—
财务费用（收益以“—”号填列）	3 349	100

续表

项目	2018年	2017年
投资损失（收益以“—”号填列）	—12 706	—7 915
递延所得税资产减少（增加以“—”号填列）	—7 328	295
递延所得税负债增加（减少以“—”号填列）	—1 851	—105
存货的减少（增加以“—”号填列）	—190 470	—59 594
经营性应收项目的减少（增加以“—”号填列）	—22 126	43 883
经营性应付项目的增加（减少以“—”号填列）	64 922	64 722
其他（注）	—16 257	—544
经营活动产生的现金流量净额	95 497	219 073
不涉及现金收支的重大投资和筹资活动	—	—
现金及现金等价物净变动情况	—	—
现金的期末余额	224 857	128 653
减：现金的期初余额	128 653	202 617
加：现金等价物的期末余额	1 808	2 806
减：现金等价物的期初余额	2 806	—
现金及现金等价物净增加额	95 206	—71 158

注：主要系本期发生非同一控制下企业合并时，合并成本大于取得的可辨认净资产公允价值份额及公司实施限制性股票激励计划因未到解锁期，确认股份支付的权益成本计入其他资本公积导致。

3.3.3 经营活动现金流量的计算

计算经营活动现金流量的方法有两种：直接法和间接法。

1. 直接法

直接法是直接按照经营活动现金流量的来源渠道和使用用途来编制，如表3-4所示。从来源看，经营活动现金流入量有销售商品收到的现金、出租房屋场地等其他经营活动收到的现金；从用途看，经营活动现金流出量有采购商品（原材料等）支出的现金、支付职工报酬支出的现金、缴纳税金支出的现金以及支付水电费、招待费、广告费等支出的现金。

利润表中的收入和费用项目与现金流量表中的现金流入和现金支出存在对应关系。如营业收入与销售商品收到的现金，营业收入包括现销和赊销取得的收入，现销取得的营业收入就是销售商品收到的现金，赊销没有收到现金，在资产负债表中反映为应收账款。比如企业销售一批价值1 000元的商品，其中现销700元，赊销300元。如果应收账款期初余额为零，企业在本期销售商品收到的现金就为700元；但如果应收账款有期初余额200元，期末应收账款余额为400元，在没有坏账注销的情况下，可推测企业收回了以前期间的应收账款100元。因此，企业填列的销售商品收到的现金为800元。计算公式为：

销售商品收到的现金(800)＝销售收入(1 000)－ 应收账款的净增加(200)

式中，

应收账款的净增加＝应收账款期末余额(400)－ 应收账款期初余额(200)

此外，预收账款净增加会增加经营活动现金流入，预收账款净减少会减少经营活动现金流出。

营业收入与销售商品收到的现金的调整关系可用图3-1表示。

营业收入
－（＋）应收账款和应收票据的增加（减少）
＋（－）预收账款的增加（减少）
＝销售商品取得的现金

图3-1 营业收入与销售商品收到的现金的调整关系

营业成本与采购商品支出的现金也存在对应关系。如果买进的商品全部卖出去了，则营业成本等于采购商品支出的现金。但是，企业实际情况往往是一个期间内买进的商品未必都能卖出去，也可能在一个期间内卖出去的商品比买进的商品还要多。比如，20×7年，A企业用现金买进商品500万元，但只卖出去了400万元，这样就有100万元的商品在仓库里，表现为资产负债表中的存货100万元。20×8年，A企业再买进500万元商品，但卖出去了600万元，把上年没卖出去的100万元商品也卖出去了，这样，营业成本为600万元，但采购商品支出的现金为500万元。

营业成本与采购商品支出的现金的调整关系可用图3-2表示。

营业成本
＋(－）存货的增加（减少）
＝采购商品支出的现金

图3-2 营业成本与采购商品支出的现金的调整关系一

企业购买商品常常赊账，也会出现预付款项的情况，所以，图3-2所表示的营业成本与采购商品支出的现金的调整关系还应当考虑应付账款和预付账款，如图3-3所示。

营业成本
＋(－）存货的增加（减少）
－(＋）应付账款和应付票据的增加（减少）
＋(－）预付账款的增加（减少）
＝采购商品支出的现金

图3-3 营业成本与采购商品支出的现金的调整关系二

2. 间接法

间接法是以净利润为起点，通过调整相关项目得出经营活动现金净流量的方法。

从上述营业收入与销售商品收到的现金、营业成本与采购商品支出的现金之间的调整关系可以看出，如果利润表中的收入和费用项目等于经营活动现金流入和流出项目，净利润就会与经营活动现金净流量相等。然而，企业在商品交易中不可避免地会发生应收应付事项，这就意味着营业成本与采购商品支出的现金不相等，营业收入与销售商品收到的现金不相等，净利润与经营活动现金净流量也就不相等。

导致净利润和经营活动现金净流量不相等的因素有三个：

（1）不影响现金的损益。例如，折旧作为费用被记入利润表，减少了净利润，但折旧费用不需要用现金支付，不影响经营活动现金流量。典型的不影响现金的损益项目还包括资产减值、无形资产摊销等。

（2）投融资损益。利润表的净利润中包含了投融资损益，如利息支出（财务费用）、股利收入等，但经营活动现金净流量中不包括投融资相关的现金流量，所以，应当将净利润中的投融资损益扣除，使净利润与经营活动现金净流量的口径保持一致。

（3）营运资金的增减变化，即一些流动资产和流动负债项目的增减变化，如应收账款、预收账款、存货、应付账款、预付账款等。

将这些项目一一对净利润进行加减调整，就可以将净利润调整为经营活动现金净流量，这就是计算经营活动现金流量的间接法。

调整公式为：

$$\text{经营活动现金净流量}=\text{净利润}\pm\text{不影响现金的损益}\pm\text{投融资损益}\\\pm\text{营运资金的增减变化}$$

森马服饰的财务报表显示，2018年净利润16.8亿元，经营活动现金净流量9.5亿元，两者的差额7.3亿元来自营运资金占用17.3亿元、不影响现金的损益11.1亿元和投融资损益1.1亿元，如表3-6所示。

表3-6 森马服饰经营活动现金净流量的调整 金额单位：万元

项目	2018年	2017年
净利润	168 155	113 047
加：不影响现金的损益	111 184	64 924
投融资损益	−10 733	−7 557
营运资金的增减变化	−173 110	48 657
经营活动产生的现金流量净额	95 497	219 073

3.3.4 自由现金流量

自由现金流量是指经营活动现金净流量扣除资本投资后的余额。资本投资是指企业对长期资产的投资，制造企业的资本投资主要是对固定资产的投资。

自由现金流量是分析企业现金流量和财务状况的重要概念。如果企业经营活动创造的现金流量都用于投资，企业就没有现金用于还债、支付利息和股利；如果自由现金流量是负数，就意味着企业需要通过外部融资满足投资的需要，还债、支付股利更是不可能的了。

企业外部的报表使用者无法获得资本投资的内部信息，可以采用投资活动现金流出净额作为替代指标，计算公式如下：

自由现金流量＝经营活动产生的现金流量净额－投资活动现金流出净额

式中，

投资活动现金流出净额＝投资活动现金流出额－投资活动现金流入额

以森马服饰2018年的现金流量表为例，经营活动现金净流量为9.5亿元，投资活动现金净流量为7.9亿元，则自由现金流量为17.4亿元。森马服饰2018年的投资活动现金净流量7.9亿元对自由现金流量做了贡献。

3.3.5 现金流量表的功能

现金流量表提供企业现金流量来源及其使用情况方面的信息。根据财务报告的目标，财务会计应当提供关于企业现金流量的规模、时间和风险状况的信息，帮助投资者做出合理的决策。尽管现金流量表是对资产负债表和利润表的补充，但现金流量表的功能是无法替代的。

（1）反映企业现金流量的来源和使用情况。通过现金流量表，报表使用者可以详细、全面地了解企业的现金从哪里来，用到哪里去，从而分析企业现金来源和使用的合理性，判断企业现金流量的可持续性。

（2）反映企业流动性的状况。虽然资产负债表可提供企业流动性状况的信息，但不够具体深入，结合现金流量表，企业资产的变现结果便一目了然。三类现金流量的变化情况实际上也提供了企业流动性状况的信息，如资产的变现能力如何？企业创造的现金是否能够满足日常需要？企业是否有钱还债？是否有钱支付利息和股利？是否有钱扩大企业规模？

（3）反映企业利润的质量。在权责发生制下，企业净利润不等于经营活动现金净流量是正常的，但是，两者不等只是暂时的，最终还是会相等，即从企业整个生命周期来看，净利润的总和等于经营活动现金净流量的总和。没有任何一个股东希望得到永远没有现金支持的净利润。

如果企业的净利润持续、大幅高于经营活动现金净流量，净利润的质量就值得怀疑。更为极端的情况是，企业保持利润表中的净利润，但是经营活动现金净流量总是负数，这种净利润存在高估冒领的可能。

3.4 所有者权益变动表

所有者权益变动表反映企业股东账面权益的变动情况，让投资者了解所有者（股东）权益因何而增加，因何而减少，哪些项目增加，哪些项目减少。

资产负债表中的所有者权益各个项目反映了期初、期末变化的结果，但没有充分反映变化的原因。森马服饰的资产负债表（见表3－7）显示，股东权益从2017年年末的101.17亿元增加到2018年年末的111.93亿元，增加了10.76亿元。森马服饰2018年净利润16.8亿元是股东权益增加的原因。影响所有者权益变化的原因包括会计政策变更①、前期差错更正②、利润分配，以及所有者权益项目之间的结转等，这些变化都无法从资产负债表中找到答案。

表3-7 森马服饰资产负债表股东权益部分 单位：万元

项目	2018年12月31日	2017年12月31日
股本	269 985	268 945
资本公积	255 917	249 989
减：库存股	6 832	2 133
其他综合收益	71	122
盈余公积	118 567	101 478
未分配利润	476 875	391 741
归属于母公司所有者权益合计	1 114 583	1 010 142
少数股东权益	4 690	1 602
所有者权益合计	1 119 273	1 011 744

为了全面反映所有者权益的变化原因和结果，企业应当编制所有者权益变动表。所有者权益变动表是棋盘格式的报表，纵栏项目是所有者权益变动的原因，横栏是所有者权益的项目。从表3-8中可以看出，森马服饰2018年股东权益变动是因为当年利润分配6.7亿元、实现净利润16.8亿元。

表3-8 森马服饰股东权益变动表 单位：万元

	2018年12月31日							
	归属于母公司的所有者权益						少数股东权益	所有者权益合计
	股本	资本公积	减：库存股	其他综合收益	盈余公积	未分配利润		
一、上年期末余额	268 945	249 989	2 133	122	101 478	391 741	1 602	1 011 744
加：会计政策变更	0	0	0	0	0	0	0	0
前期差错更正	0	0	0	0	0	0	0	0
同一控制下企业合并	0	0	0	0	0	0	0	0
其他	0	0	0	0	0	0	0	0

① 会计政策是企业在会计确认、计量和报告中采用的原则、基础和会计处理方法。会计政策一经选定，一般不得随意变更，除非法律、行政法规以及国家统一的会计准则要求企业采用新的会计政策，或者有足够理由说明会计政策变更能够提供更加可靠、更加相关的信息。

会计政策变更是指企业相同交易或事项由原来采用的会计政策改用另一会计政策的行为。

② 前期差错是指由于没有运用或者错误运用下列两种信息而导致对前期财务报表造成省略或者错报：（1）编报前期财务报表时预期能够取得并加以考虑的可靠信息；（2）前期财务报表批准报出时能够取得的可靠信息。前期差错包括计算错误、应用会计准则错误、疏忽或曲解事实以及舞弊产生的影响。如果影响重大，需要通过以前年度损益调整科目，编制会计分录加以更正，对涉及的所有报表项目都需要调整。影响不重大的，不需要编制调整会计分录，对期初余额和当期损益做出调整即可。具体处理方法参见中级财务会计教材。

会计政策变更和前期差错更正都与当期的经营活动无关，但会影响企业期末所有者权益。

	2018年12月31日							
	归属于母公司的所有者权益						少数股东权益	所有者权益合计
	股本	资本公积	减：库存股	其他综合收益	盈余公积	未分配利润		
二、本年期初余额	268 945	249 989	2 133	122	101 478	391 741	1 602	1 011 744
三、本期增减变动金额（减少以“—”号填列）	1 039	5 929	4 699	−50	17 088	85 134	3 088	107 529
（一）综合收益总额	0	0	0	−50	0	169 363	−1 208	168 105
（二）所有者投入和减少资本	1 039	5 929	4 699	0	0	0	5 096	7 365
1. 股东投入的普通股	1 039	3 520	4 699	0	0	0	5 096	4 956
2. 其他权益工具持有者投入资本	0	0	0	0	0	0	0	0
3. 股份支付计入所有者权益的金额	0	2 409	0	0	0	0	0	2 409
4. 其他	0	0	0	0	0	0	0	0
（三）利润分配	0	0	0	0	17 088	−84 229	0	−67 140
1. 提取盈余公积	0	0	0	0	17 088	−17 088	0	0
2. 提取一般风险准备	0	0	0	0	0	0	0	0
3. 对所有者（或股东）的分配	0	0	0	0	0	−67 140	0	−67 140
4. 其他	0	0	0	0	0	0	−801	−801
（四）所有者权益内部结转	0	0	0	0	0	0	0	0
1. 资本公积转增资本（或股本）	0	0	0	0	0	0	0	0
2. 盈余公积转增资本（或股本）	0	0	0	0	0	0	0	0
3. 盈余公积弥补亏损	0	0	0	0	0	0	0	0
4. 其他	0	0	0	0	0	0	0	0
（五）专项储备	0	0	0	0	0	0	0	0
1. 本期提取	0	0	0	0	0	0	0	0
2. 本期使用	0	0	0	0	0	0	0	0
（六）其他	0	0	0	0	0	0	0	0
四、本期期末余额	269 985	255 917	6 832	71	118 567	476 875	4 690	1 119 273

	2017年12月31日							
	归属于母公司的所有者权益						少数股东权益	所有者权益合计
	股本	资本公积	减：库存股	其他综合收益	盈余公积	未分配利润		
一、上年期末余额	269 383	254 421	4 622	89	88 451	391 584	579	999 887
加：会计政策变更	0	0	0	0	0	0	0	0
前期差错更正	0	0	0	0	0	0	0	0
同一控制下企业合并	0	0	0	0	0	0	0	0
其他	0	0	0	0	0	0	0	0
二、本年期初余额	269 383	254 421	4 622	89	88 451	391 584	579	999 887
三、本期增减变动金额（减少以“—”号填列）	−438	−4 433	−2 488	32	13 027	157	1 022	11 857
（一）综合收益总额	0	0	0	32	0	113 793	−745	113 080
（二）所有者投入和减少资本	−438	−2 873	−2 488	0	0	0	208	−614
1. 股东投入的普通股	−438	−1 753	−2 488	0	0	0	208	506
2. 其他权益工具持有者投入资本	0	0	0	0	0	0	0	0
3. 股份支付计入所有者权益的金额	0	−1 120	0	0	0	0	0	−1 120
4. 其他	0	0	0	0	0	0	0	0
（三）利润分配	0	0	0	0	13 027	−113 636	0	−100 609
1. 提取盈余公积	0	0	0	0	13 027	−13 027	0	0
2. 提取一般风险准备	0	0	0	0	0	0	0	0
3. 对所有者（或股东）的分配	0	0	0	0	0	−100 609	0	−100 609
4. 其他	0	0	0	0	0	0	0	0
（四）所有者权益内部结转	0	0	0	0	0	0	0	0
1. 资本公积转增资本（或股本）	0	0	0	0	0	0	0	0
2. 盈余公积转增资本（或股本）	0	0	0	0	0	0	0	0
3. 盈余公积弥补亏损	0	0	0	0	0	0	0	0
4. 其他	0	0	0	0	0	0	0	0
（五）专项储备	0	0	0	0	0	0	0	0
1. 本期提取	0	0	0	0	0	0	0	0
2. 本期使用	0	0	0	0	0	0	0	0
（六）其他	0	−1 560	0	0	0	0	1 560	0
四、本期期末余额	268 945	249 989	2 133	122	101 478	391 741	1 602	1 011 744

3.5 财务报表的勾稽关系

财务报表的勾稽关系是指资产负债表、利润表、现金流量表和所有者权益变动表之间的联系，这种联系表现为报表项目之间的相互影响。

财务报表之间的勾稽关系可以用会计等式来解释。

资产负债表：资产－负债＝所有者权益

利润表：收入－费用＝利润

现金流量表：现金收入－现金支出＝现金净流入

收入或者表现为资产的增加，或者表现为负债的减少；费用或者表现为资产的减少，或者表现为负债的增加。比如，营业收入增加，银行存款（库存现金）或者应收账款（票据）就会增加，或者预收收入会减少；营业成本增加，存货就会减少。这样，收入和费用的增减变化与资产、负债的增减变化就联系在一起，也使得资产负债表与利润表相互联系起来。

收入和费用的增减变化引起利润的变化，资产和负债的增减变化引起所有者权益的增减变化，净利润是引起所有者权益变化的因素之一。如果企业一定时期内股本等资本项目不变，期末净资产与期初净资产的差额就等于净利润。用等式表示为图 3－4。

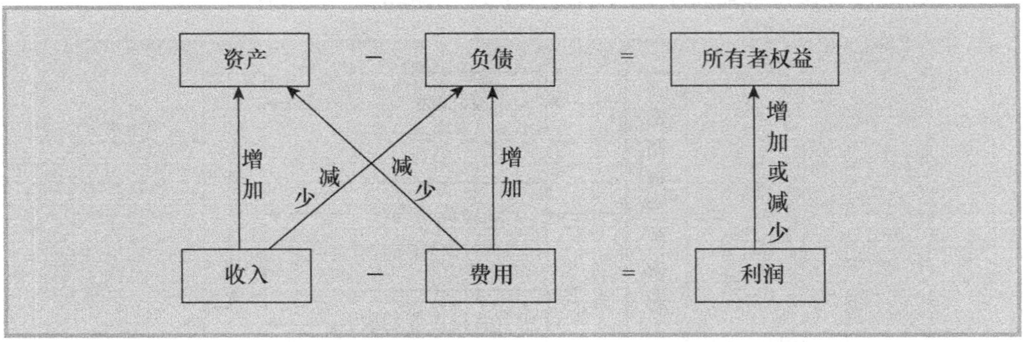

图 3－4 收入、费用与资产、负债关系图

以森马服饰为例。2018 年年末和 2017 年年末的资产总额分别为 165 亿元和 136 亿元，增加了 29 亿元，其中，由于负债增加导致资产总额增加 18 亿元，股东权益增加导致资产总额增加 11 亿元，股东权益增加主要是因为盈余公积和未分配利润分别增加了 1.7 亿元和 8.5 亿元。2018 年实现净利润 16.8 亿元，资产因此增加了 16.8 亿元，但 2018 年分配股利 6.7 亿元，现金因此减少 6.7 亿元，两者相抵剩余 10.1 亿元，分别表现为盈余公积和未分配利润的增加。

从图 3－1 和图 3－2 中可以看出，收入与现金流入、费用与现金流出之间是可以通过资产负债表项目来调整的，因此现金流量表与利润表、资产负债表就产生了关联，用等式表示为图3-5。

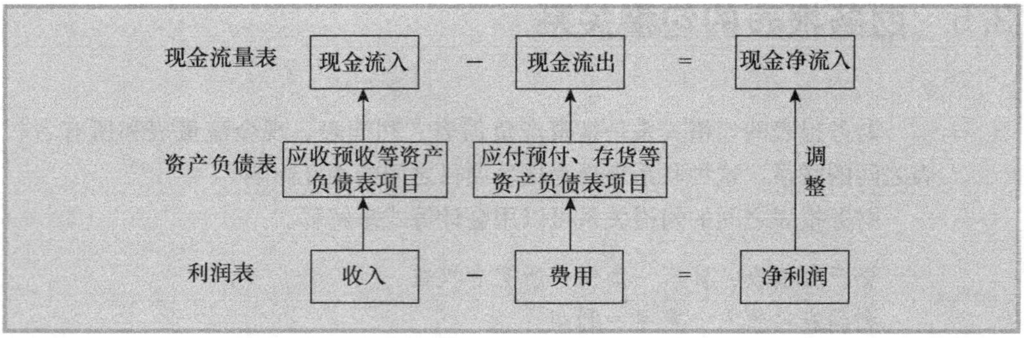

图3-5 收入、费用与现金收支关系图

以森马服饰为例。由于销售商品产生的现金流入包含增值税（销项税），很难从销售商品产生的现金流入推算出营业收入，但可以从营业收入推算销售商品产生的现金流入，进而估计因销售商品而产生的增值税（销项税）。2018年营业收入157.2亿元，应收账款增加5.3亿元，预收账款增加0.4亿元，由此推算森马服饰2018年销售商品收到的现金约为152.3亿元。现金流量表显示，2018年销售商品收到的现金为181.4亿元，其中可能含有29.1亿元的增值税（销项税）。

将上述各项目之间的关联关系引申到财务报表同样是成立的。资产负债表是时点报表，反映期初和期末时点的金额，但不能反映金额变化的过程。利润表和现金流量表是期间报表，反映一定时期的累积金额。因此，资产负债表的变化结果可以通过利润表和现金流量表得到补充解释，如图3-6所示。

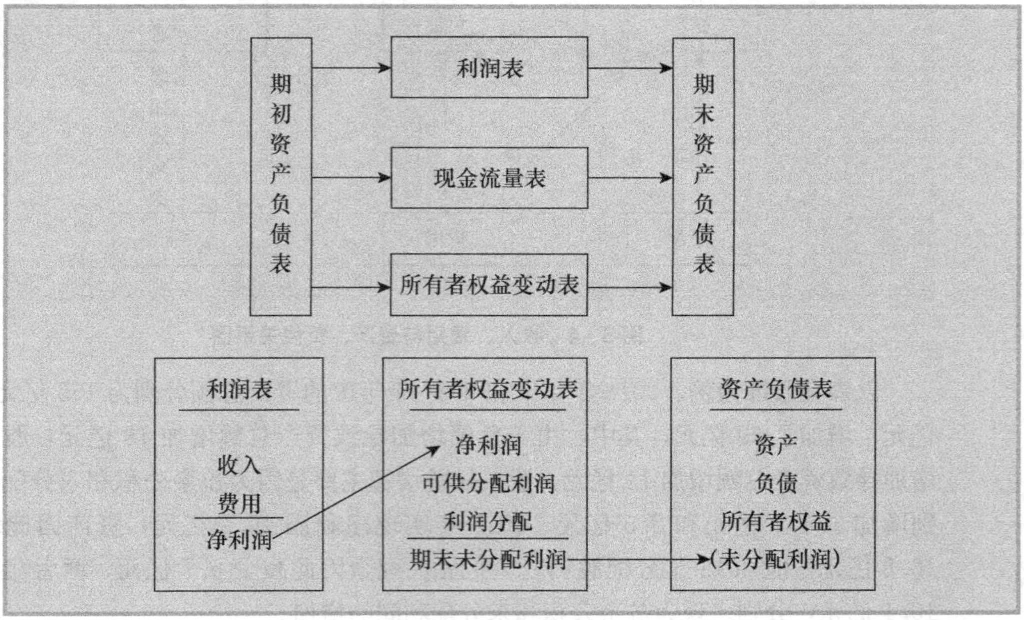

图3-6 财务报表的勾稽关系

3.6 财务报表附注

财务报表的勾稽关系可以帮助报表使用者理解财务报表有关项目之间的关联关系，也可以揭示财务报表项目的增减变化情况。然而，要详细了解报表项目的变化情况，还需要借助财务报表附注。

3.6.1 财务报表附注概述

财务报表附注是对财务报表编制方法和主要项目的详细说明，包括企业的基本情况介绍、采用的会计政策和会计估计、税项、企业合并范围、财务报表主要项目注释、关联交易、或有事项、承诺事项以及资产负债表日后事项。

选择适用的会计政策和会计估计是编制财务报表的基础。同样的经济业务，由于采用的会计政策和会计估计不同，财务报表就会出现不同的结果。会计政策和会计估计包括存货计价方法、固定资产折旧方法、借款费用资本化的方法、无形资产摊销方法、金融工具的确认和计量方法、企业合并方法、合并财务报表的编制方法、外币折算和外币报表折算方法等。

税项主要说明企业缴纳的税种和税率，以及减免税的政策。

企业合并范围主要说明子公司的基本情况以及纳入合并范围的子公司、发生的企业合并事项。本书第 9 章将介绍企业合并和合并财务报表。

或有事项主要说明企业因担保、诉讼等原因发生的或有负债。本书第 10 章将介绍或有负债。

承诺事项主要说明企业的银行承兑保证金、签订的重大合同等。

3.6.2 财务报表附注的具体内容

1. 财务报表主要项目注释

财务报表主要项目注释包括资产负债表、利润表和现金流量表主要项目的构成及其变化情况，通常采用表格方式。通过财务报表项目注释，报表使用者可以了解到各有关项目的详细信息。

表 3-9 和表 3-10 是森马服饰 2018 年年报中的存货注释。

表 3-9 存货分类

单位：万元

项目	期末余额			期初余额		
	账面余额	跌价准备	账面价值	账面余额	跌价准备	账面价值
原材料	3 920	1 050	2 870	—	—	—
库存商品	497 764	73 085	424 679	285 922	47 948	237 974
周转材料	504	—	504	456	—	456
在途物资	10 927	—	10 927	—	—	—
委托加工物资	2 769	—	2 769	—	—	—
合计	515 884	74 135	441 749	286 377	47 948	238 429

表3-10 存货跌价准备 单位：万元

项目	期初余额	本期增加金额		本期减少金额		期末余额
		计提	其他	转回或转销	其他	
原材料	—	460	777	187	—	1 050
库存商品	47 948	61 711	10 182	46 217	540	73 085
合计	47 948	62 171	10 959	46 404	540	74 135

注：1. 本期转销系上期已计提存货跌价准备的库存商品在本期实现销售所致。

2. 对期末库存商品余额以结存明细预计未来的销售价格作为估计售价，减去估计的相应销售费用和相关税费后的金额乘以期末结存数量，作为其可变现净值，小于账面成本部分计提存货跌价准备。

3. 本期其他增加金额系合并转入导致。

4. 本期其他减少金额系上海裔森服饰有限公司不再作为合并范围内子公司，存货跌价准备余额转出导致。

从这两张表可以看出，2018年12月31日的存货账面价值（扣除跌价准备后的余额）为44.1亿元，比2017年年底增加了20亿元，几乎所有存货都是尚未出售的产成品。存货跌价准备余额为7.4亿元，比2017年年底的4.8亿元增加了2.6亿元，存货跌价准备明细表解释了从4.8亿元到7.4亿元的变化过程，2018年增加跌价准备6.2亿元，合并转入1.1亿元，因转销（出售）而减少4.6亿元，净增加2.6亿元。

2. 关联交易

关联交易是企业关联方之间发生的经济业务。关联方是指能够控制、共同控制另一方或对另一方施加重大影响的单位或者个人。对于任意一家公司，典型的关联方有：母公司（大股东）、子公司、受同一母公司控制的子公司；合营企业；联营企业；主要投资者个人、关键管理人员或与其关系密切的家庭成员；受主要投资者个人、关键管理人员或与其关系密切的家庭成员直接控制的其他企业。

关联方之间发生的交易包括购买或销售商品、购买或销售除商品以外的其他资产、提供或接受劳务、提供资金、担保和抵押、签订许可协议、支付关键管理人员报酬等。

关联方之间可能存在利益冲突，因此可能影响关联交易的公允性。为此，需要专门披露关联交易的情况，包括关联方的基本情况、关联交易的种类和金额等。表3-11是森马服饰2018年年报中披露的关联方和关联交易信息。

表3-11 森马服饰2018年年报披露的关联方和关联交易 单位：元

关联交易内容	关联方	关联方关系	本期发生额	上期发生额
采购女装	视锬时装有限公司株式会社	子公司上海盛夏服饰有限公司参股股东	6 361 794.17	11 732 359.57
采购服饰	上海裔森服饰有限公司	公司联营企业	57 890.57	
采购服饰	ISE COMMERCE CO.，LTD.	子公司上海深艾信息科技有限公司参股股东	288 940.42	367 034.81
采购服饰	温州佳诺服饰有限公司	子公司浙江森乐服饰有限公司参股股东	13 454 980.63	
提供劳务	ISE COMMERCE CO.，LTD.	子公司上海深艾信息科技有限公司参股股东	10 313 158.60	9 432 422.99

续表

关联交易内容	关联方	关联方关系	本期发生额	上期发生额
销售服饰	浙江意森服饰有限公司	公司联营企业	4 056 301.81	
销售服饰	华润置地森马实业（温州）有限公司	公司股东森马集团有限公司对其有重大影响	122 550.18	72 480.85
销售服饰	温州佳诺服饰有限公司	子公司浙江森乐服饰有限公司参股股东	1 561 305.54	
提供劳务	温州佳诺服饰有限公司	子公司浙江森乐服饰有限公司参股股东	777 448.87	
出租房屋	森马集团有限公司	公司股东	378 057.14	379 628.57
租赁房屋	邱坚强	实际控制人	287 081.52	287 081.52
租赁房屋	戴智约	实际控制人	274 561.57	275 349.29
租赁房屋	温州市梦多多文化创意投资有限公司	公司股东森马集团有限公司控制	616 788.02	577 359.60
租赁房屋	温州市恒驰汽车配件有限公司	公司股东关系密切家庭成员控制		126 103.84
租赁房屋	华润置地森马实业（温州）有限公司	公司股东森马集团有限公司对其有重大影响	4 020 657.16	3 724 991.49
采购无形资产	温州佳诺服饰有限公司	子公司浙江森乐服饰有限公司参股股东	14 009 433.44	
采购固定资产	温州佳诺服饰有限公司	子公司浙江森乐服饰有限公司参股股东	120 768.95	
担保	邱坚强（担保方）	实际控制人	14 000 000.00	
应收账款	华润置地森马实业（温州）有限公司	公司股东森马集团有限公司对其有重大影响	458 015.68	142 122.04
应收账款	浙江意森服饰有限公司	公司联营企业	4 705 310.10	
应收账款	温州佳诺服饰有限公司	子公司浙江森乐服饰有限公司参股股东	365 254.03	
预付账款	华润置地森马实业（温州）有限公司	公司股东森马集团有限公司对其有重大影响	141 056.88	
预付账款	ISE COMMERCE CO.，LTD.	子公司上海深艾信息科技有限公司参股股东	616 987.24	57 804.96
其他应收款	温州市梦多多文化创意投资有限公司	公司股东森马集团有限公司控制	111 000.00	111 000.00
其他应收款	华润置地森马实业（温州）有限公司	公司股东森马集团有限公司对其有重大影响	954 437.20	954 437.20

续表

关联交易内容	关联方	关联方关系	本期发生额	上期发生额
其他应收款	上海商森服饰有限公司	公司联营企业	21 000 000.00	1 050 000.00
应付账款	视锬时装有限公司株式会社	子公司上海盛夏服饰有限公司参股股东	6 313 237.87	4 177 228.49
应付账款	ISE COMMERCE CO., LTD.	子公司上海深艾信息科技有限公司参股股东	4 179 103.36	9 197 927.95
应付账款	上海商森服饰有限公司	公司联营企业	3 385 522.54	
应付账款	华润置地森马实业（温州）有限公司	公司股东森马集团有限公司对其有重大影响		42 339.31
其他应付款	上海商森服饰有限公司	公司联营企业	635 651.86	
其他应付款	杭州骏美服饰有限公司	公司股东关系密切家庭成员郑索控制	10 000.00	10 000.00
预收账款	杭州骏美服饰有限公司	公司股东关系密切家庭成员郑索控制		2 638.00
预收账款	温州佳诺服饰有限公司	子公司浙江森乐服饰有限公司参股股东	100 000.00	

注：本表根据森马服饰2018年年报披露的关联方和关联交易信息整理。应收账款的坏账准备信息略。

3. 资产负债表日后事项

会计年度结束后到财务报表正式公布通常间隔较长时间，在此期间，企业可能会发生一些重大事项而对财务报表产生重大影响。资产负债表日后事项就是资产负债表日至财务报告批准报出日之间发生的需要调整或说明的事项。

根据资产负债表日后事项对财务报表的影响，可以分为资产负债表日后调整事项和资产负债表日后非调整事项。资产负债表日后调整事项，是指对资产负债表日已经存在的情况提供了新的或进一步证据的事项。比如资产负债表日后取得确凿证据，表明某项资产在资产负债表日发生了减值或者需要调整该项资产原先确认的减值金额。调整事项应当调整财务报表。资产负债表日后非调整事项，是指表明资产负债表日后发生的情况的事项。非调整事项不需要调整财务报表，只需要在财务报表附注中予以披露。披露时，应当说明非调整事项对财务报表有关项目的影响。企业发生的资产负债表日后非调整事项主要有：资产负债表日后发行债券和股票、企业合并、意外事件造成的资产重大损失、重大应收账款无法收回、外汇汇率或税收政策发生重大变化、发生重大诉讼和仲裁或承诺事项等。

资产负债表日后事项是否需要调整财务报表在很大程度上取决于会计人员的职业判断，或要借助其他专业人员的判断。比如，编表日后结案的诉讼案件，如果导致诉讼案件的事项在编表日之前已经存在，如人身侵害、知识产权侵权等，应当属于调整事项；如果导致索赔的事项发生在编表日后，则属于非调整事项。

对于不需要调整的事项，如果对报表使用者会产生重大影响，企业应当予以说明。例如，森马服饰 2018 年年度报告对其他资产负债表日后事项做了如下说明（见表 3-12）：

表 3-12　森马服饰 2018 年度资产负债表日后事项说明表　　单位：元

拟分配的利润或股利	944 946 695.00
经审议批准宣告发放的利润或股利	944 946 695.00

补充资料　适用于新会计准则的一般企业财务报表格式（2019）

资产负债表

编制单位：　　　　年　月　日　　　　单位：元

资产	期末余额	上年年末余额	负债和所有者权益（或股东权益）	期末余额	上年年末余额
流动资产：			流动负债：		
货币资金			短期借款		
交易性金融资产			交易性金融负债		
衍生金融资产			衍生金融负债		
应收票据			应付票据		
应收账款			应付账款		
应收款项融资			预收款项		
预付款项			合同负债		
其他应收款			应付职工薪酬		
存货			应交税费		
合同资产			其他应付款		
持有待售资产			持有待售负债		
一年内到期的非流动资产			一年内到期的非流动负债		
其他流动资产			其他流动负债		
流动资产合计			流动负债合计		
非流动资产：			非流动负债：		
债权投资			长期借款		
其他债权投资			应付债券		
长期应收款			其中：优先股		
长期股权投资			永续债		
其他权益工具投资			租赁负债		
其他非流动金融资产			长期应付款		

续表

资产	期末余额	上年年末余额	负债和所有者权益（或股东权益）	期末余额	上年年末余额
投资性房地产			预计负债		
固定资产			递延收益		
在建工程			递延所得税负债		
生产性生物资产			其他非流动负债		
油气资产			非流动负债合计		
使用权资产			负债合计		
无形资产			所有者权益（或股东权益）：		
开发支出			实收资本（或股本）		
商誉			其他权益工具		
长期待摊费用			其中：优先股		
递延所得税资产			永续债		
其他非流动资产			资本公积		
非流动资产合计			减：库存股		
			其他综合收益		
			专项储备		
			盈余公积		
			未分配利润		
			所有者权益（或股东权益）合计		
资产总计			负债和所有者权益（或股东权益）总计		

利润表

编制单位：　　　　　　　　　　年　月　　　　　　　　　　单位：元

项目	本期金额	上期金额
一、营业收入		
减：营业成本		
税金及附加		
销售费用		
管理费用		
研发费用		
财务费用		
其中：利息费用		

续表

项目	本期金额	上期金额
利息收入		
加：其他收益		
投资收益（损失以“—”号填列）		
其中：对联营企业和合营企业的投资收益		
以摊余成本计量的金融资产终止确认收益（损失以“—”号填列）		
净敞口套期收益（损失以“—”号填列）		
公允价值变动收益（损失以“—”号填列）		
信用减值损失（损失以“—”号填列）		
资产减值损失（损失以“—”号填列）		
资产处置收益（损失以“—”号填列）		
二、营业利润（亏损以“—”号填列）		
加：营业外收入		
减：营业外支出		
三、利润总额（亏损总额以“—”号填列）		
减：所得税费用		
四、净利润（净亏损以“—”号填列）		
（一）持续经营净利润（净亏损以“—”号填列）		
（二）终止经营净利润（净亏损以“—”号填列）		
五、其他综合收益的税后净额		
（一）不能重分类进损益的其他综合收益		
1. 重新计量设定受益计划变动额		
2. 权益法下不能转损益的其他综合收益		
3. 其他权益工具投资公允价值变动		
4. 企业自身信用风险公允价值变动		
……		
（二）将重分类进损益的其他综合收益		
1. 权益法下可转损益的其他综合收益		
2. 其他债权投资公允价值变动		
3. 金融资产重分类计入其他综合收益的金额		
4. 其他债权投资信用减值准备		
5. 现金流量套期储备		
6. 外币财务报表折算差额		
……		
六、综合收益总额		
七、每股收益：		
（一）基本每股收益		
（二）稀释每股收益		

现金流量表

编制单位： 年 月 单位：元

项目	本期金额	上期金额
一、经营活动产生的现金流量：		
销售商品、提供劳务收到的现金		
收到的税费返还		
收到其他与经营活动有关的现金		
经营活动现金流入小计		
购买商品、接受劳务支付的现金		
支付给职工以及为职工支付的现金		
支付在各项税费		
支付其他与经营活动有关的现金		
经营活动现金流出小计		
经营活动产生的现金流量净额		
二、投资活动产生的现金流量：		
收回投资收到的现金		
取得投资收益收到的现金		
处置固定资产、无形资产和其他长期资产收回的现金净额		
处置子公司及其他营业单位收到的现金净额		
收到其他与投资活动有关的现金		
投资活动现金流入小计		
购建固定资产、无形资产和其他长期资产支付的现金		
投资支付的现金		
取得子公司及其他营业单位支付的现金净额		
支付其他与投资活动有关的现金		
投资活动现金流出小计		
投资活动产生的现金流量净额		
三、筹资活动产生的现金流量：		
吸收投资收到的现金		
取得借款收到的现金		
收到其他与筹资活动有关的现金		
筹资活动现金流入小计		
偿还债务支付的现金		
分配股利、利润或偿付利息支付的现金		
支付其他与筹资活动有关的现金		
筹资活动现金流出小计		
筹资活动产生的现金流量净额		
四、汇率变动对现金及现金等价物的影响		
五、现金及现金等价物净增加额		
加：期初现金及现金等价物余额		
六、期末现金及现金等价物余额		

习 题

(一) 辨析与思考

Q3-1 请根据资产的定义，辨认哪些是公司的资产，哪些不是，并说明理由。

(1) 某工厂大门外有一条笔直的大马路，工厂的工人上下班都要路过这里，工厂的大小车辆也得从这里经过。一打听，该马路属于市政设施，与工厂没有关系。

(2) 仓库里堆放了一台已经报废的机器，由于工厂人手紧张，还没有来得及处理。

(3) 公司采购部门正在与一家公司谈判，准备引入新的机器设备。

(4) 公司最近业务处于不饱和状态，为了不闲置资产和人员，与另一家公司签订一项来料加工合同，委托方把各种材料物资运抵公司。

(5) 航空公司采用融资租赁的方式租入10架波音飞机。

(6) 公司用银行存款购入3辆汽车。

(7) 公司销售一批货物，价值10万元，但货款尚未收到。

(8) 公司为了提高产品的竞争力储备了大批研究和开发人才。

Q3-2 请根据负债的定义，辨认哪些是公司的负债，哪些不是，并说明理由。

(1) 公司赊购了一批办公设备，签发了一张为期3个月的票据。

(2) 月末，公司按工人加工服装的数量计算应付职工的工资，但工资发放日是每月15日。

(3) 公司向银行借入30 000元，期限3个月，年利率为5%。

(4) 公司在销售商品的同时提供产品质量保证书，在6个月之内对所售产品全部实行“包修、包退、包换”。

(5) 由于公司拖欠供货商的货款，供货商聘请法律顾问将公司告上法庭，案件正在进一步审理过程中，对方胜诉的可能性很大。

Q3-3 下列各项是一家4S汽车店发生的业务，请根据收入、费用、损失的定义辨认哪些是收入，哪些是费用，哪些是损失。

(1) 4S店出售汽车及汽车零配件的收入。

(2) 4S店修理汽车收取的人工费用。

(3) 4S店购进汽车及零配件的现金支出。

(4) 4S店支付给员工的工资和奖金。

(5) 4S店支付的水电费。

(6) 4S店遭受火灾，被毁车间及汽车的损失。

Q3-4 支出、费用、成本和损失的自述如下：

支出：我的概念范围最广，凡是花钱的都归我管。

费用：我是经常发生的，我的付出通常有回报。换句话说，有了我，才会有收入，如果用因果关系来衡量，我就是因，收入就是果。

成本：我的发生目的性最强，是对象化了的费用。

损失：真不好意思，我的发生不会给企业带来任何好处，只会抵减企业的收入。不过，我可不是经常发生的，是偶然事件，不具有重复性。

能不能按各概念的范围大小给它们排个序？

Q3-5 某公司被查出存在不实资产63.79亿元、不实成本费用3.29亿元、不实利润1.88亿元等会计违规问题，少缴各项税款2.46亿元；另一公司被查出20××年推迟确认收入1308万元，并将以前年度发生的销售费用2108万元计入当年等问题。

不实资产、不实成本费用、不实利润是什么意思？推迟确认收入，将以前年度发生的销售费用计入当年的目的是什么？

Q3-6 在证监会对上市公司的行政处罚决定中，不难发现在信息披露方面存在的问题主要是披露不及时，未披露信息主要包括关联方关系、关联方资金占用、对外担保、对外借款等，甚至还有少计费用和虚增利润、虚构收入等情况。

某些上市公司为什么要隐瞒关联方之间的交易、对外担保等？

Q3-7 小月在为某公司编制报表时，发现资产负债表中的货币资金与现金流量表中的期末货币资金相等，她高兴得几乎跳了起来。但接下来的问题是，她半天也没有想明白，为什么利润表中的净利润不总是等于资产负债表中的货币资金。请帮小月回答这个问题。

Q3-8 小鹏对股票比较感兴趣，虽然没有实际投资经验，但也看出了不少门道。每家公司的市盈率相差很大，有的不到10倍，有的超过50倍，甚至上百倍。同一家公司昨天的市盈率与今天的市盈率是不一样的，甚至每分每秒都在变化，我们能根据市盈率来选择公司股票和评价公司吗？

（二）练习题

E3-1 练习财务报表的勾稽关系

假设税金及附加是营业收入的5%，所得税是营业利润的25%。

表3-13 简明资产负债表

20×8年12月31日 金额单位：元

项目	金额	项目	金额
流动资产	30 000	流动负债	10 000
非流动资产	?	非流动负债	?
		负债合计	40 000
		所有者权益	?
资产总计	100 000	负债和所有者权益总计	100 000

表 3-14　简明利润表

20×8 年度　　　　金额单位：元

项目	金额
一、营业收入	150 000
减：营业成本	?
税金及附加	?
二、营业利润	80 000
减：所得税费用	?
三、税后利润	?

表 3-15　简明现金流量表

20×8 年度　　　　金额单位：元

项目	金额
一、经营活动产生的现金流量净额	90 000
二、筹资活动产生的现金流量净额	110 000
三、投资活动产生的现金流量净额	−70 000
四、现金及现金等价物净增加额	?
五、期初现金及现金等价物余额	66 000
六、期末现金及现金等价物余额	?

要求：

补充表 3-13 至表 3-15 中的空缺。

E3-2　练习会计分录和编制资产负债表

一鸣公司于 20×8 年年初成立。股东投资 220 万元，每股面值为 1 元，股东认购股票的价格为每股 11 元。在这一年里，公司赚取了 138 600 元利润。在 20×8 年公司发生如下业务：

(1) 用银行存款购买厂房和建筑物，价值 770 000 元。

(2) 购置机器和设备，价值 540 000 元，其中有 40 000 元尚未支付。

(3) 公司同当地银行签订协议，借入 1 年期、利率 7%的银行借款 420 000 元。

(4) 公司购买原材料等支出 260 000 元，运费 3 000 元，货款均未支付，材料已验收入库。

20×8 年年末，公司除以上资产，还有现金 20 800 元，应收账款 168 000 元，原材料存货 85 200 元，预付账款 7 000 元。除借款外，负债还有应付职工薪酬 22 400 元，应交税费 43 000 元。固定资产折旧 47 600 元。

要求：

(1) 为该公司编制必要的会计分录（不考虑税费）。

(2) 为该公司编制 20×8 年 12 月 31 日的资产负债表。

E3-3　练习编制调整分录和利润表

景田公司 20×8 年有关财务资料如下（单位：元）：

主营业务收入	1 200 000
主营业务成本	480 000
税金及附加	55 600
销售费用	30 000
财务费用	3 800
管理费用	19 000
其他业务收入	56 000
其他业务成本	18 000
投资收益	100 000
公允价值变动收益	30 000
营业外收入	56 000

公司适用的所得税税率为25%。此外，另有下列事项需予以调整：

(1) 将一笔在20×7年确认的50 000元预收收入转入20×8年的营业收入。

(2) 有一笔49 000元的捐赠支出尚未入账。

(3) 将以前年度支付的房屋租金10 000元调整入账。

要求：

(1) 编制有关调整分录。

(2) 为该公司编制20×8年度利润表。

E3-4 练习现金流量的分类

甲公司部分经济业务资料如下（单位：元）：

销售商品收到的现金	260 000
收回应收账款	235 000
发行股票收入	500 000
购买设备	100 000
购买股票	160 000
出售建筑物收入	350 000
购买存货	200 000
支付现金股利	40 000

要求：

分别计算该公司经营活动现金净流量、投资活动现金净流量、筹资活动现金净流量和自由现金流量。

（三）案例

C3 时代公司童装部

时代公司经过多次讨论，决定在生产西服和旗袍的基础上继续拓展业务，专门组建一个童装部，负责童装的研制、生产和销售。假设时代公司在20×9年1月发生的与童装生产有关的经济业务如下：

(1) 时代公司20×9年1月1日向招商银行借入20万元，利率为6%，期限为2年。

(2) 开出现金支票向银行提取3万元现金备用。

(3) 开出转账支票11万元购买固定资产（不考虑税费）。

(4) 时代公司1月购买童装布料10万元，增值税税率为13%。运费6 000元，适用增值税税率9%。布料货款付清80%，余下部分2个月内支付。运费已一次结清。

(5) 时代公司购买童装辅料6万元，增值税税率为13%。运费200元，适用增值税税率9%。货款和运费尚未结算。

(6) 结转制作童装的材料采购成本。

(7) 厂部管理人员小林和销售部小明因出差向公司分别借款10 000元和8 000元。

(8) 购买办公用品820元，用现金支付。

(9) 1月职工工资53 000元。其中管理人员工资8 000元，车间负责人员工资3 000元，生产工人工资37 000元，销售人员工资5 000元。公司通过银行将工资转入每个员工的工资账户。

(10) 生产童装共领用原材料和辅料9万元和5万元。

(11) 每月计提车间设备折旧3 000元。

(12) 支付租金3 000元。

(13) 时代公司厂部报销午餐补助2 000元，短途出租车费2 000元，通信费1 600元。

(14) 将制造费用中的6 000元全部转入童装的生产成本，共生产童装1 000件，计算每件童装的单位成本，结转童装的生产成本。

(15) 时代公司共销售童装800件，每件售价300元，货款已全部存入银行。增值税税率为13%。同时结转已售产品成本。

(16) 支付制作、宣传、广告费3 000元（不考虑税费）。

(17) 向希望小学捐款1万元。

(18) 预收客户货款3万元。

(19) 小林和小明出差回来分别报销差旅费11 000元和7 500元，需向小林补差1 000元，小明将多余的500元现金退回公司。

要求：

(1) 为时代公司童装部20×9年1月发生的业务编制会计分录、过丁字账、编制试算平衡表。

(2) 编制时代公司童装部20×9年1月的利润表、资产负债表和现金流量表。

第4章

货币时间价值

学习目的

1. 理解利率的含义；
2. 掌握单利和复利的计算方法；
3. 理解年金的概念；
4. 熟练掌握终值和现值的计算方法；
5. 掌握实际利率的计算方法。

本章简介

货币时间价值的存在意味着相同票面金额的钱在不同时间是不等值的，即便不考虑投资风险、通货膨胀因素，货币也是有时间价值的，无风险利率的存在足以显示货币的时间价值。在确定资产、负债的价值以及计算损益的过程中，考虑货币时间价值是会计核算的必备要素。

货币时间价值用利率表示，利率是借贷资金的价格，特定企业的借款利率包括无风险利率、预期通货膨胀率和信用风险率。计算利息的方法有单利和复利两种，单利是将本金乘以利率再乘以期限，复利除了计算本金的利息外，还要计算利息的利息，即利滚利。会计核算中计算货币的时间价值采用复利方法。

现在的货币价值称为现值，将来的货币价值称为终值，将未来的货币价值换算成现值的过程称为贴现。由于现值与终值之间相差的是利息（货币时间价值），所以，贴现就是将终值中的利息予以扣除，换言之，现值＋利息＝终值，或者，现值＝终值－利息。

年金是每隔相同的时间收付等额的钱。年金的特殊规律性催生了计算年金现值和年金终值的专门方法。年金是商业活动中常见的现金流量，理解和掌握年金现值的计算方法是十分重要的。

实际利率是使当前现金流量与未来现金流量现值相等而使用的贴现率，是交易发生时的市场利率。实际利率广泛应用于债券发行、投资、资产评估、租赁、收入中含融资成分时的确认等。

今天投资 1 000 元，假设每年获得 6.51%[①]的回报，300 年以后，1 000 元就变成了 1 648 亿元，400 年以后约为 90 万亿元，相当于我国 2018 年国民生产总值。可见，相同金额的钱在不同的时间是不等的，时间越长，差额越大。

4.1　货币时间价值

货币时间价值体现了时间与货币之间的关系，表面上看是时间赋予货币的价值，但事实上是货币用于投资并将投资收益继续用于投资所获得的价值。货币时间价值通常用相对数来表示，如利率。

4.1.1　利息与利率

利息是为借款（放贷）而支付（收到）的款项，表现为高于借款额或放贷额（本金）的差额。比如，时代公司向 B 银行借款 100 万元，同时承诺一年后偿还 107.2 万元，超过 100 万元的 7.2 万元便是时代公司的利息费用。

实务中通常用一定时间的比率来表示利息的收取标准，即利率。一定期间的利率可以通过一定期间的利息除以借款本金得到。比如，上例中的时代公司借款期限为一年，利息费用为 7.2 万元，本金为 100 万元，用一年的利息 7.2 万元除以借款本金 100 万元（7.2/100）得到借款利率为 7.2%。7.2%是年利率，将年利率除以 12 得到月利率，时代公司这笔借款的月利率为 6‰（7.2%/12），将年利率除以 360 得到日利率，时代公司这笔借款的日利率为 2‱（7.2%/360）。

利率是借贷资金的价格，一个特定企业的借款利率通常包括无风险利率、预期通货膨胀率和信用风险利率三个部分。各企业的无风险利率、预期通货膨胀率是相同的，信用风险利率则因企业的违约风险而不同，因此，从严格意义上讲，每个企业的借款利率都是不同的，而且是变化的。除了与企业财务状况、经营情况相关以外，信用风险利率与借款期限也是相关的，借款期限越长，借款人的违约风险越高，相对于短期借款的利率，长期借款的利率更高。

利息金额与本金、利率、期限的关系是：本金越高，利息金额越高；利率越高，利息金额越高；期限越长，利息金额越高。

4.1.2　计算利息的方法

1. 单利

单利（simple interest）是指在一定利率条件下，按照一个固定本金计算利息的

① 教学中，利率一般取整，或保留小数点后两位。实际计算时，小数点后的位数越多，数据越准确。本例实际计算的小数取到后 12 位，即 6.508 828 108 999%。

方法。有多少计息期，就计算多少次利息。计算公式如下：

利息＝本金(p)×利率(i)×期限(n)

例4-1

时代公司从银行借入3年期的借款300万元，年利率8%。时代公司3年的利息总额为：

利息＝$p \times i \times n$

＝300×8%×3＝72(万元)

如果时代公司的借款期为6个月，则

利息＝$p \times i \times n$

＝300×8%×6/12＝12(万元)

或者将利息换算为半年期利息4%（8%/2）：

利息＝300×4%＝12(万元)

2. 复利

复利（compound interest）是指对本金和已经发生但尚未支付的利息计算利息的方法。因此，复利不仅对本金计算利息，还将未支付的利息计入本金再计算利息，俗称“利滚利”。

例4-2

时代公司存入A银行10万元，年利率4%，按单利计算利息；存入B银行10万元，年利率4%，按复利计算利息。时代公司的两笔存款都是满3年后取出利息。单利和复利计算方法的差异如表4-1所示。

表4-1 单利和复利计算方法的比较

单利计算方法

年份	单利计算	单利	年末累计余额
1	100 000×4%	4 000.00	104 000.00
2	100 000×4%	4 000.00	108 000.00
3	100 000×4%	4 000.00	112 000.00
合计		12 000.00	

复利计算方法

年份	复利计算	复利	年末累计余额
1	100 000×4%	4 000.00	104 000.00
2	104 000×4%	4 160.00	108 160.00
3	108 160×4%	4 326.40	112 486.40
合计		12 486.40	

表4-1显示，在复利计算方法下，每一年未支付的利息计入下一年的本金，年末累计余额是期初的本金加上累计尚未支付的利息，这样一来，利息会逐年增加。本例中，在相同本金、相同利率、相同期限条件下，复利方法计算的利息比单利方法多486.40元。

4.2 终值与现值

由于货币具有时间价值，不同时点的货币具有不同的价值，即今天的 1 元钱不等于未来的 1 元钱。在商业实践中，投资项目的回报会在不同的时点产生，要想将不同时点的钱汇总比较，需要将在不同时点获得的现金回报换算成同一时点的钱。这个同一时点的钱有两个，一个是终值，一个是现值。终值和现值严格意义上应称为复利终值和复利现值，因为终值和现值一般是按复利计算的。投资决策评价、债券价格确定、公允价值估计等一般使用现值。由于终值系数和现值系数之间存在互为倒数的关系，在介绍现值之前，先介绍终值。

4.2.1 终值

终值（future value）是指现在一定量的货币金额在未来某一时刻的价值。比如，今天的 100 元，1 年后是多少？如果仅仅考虑银行储蓄存款利率（假设为 3%，存款利率即贴现率），今天的 100 元 1 年后加上利息就应该是 103 元。103 元就是今天的 100 元在 1 年后的终值。如果时间超过 2 年，则每年年末的利息都包含在次年的本金中，这称为复利终值计算，计算过程如图 4-1 所示。

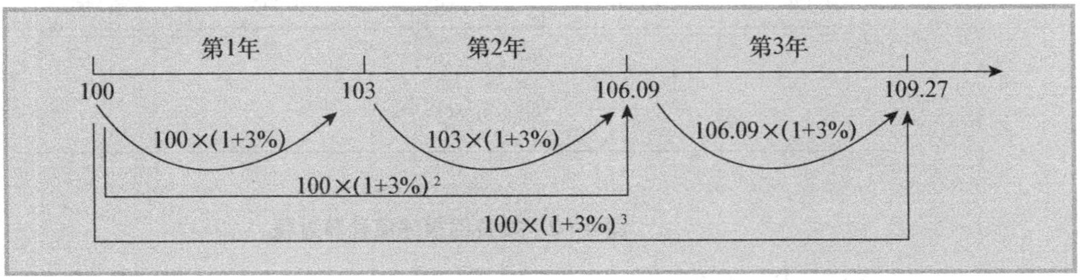

图 4-1　复利终值计算过程

根据终值的计算过程，1 元的终值计算公式总结如下：

$$FV=(1+i)^n$$

式中，FV——终值；i——贴现率；n——付息期限。$(1+i)^n$ 称为复利终值系数（future value interest factor），可以记为 $FVIF_{i,n}$。相应的终值计算公式为：

$$FV=PV_n\times FVIF_{i,n}$$

式中，PV_n——现值。

为了简化计算，可以将本金假设为 1 元，将任意期限和任意利率下的期末余额列成终值系数表（见表 4-2），更为完整的 1 元终值系数表见附录。以后在计算终值时，只需打开 1 元终值系数表，直接查找某利率、某计息期交叉的数就可以了。

表4-2　1元终值系数表

n	i				
	5%	6%	7%	10%	15%
1	1.050 00	1.060 00	1.070 00	1.100 00	1.150 00
2	1.102 50	1.123 60	1.144 90	1.210 00	1.322 50
3	1.157 63	1.191 02	1.225 04	1.331 00	1.520 88
4	1.215 51	1.262 48	1.310 80	1.464 10	1.749 01
5	1.276 28	1.338 23	1.402 55	1.610 51	2.011 36

表4-2是按照每年计息一次的频次计算的，在相同的利率下，如果计息的频次不同，终值结果就会发生变化。比如年利率同样为5%，每半年计息一次，那么，一年就要计算两次复利，如果一个季度计息一次，则一年计算四次复利，每月计息便是12次复利。计算利息的周期越短、频次越高，财富增长越快。

例4-3

甲公司投资20万元，期限为5年，年利率7%，甲公司的投资在5年后的价值是多少？

计算过程如图4-2所示。

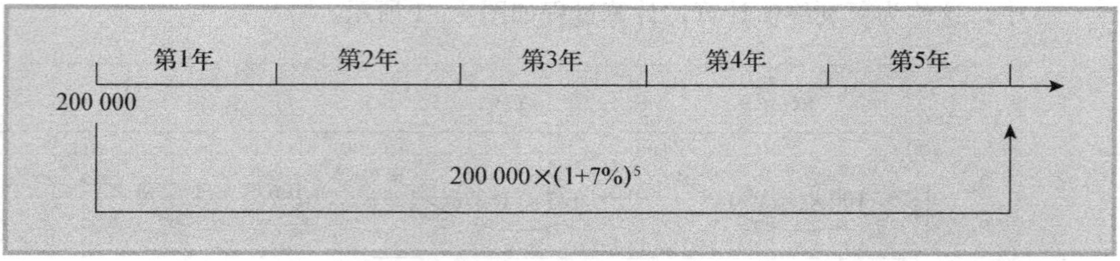

图4-2　投资回报终值计算过程

$$\begin{aligned} FV &= PV\times(1+i)^n \\ &= 200\,000\times(1+7\%)^5 \\ &= 200\,000\times1.402\,55 \\ &= 280\,510(\text{元}) \end{aligned}$$

甲公司的投资在5年后的价值是280 510元。

在计算终值时，应当保持利率与期限的一致，如果是半年期，就应将年利率调整为半年利率。

例4-4

永电公司在一家信托公司存入1.5亿元，作为电厂建设的保证金，利率为6.5%，每半年计息一次。电厂预计4年后竣工，永电公司将把该款项付给建设方。该存款在第4年年末的价值是多少？

分析：在计算该存款的终值时，需要将年利率6.5%换算为半年期利率3.25%（6.5%/2），期数改为8（4×2）。计算过程如图4-3所示。

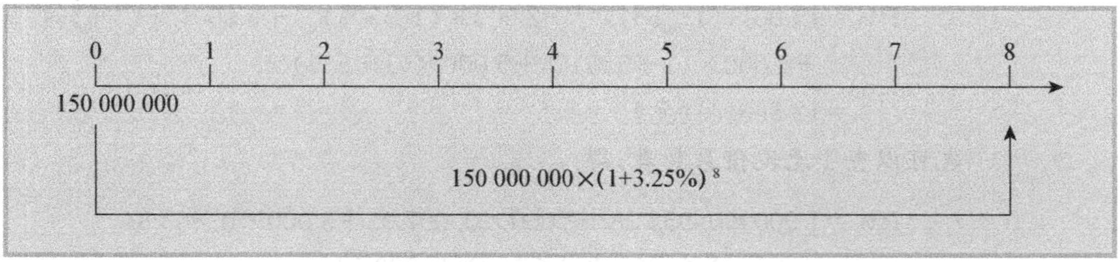

图4-3 存款的终值

$$FV = PV \times (1+i)^n$$
$$= 150\,000\,000 \times (1+3.25\%)^8$$
$$= 150\,000\,000 \times 1.291\,58$$
$$= 193\,737\,000(\text{元})$$

该存款在第4年年末的价值为193 737 000元。

4.2.2 现值

现值是与终值对应的概念，指未来某一时刻一定量的货币金额现在的价值。比如1年后的103元的现值是100元（假设1年的贴现率是3%）。1元的现值计算公式如下：

$$PV = \frac{1}{(1+i)^n}$$

式中，PV——现值；i——贴现率；n——付息期限。$1/(1+i)^n$称为贴现系数（discount factor），表示第n期获得1元的现值，可以记为$PVIF_{i,n}$。相应的现值计算公式为：

$$PV = FV_n \times PVIF_{i,n}$$

例4-5

小天未来5年内每年年末将分别收到1 000元、2 000元、3 000元、4 000元、5 000元的奖学金。如果按照5%的贴现率进行贴现，现值是多少？

计算过程如图4-4所示。

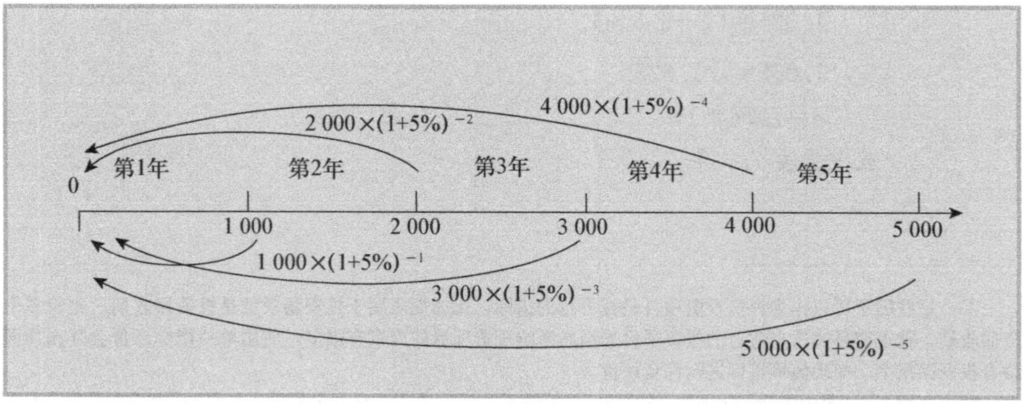

图4-4 复利现值计算过程

$$PV = 1\,000\times(1+5\%)^{-1}+2\,000\times(1+5\%)^{-2}+3\,000\times(1+5\%)^{-3}+4\,000\times(1+5\%)^{-4}+5\,000\times(1+5\%)^{-5} = 12\,566.41(\text{元})$$

也可以查1元现值系数表，得

$$PV = 1\,000\times0.952\,38+2\,000\times0.907\,03+3\,000\times0.863\,84+4\,000\times0.822\,70+5\,000\times0.783\,53 = 12\,566.41(\text{元})$$

小天奖学金的现值是12 566.41元。

4.2.3 其他因子的计算

终值和现值公式中有四个因子：现值、期限、利率和终值，已知其中任意三个因子，可以求出另一个未知因子。①

例4-6

王山现在有8万元，5年后想购买一辆价值13万元的汽车，每年的利率至少是多少？

根据终值公式，列出下列等式：

$$130\,000=80\,000\times(1+i)^5$$
$$1.625=(1+i)^5$$
$$i=\sqrt[5]{1.625}-1 =1.101\,97-1 =0.101\,97 =10.197\%$$

每年利率至少是10.197%。

如果王山只能得到6.5%的收益率，需要多少年才能从8万元增长到13万元？

$$130\,000=80\,000\times(1+6.5\%)^n$$
$$1.625=(1+6.5\%)^n$$
$$1.065=\sqrt[n]{1.625}$$
$$n=7.7(\text{年})②$$

至少需要7.7年。

---

① 这些因子可以作为评价投资项目是否可行的指标，比如期限用于投资场景就是投资回收期。比较多个项目的投资回收期，就很容易挑选出适合的投资项目。当然影响投资项目的因素有很多，使用单一指标评价会存在片面性，还要结合投资回报率、净现值等指标进行综合评价。

② 先用Excel表中的Power函数，在Number处输入1.065，在Power处分别输入8和7得相应的数值1.654 995 671和1.553 986 546，再采用后面介绍的内插法进行计算。

例4-7

时代公司向银行借款80万元，3年后连本带息偿还102万元，时代公司的借款利率是多少？

沿用例4-6的计算方法，得到下列等式：

$$
\begin{aligned}
i &= \sqrt[3]{\frac{102}{80}}-1 \\
&= 1.08435-1 \\
&= 0.08435 \\
&= 8.435\%
\end{aligned}
$$

时代公司的借款利息率是8.435%。

4.3 年金

前面介绍的终值和现值是单一金额的终值和现值，年金的终值和现值有专门的计算方法。

年金是每隔相同的时间收付等额的钱，即定期收付等额的钱，如10年内每年12月31日支付1万元。年金是日常生活中的常见现象，如人寿保险缴纳的保费、上大学支付的学费、借款支付的利息、按揭购房支付的月供等。

按照支付的时间可将年金分为普通年金、预付年金、递延年金和永续年金。普通年金是在每期期末收支，预付年金是在每期期初收支，递延年金是延迟若干期才开始定期收付的年金，永续年金是期限趋于无穷大的年金，其中，普通年金是最常见的年金形式。如果没有特指，年金通常视作普通年金。

4.3.1 普通年金

1. 普通年金终值

普通年金终值是将每期期末定期收付的年金按照复利计算方法计算出的终值。下面结合一个例子介绍普通年金终值的计算方法。

例4-8

5年内，每年年末存入银行100元，利率为5%，这笔年金在第5年年末是多少钱？

该笔年金的计算过程如图4-5所示。

根据图4-5，普通年金终值的计算公式总结如下：

$$
\begin{aligned}
FVA &= A+A\times(1+i)+A\times(1+i)^2+A\times(1+i)^3+\cdots+A\times(1+i)^{n-1} \\
&= A\times\frac{(1+i)^n-1}{i}
\end{aligned}
$$

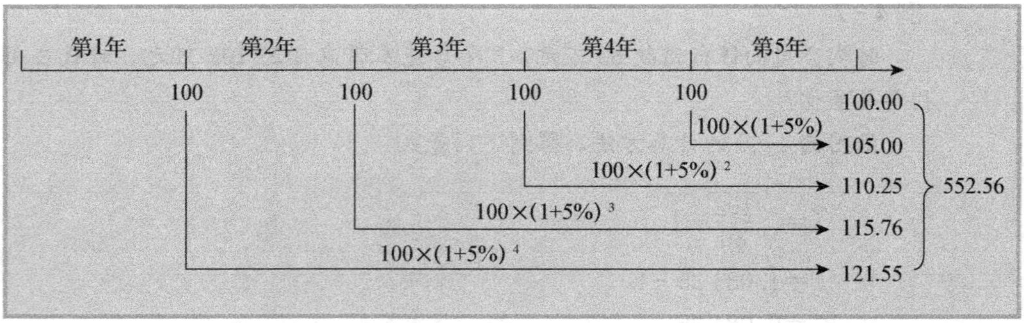

图4-5 普通年金终值计算过程

式中，$\frac{(1+i)^n-1}{i}$是年金终值系数（future value interest factor of an annuity），记作$(F/A, i, n)$，可以通过查表获得。

经查表，$(F/A, 5\%, 5)=5.525\,63$，则

$$FVA=100\times(F/A,5\%,5)=100\times5.525\,63=552.56(\text{元})$$

这笔年金在第5年年末是552.56元。

例4-9

为了偿还3年后到期、年利率为6%的300万元银行借款，时代公司决定每个季度存入一笔钱，以便有足够的资金用于还款。时代公司每个季度要存多少钱?

由于要以季度作为时间频率，应将年利率换算为季度利率，即6%/4。另外，应计算季度的频次（期限），即12期（3×4）。

根据普通年金终值计算公式：

$$3\,000\,000=A\times\frac{(1+6\%/4)^{12}-1}{6\%/4}$$

$$=A\times13.041\,21$$

$$A=230\,040(\text{元})$$

式中的13.041 21是利率为1.5%、期限为12时的年金现值系数，可查表得到。

时代公司每季度末存入230 040元，按照年利率6%计算，3年后便可获得300万元的资金用于偿还银行借款。

2. 普通年金现值

如同单一金额的终值和现值的关系一样，年金现值也是年金终值的逆运算，即已知年金金额、期限、利率，计算年金现在的价值。仍以例4-8为例，计算该普通年金的现值，计算过程如图4-6所示。

根据图4-6，普通年金现值的计算公式总结如下：

$$PVA=A\times(1+i)^{-1}+A\times(1+i)^{-2}+A\times(1+i)^{-3}+\cdots+A\times(1+i)^{-n}$$

$$=A\times\frac{1-(1+i)^{-n}}{i}$$

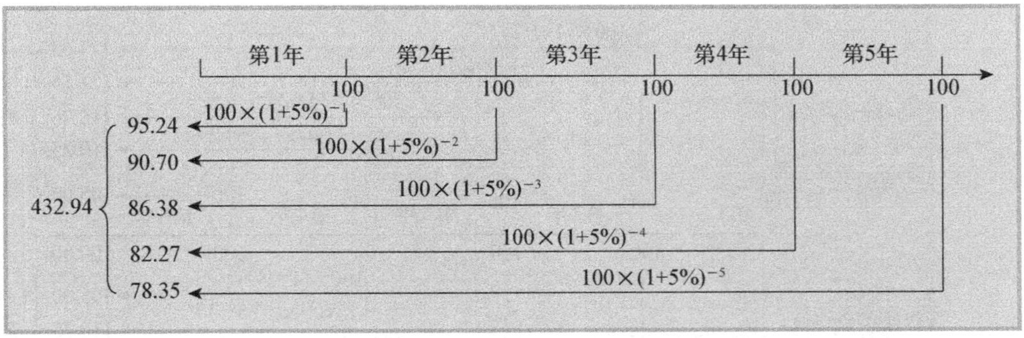

图 4-6　普通年金现值计算过程

式中，$\frac{1-(1+i)^{-n}}{i}$是年金现值系数（present value interest factor of an annuity），记作（P/A，i，n），可以通过查表获得。

经查表，（P/A，5%，5）=4.329 48，则

$$PVA=100\times(P/A,5\%,5)=100\times4.329\ 48=432.95(\text{元})$$

计算现值所使用的利率称为贴现率。贴现率通常受无风险利率、预期通货膨胀和信用风险的影响，其中，无风险利率一般可用同期限的国债利率来替代。

年金现值广泛用于资产估值。比如，要估计一台设备的价值，通过估计该设备寿命期内每年产生的现金流量（年金），再按照一个合理的贴现率将该设备的现金流量进行贴现即可。年金现值也广泛用于日常生活。

例 4-10

小马采用银行按揭方式购买住房，房价为 50 万元，首付 20%，利率为 6%，小马计划 10 年还清房贷，小马的月供（每月月末支付的金额）是多少？

分析：小马贷款的 40 万元［50×(1－20%)］是现值，计划 10 年还清，每个月还款一次，共 120 次，月利率为 0.5%（6%/12）。月供的计算过程如下：

$$400\ 000=A\times(P/A,0.5\%,120)$$
$$=A\times90.073\ 45$$
$$A=4\ 440.82(\text{元})$$

小马的月供是 4 440.82 元。

4.3.2　预付年金

1. 预付年金终值

预付年金是每期期初收付的金额，预付年金终值比普通年金终值多一个计息期，普通年金终值最后一笔金额是期末收付的，不需要计息，但预付年金终值是期初收付的，最后一笔金额也需要计息。仍以例 4-8 为例，普通年金终值与预付年金终值的对比计算如图 4-7 所示。

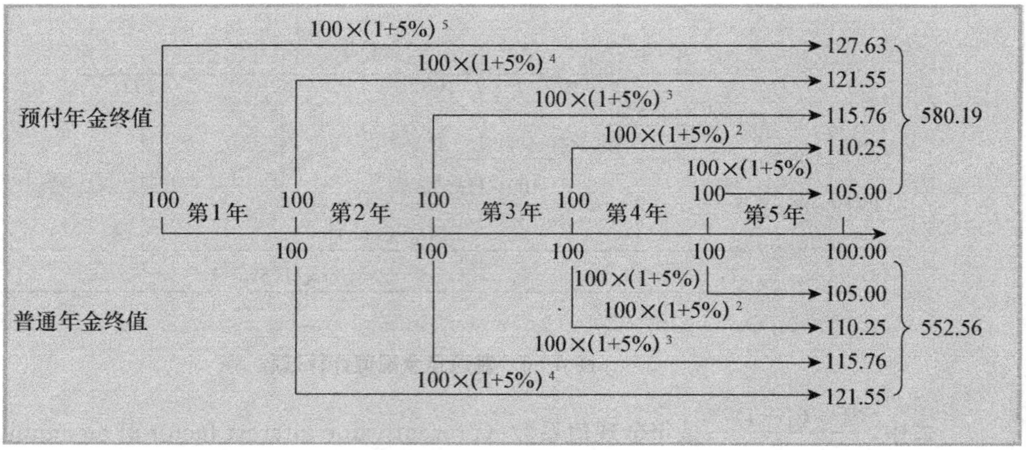

图4-7 预付年金终值与普通年金终值计算的比较

由于预付年金终值比普通年金终值多一个计息期，因此，只需要将普通年金终值再乘以（$1+i$）就可以得到预付年金终值，用公式表达如下：

$$FVA = A\times\frac{(1+i)^n-1}{i}\times(1+i)$$
$$=A\times(F/A,i,n)\times(1+i)$$

预付年金终值＝100×5.525 63×(1+5%)

＝100×5.801 91

＝580.19(元)

2. 预付年金现值

预付年金现值比普通年金现值少一个贴现期，因此，预付年金现值比普通年金现值高，所以，将前述普通年金现值计算公式转变成预付年金现值计算公式只需要乘以（$1+i$），即

$$PVA = A\times\frac{1-(1+i)^{-n}}{i}\times(1+i)$$
$$=A\times(P/A,i,n)\times(1+i)$$

沿用图4-7的数据，预付年金现值系数的计算公式为：

$(P/A,5\%,5)$	4.329 48
$(P/A,5\%,5)\times(1+5\%)$	× 1.05
预付年金现值系数	4.545 954

4.3.3 递延年金和永续年金

递延年金是指推迟若干期后的年金。递延期对递延年金终值不产生影响，递延年金终值的计算方法与普通年金终值没有差别。递延年金现值因递延期增加了贴现的计息期，需要扣除递延期的利息，即在普通年金现值的基础上再乘上1元现值系数。

例 4-11

时代公司与A加盟商签订一份不可撤销销售合同，A加盟商从第3年开始每年年末向时代公司支付加盟费10 000元，连续支付5年后不再支付。假设利率为5%，该合同的加盟费现在值多少钱？

分析：先计算10 000元加盟费，5年期的年金现值，再将该年金现值贴现到今天。计算过程如图4-8所示。

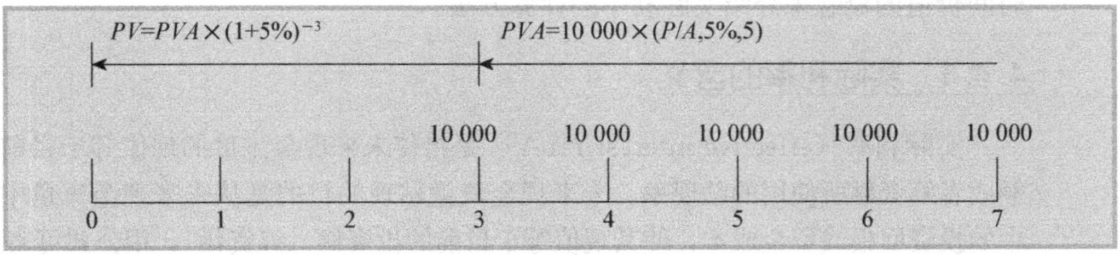

图4-8 递延年金现值计算过程

$$
\begin{aligned}
PV &= PVA(1+5\%)\times(1+5\%)^{-3} \\
&= 10\,000\times(P/A,5\%,5)\times(1+5\%)^{-2} \\
&= 10\,000\times4.32\,948\times0.907\,03 \\
&= 39\,269.68(\text{元})
\end{aligned}
$$

由于永续年金的期限趋近于无穷大，所以，永续年金的现值等于年金金额除以贴现率。

普通年金现值的计算公式为：

$$PVA=A\times\frac{1-(1+i)^{-n}}{i}$$

当 $n\to\infty$ 时，$(1+i)^{-n}\to0$。于是，永续年金的计算公式为：

$$PVA=A\times\frac{1}{i}$$

例 4-12

某基金会准备与金融机构签订一份协议，需要每年（没有期限）从基金中提取15万元作为奖学金，假设年利率为5%，请问该基金会需要一次存入多少基金？

分析：该问题可以简化为已知年金 $A=150\,000$ 元，利率为5%，求永续年金现值 PVA。

$$
\begin{aligned}
PVA &= A\times\frac{1}{i} \\
&= 150\,000\times(1/5\%) \\
&= 150\,000\times20 \\
&= 300(\text{万元})
\end{aligned}
$$

该基金会需要一次存入300万元。

4.4 实际利率的计算

在财务会计核算中，实际利率的计算以及与此相关的摊销方法广泛应用于非流动资产、非流动负债以及收入中是否含融资成分的计算等。为此，下面将结合货币时间价值的概念来介绍实际利率的计算方法。

4.4.1 实际利率的含义

实际利率（effective interest rate）[①]是指使未来现金流量的现值等于目前的投资额或者筹资额所使用的贴现率。未来现金流量贴现的目的是从未来现金流量中扣除其中的投资回报或资金成本，使其现值等于目前的投资额（筹资额）。用公式可表达为：

投资额(筹资额)＝未来(收付)现金流量的现值

或者

净现值＝未来现金流量的现值－投资额(筹资额)＝0

即实际利率是指净现值为零时的利率。

需要特别指出的是，会计核算中使用的实际利率没有扣除通货膨胀率。实际利率除了与通货膨胀率有关以外，还与利息的计息频次有关，计息频次越高，实际利息越高。

例4-13

假设债券的年利率为6%，期限为3年，不同计息频次下的利率和复利次数如表4-3所示。计算不同计息频次下的实际利率。

表4-3 计息频次与复利次数

计息频次	每次计息的利率	复利次数
每年计息	6%/1=6%	3年×1次/年=3次
每半年计息	6%/2=3%	3年×2次/年=6次
每季计息	6%/4=1.5%	3年×4次/年=12次
每月计息	6%/12=0.5%	3年×12次/年=36次

计息频次不同，复利次数就不同，因此，相同的利率下，相同时间长度的终值就不同，如表4-4所示。每半年计息一次时需要按照3%的利率计算两次复利，其结果与按6%的利率计算一次复利的结果不同。

① 会计中的实际利率（effective interest rate）与经济学中的实际利率（real interest rate）不同。经济学中的实际利率对应的概念是名义利率，是扣除通货膨胀率后的利率，比如名义利率为5%，通货膨胀率为2%，则实际利率只有3%。会计中的实际利率是与票面利率相对应的概念。

表4-4 不同计息频次的期末金额

期数	期初金额	乘数（1+6%）	期末金额	公式
每年计息一次				
1	1	1.06	1.06	(1+6%)
2	1.06	1.06	1.123 6	$(1+6\%)^2$
3	1.123 6	1.06	1.191 02	$(1+6\%)^3$
每半年计息一次				
期数	期初金额	乘数（1+3%）	期末金额	公式
1	1	1.03	1.03	(1+3%)
2	1.03	1.03	1.060 9	$(1+3\%)^2$
3	1.060 9	1.03	1.092 727	$(1+3\%)^3$
4	1.092 727	1.03	1.125 509	$(1+3\%)^4$
5	1.125 509	1.03	1.159 274	$(1+3\%)^5$
6	1.159 274	1.03	1.194 052	$(1+3\%)^6$

由表4-4可知，尽管年利率都是6%，但由于计息频次不同，现金流量产生的时间、规模也不同，期末余额因此也不同。以第一年年末的金额为例，每年计息一次为1.06元，每半年计息一次为1.060 9元，这就意味着不同的计息频次产生了不同的收益，也就使得实际利率与名义利率不等。比如，一年计息一次时，实际利率为6%（1.06－1），每半年计息一次时，实际利率为6.09%（1.060 9－1）。由此可以得出不同计息频次下实际利率的计算公式：

$$实际利率=(1+i)^n-1$$

式中，i——每次计息的利率；n——复利次数。

本例中，如果每月计息一次，则实际利率为：

$$\begin{aligned}实际利率&=(1+6\%/12)^{12}-1\\&=1.06168-1\\&=0.06168\\&=6.168\%\end{aligned}$$

从经济含义方面理解，实际利率是交易发生时的市场利率。

下面以债券发行为例从发行方和投资方角度来理解实际利率的含义。

从发行方角度理解，利率就是借贷资金的价格，因此，债券的实际利率是债券的市场利率，即将债券未来支付的利息和本金贴现为发行债券时取得的现金流入所使用的贴现率。由于发行收入会受到发行费用的影响，发行债券时需要计算发行时的实际利率。如同商品市场价格会变动一样，债券的实际利率也是变动的，银行的基准利率、债券发行人的信用状况等都是影响债券实际利率变动的因素。债券的市场价值是债券现金流量的现值，由于债券现金流量是固定的，因此，债券市场价值的变化就意味着债券市场利率发生了变化。如果投资者在债券发行后从债券市场上直接购入债券，在计算投资收益时，就不能采用债券发行时的实际利率，而需要重新计算购买债券时的实际利率。

从投资方角度理解，一笔投资的实际利率，也就是投资时的回报率，通常是指这笔投资的现金流出等于未来回报（现金流入）的当前价值（现值）时所使用的贴现率，近似于财务管理中的内含报酬率（internal rate of return，IRR)。

4.4.2 实际利率的计算

实际利率可以通过内插法和IRR法来计算。

1. 内插法

内插法，又称插值法，是指根据数学上的等比关系，建立一个方程式，然后通过解方程得出需要求解的数据。假设需要求 A 的数值，已知 $A1$ 对应的数据是 $C1$，$A2$ 对应的数据是 $C2$，A 对应的数据是 C（根据已知条件计算)，根据三点共线的原理，A 介于 $A1$ 和 $A2$ 之间，可以根据 $(A1-A)/(A1-A2)=(C1-C)/(C1-C2)$ 的式子计算出 A 的数值。

在会计核算中主要是利用利率之差与现值系数之差的等比关系来近似求出实际利率。

例4-14

假设未来5年每年年末的现金流量为25 000元，如果将每年的现金流量贴现为现值100 000元，贴现率应该为多少？

分析：设利率为 i，则5年期的年金现值系数 $PVAF_{i,5}=100\,000/25\,000=4$。

查年金现值系数表，利率7%对应的年金现值系数为4.100 20，利率8%对应的年金现值系数为3.992 71。它们之间的等比关系如图4-9所示。

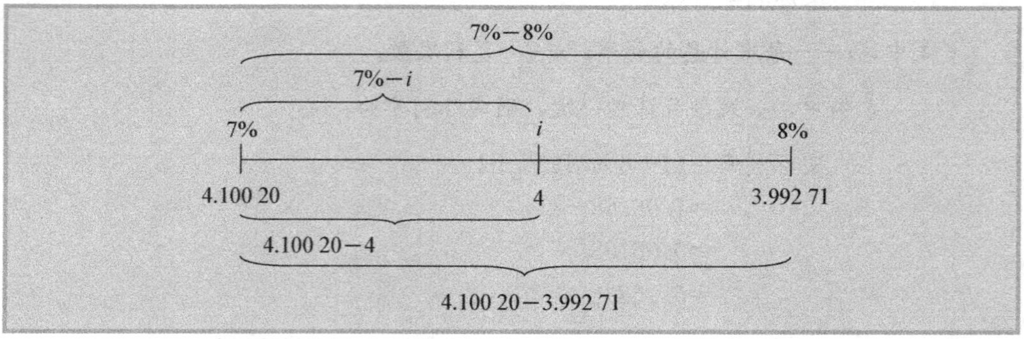

图4-9 利率之差与年金现值系数之差的等比关系

按照图4-9的等比关系，列出下列等式：

$$\frac{7\%-i}{7\%-8\%}=\frac{4.100\,20-4}{4.100\,20-3.992\,71}$$

$$=0.932\,18$$

$$i=7\%+0.932\,18\times1\%=7.932\,18\%$$

注意：利用内插法求出的实际利率是对应期数的利率，如果 n 是年，计算出来的就是年利率；如果 n 是半年，就是半年的利率。此外，用内插法求得的结果是一个近似值。

2. IRR 法

IRR 是内含报酬率（internal rate of return）的英文缩写。IRR 是净现值等于零时的报酬率，即未来现金流量的现值恰好等于目前的投资额时的报酬率。净现值是未来现金流量的现值与投资额的差额，即：

净现值＝未来现金流量的现值－目前的投资额

例 4－15

甲公司于 20×6 年 1 月 1 日以 2 100 万元购入铁路建设债券，该债券面值 2 000 万元，利率 4.5%，每年付息一次，到期日为 20×9 年 12 月 31 日，求甲公司的实际投资回报率。

分析：甲公司的投资额 2 100 万元为债券现金流量的现值，甲公司投资债券的未来现金流量的构成是：未来 4 年每年年末收到现金利息 900 000 元（20 000 000×4.5%），第 4 年年末债券到期时收回债券面值 20 000 000 元。根据债券现金流量现值的计算公式，得到

$$21\,000\,000=900\,000\times(P/A,i,4)+20\,000\,000\times(1+i)^{-4}$$

由于计算投资时的实际利率与计算 IRR 的原理相同，直接利用 Excel 财务指标中的 IRR，可轻松得到实际利率。操作步骤如下：

（1）选 A 列输入期限，选 B 列输入现金流量。

（2）按现金流出或流入的顺序依次在 B2 输入“－21 000 000”，在 B3～B5 各输入“900 000”，在 B6 输入“20 900 000”。

（3）在 B7 输入公式“＝IRR(B2：B6)”。

（4）按回车键，即得内含报酬率为 3.150 04%，小数点后的位数可根据需要进行调整，如图 4－10 所示。

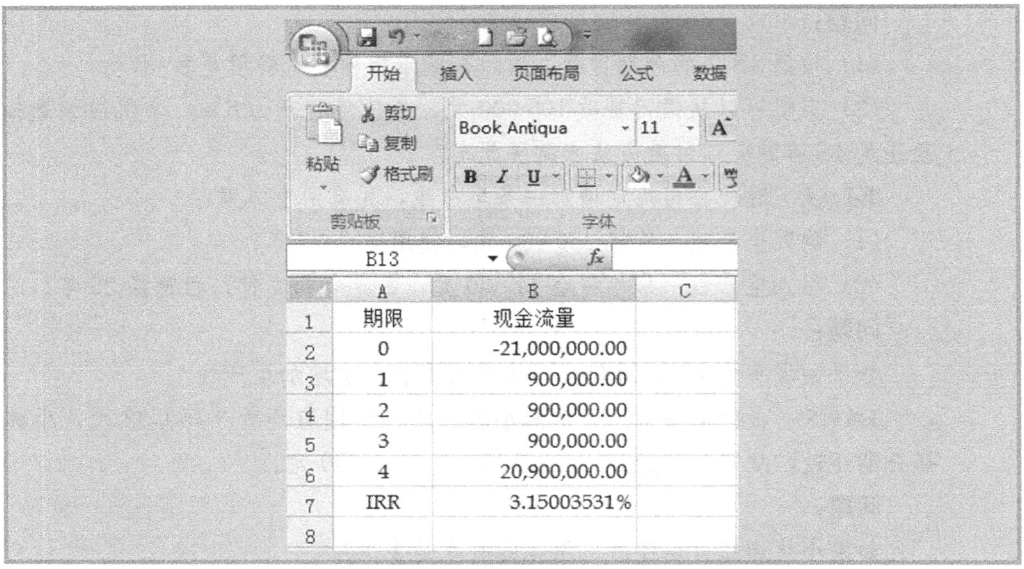

图 4－10　用 IRR 法计算实际利率

用Excel表计算出来的实际利率即甲公司的投资回报率。

习 题

（一）辨析与思考

Q4-1 什么是利率？利率由哪些因素构成？单利与复利有什么不同？

Q4-2 小王计划用3万元做一笔投资，他有两个投资机会，年利率都是5%，期限均为3年。一个是每季度计息一次，另一个是每半年计息一次。小王应当选择哪一个投资机会？为什么？

Q4-3 年金的特征是什么？普通年金和预付年金有什么不同？

Q4-4 张文5年前以70万元购入一套住房，目前的市场价值为100万元，如果出租，每月的租金为8000元。目前的利率为5%。张文是否应出售该住房？

（二）练习题

E4-1 小陈10年后需要250000元，按照9%的利率计算。

问题：

小陈每年需要投多少钱？

E4-2 彭钢以住房为抵押，从银行借了500000元开始创业，按照借款合同，5年后连本带息偿还银行680000元。

问题：

彭钢借款的利率是多少？

E4-3 李凯决定购买一辆小汽车，价格为150000元。4S店告诉李凯，可以分期付款，首付30%，剩下的款项要在12个月内付清，每个月付9500元。

问题：

(1) 按照4S店的分期付款办法，李凯承担的利息费用是多少？

(2) 李凯可以从银行贷款105000元，贷款年利率为8%。李凯应该选择银行贷款还是4S店的分期付款方法来购买此车？

E4-4 时代公司决定增加一条生产线，现有两个方案：

(1) 购置生产线，价格250000元，使用寿命25年；

(2) 租入生产线，每年租金11500元，每年年初支付，租赁期25年。

问题：

如果贴现率为7%，时代公司应采用哪种方法增加生产线？

E4-5 银行信用卡公司通知小林，本月到期应还款3150.32元，小林可以选择分期还款，从当月开始分12个月还款，每月290元。

问题：

如果小林选择分期还款，承担的利率是多少？

（三）案例

C4 还房贷选择等额本息还是等额本金?

小莲和商玳是一对校园情侣，小莲是外语系的，商玳是学经济的。俩人毕业后顺利地在一线城市找到了工作，经过多年的打拼，有了一定的积蓄，两个人的感情经过长时间的考验慢慢稳定下来，经过漫长的马拉松式恋爱长跑，终于修成正果，明年10月1日将是他们的大喜日子。为了买到价格合理、环境宜居、靠近单位的房子，小莲和商玳近半年来，除了出差几乎每个周末都在看房，最后终于定下一套80平米左右的二手房作为他们的婚房。房屋总价500万元，首付300万元，贷款200万元，期限20年，年利率5.9%。在与银行签贷款合同时，一项选择题让他们一时犯难，不知如何选择。如果选择等额本息的话，每月还款金额为14 213.48元，还款总额为341.12万元；如果选择等额本金的话，首月还款18 166.67元，以后239个还款月每月递减40.97元，还款总额为318.49万元。小莲问商玳，为什么还个房贷还要做算术题啊？难道不知道我有数字恐惧症吗？商玳说，是啊，现在每天忙工作，都不知道该如何思考了。

问题：

(1) 你能帮助他们分析一下等额本金与等额本息的区别吗?

(2) 等额本息的还款总额比等额本金还款总额高22.63万元，能否将这个差额作为选择的依据？为什么?

第5章
收入确认与应收项目

学习目的

1. 理解收入确认的原则和标准；
2. 掌握收入确认的五步法；
3. 掌握应收账款、合同资产以及坏账的核算；
4. 掌握应收票据及贴现的核算；
5. 了解其他应收款的核算内容以及收入和应收项目在财务报表中的列示。

本章简介

根据会计分期和权责发生制的要求，确认收入不能简单地以收到现金为标准，而是要以履约义务是否履行，控制权是否转移为标准。为了保持不同行业和不同业务在收入确认上的一致性，国际会计准则理事会2014年发布了以合同为基础来确认收入的方法。本章严格按照五步法介绍了收入确认的方法，同时也介绍了与收入同步增加的资产，主要是赊销涉及的应收账款、合同资产和应收票据的核算。收入与应收项目形成了一个前后连接的收入业务循环。企业赊销需要承担信用风险，即使购买方没有诚信问题，也难免会由于资金周转不畅、意外事件等原因导致不能如期付款。应收账款作为一种金融资产，需要按照坏账发生的概率来估计预期信用损失，并采用备抵法进行核算。

5.1 收入确认

5.1.1 收入确认的原则

收入确认是指企业记录收入的行为。收入确认的原则是，企业确认的收入应该反映其向客户交付已承诺的商品或者服务，即履行了履约义务。收入确认的根本问题是应当在什么时间确认收入。不同行业、不同业务模式的企业取得收入的方式不尽相同。下面是几个常见的与收入相关的业务。

例1：一家软件公司为某银行定制开发软件，银行向软件公司预付部分开发费。按照惯例，如果银行不满意软件产品，可以在一年内退货，软件公司必须全额退款。软件公司在正式交付软件后还需要不断测试、培训，直至安装实施，并免费提供软件升级和维护服务。软件公司应该在什么时间确认收入？应该单独确认软件收入还是等一揽子合同交付完毕才确认收入？

例2：一个商家在商场租赁场地，租期5年，双方商定可提前解除租赁合同，租金为基础租金加销售额的3%提成，参加商场促销活动的，可商定降低销售额的提成，商家可以出租部分柜台，商场每年应确认多少租赁收入？

例3：房地产开发企业常常在住房完工之前就开始预售，但是交付住房的时间往往在一个月甚至几年以后，房地产开发企业在收到预售款后还会发生大量建造成本。房地产开发企业收取预售款时可以确认收入吗？

例4：酿酒企业将稻谷、高粱或者小麦加工成酒，需要经过多次投料、数次蒸煮、发酵和取酒（历经1年），还要再存放几年。一般而言，酒装瓶之后，酿酒的生产成本几乎都已经发生。酒厂封装的时候可以确认收入吗？

为了解决不同行业、不同业务模式企业的收入确认问题，国际会计准则理事会于2014年发布了《国际财务报告准则第15号——与客户合同产生的收入》，我国于2017年发布了修订版的《企业会计准则第14号——收入》，新的收入准则确定了不同行业、不同业务模式企业确认收入的共同标准，即按照客户合同确认收入。只要履行了合同中约定的履约义务，企业就可以确认收入。

5.1.2 收入确认的标准

履约义务是合同约定的企业向客户交付商品和服务的承诺。企业履行履约义务的标志是向客户转移了商品和服务的控制权。因此，收入确认的标准可以概括为：应当在企业向客户转移了商品或服务的控制权时确认收入。换句话说，在确认收入的那一刻，商品或服务的控制权就已经转移了。

企业向客户转移商品或服务的控制权可以一次完成，也可能需要多次才能完成。前者如销售普通消费品（服装、家电），后者如定制软件、提供建筑服务和保洁服务等。

企业的销售合同既与商业模式、商业惯例相关，也与当时当地的条件和环境相关，呈现出复杂多样的特征。既有单个商品的销售合同，也有多种商品和多种服务组合在一起的销售合同；既有价格固定的合同，也有弹性价格的合同；既有一种商品销售的分阶段多个合同，也有一个总合同下的多个补充合同。不仅如此，很多合同还会赋予客户很多权利，如退货、返利、奖券、折扣等。因此，企业在确认合同产生的收入时就会面临许多需要明确的会计问题，比如，企业承诺了哪些履约义务？涉及多少种商品和服务？如何区分不同的履约义务及相关的商品和服务？如何确定履约义务的价格？如何确定折扣、退回、奖惩等因素对价格的影响？如何判断商品和服务的控制权是否发生了转移？转移是时点转移还是期间转移？这些都是企业在确认收入时面临的问题。要有条不紊地解决这些问题，最终在会计上确认收入，企业可以采用下述五步法（见图5-1）。

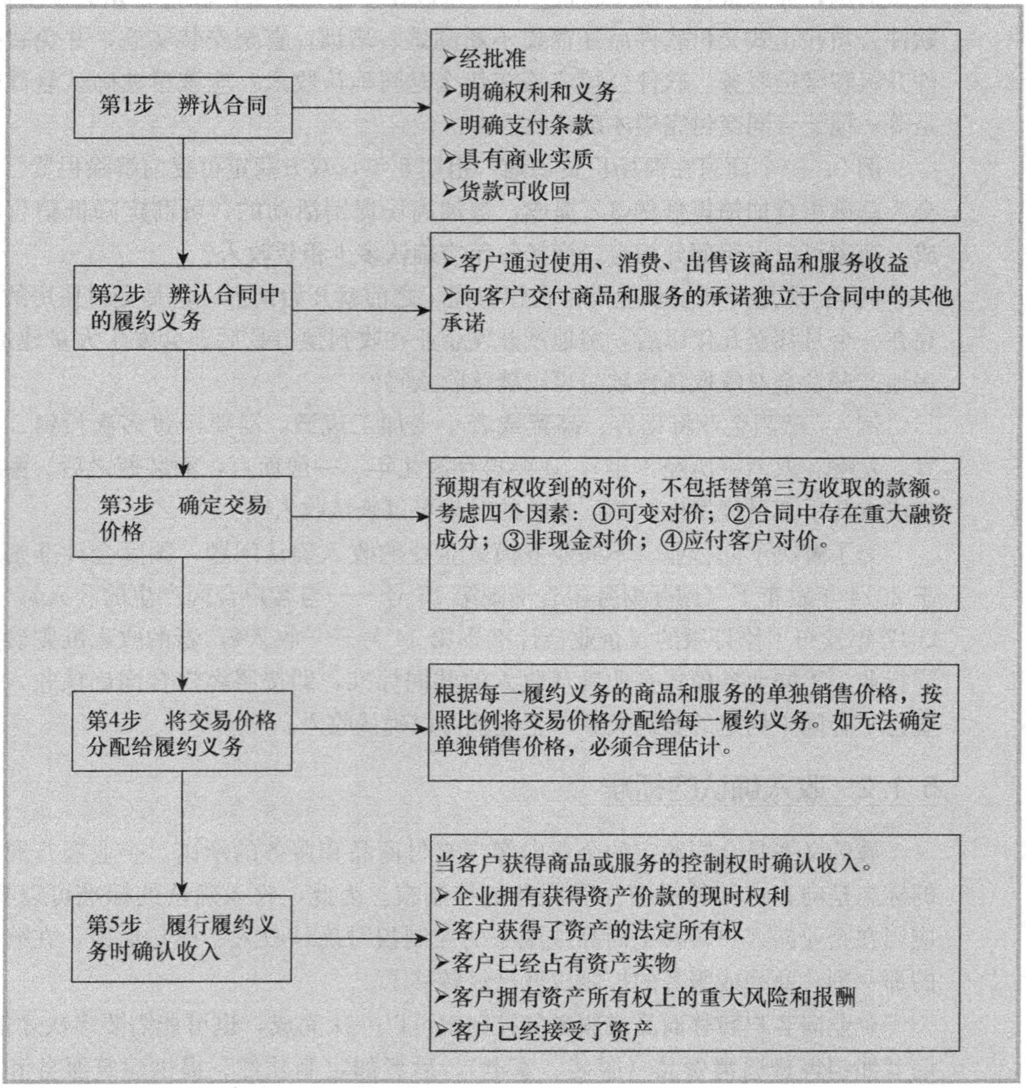

图5-1　收入确认五步法

5.1.3　收入确认的方法

1. 辨认合同

合同可以是书面的、口头的，也可以是商业惯例默认的。商业惯例是企业在长期的实践中形成的习惯和默契，是被交易双方认可的交易方式。比如超市售卖模式就默认消费者从货架上取下东西，到收款台结账是一次交易循环，不管消费者支付时使用的是现金、信用卡、支付宝还是微信，超市在结账后就可以立即确认收入了。

这种简单的商品售卖（B to C 模式）根据行业习惯不需要签订复杂的纸质合同就能自动完成交易。但企业之间的批量销售业务（B to B 模式）一般需要签订书面合同（包括纸质或者电子合同）。比如超市的上游供应商向超市售卖商品就需要签订正式的书面合同，约定双方的权利与义务，以保证供应商及时供货，超市及时付款。

辨认合同是企业确认收入的第一步。不管企业签订的是什么形式的合同，用于确认收入的合同必须是有效的合同。有效的合同需要同时满足下列所有条件：

（1）合同各方已批准该合同并承诺将履行各自的义务。

（2）该合同明确了合同各方与所转让商品或提供劳务（以下简称“转让商品”）相关的权利和义务。

（3）该合同有明确的与所转让商品相关的支付条款。

（4）该合同具有商业实质，即履行该合同将改变企业未来现金流量的风险、时间分布或金额；反之，合同则缺乏商业实质。

（5）企业因向客户转让商品而有权取得的对价很可能收回。

在评估收款的可能性时，企业应当评估客户付款的能力和意愿。按我国会计准则，“很可能”是指超过 50%的可能性，即客户付款的可能性大于不付款的可能性。美国会计准则中“很可能”是指超过 75%的可能性。如果收回对价的可能性没有达到要求，该合同就不能认定，也就不能确认收入。在一开始就依据合同明确“可收回性”，有助于抵制“问题”合同，防止在确认收入的同时又确认大笔坏账（不能收回的应收账款称为坏账）。

如果一份合同在一开始就满足上述条件，企业就不需要重新评估这些条件。当环境或者事实出现重大变化时，企业可以重新评估这些条件。当然也可以在双方同意的情况下对合同进行修改，修改的结果是作为原合同的一部分还是作为一个单独的新合同，需要结合实际情况进行判断。

如果合同不满足上述条件，企业即便收到了客户的货款，也不能确认收入，但如果满足下列条件之一，可以将收到的货款确认为收入：

（1）企业没有保留向客户交付商品和服务的义务，收到了客户承诺的几乎所有对价，并且是不可退还的。

（2）合同已经终结，收到的客户的对价是不可退还的。

2. 辨认合同中的履约义务

认定合同后，第二步是辨认企业在合同中需要承担哪些履约义务。履约义务是企业在合同中向客户交付商品和服务的承诺。如果承诺交付的商品和服务是可以明确区分的，每一个交付商品和服务的承诺就构成一项履约义务。满足下列条件时，承诺的商品和服务就是可以明确区分的：

（1）客户通过使用、消费、出售该商品和服务受益。如果不能单独获得该商品和服务的好处，但通过与现有资源一同使用能获得好处，也视同满足这个条件。

（2）向客户交付商品和服务的承诺独立于合同中的其他承诺。

由于是否确认收入取决于是否履行了履约义务，因此，辨认合同的履约义务是十分关键的一个环节。一旦将合同的履约义务一一辨认并区分开来，随之而来的就是判断企业是否已将这些承诺的商品和服务的控制权转移给客户。认定的履约义务不同，收入确认的结果就不同。比如，交付的商品是否与合同中承诺的其他商品高度一体化就是一个很难判断的问题，软件和服务是常见的容易混淆履约义务的销售业务。

例5-1a

A公司销售客户关系管理软件，并承诺提供咨询服务，使其软件可以满足客户信息技术环境的个性化需要，合同总价款600万元。A公司将一体化的商品和服务作为合同的组合项目。根据与客户的协议，A公司还对软件做了实质性的个性化改造。本例的合同条款表明，A公司应当将软件和服务一并作为一项履约义务，按照履行义务的进度确认收入。

例5-1b

假设A公司向客户提供软件的永久许可、安装服务和5年客户支持（升级和电话支持），安装服务需要A公司对软件进行一定设置，但不需要修改软件，也不需要专门知识，其他软件技术人员都可以提供类似服务。因为该软件不需要专门的安装服务、升级或者电话支持，客户可以从软件中受益（先交付），也能够从已经交付的软件的安装服务、升级和电话支持服务中受益，所以，A公司认为，每一项商品和服务都可以单独辨认。因为安装、升级和电话支持服务没有对软件进行重大修改或者个性化改造，而且，软件和服务没有整合在一起，所以，这个合同有四项履约义务：软件许可、安装服务、升级和电话支持。

例5-1c

假设A公司向客户提供软件的永久许可、安装服务和5年客户支持（升级和电话支持），但软件安装需要对软件进行实质性的个性化改造，增加新功能，使软件能够在客户的计算机系统中运行。A公司认为，提供个性化软件的合同义务就意味着提供软件与客户计算机系统的整合服务。基于这些考虑，A公司认为，在这个合同中，个性化软件和安装服务不是单独可辨认的，软件许可连同安装服务一同作为一项履约义务。升级和电话支持服务没有对软件进行重大修改和实现软件的个性化，都可以单独辨认，是两项单独的履约义务。

3. 确定交易价格

确认收入的第三步是确定合同的交易价格。交易价格是企业因向客户交付商品或服务而预期有权收取的对价[①]金额，不包括代第三方收取的款项（如增值税）以及企业预期将退还给客户的款项。

确定交易价格时，企业需要考虑可变对价、重大融资成分、非现金对价、应付客户对价等因素。

---

① 对价（consideration）原本是英美合同法中的重要概念，其含义是一方为换取另一方做某事的承诺而向另一方支付的金钱代价或做出的承诺。因此，对价就是当事人一方在获得某种利益时，必须给付对方的相应的代价。

（1）可变对价。可变对价是对最终交易价格产生影响的不确定的对价。折扣、折让、退货、退款、奖励、罚金、返利、信用等都是影响交易价格的可变因素。企业应当根据环境和事实采用期望值或者最可能发生的金额的方法合理估计可变对价。期望值是按照各种可能发生的对价金额及其相关概率计算得出的金额。最可能金额是一系列可能发生的对价金额中最可能发生的单一金额，即合同最可能产生的单一结果。由于可变对价对合同价格会产生很大影响，具有很高的不确定性，因此，企业应当限制交易价格中的可变对价的金额，即仅限于考虑非常可能（highly probable）发生的、不存在重大转回金额的可变对价。

例5-2

C公司向分销商销售毛巾1 000条，每条50元。毛巾的成本为每条10元。分销商在180天内可以以任何理由全额退货。C公司根据期望值的方法估计，退货金额为销售收入的6%，退货概率很可能不超过6%。C公司转移毛巾控制权后没有其他义务。

分析：当向分销商交付毛巾时，C公司应当先将估计退回的金额180元（1 000×50×6%×6%）确认为预计负债，再确认销售收入49 820元（1 000×50－180）。同时，C公司应将估计退货的商品成本确认为应收退货成本，金额36元（10×1 000×6%×6%），再确认销售成本9 964元（1 000×10－36）。其中，应收退货成本是新增的会计科目，用于核算销售商品时预期将退回商品的账面价值扣除收回该商品预计发生的费用后的余额。

（1）确认收入和预计退货负债时：

借：应收账款	50 000	
贷：主营业务收入		49 820
预计负债——应付退货款		180

（2）结转已售商品成本和应收退货成本时：

借：主营业务成本	9 964	
应收退货成本	36	
贷：库存商品		10 000

（2）合同中存在重大融资成分。重大融资成分是指企业提供商品和服务的时间比收款时间提前或推迟一年以上，导致分期收款收取的总对价高于现销价格。现销价格是假定客户在取得产品控制权时即以现金支付的应付金额，该金额被视为交易价格。提前（预收）或推迟（分期收款销售）收款是判断是否存在重大融资成分的主要因素，但不是唯一因素，比如企业向客户销售购物卡，客户可以随时到企业持卡消费就不存在重大融资成分。此外，即使承诺的付款与销售价格之间存在差异，但不是因为融资造成的，也不需要考虑融资成分。

如果合同中存在重大融资成分，在估计交易价格时，企业应当调整对价金额，使确认收入的金额能够体现出承诺商品和服务的现金销售价格等于客户取得商品和服务控制权时支付的价格，即扣除其中的融资成分。

企业在确定重大融资成分的金额时，应使用将合同对价的名义金额折现为商品现销价格的贴现率。该贴现率一经确定，不得因后续市场利率或客户信用风险等情况的变化而变更。企业确定的交易价格与合同承诺的对价金额之间的差额，应当在合同期内采用实际利率法进行摊销。

贴现率一般采用企业与客户之间单独发生的融资交易的利率。

如果企业在交付商品和服务后12个月内收取款项，一般不考虑存在重大融资成分。

例5-3

D网球俱乐部提供5年期会员服务，一次收取会员费10 000元。如果按年支付，则每年需支付会员费2 350元。

分析：俱乐部认为一次收取的10 000元会员费存在重大融资成分，在确认收入时应考虑其中的未确认融资费用。未确认融资费用等于5年的年会费合计数与一次性缴纳的10 000元会费之差。这笔未确认融资费用应在5年服务期内按照实际利率进行摊销，即将未确认融资费用按实际利率分期转为俱乐部的利息费用，利息费用通过财务费用会计科目进行核算，实际利率可通过第4章介绍的方法进行计算。以2 350元为年金，10 000元为现值，采用内插法计算出来的贴现率为5.63%。俱乐部每年应确认的利息费用和收入如表5-1所示。

表5-1　未确认融资费用摊销表　　金额单位：元

年份	期初	利息费用	年金（年会费）	应确认的收入（转销的合同负债）	期末
	(1)	(2)＝(5)×5.63%	(3)	(4)＝(3)－(2)	(5)＝(1)－(4)
年初					10 000
1	10 000	563	2 350	1 787	8 213
2	8 213	462	2 350	1 888	6 325
3	6 325	356	2 350	1 994	4 332
4	4 332	244	2 350	2 106	2 225
5	2 225	125	2 350	2 225	0
合计		1 750	11 750	10 000	

根据表5-1，俱乐部每年的会计业务处理如下。

(1) 第1年。

1) 收到5年期会员费时，需要确认合同负债。合同负债用于核算企业已收或应收客户对价而应向客户转让商品或提供服务的义务，按合同进行明细核算。当交付商品或提供服务时，将其转为收入。

借：银行存款　　10 000

　　未确认融资费用　　1 750

　贷：合同负债　　11 750

2）第1年年末确认收入时：

借：合同负债 2 350

贷：主营业务收入 2 350

3）第1年年末确认利息费用时：

借：财务费用 563

贷：未确认融资费用 563

（2）第2年。

1）第2年年末确认收入时：

借：合同负债 2 350

贷：主营业务收入 2 350

2）第2年年末确认利息费用时：

借：财务费用 462

贷：未确认融资费用 462

（3）第3～5年依此类推。

5年累计下来，确认收入11 750元（从合同负债转出的金额），利息费用（从未确认融资费用转出的金额）1 750元。

与此相反，如果企业为客户提供重大融资利益，企业应按合同价款借记长期应收款，按照客户取得控制权时支付的现销价格贷记主营业务收入，两者之差贷记未确认融资收益，未确认融资收益的摊销与未确认融资费用相反。

（3）非现金对价。如果企业销售商品收到的对价是非现金资产，如存货、无形资产、股权等，应按照非现金资产在合同开始日的公允价值确定交易价格。合同开始日后，后续的非现金对价如股票的价格波动带来的公允价值变动金额不能计入交易价格。因对价形式以外的原因发生变动的，作为可变对价。

（4）应付客户对价。应付客户对价是交易价格的减项，不仅包括对客户的折扣、返利，还包括优惠券、兑换券等。客户的范畴不仅指直接购买本企业商品的客户，还包括分销链上的客户的客户。如，时代公司将服装销售给分销商，分销商再将服装销售给终端消费者，终端消费者也称第三方。

例5-4

E公司20×8通过分销渠道首次突破1 000万元销售大关，公司决定通过扫微信得红包的方式向终端消费者返利1.5%。

分析：E公司该项返利属于答谢客户活动。处理该项返利的方法是将其视同直接向分销商支付返利，直接冲减销售收入，即向客户的客户支付返利与向客户支付返利没有什么不同。会计处理过程如下：

（1）计算应冲减的销售收入150 000元（10 000 000×1.5%）。

借：主营业务收入 150 000

贷：应付客户对价 150 000

（2）实际兑现红包时：

借：应付客户对价　　150 000

　贷：银行存款　　150 000

4. 将交易价格分配至履约义务

确定了履约义务和交易价格后，企业应当按照合同开始日履约义务的单独销售价格（stand-alone selling price）将交易价格分配给每一项履约义务。确定单独销售价格的最恰当证据是向类似客户单独销售商品和服务时可以观察到的价格。如果不能直接观察到单独销售价格，企业需要采用下列方法之一估计履约义务的价格。

（1）市场调整法。市场调整法是指企业根据某商品或类似商品的市场售价，考虑本企业的成本和毛利等进行适当调整后，确定其单独销售价格的方法。

（2）成本加成法。成本加成法是指企业根据某商品的预计成本加上其合理毛利后的金额，确定其单独销售价格的方法。

（3）余值法。余值法是指企业根据合同交易价格减去合同中其他商品可观察单独销售价格后的余额，确定某商品单独销售价格的方法。

如果合同中各单项履约义务所承诺商品的单独销售价格之和高于合同交易价格，就表明客户获得了折扣，需要将该折扣在各单项履约义务之间按比例进行分摊。

由于有些服务的单独销售价格很难观察，估计单独销售价格是收入确认中的一个难题。

例5-5

F公司签订了一份销售软件和提供售后服务的合同。根据过去的经验，参照向类似客户提供类似服务的案例，该售后服务的单独销售价格是可观察的。由于该软件没有销售历史，其销售价格具有较高的可变性。F公司采用余值法确定软件单独销售价格，即从总交易价格中扣除可观察售后服务的单独销售价格。

这种方法（余值法）虽然简单，但也不尽合理，即将任何折扣都作为不可观察履约义务（软件）的销售价格。因此，只有在非常有限的情况下，如在包含多项商品或服务的合同中有部分商品或服务的售价未知时才采用。

5. 履行履约义务时确认收入

当企业向客户转让商品或服务的控制权时，企业可以确认收入。控制权是指客户有能力支配商品或服务的使用并获得商品或服务的几乎所有经济利益。

转移控制权可以是在某个时点，也可以是在某个期间。如果是在一个期间转移控制权，企业应当在该期间确认收入。企业判断是否在某个期间转移控制权，可以采用下列标准：

（1）在企业履行义务的同时，客户取得并消耗了企业履行义务所带来的经济利益。这个标准主要是针对服务业，很多企业在提供服务的同时，客户就享受了该服务，一边生产，一边消费，如常年安保服务、客运服务等。

（2）客户能够控制企业履约过程中在建的商品，如在客户场地修建仓库等。

（3）企业履约过程中所产出的商品具有不可替代用途，且该企业在整个合同期间内有权就累计至今已完成的履约部分收取款项，如建造只有客户能够使用的专项资产或者按照客户订单建造资产。

如果满足上述条件之一，企业可以在某一个期间按照履约义务的进度确认收入。确定履约进度可以采用产出法（生产的实物）或者投入法（发生的成本或者人工少时）。不论采用什么方法，确认的收入应当反映企业履约义务的进度。

如果企业采用基于发生成本的投入法，则有必要对未安装货物或者重大无效工作进行调整，如浪费的材料、人工或者其他资源，这些都没有反映在合同价格中。如果企业向客户转移商品控制权对履行合同十分重要，尽管还没有安装，但在符合一定条件的情况下，企业可以以零利润确认收入，即确认的收入与结转的成本相等。

如果不满足上述条件，企业应当在某一时点确认收入，即在向客户转移商品和服务控制权时确认收入。控制权发生转移的标志包括：

（1）企业拥有获得资产价款的现时权利；

（2）客户获得了资产的法定所有权；

（3）客户已经占有资产实物；

（4）客户拥有资产所有权上的重大风险和报酬；

（5）客户已经接受了资产。

这些仅仅是控制权发生转移的标志，而不是标准或者条件。企业判断控制权转移并确认收入并不需要上述所有标志事件全部发生。

增值税专栏

增值税是以商品（劳务）在流转过程中产生的增值额为计税依据而征收的一种流转税。

实务中，增值额往往难以准确计量，一般采用税款抵扣的方法进行征收。下面对增值税设计原理、征税对象、计税方法、税率及增值税专用发票做一个简单介绍。

【设计原理】按照增值税的设计原理，企业向税务机关缴纳的增值税税额在理论上是根据其经济业务所实现的增值额乘以适用的税率计算而来的。但在实践中，由于购销之间可能相隔较长的时间，因此，不可能针对每一笔业务计算其增值额。于是，实务工作中实行的是分别汇总计算进项税额、销项税额，根据两者之差来确定增值税应纳税额的办法。进项税额是企业在购入货物或接受劳务时支付或者承担的增值税税额；销项税额是指企业在销售商品或提供劳务时按照销售额和增值税税率计算并收取的增值税额额。

【征税对象】在中华人民共和国境内销售货物、服务、无形资产、不动产，提供加工、修理修配劳务，进口货物的单位和个人为增值税纳税人。增值税纳税人分为一般纳税人和小规模纳税人。年应征增值税销售额超过财政部和国家税务总局规定标准的纳税人为一般纳税人，未超过规定标准的纳税人为小规模纳税人。

【计税方法】增值税的计税方法包括一般计税方法和简易计税方法。通常来说，一般纳税人适用一般计税方法计税，小规模纳税人适用简易计税方法计税。

一般计税方法的应纳税额是指当期销项税额抵扣当期进项税额后的余额。

应纳税额＝当期销项税额－当期进项税额

进项税额＝买价×增值税税率

销项税额＝销售额×增值税税率

简易计税方法的应纳税额，是指按照销售额（不含税）和增值税征收率（3%，财政部和国家税务总局另有规定的除外）计算的增值税税额，不得抵扣进项税额。

应纳税额＝销售额×征收率

【税率】一般纳税人的增值税基本税率有13%，9%和6%三档（截至2019年4月1日）。

【增值税专用发票】税务机关对增值税的征收和核算是通过增值税专用发票（见图5-2）来进行控制的。增值税专用发票的基本联次有三联，发票联作为购货方支付货款的原始凭证，金额是购买商品或劳务的成本，税额是增值税进项税额。记账联作为销货方的原始凭证，金额是销售商品或劳务取得的收入，税额是增值税销项税额。抵扣联经过税务部门认证后作为购货方扣税的凭证。

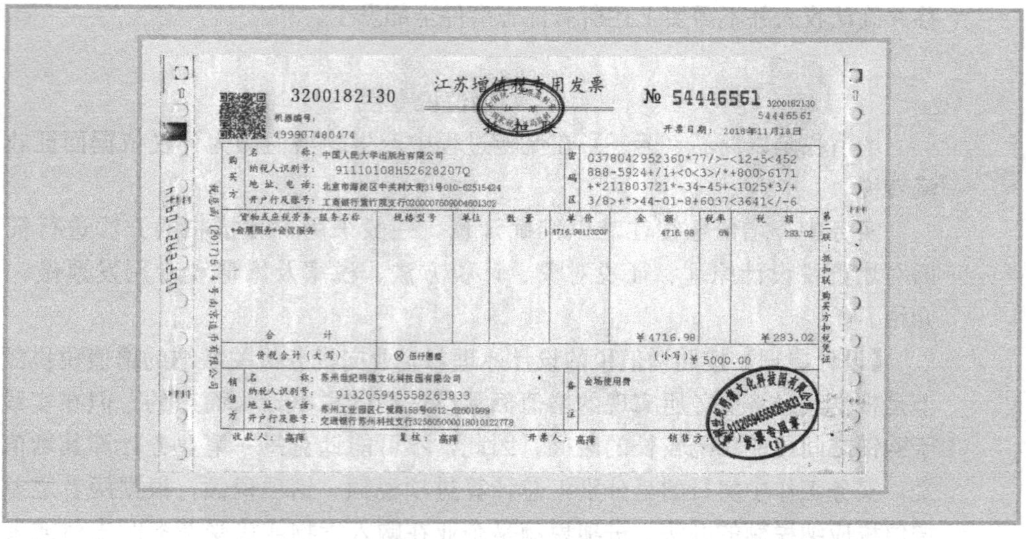
江苏增值税专用发票

3200182130 抵扣联 № 54446561 3200182130 54446561

机器编号：499907480474 开票日期：2018年11月18日

购买方 名称：中国人民大学出版社有限公司
纳税人识别号：91110108H52628207Q
地址、电话：北京市海淀区中关村大街31号010-62515424
开户行及账号：工商银行紫竹院支行0200007609004601302

密码区 0378042952360*77/>-<12-5<452
888-5924+/1+<0<3>/*+800>6171
+*211803721*-34-45+<1025*3/+
3/8>+*>44-01-8+6037<3641</-6

货物或应税劳务、服务名称	规格型号	单位	数量	单价	金额	税率	税额
*会展服务*会议服务			1	4716.98113207	4716.98	6%	283.02
合计					¥4716.98		¥283.02
价税合计（大写）	⊗伍仟圆整				（小写）¥5000.00		

销售方 名称：苏州世纪明德文化科技园有限公司
纳税人识别号：913205945558263833
地址、电话：苏州工业园区仁爱路158号0512-62601999
开户行及账号：交通银行苏州科技支行325605000018010122778

备注：会场使用费

收款人：高萍 复核：高萍 开票人：高萍 销售方：（章）

第二联：抵扣联 购买方扣税凭证

图5-2　增值税专用发票

会计根据发票联，将金额计入商品或劳务的成本，将增值税税额作为进项税额（留待与销项税额进行抵扣）；根据记账联，将金额作为销售商品或劳务取得的收入，将增值税税额作为销项税额。

【账户设置】设应交税费——应交增值税账户，核算企业应缴纳的增值税，由于实务工作中情况非常复杂，应交税费——应交增值税明细账下还设有若干专栏（见图5-3）。本书举例只涉及一般纳税人（增值税税率为13%）的进项税额专栏和销项税额专栏，其余专栏从略。

应交税费——应交增值税　明细账

年		摘要	借方专栏			贷方专栏		
月	日		进项税额	已交税金	转出未交增值税	销项税额	进项税额转出	转出多交增值税
			十万千百十元角分	十万千百十元角分	十万千百十元角分	十万千百十元角分	十万千百十元角分	十万千百十元角分

图5-3　应交税费——应交增值税的三级明细账

例如，某公司是增值税一般纳税人（适用增值税税率13%），在购入100元商品时支付了113元，并取得一张增值税专用发票（发票联）。

增值税专用发票上金额栏100元是商品不含税价格，即商品的成本。税额栏（进项税额）为13元，交易的总价款为价税合计113元。做如下会计分录：

借：库存商品　100

　　应交税费——应交增值税（进项税额）　13

　贷：银行存款　113

将该商品以200元卖出，收到226元，增值税专用发票上注明的金额为200元，税额（销项税额）为26元，公司留下一张增值税专用发票（记账联）。

借：银行存款　226

　贷：主营业务收入　200

　　　应交税费——应交增值税（销项税额）　26

增值税专用发票抵扣联经税务部门认证后，可从销项税额中进行抵扣。

增值税应纳税额＝销项税额－进项税额＝26－13＝13(元)

采用抵扣法计算的增值税税额与按照增值额乘以增值税税率计算的结果一致，增值额100元×13%＝13（元），但抵扣法更容易操作。

例5-6

G公司按照合同向甲公司交付大客车。习惯上，在甲公司付清全部货款之前，G公司一直保留大客车在法律上的所有权。这个惯例是一种保护性措施，如果甲公司违约不付款，或者长期拖欠货款，G公司很容易收回车辆。

G公司可以在交付大客车时确认收入，因为甲公司已经获得了车辆的控制权，甲公司可以支配车辆的使用并获得车辆的利益。G公司保留大客车在法律上的所有权并没有改变交易实质。

企业在销售完成时确认收入是最常见的收入确认的方式。在正常情况下，销售完成就意味着向客户转移商品和服务的控制权。

例5－7

H公司1月10日出售服装100件，每件单价100元，生产这批服装的成本是每件70元。销售货款已经收到，适用增值税税率13%。

分析：企业应当在销售商品时确认收入，同时结转已销售商品成本。增值税是价外税，由销售企业向购买企业收取。

增值税销项税额＝销售额×13%
＝10 000×13%＝1 300(元)

(1) 确认销售收入。

借：银行存款	11 300	
贷：主营业务收入		10 000
应交税费——应交增值税（销项税额）		1 300

(2) 结转已销售商品成本。

借：主营业务成本	7 000	
贷：库存商品		7 000

如果H公司在销售商品时向顾客承诺可以退货，就表明H公司的销售业务存在可变对价，需要采用期望值或者最可能金额的方法确定可变对价对合同价格的影响，并确认合同资产或合同负债，参见例5－2。

长期建造合同是常见的在一个期间内转移商品或服务控制权的业务，比如造船、高速公路建造、大型房屋建筑工程等。承担长期建造任务的施工企业的业务具有不同于其他企业的特点：

(1) 建筑工程通常需要较长时间，跨越几个会计期间。

(2) 工程开始之前，施工企业与客户（甲方）通常就工程项目的价格、质量达成非常细致的协议。

(3) 客户（甲方）通常随着工程进度逐步支付工程款。

由于存在这些明确的条件，施工企业可以采用完工百分比法（投入法），按照成本发生的进度或者工程的实际进度，确定各个会计期间的收入。

例5－8

J公司从20×6年5月开始承包一项房屋建筑工程，预计20×8年10月完工。合同总造价为4 500 000元，估计成本为4 000 000元。20×7年3月，总成本估计将增加50 000元。项目基本情况见表5－2。

表5－2 项目基本情况表 金额单位：元

项目	20×6年	20×7年	20×8年
累计发生的成本	1 000 000	2 916 000	4 050 000
完成合同尚需发生的成本	3 000 000	1 134 000	
应收工程款项	900 000	2 400 000	1 200 000
当年收回的现金	750 000	1 750 000	2 000 000

分析：该业务比较复杂，可分三个步骤确认收入：

第1步，采用投入法（按成本）确认工程完工比例，完工比例计算如表5-3所示。

表5-3 完工比例计算表

金额单位：元

项目	20×6年	20×7年	20×8年
合同价格	4 500 000	4 500 000	4 500 000
减：估计成本			
累计发生的成本	1 000 000	2 916 000	4 050 000
完成合同尚需发生的成本	3 000 000	1 134 000	
估计成本合计	4 000 000	4 050 000	4 050 000
完工比例（累计发生的成本/估计成本合计）	25%	72%	100%

第2步，计算各期应确认的收入（单位：元）。

项目	20×6年	20×7年	20×8年
应确认的收入			
20×6年 4 500 000×25%	1 125 000		
20×7年 4 500 000×72%		3 240 000	
减：20×6年已确认的收入		1 125 000	
20×7年收入		2 115 000	
20×8年 4 500 000×100%			4 500 000
减：前两年已确认的收入			3 240 000
20×8年收入			1 260 000

第3步，根据以上资料和计算结果，可编制以下会计分录（单位：元）。

会计事项和分录	20×6年	20×7年	20×8年
(1) 记录工程成本			
借：合同履约成本——工程施工	1 000 000	1 916 000	1 134 000
贷：原材料等	1 000 000	1 916 000	1 134 000
(2) 按履约进度确认收入并结转成本			
借：合同结算——收入结转	1 125 000	2 115 000	1 260 000
贷：主营业务收入	1 125 000	2 115 000	1 260 000
借：主营业务成本	1 000 000	1 916 000	1 134 000
贷：合同履约成本——工程施工	1 000 000	1 916 000	1 134 000
(3) 记录已结算的工程价款			
借：应收账款	900 000	2 400 000	1 200 000
贷：合同结算——价款结算	900 000	2 400 000	1 200 000
(4) 记录已收取的工程价款			
借：银行存款	750 000	1 750 000	2 000 000
贷：应收账款	750 000	1 750 000	2 000 000

上述分录中的合同履约成本是指企业履行合同所发生的可以资本化的成本，可设置工程施工、服务成本明细账进行核算。工程施工一般包括耗用的原材料、辅助材料、构配件、机械使用费、人工费和间接费用（类似制造费用）等。

合同结算是施工企业按照合同的完工进度向业主开出的办理结算的价款。可设置价款结算、收入结转明细账进行核算。价款结算反映定期与客户进行结算的金额；收入结转反映按照工程进度结转的收入金额。合同结算的贷方是合同规定累计应收取的工程款，借方是按照完工比例累计确认的收入，根据不同的流动性，期末如为借方余额，在资产负债表中分别列示为合同资产或者其他非流动资产项目；如为贷方余额，在资产负债表中分别列示为合同负债或者其他非流动负债项目。

此外，由于电子商务平台（如天猫、京东）和代理业务的兴起，企业需要明确区分自己在该项交易中的身份是主要责任人还是代理人。企业承诺自行向客户提供特定商品的，其身份为主要责任人，主要责任人应当按照已收或应收对价总额确认收入。企业承诺安排他人提供特定商品的，即作为第三方的代理（agent）替第三方销售商品或者服务，或者只是为第三方及其顾客安排销售业务，其身份为代理人。代理人只能确认所获得的佣金或手续费，而不能确认商品销售的全部收入。

例5-9

祥云旅行社与各主要航空公司签订合同，以公开报价的75%购买机票，购买机票的数量需提前30天确定并告诉航空公司，机票一经出售，祥云旅行社不得退票。祥云旅行社自主确定向旅客出售机票的价格，并收取全部票款，不承担任何信用风险。祥云旅行社可以协助旅客解决对航空公司服务的投诉，但各航空公司承担运送旅客的义务，并负责处理旅客的投诉。祥云旅行社向旅客出售机票共获得票款60 000元，这些机票的购买成本为45 000元，暂不考虑增值税。

分析：本例应确定祥云旅行社是主要责任人还是代理人。合同条款表明，祥云旅行社是主要责任人。判断依据如下：

（1）祥云旅行社先买断机票再销售给旅客（即向客户提供飞行权），属于合同的主要履约方。当然，祥云旅行社本身并不提供飞行服务，而是由第三方即航空公司负责。

（2）祥云旅行社承担机票卖不出去的风险。

（3）祥云旅行社自主确定向旅客出售机票的价格。

（4）祥云旅行社不是收取机票价款的佣金，而是获得机票售价与机票成本的差价收益。

作为销售业务中的主要责任人，祥云旅行社应确认销售机票的收入，并结转相关成本。编制如下会计分录：

借：银行存款	60 000	
贷：主营业务收入		60 000
借：主营业务成本	45 000	
贷：库存商品		45 000

5.2 应收项目

应收项目包括应收账款、合同资产、应收票据和其他应收款。它们都是企业因采用赊销政策而形成的应该收取而没有收到的债权。企业销售分现销和赊销。所谓现销是指企业采用立即收钱的方式销售商品，俗称“一手交钱一手交货”，钱货两清。所谓赊销是指企业采用延迟收款的方式销售商品，俗称“先交货后收钱”，给购货方一个适当的信用期（购货到付款之间的时间），比如 1 个月。在这 1 个月之内，销售方不收取任何利息。赊销产生的原因，一是商业竞争，二是企业经营策略。

5.2.1　应收账款与合同资产

如果企业在客户付款前或者付款期到期之前通过转让商品或服务履行合同义务，企业应当确认应收账款或合同资产。

应收账款和合同资产都是企业向客户转让商品或服务而获得对价的权利，但两者存在一定差异。应收账款是企业无条件获得对价的权利。如果在付款期到期之前，支付对价仅仅是一个时间问题（除时间因素外没有其他影响因素），获得对价的权利就是无条件的。换句话说，应收账款的收回只是时间问题。而合同资产获取对价的权利除取决于时间因素之外，还取决于其他因素，如履约义务的履行。也就是说，合同资产获取对价的权利是有条件的。应收账款只需承担信用风险，而且信用风险很低（预计到期可以收回），而合同资产除了承担信用风险外，还承担其他的履约风险。

例 5－10

甲公司 5 月初与客户签订装修服务合同，合同总价款 50 万元，3 个月内完工。按照合同约定，装修完工验收后 1 个月内支付装修价款的 95%，剩余 5%作为质保金，如果客户验收后 3 个月内没有发生质量问题，则全额支付剩余 5%的装修价款。适用增值税税率为 9%。

分析：甲公司在完成装修工程时，应将 95%的合同装修款确认为应收账款，剩余 5%是有条件支付的，应确认为合同资产。增值税的核算需要设置一个过渡明细账——待转销项税额来记录应交的增值税，待收到货款时再将待转销项税额转为销项税额。

（1）装修完工验收时：

借：应收账款	517 750	
合同资产——某客户	27 250	
贷：主营业务收入		500 000
应交税费——应交增值税（待转销项税额）		45 000

（2）收到装修款时：

借：银行存款	517 750	
贷：应收账款		517 750

同时，将待转销项税额转为销项税额。

借：应交税费——应交增值税（待转销项税额）	42 750	
贷：应交税费——应交增值税（销项税额）		42 750

（3）收取剩余 5%的装修价款时：

借：银行存款　　27 250
　贷：合同资产——某客户　　27 250

同时，将待转销项税额转为销项税额。

借：应交税费——应交增值税（待转销项税额）　　2 250
　贷：应交税费——应交增值税（销项税额）　　2 250

如果在履行履约义务之前就获得无条件收取对价的权利，企业也可以确认应收账款。

如果在向客户交付商品或服务之前，客户就支付了对价，企业应当确认合同负债。合同负债是企业因预先收取客户对价而应向客户交付商品和服务的义务。

例5-11

时代公司于3月1日与客户签订合同，5月31日向客户交付商品。该合同是不可撤销的，客户必须在3月31日前提前支付10万元货款和13 000元增值税税款。

(1) 3月31日客户付款时：

借：银行存款　　113 000
　贷：合同负债　　100 000
　　　应交税费——应交增值税（待转销项税额）　　13 000

(2) 5月31日交付商品时：

借：合同负债　　100 000
　贷：主营业务收入　　100 000

同时，将待转销项税额转为销项税额。

借：应交税费——应交增值税（待转销项税额）　　13 000
　贷：应交税费——应交增值税（销项税额）　　13 000

1. 现金折扣

应收账款能不能100%收回，取决于对方的财务状况和信用。为了尽快收回货款，销售方通常会给购货方一个优惠的付款条件——现金折扣（cash discount），在国际商务中已形成一个固定的表达方式"折扣/付款期限"。如果合同中标明付款条件为"2/10，1/20，n/30"，就说明销货方给购货方的信用期为30天，如果购货方在10天之内付款就可以享受2%的折扣；如果超过10天，在20天内付款可享受1%的折扣；超过20天，需在30天内付全款，此时无折扣。这里的"n"是"nil"的简写，是"零、无"的意思。折扣是一种可变对价，需要估计其对合同价格的影响，按其差额调整营业收入。

例5-12

时代公司赊销一批服装，货款为10万元（不含税），客户付款期是收到服装后30天内。为了鼓励客户尽早付款，时代公司的付款条件为"2/10，1/20，n/30"。该商品销售适用13%的增值税税率。时代公司采用最可能金额法估计现金折扣的金额，根据以往经验，客户最可能享受10天内付款的折扣2%。

分析：按照时代公司的估计，客户享受2%的折扣（折扣金额只针对货款部分），销售收入为98 000元（100 000×98%），应收账款111 000元（98 000+100 000×13%）。

时代公司销售服装时：

借：应收账款　　111 000

　贷：主营业务收入　　98 000

　　　应交税费——应交增值税（销项税额）　　13 000

2. 预期信用损失与坏账准备的计提

随着时间的流逝，企业确认的应收账款和合同资产可能会由于债务人信用状况恶化或非正常事件而无法收回，会计上把这种无法收回的应收账款称为坏账。企业一旦发生坏账，就意味着发生一笔损失。由于应收账款是一项金融资产，估计坏账应采用预期信用损失的方法。预期信用损失是以违约风险概率为权重计算的信用损失的加权平均数，信用损失是由于信用风险显著增加导致预期不能收回的现金流量的现值。应收账款和合同资产都是未来要收回的现金流量，无法全额收回的信用风险总是存在的，因此，需要估计应收账款和合同资产中无法收回的现金流量，确认信用损失。

由于预期信用损失（坏账）并未实际发生，不能直接冲减应收账款，需要采用备抵法（allowance method）进行核算。备抵法是指期末根据应收账款的违约概率估计可能发生的损失并形成坏账准备（allowance for uncollectible accounts），在实际发生时再冲减坏账准备的方法。

坏账准备从账户结构来看，是一个备抵性质的账户，起冲减被备抵账户的作用。坏账准备的被备抵账户是应收账款。坏账准备账户的贷方登记估计的坏账准备，表示增加，借方是减少额，一般是注销坏账的金额。

在每个会计期末，按照坏账发生的概率对应收账款余额估计损失时，借记信用减值损失，贷记坏账准备。资产负债表上的应收账款金额是账面价值，即应收账款账户借方余额减去坏账准备账户贷方余额之后的差额。如果报表使用者要了解企业坏账准备的情况，可以通过财务报表附注得到详细的信息。

例 5-13

时代公司 B 类应收账款合计 3 000 万元，其中 B1 类中 100 万元应收账款无法收回的可能性为 10%，B2 类中 5 万元应收账款无法收回的可能性为 70%，B3 类中 20 万元应收账款无法收回的可能性为 20%。请根据上述资料估计预期信用损失的金额。

分析：将 B 类应收账款中可能发生坏账的金额分别乘以各自可能发生的概率，预期信用损失的估计金额见表 5-4。

表 5-4　预期信用损失估计金额　　金额单位：元

B类应收账款	可能发生坏账的应收账款	发生概率	预期发生坏账的金额
B1	1 000 000	10%	100 000
B2	50 000	70%	35 000
B3	200 000	20%	40 000
合计	1 250 000		175 000

如表5-4所示，三种可能发生坏账的应收账款估计的预期信用损失合计为17.5万元，预期信用损失比例为14%。如果从概率上看，最有可能发生的坏账只有5万元，坏账损失率为4%。按照金融工具会计准则，企业必须按照预期信用损失的方法确定应收账款的坏账损失，即17.5万元。

借：信用减值损失　　175 000

　贷：坏账准备　　175 000

预期信用损失的金额应按照实际利率进行贴现，但由于贸易性的应收账款大多为流动资产，信用期在6个月之内，因此可以忽略贴现因素。

在估计应收账款和合同资产的信用损失时，可以按照一些共同的信用风险特征对其进行分类，根据历史经验和数据、目前的经济状况以及对未来经济形势的判断，合理估计各种违约风险状况和不能收回的现金流量。比如，可以按照账龄进行分类，也可以按照客户的地理区域、销售商品的类别、客户的性质（如批发和零售）、客户的信用级别等进行分类，针对每类应收账款和合同资产，分别估计各种违约风险和收不回来的现金金额，确定各类应收账款和合同资产的信用损失。账龄分类表如表5-5所示。账龄分类并不意味着可以按照不同账龄的应收账款余额的一定百分比直接计提坏账，而是按照不同账龄的应收账款发生坏账的概率来估计预期信用损失。按账龄或者其他分类标准估计预期信用损失可以减轻一些工作量。

表5-5　应收账款账龄分类表　　金额单位：元

账龄	账面余额	估计坏账金额	发生概率
6个月以内（含6个月）			
6个月至1年（含1年）			
1至2年（含2年）			
2至3年（含3年）			
3年以上			

在实践中，通常是根据客户信用的共同特征（比如客户规模、客户性质（零售或批发、单位或个人、政府或企业等））进行分类组合，再对相同组合内的应收账款按照账龄进行分类，然后参考历史信用损失经验，结合当前状况以及对未来经济状况的预测，编制应收账款账龄与整个存续期预期信用损失率矩阵。比如，中国联通2018年的应收账款预期信用损失的估计方法分为三步：

第一步，区分单项计提和组合计提的应收账款，单项计提的应收账款是信用风险高的客户，组合计提的应收账款是具有共同信用风险特征的客户。

第二步，对于组合计提信用损失的客户，先按照客户性质区分为公众和一般商务用户、政企大客户两类，再对这两类客户组合的应收账款确定不同的账龄区间，公众和一般商务用户的应收账款共分6档，未逾期应收账款为其中1档，逾期的应收账款账龄按日划分为5档，账龄最长的逾期超过180日。政企大客户的应收账款也分为6档，未逾期应收账款为其中1档，逾期的应收账款账龄按年划分为5档，账龄最长的逾期超过3年。

第三步，参照历史经验数据，根据当前和未来经济状况确定每一账龄应收账款的信用损失率。

中国联通2018年应收账款的预期信用损失估计结果如表5-6至表5-9所示。

表5-6　应收账款按坏账准备计提方法　　金额单位：千元

	2018年12月31日					2017年12月31日				
	账面余额		坏账准备		账面价值	账面余额		坏账准备		账面价值
	金额	比例(%)	金额	比例(%)		金额	比例(%)	金额	比例(%)	
按单项计提坏账准备	112 259	0.46	−106 971	95.29	5 288	3 189 167	13.44	−530 702	16.64	2 658 465
按组合计提坏账准备	24 450 847	99.54	−6 613 432	27.05	17 837 415	20 539 823	86.56	−4 689 127	22.83	15 850 696
合计	24 563 105	100	−6720 403	27.36	17 842 703	23 728 990	100	−5 219 829	22	18 509 161

表5-7　应收账款的信用风险敞口及预期信用损失的相关信息　　金额单位：千元

(i) 公众和一般商务用户			
	信用损失率	年末账面余额	年末减值准备
未逾期	7%	3 202 357	−212 199
逾期1至30日	25%	685 300	−171 269
逾期31至60日	70%	373 994	−261 762
逾期61至90日	80%	335 939	−268 722
逾期91至180日	90%	862 368	−776 052
逾期超过180日	100%	2 187 739	−2 187 739
合计	51%	7 647 696	−3 877 742
(ii) 政企大客户			
	信用损失率	年末账面余额	年末减值准备
未逾期	3%	9 212 888	−296 186
逾期1至180日	6%	3 344 874	−192 932
逾期181日至1年	20%	1 057 663	−211 066
逾期1至2年	40%	1 245 241	−499 627
逾期2至3年	73%	663 924	−486 407
逾期超过3年	83%	1 390 819	−1 156 442
合计	17%	16 915 409	−2 842 660

对照中国联通2017年的坏账估计方法，可以看出预期信用损失估计方法与之前计提坏账的方法的差异。以下是中国联通2017年坏账的估计方法：

表5-8 中国联通2017年一般组合（公众和一般商务用户）坏账计提比例

账龄	应收账款计提比例
超过信用期后账龄3个月以内	—
超过信用期后账龄3个月以上	100%

表5-9 中国联通2017年其他组合（其他客户）坏账计提比例

账龄	应收账款计提比例	其他应收款计提比例
6个月以内	—	—
6～12个月	10%	10%
1～2年	20%	20%
2～3年	50%	50%
3年以上	100%	100%

预期信用损失估计法与以前一直采用的坏账损失的计提方法（如账龄分析法）是完全不同的。以前的坏账损失是很可能发生的坏账，不论是对单项金额重大的应收账款进行单独测试，还是对信用风险特征相似的应收账款组合的坏账计提，都是基于对很可能发生坏账的判断，因此，以前采用的坏账损失的计提方法也称为发生损失的方法（incurred losses）。资产减值会计准则的要求是：对存在减值可能发生的迹象的资产，估计其可收回金额。预期信用损失则是对未来现金流量损失的加权平均，即便违约风险可能性很低（只要违约风险概率不为0），如1%，在计算加权平均数时也要包含在内。因此，预期信用损失既不是很可能发生的损失，也不是已经发生的损失，而是在各种违约风险状态下的期望值，是一个加权平均数。

在实际工作中，由于坏账发生的概率是根据未来经济环境、企业的经营状况和财务状况等各种信息做出的估计，因此每次估计的预期信用损失都是对应收账款期末余额的估计，也就是坏账准备的期末余额。如果当期期末估计的应收账款的预期信用损失（即坏账准备的期末余额）大于坏账准备的期初余额，差额即当期确认的预期信用损失；如果当期期末估计的应收账款的预期信用损失（即坏账准备的期末余额）小于坏账准备的期初余额，表明上期估计的信用损失高估了，应将这个差额确认为减值利得，通常采用反冲的方式来进行处理，即借记坏账准备，贷记信用减值损失。

3. 坏账的注销与收回

如果客户的财务状况发生改变或恶化，甚至破产清算，无力偿还应收账款，企业就需要注销这笔应收账款，会计可以通过编制一笔注销会计分录来实现，即借记坏账准备，贷记应收账款。

由于企业在判断客户的支付能力上会存在一定的偏差，比如判断客户财务发生严重困难，无力支付到期款项，企业就注销了这笔坏账，但实际情况可能与此相反，对方经营有了极大的改善并还清了欠款，这就形成了应收账款坏账的收回业务。坏账的收回需要分坏账的转回与正常收款两笔业务进行会计处理。

例5－14

假设时代公司有一个C客户，欠公司货款6 000元已经2年有余，时代公司在编制20×8年中报时，将C客户的6 000元欠款全额注销。但5个月后，公司在20×8年11月5日意外收到C客户偿还的6 000元货款。

分析：时代公司注销C客户的欠款，就意味着将6 000元的货款一笔勾销，作为企业的坏账损失，按道理应确认信用减值损失6 000元，但是，由于我们采用备抵法对坏账进行核算，在2年前就已经计提了坏账准备，2年后进行注销时只能冲减坏账准备，否则就重复计算信用减值损失。所以，对坏账的收回要分两步来编制会计分录：第一步，将已注销的坏账恢复；第二步，按正常收款业务编制会计分录。

（1）20×8年6月30日注销C客户的应收账款。

借：坏账准备	6 000	
贷：应收账款——C客户		6 000

（2）20×8年11月5日恢复估计失误的应收账款。

借：应收账款——C客户	6 000	
贷：坏账准备		6 000

（3）20×8年11月5日按正常收款编制会计分录。

借：银行存款	6 000	
贷：应收账款——C客户		6 000

对于已经计提了坏账准备的应收账款，如果信用风险不是显著增加，应收账款坏账准备出现转回迹象，企业可以将转回金额作为减值利得，确认为当期收益。

关于预期信用损失估计的方法更为全面的介绍，请参见第8章金融资产。

5.2.2 应收票据和贴现

1. 票据的概念

票据是一种证明债权债务契约存在的书面证据。持有票据的一方（收款人），有权在约定的时间取得票据所载明的金额，这是企业的一项债权，通过应收票据账户进行核算；签发票据并支付的一方，则承担按票面金额支付的义务，这是企业的一项负债，通过应付票据账户进行核算。票据按是否带息分为带息票据和不带息票据。

2. 应收票据的特点

应收票据是企业持有的尚未到期的票据，具有以下两个主要特点：

（1）应收票据是一种无条件承诺付款的书面凭证，付款人在票据到期时必须偿付，否则要承担相应的法律责任。

（2）应收票据是一种流通证券。由于应收票据的便利性和收回款项的可保证性，银行专门开设了应收票据的贴现业务，方便企业进行短期融资。企业在资金短缺、没有其他更好的融资渠道时，一般会选择将自己持有的尚未到期的票据转让给银行或第三方。票据持有人在票据的背面签名盖章并注明日期即完成背书程序。背书①是一种法律行为，背书人负有连带的付款责任，即付款人无力支付到期款项时，背书人要代为清偿。由于票据可以在不同的银行与企业之间或企业之间进行转让，很多时候会把应收票据看成是一种可流通的证券。

3. 应收票据的相关业务

（1）企业由于销售业务收到客户签发的票据。

例5-15

某公司20×8年3月向F商场销售一批服装，总货款100 000元，增值税税率为13%，公司收到F商场签发的期限为3个月的银行承兑汇票一张，共计113 000元。

分析：这是一笔销售业务，会引起企业应收票据和营业收入的增加，同时要贷记应交税费——应交增值税（销项税额）。会计分录为：

借：应收票据 113 000
　贷：营业收入 100 000
　　应交税费——应交增值税（销项税额） 13 000

（2）将逾期的应收账款转为应收票据。如果付款方在信用期内无法及时付清款项，可以主动向收款方签发一张票据，收款方在收到票据时，增加应收票据，减少应收账款。这还是一笔没有收回的款项，只是形式不同而已。

例5-16

假设某公司有一笔30 000元应收账款已经超过信用期，对方向公司开出了一张相同金额的票据。公司在收到票据时编制的会计分录如下：

借：应收票据 30 000
　贷：应收账款 30 000

（3）应收票据的期末计价及到期的核算。如果企业持有的是带息应收票据，在财务报表编制日，企业应核算持有票据的利息，增加应收票据的账面价值并确认利息收入。

例5-17

某公司在20×8年12月31日编制资产负债表时，有一张尚未到期的面值为90 000元的带息票据。票据签发日期是20×8年10月31日，票面利率为3%，期限为3个月。

分析：到20×8年12月31日，公司持票时间为2个月，持有票据的利息收入=90 000×3%×2/12=450（元）。按我国会计准则的相关规定，利息收入记入财务费用账户的贷方。

借：应收票据 450

① 背书（endorsement）是指受款人或持票人将票据转让给别人时在票据的背面签署自己的姓名和日期的一种法律行为。凡是经过背书的票据，如果出票人或付款人不能偿付，背书人负有连带偿付责任。

　　贷：财务费用　　450

20×9 年 1 月 31 日票据到期，购货方及时把货款和利息共计 90 675 元（90 000＋90 000×3%×3/12）汇入公司账户。

　借：银行存款　　90 675
　　贷：应收票据　　90 450
　　　　财务费用　　225

4. 应收票据贴现

应收票据贴现是指申请贴现的企业将持有的未到期应收票据进行背书，并贴付一定利息，将票据的收款权转让给银行，以获得票面金额一定比例的现金的行为。

贴现企业实际获得的金额＝票据的到期值－贴现折价

贴现折价的高低取决于银行持票的时间和银行使用的贴现率。

应收票据贴现核算的重点是贴现折价的计算。要注意区分两个时间段和两个利率。两个时间段是指在票据的存续期间（假设为 T）内，企业持有时间（假设为 T_1）和剩余时间（假设为 T_2，由银行或第三方持有）。如果是带息票据，票据本身有一个票面利率（假设为 r），银行会参照市场利率确定一个贴现利率（d）。计算贴现折价可分三个步骤。

第一步，计算票据的到期值。

不带息票据的到期值(M)＝票据的面值(F)

带息票据的到期值(M)＝票据的面值(F)＋票据的利息($I=F\times r\times T$)

$=F(1+r\times T)$

第二步，计算贴现折价。

贴现折价(D)$=M\times T_2\times d$

第三步，计算票据所得金额。

票据所得金额(P)$=M-D$

$=M-M\times T_2\times d$

$=M(1-T_2\times d)$

根据我国《票据法》的规定，目前只有未到期的银行承兑汇票和商业承兑汇票可以向银行申请贴现，且票据贴现期限最长不超过 6 个月。票据贴现时间通常按银行持有票据的实际天数进行计算，贴现天数＝贴现日到票据到期日实际天数－1。贴现率在没有特别说明的情况下是指年利率，在按天数计算时要除以 360 天。

贴现折价＝票据到期值×贴现率×贴现天数/360

如果贴现时间按月计算，则要除以 12。票据的到期日是到期月份的同一日。

例 5－18

20×8 年 6 月 1 日，某公司将持有的一张面值为 30 000 元、期限为 3 个月的不带息票据向银行贴现，银行贴现率为 4%，出票时间是 20×8 年 4 月 1 日。

分析：如果票据按整月计算，企业持有时间为 2 个月，银行持有时间为 1 个月。票据的到期日为 20×8 年 7 月 1 日。票据贴现折价计算如下：

票据到期值＝票据面值＝30 000（元）

贴现时间＝1 个月

票据贴现折价＝票据到期值×贴现率×贴现月数/12

＝30 000×4%×1/12＝100(元)

票据所得金额＝30 000－100＝29 900(元)

企业向银行贴现的过程如图 5－4 所示。

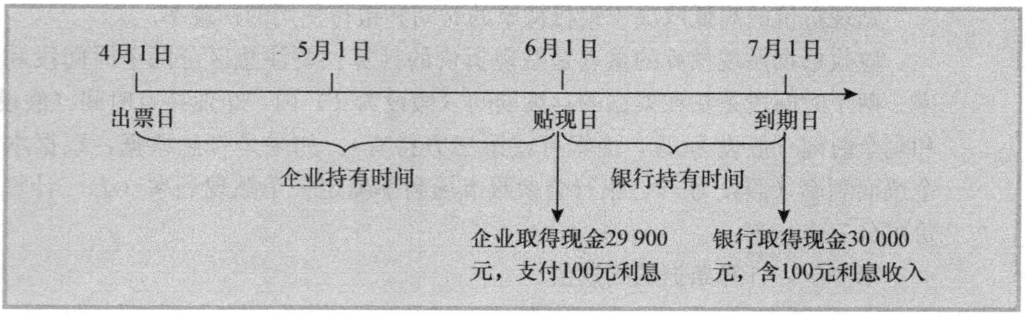

图 5－4 企业向银行贴现的过程

编成如下会计分录：

借：银行存款	29 900
财务费用	100
贷：应收票据	30 000

注意：这里贷记的应收票据是票据的账面价值，由于该票据不带息，票据账面价值＝票据面值＝30 000（元）。借方确认的财务费用是应收票据的账面价值与实得款的差额 100 元（30 000－29 900）。

例 5－19

20×8 年 3 月 13 日某公司销售服装收到一张面值为 20 000 元、票面利率为 3%、期限为 6 个月的银行承兑汇票。5 月 16 日将上述票据向银行贴现，银行贴现率为 4%。

分析：票据到期日为 20×8 年 9 月 13 日。票据贴现折价计算如下：

票据到期值＝20 000×(1＋3%/2)＝20 300(元)

贴现天数＝16＋30＋31＋31＋13－1＝120(天)

票据贴现折价＝票据到期值×贴现率×贴现天数/360

＝20 300×4%×120/360＝270.67(元)

票据所得金额=20 300−270.67=20 029.33(元)

贴现日票据账面价值=票据面值+应计利息

=20 000+20 000×3%×63/360=20 105(元)

会计分录如下：

借：银行存款　20 029.33

　　财务费用　75.67

　贷：应收票据　20 105

如果票据是附追索权票据（带连带付款责任），则上述应收票据不满足会计准则规定的金融资产终止确认的条件，即风险和报酬没有完全转移，会计分录要改为：

借：银行存款　20 029.33

　　财务费用　75.67

　贷：短期借款　20 105

(1) 9月12日票据到期，出票人向银行兑付票据和利息时：

借：短期借款　20 105

　贷：应收票据　20 105

(2) 若9月12日票据到期，出票人未按期支付票据的本金和利息，则企业应承担这笔或有负债，以银行存款偿付给贴现银行。

借：短期借款　20 105

　　其他应收款——某公司　195

　贷：银行存款　20 300

同时将应收票据转入应收账款账户。

借：应收账款——某公司　20 105

　贷：应收票据　20 105

5.2.3 其他应收款

应收账款和应收票据是企业在销售商品或提供劳务中形成的，而其他应收款主要反映企业与其他单位或个人之间的一些除销售活动或劳务活动之外的结算业务，比如应收的各种保险或过失人的赔款，应收单位为个人支付的代垫款（水电、医药、房租等），预借的出差经费等。

例5-20

时代公司派赵六去外地和客户洽谈生意。赵六填写了一份借款单后交予财务部门，借入现金12 000元。赵六出差的机票、住宿、交通等实际花费13 500元。

(1) 赵六从财务部门借款时：

借：其他应收款——赵六　12 000

　贷：库存现金　12 000

(2) 回单位报销时，将差额1 500元补给赵六。

借：管理费用　13 500
　贷：其他应收款——赵六　12 000
　　库存现金　1 500

5.2.4 收入和应收项目在财务报表中的列示

确认的收入在利润表中反映为营业收入。没有收到现金的收入在资产负债表中反映为应收票据、应收账款和合同资产，收到现金的收入在现金流量表中反映为销售商品收到的现金，企业履行履约义务前收到的现金体现为资产负债表中的合同负债，三者的关系可以用图5-5表示。

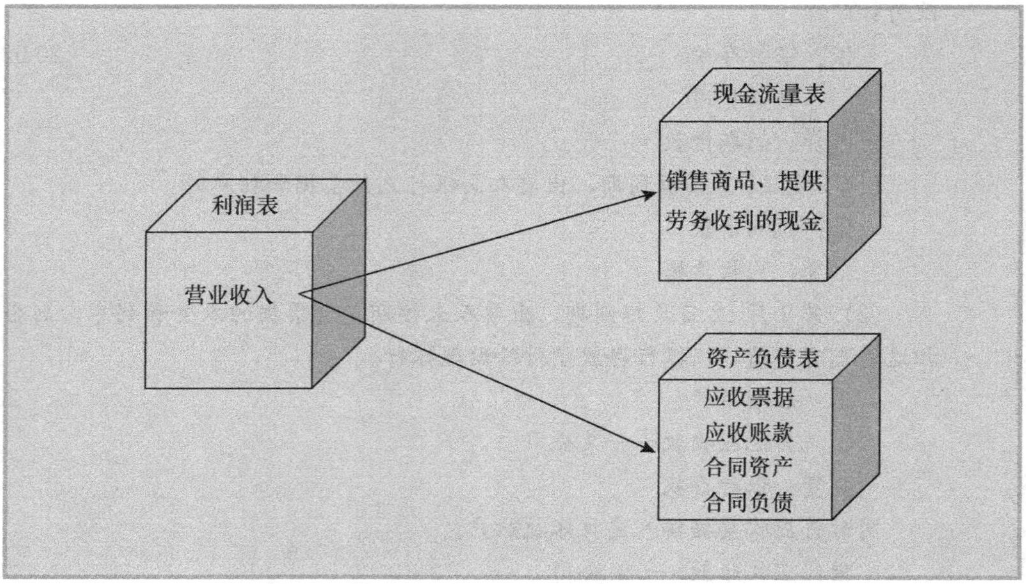

图5-5 收入确认在财务报表中的反映

以森马服饰为例。2018年，森马服饰在利润表中反映的销售收入为157.19亿元，现金流量表中销售商品、提供劳务收到的现金为181.45亿元，两者的差额主要是由两个因素造成的：第一，现金流量表中销售商品收到的现金包括增值税销项税，利润表中的营业收入不含销项税。第二，当年确认的销售收入没有全部收到现金，没有收到现金的收入体现为资产负债表中的应收票据、应收账款和合同资产的增加，或者收回以前年度的应收账款，体现为资产负债表中应收账款的减少，或者销售商品之前收到现金，体现为资产负债表中的合同负债。2018年年末，森马服饰应收账款减少了5.3亿元。

习　题

(一) 辨析与思考

Q5-1 请收集下列公司的业务，至少列出3家行业领先公司的名称。仔细辨认公司的收入来源和方式。

(1) 互联网公司。

(2) 商业银行。

(3) 投资银行。

(4) 会计师事务所。

(5) 电子产品制造企业。

(6) 酒店或宾馆。

(7) 软件企业。

(8) 超级市场。

(9) 建筑施工企业。

(10) 电信企业。

Q5-2 辨认合同是收入确认的第一步。甲乙双方经过多轮协商和谈判终于坐下来签订了一份多达几十页的合同，乙方相关人员已签名，并盖上了乙方合同专用章。但甲方单位在审核合同时，对乙方付款承诺和实际的付款时间存在异议，请问这份合同可以作为甲方收入确认的依据吗？假定甲方为销售方，乙方为购买方。

Q5-3 商品销售出去以后，企业将商品运送至客户指定场所是一个惯例，但丙公司在合同中约定商品的控制权在离开公司仓库的时候就已转移给客户。请问运输是不是一项单独的履约义务？

Q5-4 软件行业涉及硬件销售和软件服务，电梯行业涉及电梯销售和安装维修服务。销售硬件、设备的收入和服务收入可以同时确认吗？

Q5-5 20××年暑期，某个电脑制造商在欧洲的库存出现积压，致使公司清仓大甩卖并损失1.5亿美元，人们对企业将商品强行发运给分销商及奖励业务员的方式产生了怀疑。

目前在汽车、电脑等行业，将商品先发给分销商是一种常见的销售模式。在实务中，由于个人业绩与薪酬挂钩，有些企业在商品离开企业时就立即给予业务员奖励。你认为企业将商品堆积在分销商处，企业的销售业务就算完成了吗？如果有些款项已经到了企业的账上，企业是否可以立刻确认收入？销售奖励会影响收入确认的金额吗？

Q5-6 小敏在学习了应收账款的处理后，对计提坏账准备还不是十分理解。她认为等到应收账款收不回来了再做坏账也不迟，为什么要急急忙忙计提坏账准备呢？请回答小敏的问题。

Q5-7 请辨认下列公司的应收账款能否确认为坏账：

(1) 凯尔服装销售公司拖欠时代公司服装款100 000元超过1年。

(2) 一批发商从时代公司批发了大量的服装，3个月前对方已将公司注销，所欠的货款200 000元无处追讨。

(3) 美美服装店拖欠宏利公司货款30 000元超过3年。

(4) 某4S店的顾客崔某采用分期付款的方式购买了一辆价值300 000元的汽车，分5年偿还。不幸的是，崔某1年后在一次车祸中死亡，汽车也遭受严重损坏。

（5）由于蓝天公司拖欠时代公司货款200 000元，经多次催款无果，时代公司将其告上法庭，该案件在进一步审理中。

（6）某进出口公司将商品出售到国外，当地公司不幸在地震中全部被毁，公司有100万美元销售货款尚未收回。

（7）受金融危机的影响，天大公司的一位海外客户资金链断裂，经营非常困难，随时都有破产的可能，客户欠天大公司的货款50万美元一拖再拖。

Q5-8 应收票据是一种证明债权契约存在的票据，凭此票据可以向出票方收取款项。大多数企业签发的都是银行承兑汇票，信用度高，具有较强的流通性。持有票据的一方可以在票据背面进行背书向银行申请贴现，或转让给第三方。贴现或转让给第三方的目的是什么？如果付款方无力支付到期票据，背书人需要承担什么责任？

（二）练习题

E5-1 练习合同负债转收入的核算

某平台作为主责任人销售储值卡565 000元（含税），所售商品适用增值税税率为13%，客户可以在任何时间购买商品。截至年底客户共消费113 000元。

要求：编制储值卡售出和客户消费时的会计分录。

E5-2 练习可变对价业务的核算

某服装企业向经销商销售童装1 000套，每套售价500元，成本350元，商品已经交付，货款未收，账期通常为30天。根据该服装企业的退货政策，如果经销商在6个月内没有出售，可以全额退货。按照以往经验估计，经销商的退货比例为2%。假设该童装适用增值税税率13%。

要求：编制相关的会计分录。

E5-3 练习合同资产的核算

A电梯生产企业向客户销售三部自动滚梯和二部直梯，总价款1亿元，成本7 500万元，商品陆续交付完毕，货款在安装并验收后收取。按照合同，A企业提供专业安装服务，收取安装费100万元，并提供一年免费保养和维修服务，但保修期间的材料费由客户承担。保修期满后，A企业按照维修时间向客户收取维修费用，价格为100元/小时。交付电梯后的6个月，A企业完成了电梯安装，客户验收合格并在一个月后支付了货款和安装费。

要求：编制相关会计分录（忽略增值税，假设电梯款需安装完才支付）。

E5-4 练习收入和坏账的确认

下面是某公司有关销售业务的会计数据，假设有关收入不涉及增值税。

（1）20×8年12月31日资产负债表中应收账款净额为90 000元；

（2）20×8年1月1日坏账准备贷方余额为8 000元；

（3）20×8年赊销710 000元；

（4）20×8年现销100 000元；

（5）20×8年赊销退回10 000元；

(6) 20×8 年 12 月 31 日调整分录中有 15 000 元的坏账；
(7) 20×8 年共注销坏账 5 000 元；
(8) 20×8 年现销部分销货折扣 4 000 元；
(9) 20×8 年收回已注销坏账 1 000 元；
(10) 20×8 年 1 月 1 日应收账款余额 11 300 元。

要求：

(1) 编制会计分录。
(2) 计算本年度从应收账款中收到的现金（不包括第（9）项）。

E5-5　练习应收账款预期信用损失的估计

时代公司 20×7 年 12 月 31 日的坏账准备贷方余额为 322 万元。20×8 年 12 月 31 日，应收账款账龄以及对预期信用损失的估计如表 5-10 所示。

表 5-10　时代公司应收账款预期信用损失估计表　　金额单位：万元

账龄	20×7 年 12 月 31 日			20×8 年 12 月 31 日		
	金额	预期坏账金额	发生概率	金额	预期坏账金额	发生概率
1 年以内	2 300	200	20%	3600	180	10%
		100	30%		270	35%
1～2 年	320	300	45%	400	200	60%
2～3 年	100	90	70%	0		
3 年以上	60	60	90%	60	60	100%
合计	2 780			4 060		

时代公司 20×8 年收回 20×7 年年底的应收账款情况如表 5-11 所示。

表 5-11　时代公司 20×8 年收回 20×7 年底应收账款情况表　　金额单位：万元

账龄	金额	20×8 年收回情况
1 年以内	2 300	20×8 年收回 1 900 万元，400 万元未收回，20×7 年计提坏账 70 万元。
1～2 年	320	20×8 年全部收回。
2～3 年	100	20×8 年全部收回。
3 年以上	60	20×8 年仍未收回。
合计	2 780	

要求：

(1) 估计 20×8 年年底的预期信用损失。
(2) 编制 20×8 年年底预期信用损失的会计分录。

E5-6　练习应收票据及贴现的核算（假设不含追索权）

时代公司销售一批商品收到顾客签发的一张利率为 6%、期限为 4 个月、面值为 100 000 元的应收票据，票据签发日为 20×8 年 11 月 1 日，银行贴现率为 8%，可按月计算。

问题：

(1) 20×8年11月1日应做哪些会计分录？

(2) 会计期末应编什么调整分录？

(3) 20×9年1月1日向银行贴现，贴现金额为多少？应做哪些会计分录？

（三）案例

C5 联通捆绑销售合约

大约10年前，一款集通话、听音乐、上网、玩游戏、看视频等多功能于一体的高端智能手机横空出世，受到众多消费者的青睐，小闵暗自下定决心，努力工作赚钱等待其在国内上市时也入手一部。最先面市的是一款黑色手机，但传说中的白色手机却迟迟未能面市。小闵想买一款白色的智能手机，于是苦苦等待了快一年的时间，终于等到白色iPhone4手机上市。白色手机开卖的第一天，小闵便第一时间到了联通营业厅，但面对眼花缭乱的合约计划，一时不知如何选择。合约计划提供了套餐，套餐采用预付费模式，即先交钱后享受服务。为了鼓励客户入网，加入套餐即可享受带有奖励性质的返还活动，返还标准根据预付费用不同而不同，其中比较诱人的条款是当预付金额达到一定标准即可免费获得手机。当然，如果金额不足，用户需要补交差额，差额部分可以先用后付。

小闵经过多番比较，根据自己的通话需求，选择了16G版iPhone4，套餐月费96元，预存1 981元，分月返还82元，优惠购机款3 899元，并与联通签订了《中国联通移动业务客户入网服务协议》。该协议是联通根据《中华人民共和国合同法》《中华人民共和国电信条例》等有关法律、条例制定的标准合同。协议的部分主要条款如下：

甲方为小闵，乙方为中国联合网络通信有限公司北京市分公司。用户号码：1861866××86。

乙方在现有技术条件下的网络覆盖范围内，向甲方提供通信服务。乙方为甲方提供的套餐名称及终端信息如下：

(1) 套餐名称：96元3G iPhone套餐

(2) 终端信息：iPhone4 16GB White手机价格为0.00元，协议期内次月开始每月赠送话费38.00元，在网时长不少于24个月。

(3) 计费周期为自然月，即每月1日00：00至当月最后一日24：00。

(4) 签约时间为20×1年4月29日。

(5) 合约有效时间为20×1年5月1日至20×3年4月30日。

(6) 甲方应在乙方明示的期限内足额缴纳各项通信费用。

此外，小闵还支付了选号费用80元。一切办妥以后，小闵在联通提供的盖有中国联合网络通信有限公司北京市分公司业务专用章的标准合同上签上了自己的姓名和日期，联通公司受理人也分别签上了（机打）姓名和工号，一份正式的通信协议即刻生效。

小闵在缴纳了套餐费和选号费之后，终于得到了心仪已久的白色 iPhone4 手机。

……

签约一个月后，小闵收到联通下发的付费账单 132 元，扣除每月预存返还金额 82 元和 38 元奖励后，还需要缴纳超套餐话费 12 元，小闵又默默地去联通缴纳了话费 12 元。

问题：

(1) 什么是捆绑销售业务？联通推出的合约计划是不是捆绑销售业务？

(2) 请按照新收入准则，为联通公司编制相关收入确认的会计分录。

(3) 联通每月奖励给顾客的 38 元话费是可变对价吗？

(4) 假设终端设备销售收入适用增值税税率为 13%，通信服务收入适用增值税税率为 9%，公允价值的改变会影响缴纳的增值税吗？

第6章

存货与销售成本

学习目的

1. 明确存货的内容及种类；
2. 了解发出存货计价的重要性；
3. 明确存货与销售成本的关系；
4. 了解成本流动假设与发出存货和期末存货之间的关系；
5. 明确期末存货实物的盘点方法；
6. 掌握销售成本与期末存货成本的确定方法。

本章简介

存货是企业持有的并准备消耗和再出售的各种物品。存货是资产负债表的一个项目，而不是一个账户（会计科目）。与存货相关的会计问题包括存货确认的条件、存货入账价值的确定、发出存货的计价以及期末存货价值的认定。企业取得的存货分为两个部分：已经出售的存货和未出售的存货。已经出售的存货成本转入利润表的营业成本，没有出售的存货成本仍然保留为资产负债表的存货价值。企业在不同时间取得的存货的成本可能不同，因此，出售存货时就有存货成本计价方法的选择问题。会计上采用假设存货成本流动顺序的方式来确定出售存货的成本，如先进先出法。存货流动性强、品种繁杂，管理和会计核算都有一定难度。存货是企业流动资产的主要项目，其核算的正确性对资产负债表和利润表都会产生重大影响，这种影响可以通过存货等式来分析。

6.1 存货的内容、确认条件和取得成本

6.1.1 存货的内容

存货是指企业在日常生活中持有以备出售的产成品或商品，处在生产过程中的

在产品，在生产过程或提供劳务过程中耗用的材料和物料等。

不同行业的企业有不同的存货，商业企业的存货主要是库存商品，制造企业的存货则包括：

（1）原材料，指构成产品实体的材料，处于待加工状态。

（2）在产品，指正在加工中的尚未完工的产品。

（3）半成品，包括外购半成品和自制半成品（指经过一定的生产过程并已检验合格交付半成品仓库保管，但还未完工制成产成品，仍需进一步加工的中间产品。）

（4）产成品（商品），指已完工还未销售的产品，处于已完工状态。

（5）周转材料（包装物、低值易耗品），指介于原材料和固定资产之间的，可多次使用的包装物（桶、瓶子、纸盒、丝带、麻绳等）和维护机器设备运转的机物料（机油、润滑油、强力胶、铁钉等）。其中，间接用于生产，但数量少、金额小、不易加以辨认的材料也可称为间接材料。周转材料一般处于待使用或待消耗状态。

（6）委托加工物资，指委托其他企业加工的物资。

（7）发出商品，指已发出但不符合收入确认条件的商品（成本）。

例如，服装厂的存货就包括各种布料、辅料、拉链、纽扣、缝纫线等，以及制成的各式服装。

相同的资产在不同的企业含义不同，比如机器设备在一般企业是固定资产，但机器设备制造企业生产的机器设备则是存货。

6.1.2　存货确认的条件

能够进入企业核算系统，并在资产负债表中对外公布的存货都是企业所拥有的。换言之，存货确认的条件就是商品所有权的转移。商品所有权转移有五个标志：企业拥有获得资产价款的现时权利、客户获得了资产的法定所有权、已经占有资产实物、拥有资产所有权上的重大风险和报酬、已经接受了资产。比如某公司收到一个订单，任务重、时间紧，公司自己的生产能力有限，便委托其他服装厂代为加工，各种布料和辅料都运往该厂，公司向代加工企业支付加工费。这种情况下只是存放货物的地点发生了变化，但该批货物的所有权并没有转移，委托方用 委托加工物资账户进行单独核算，在编制资产负债表时将委托加工物资并入存货项目。

实务中确认存货需要相关原始凭证加以证实，如购货合同、发票、入库单、支付结算存根等。

6.1.3　存货的取得成本

存货的取得成本是取得存货时的入账价值。存货成本包括各存货项目达到预定状态前发生的所有与存货采购和生产相关的成本。商业企业的库存商品的预定状态是指可以出售，制造企业的原材料的预定状态是指可以使用，房地产开发企业的产品（房屋）的预定状态是指竣工完成、可以交付。取得存货的方式不同，取得成本的构成也不同。

（1）购入存货的成本。购入存货，如商业企业购入的商品、制造企业购入的原材料等，其成本包括买价、进口关税和相关税费、运输费、装卸费、保险费以及其他可直接归属于存货采购成本的费用。增值税是价外税，企业缴纳的增值税税款不包含在存货成本中。

（2）制造（建造）产品的成本。

1）制造企业的产品成本包括为制造产品而发生的所有费用，如直接材料、直接人工、生产车间发生的制造费用（需要分摊到产品上）。生产周期长的大型装备，如船只，其成本包含借款费用。产品成本核算是会计学一项专门内容。

房地产开发企业的产品（开发产品）成本。包括的范围较广，从获得土地、规划设计、土地平整到建筑安装、配套设施建设以及房地产开发企业发生的日常消耗都包括在内，具体内容包括：

①土地征用及拆迁补偿费或批租地价，指征用土地所发生的各项费用，包括征地费、安置费以及原有建筑物的拆迁补偿费，或采用批租方式取得土地的批租地价。

②前期工程费，指土地、房屋开发前发生的规划、设计、可行性研究以及水文地质勘察、测绘、场地平整等费用。

③基础设施费，指土地、房屋开发过程中发生的供水、供电、供气、排污、排洪、通信、照明、绿化、环卫设施以及道路等基础设施费用。

④建筑安装工程费，指土地房屋开发项目在开发过程中按建筑安装工程施工图施工所发生的各项建筑安装工程费和设备费。

⑤配套设施费，指在开发小区内发生，可计入土地、房屋开发成本的不能有偿转让的公共配套设施费用，如锅炉房、水塔、居委会、派出所、幼托、消防、自行车棚、公厕等设施的支出。

⑥开发间接费，指房地产开发企业内部独立核算单位及开发现场为开发房地产而发生的各项间接费用，包括现场管理机构人员的工资、福利费，折旧费，修理费，办公费，水电费，劳动保护费，周转房摊销等。

在房地产开发经营过程中通过债务筹资发生的借款费用计入开发产品成本①，开发产品竣工后发生的利息费用计入财务费用。

（3）投资者投入的存货的成本。对于投资者投入的存货的成本，按合同或协议约定的价值确定，如果没有约定，则按存货投入企业时的公允价值确定。

（4）盘盈存货的成本。按重置成本确定。

（5）以其他方式取得的存货，如债权人因债务人债务重组而收到的作为抵债物品的存货、通过非货币交换获得的存货等，原则上按照公允价值确认，具体要求参照相关的会计准则。

---

① 用于生产周期长的大型设备、房地产开发企业开发的房产以及固定资产建造的借款费用均可以资本化。借款费用资本化的会计核算参见第7章。

例6-1

某公司从毛纺厂购入1000米布，每米单价为20元，运费及装卸费1000元。货物已运达企业并经过仓库保管员验收入库。上述货款及运费用公司的银行存款支付。公司适用的增值税税率为13%。运费税率暂不考虑。

分析：在实际工作中，材料和所有单据很难同时到达企业，验收入库等也需要一定的时间。通常先通过在途物资账户进行采购成本的归集，等所有实物和单据都到齐并取得入库单以后，再从在途物资账户的贷方转入原材料账户的借方。本例中公司共支出23600元（1000×20×(1+13%)+1000）。编制如下会计分录：

(1) 支付购货款22600元。

借：在途物资	20000	
应交税费——应交增值税（进项税额）	2600	
贷：银行存款		22600

(2) 支付运输及装卸费1000元。

借：在途物资	1000	
贷：银行存款		1000

(3) 结转材料的采购成本。

借：原材料	21000	
贷：在途物资		21000

6.2　发出存货的计价与销售成本的确定

6.2.1　发出存货计价的重要性

存货流动性很强，时刻处于增减变化当中。在商业企业，尽管库存商品是按批次购买的，但商品的出售（减少）却是时刻发生的。在工厂，从原材料到在产品、半成品，再到产成品的形态变化是一个连续不断的过程。在存货不断流动的过程中，财务报表需要在某一个时点截断存货的流动，确定存货的期末数量和价值以及已售产品的数量和价值。为了便于确定存货的价值，会计上通用的存货计算公式为：

期初存货余额＋本期存货增加额－本期存货减少额＝期末存货余额

这里的存货计价主要是指发出或领用存货的计价，按照存货的计算公式，发出存货的计价会影响期末存货的计价。因此，存货计价的重要性主要体现在两个方面：一是存货计价错误对财务报表产生的影响；二是存货计价方式的选择对企业利润的影响。

存货是一个资产负债表项目，因此，存货成本是一个累计的概念，期末存货不仅包括当期新增的，还包括以往年度累计到当期的（比如上年生产出来的服装没有全部卖出去就会累计到当年）。从这个角度看，存货计价一旦发生错误，影响将是累计和跨期的。

存货计价错误不仅会影响到资产负债表，还会影响到利润表。比如期末存货的计价错误导致发出存货的成本（营业成本）错误。因此，存货计价方式的选择会影响利润的计算结果。我们知道，企业的存货是分期分批进行采购的，在不同的采购地点、不同的采购时间，购买存货的价格是不一样的。举个极端的例子，假如在通货膨胀的前提下，原材料的价格一路上涨，从最初的每单位1元分别上涨到每单位5元、8元和10元。那么，发出原材料的成本究竟按哪一个价格确定呢？其实，按哪一个价格都没有错，只是选择每单位1元与选择每单位10元的利润在售价不变的情况下相差9元。可见，企业利润的多少还取决于存货计价方式的不同选择。

图6-1以商业企业的存货计价为例，显示了存货计价对资产负债表和利润表的影响。

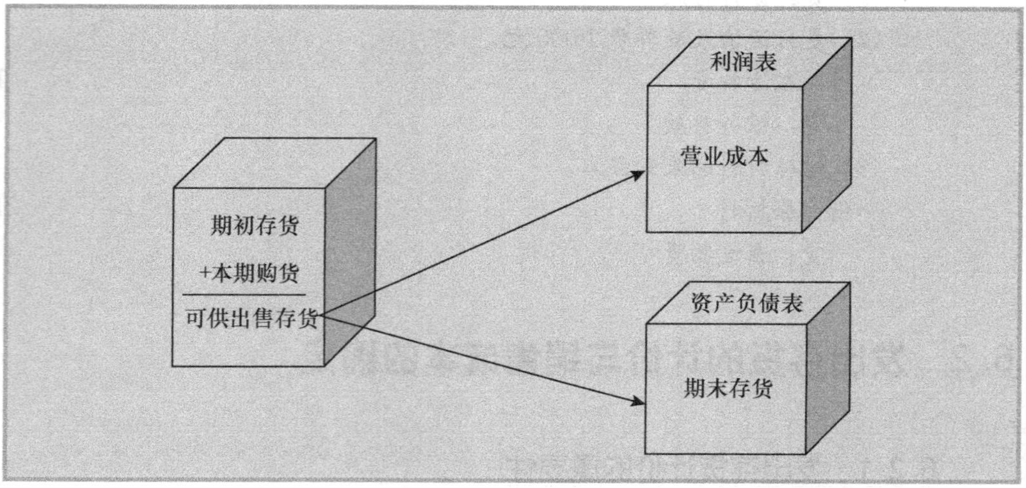

图6-1 存货计价的影响

6.2.2 发出存货的计价

1. 成本流动假设与发出存货成本的确定

由于每批次存货采购或完工的时间不同，相同的存货会出现不同的单位成本，因此，每次发出（出售）存货都需要确定其成本。习惯上，发出哪一件存货，其成本就是这一件存货当初入账的成本，就如同每一件存货都贴上了成本标签一样，存货实物与存货成本一一对应。对于流动性很高、种类庞杂的存货而言，这种确定发出存货成本的方法是不现实的，也是没有必要的。

由于存货的品种和质量完全相同，只是成本不同，因此可以选择存货实物与其成本分离的方法，通过假定存货成本与存货实物流动的关系来确定期末存货成本和销售成本，即成本流动假设。成本流动假设是忽略存货的实物流动顺序，直接假定存货成本的流动顺序，如先进先出法、后进先出法、加权平均法和个别认定法。个别认定法假定存货的实物流动与其成本流动完全相同，并不是纯粹的成本流动假设。

（1）先进先出法。先进先出法是假设先买进来（或先完工入库）的存货先发出去。发出存货的成本（利润表中的营业成本）就是先前的采购（完工）成本，资产负债表中的存货则按照最近采购或完工的存货成本计价。

例6-2

甲企业20×8年3月购入3批商品，分别为3月10日购入200件，3月20日购入300件，3月31日购入100件，每批商品的单位成本分别为每件50元、55元和72元。2月末未售出的商品为100件，单位成本为每件48元。假设3月15日销售200件，3月25日销售300件，销售价格不变，都是每件80元。按先进先出法计算已售商品的成本。

分析：如果按先进先出法来确定已售商品的成本，该企业应计算两次成本。一是3月15日已售商品的成本。假设期初的100件全部售出，单位成本是每件48元，另外100件是3月10日采购的，单位成本是每件50元。列成公式为：期初100件×48元/件+100件×50元/件=9 800（元）。二是3月25日出售300件商品的成本16 000元（100×50+200×55）。成本共计25 800元。具体如表6-1所示。

表6-1 按先进先出法确定的销售成本和期末存货成本 金额单位：元

<table>
<tr><th rowspan="2">时间</th><th rowspan="2">摘要</th><th colspan="3">本期购入</th><th colspan="3">销售成本</th><th colspan="3">结存</th></tr>
<tr><th>数量</th><th>单价</th><th>金额</th><th>数量</th><th>单价</th><th>金额</th><th>数量</th><th>单价</th><th>金额</th></tr>
<tr><td>3月1日</td><td>期初存货</td><td></td><td></td><td></td><td></td><td></td><td></td><td>100</td><td>48</td><td>4 800</td></tr>
<tr><td rowspan="2">3月10日</td><td rowspan="2">购入200件</td><td rowspan="2">200</td><td rowspan="2">50</td><td rowspan="2">10 000</td><td rowspan="2"></td><td rowspan="2"></td><td rowspan="2"></td><td>100</td><td>48</td><td rowspan="2">14 800</td></tr>
<tr><td>200</td><td>50</td></tr>
<tr><td rowspan="2">3月15日</td><td rowspan="2">出售200件</td><td rowspan="2"></td><td rowspan="2"></td><td rowspan="2"></td><td>100</td><td>48</td><td rowspan="2">9 800</td><td rowspan="2">100</td><td rowspan="2">50</td><td rowspan="2">5 000</td></tr>
<tr><td>100</td><td>50</td></tr>
<tr><td rowspan="2">3月20日</td><td rowspan="2">购入300件</td><td rowspan="2">300</td><td rowspan="2">55</td><td rowspan="2">16 500</td><td rowspan="2"></td><td rowspan="2"></td><td rowspan="2"></td><td>100</td><td>50</td><td rowspan="2">21 500</td></tr>
<tr><td>300</td><td>55</td></tr>
<tr><td rowspan="2">3月25日</td><td rowspan="2">出售300件</td><td rowspan="2"></td><td rowspan="2"></td><td rowspan="2"></td><td>100</td><td>50</td><td rowspan="2">16 000</td><td rowspan="2">100</td><td rowspan="2">55</td><td rowspan="2">5 500</td></tr>
<tr><td>200</td><td>55</td></tr>
<tr><td rowspan="2">3月31日</td><td rowspan="2">购入100件</td><td rowspan="2">100</td><td rowspan="2">72</td><td rowspan="2">7 200</td><td rowspan="2"></td><td rowspan="2"></td><td rowspan="2"></td><td>100</td><td>55</td><td rowspan="2">12 700</td></tr>
<tr><td>100</td><td>72</td></tr>
<tr><td></td><td>合计</td><td>600</td><td></td><td>33 700</td><td>500</td><td></td><td>25 800</td><td>200</td><td></td><td>12 700</td></tr>
</table>

根据表6-1的数据，结转企业3月已售商品成本的会计分录如下：

借：营业成本① 25 800

  贷：存货 25 800

按先进先出法，该企业3月已售商品的成本为25 800元，期末存货的成本为12 700元。若企业编制3月份的财务报表，那么，列入资产负债表的存货成本为

① 本章为了叙述方便，直接用报表项目存货代替会计科目库存商品等，用销售成本或营业成本代替主营业务成本。

12 700元，列入利润表的营业成本为25 800元。

（2）后进先出法。后进先出法是假设后买进（或后完工入库）的存货先卖出去。发出存货的成本（利润表中的营业成本）按照最近购入的存货成本计价，资产负债表中的期末存货则按照先前购入的存货成本计价。在物价上涨的情况下，计入利润表的营业成本较高，而计入资产负债表的存货成本较低。

例6-3

沿用例6-2，假设甲企业采用后进先出法计价，结果如表6-2所示。

表6-2 按后进先出法确定的销售成本和期末存货成本 金额单位：元

时间	摘要	本期购入			销售成本			结存		
		数量	单价	金额	数量	单价	金额	数量	单价	金额
3月1日	期初存货							100	48	4 800
3月10日	购入200件	200	50	10 000				100	48	14 800
								200	50	
3月15日	出售200件				200	50	10 000	100	48	4 800
3月20日	购入300件	300	55	16 500				100	48	21 300
								300	55	
3月25日	出售300件				300	55	16 500	100	48	4 800
3月31日	购入100件	100	72	7 200				100	48	12 000
								100	72	
	合计	600		33 700	500		26 500	200		12 000

甲企业3月已售商品的成本为26 500元，期末存货的成本为12 000元。

表6-2采用连续记录的方式来确定每批已售商品的成本（永续盘存制），也可以平时不登记已售商品的成本，等到月末确定已售商品的成本（实地盘存制），这样，已售商品的成本就从最后一批购入商品的成本依次往前推。甲企业3月共销售商品500件，成本构成是：

100件，单位成本72元，计	7 200元
300件，单位成本55元，计	16 500元
100件，单位成本50元，计	5 000元
已售商品的成本合计	28 700元
期末存货成本	9 800元

（3）加权平均法。加权平均法假设购进（生产）的货物不分批次，发出存货成本按平均成本进行计算。加权平均法有全月一次加权平均和移动加权平均之分。全月一次加权平均是将期初存货的成本加上全月购买（生产）存货的成本，除以期初存货的数量与全月购买（生产）存货的数量之和，得到当月的加权平均单位成本。计算公式如下：

$$\text{全月一次加权平均单位成本}=\frac{\sum(\text{期初存货成本}+\text{全月采购成本总和})}{\sum(\text{期初存货数量}+\text{全月采购数量总和})}$$

本期发出存货成本 = 已售商品的成本 = 本期发出存货数量 × 全月一次加权平均单位成本

期末结存存货成本 = 期末结存存货数量 × 全月一次加权平均单位成本

例 6-4

甲企业按全月一次加权平均法计算已售商品的成本，资料同上。请分别计算发出存货和期末存货的成本，并编制相关会计分录。

$$加权平均单位成本=\frac{100\times48+200\times50+300\times55+100\times72}{100+200+300+100}=55(元)$$

已售商品的成本＝500×55＝27 500(元)

期末存货成本＝200×55＝11 000(元)

编制的会计分录如下：

借：营业成本　　27 500

　贷：存货（产成品）　　27 500

按全月一次加权平均法计算成本，该企业 3 月的销售成本为 27 500 元，期末存货成本为 11 000 元。若企业编制 3 月份的财务报表，那么，列入资产负债表的存货成本为 11 000 元，列入利润表的营业成本为 27 500 元。

移动加权平均法是每次购入（生产）存货都重新计算一次加权平均单位成本，作为发出存货的成本，如表 6-3 所示。

$$移动加权平均单位成本=\frac{期初存货成本+本次购入存货成本}{期初存货数量+本次购入存货数量}$$

本期发出存货成本＝本次发出存货数量 × 移动加权平均单位成本

期末结存存货成本＝期末结存存货数量 × 移动加权平均单位成本

表 6-3　按移动加权平均法确定的销售成本和期末存货成本　　金额单位：元

时间	摘要	本期购入			销售成本			结存		
		数量	单价	金额	数量	单价	金额	数量	单价	金额
3 月 1 日	期初存货							100	48.00	4 800.00
3 月 10 日	购入 200 件	200	50.00	10 000.00				300	49.33	14 800.00
3 月 15 日	出售 200 件				200	49.33	9 866.00	100	49.33	4 933.00
3 月 20 日	购入 300 件	300	55.00	16 500.00				400	53.58	21 432.00
3 月 25 日	出售 300 件				300	53.58	16 074.00	100	53.58	5 358.00
3 月 31 日	购入 100 件	100	72.00	7 200.00				200	62.79	12 558.00
合计		600		33 700.00	500		25 940.00	200		12 558.00

不同的存货成本流动假设下，不同的计价方法对企业资产负债表和利润表的影响是不同的（见表6-4）。以先进先出法和加权平均法（全月一次加权平均）为例，两种方法对利润的影响相差1 700元（27 500－25 800）。若企业适用的所得税税率为25%，则采用加权平均法计算已售商品的成本将为企业带来少纳税425元（1 700×25%）的好处。该例题的成本是逐渐上升的，若成本是逐渐下降的，则采用先进先出法会为企业带来纳税上的好处。

表6-4 不同存货成本流动假设下不同计价方法的差异 金额单位：元

	先进先出法	后进先出法		加权平均法	
		永续盘存制	实地盘存制	全月一次加权平均	移动加权平均
营业成本（利润表）	25 800.00	26 500.00	28 700.00	27 500.00	25 940.00
期末存货成本（资产负债表）	12 700.00	12 000.00	9 800.00	11 000.00	12 558.00
本期可供出售商品成本	38 500.00	38 500.00	38 500.00	38 500.00	38 500.00①

（4）个别认定法。假设每次购进的货物都摆放整齐有序，每件货物的价格容易识别，那么发出存货的成本就能一一认定。该方法核算工作量大，适合贵重物品如珠宝、汽车等，以及为特定项目专门购入或制造的存货。随着许多先进技术如电子数据交换（EDI）、条形码（bar code）、射频识别技术（RFID）等的运用，存货核算全部做到个别认定是完全有可能的。

按个别认定法确定的成本与收入之间的配比性会更高。

2. 毛利法与已售商品的成本的确定

毛利法是商品流通企业常用的一种存货计价方法，是在已知销售收入和毛利率的情况下，倒推出企业已售商品的成本和期末存货成本的方法。计算方法如下：

销售净额＝销售收入－销售折扣与折让

销售毛利＝销售净额×毛利率

已售商品的成本＝销售净额－销售毛利

期末存货成本＝期初存货成本＋本期购入存货成本－已售商品的成本

例6-5

某商场采用毛利法计算期末存货成本。假设A类服装期初（7月1日）存货为50万元，7月共购入服装500万元，销售收入为600万元。第二季度的实际毛利率为40%。请计算7月31日的期末存货成本。

销售毛利＝600×40%＝240(万元)

已售商品的成本＝600－240＝360(万元)

期末存货成本＝50＋500－360＝190(万元)

① 计算过程中的四舍五入导致数据略有偏差，不影响分析。

6.3　期末存货的计价

影响期末存货计价的因素有：

（1）成本与市价孰低的原则。成本与市价孰低的原则是指企业每到会计期末，要将存货的成本与市价进行比较，取较低的价值作为期末存货的价值。

存货的成本是指在按历史成本计价的基础上按照成本流动假设确定的成本。如果计提了存货跌价准备，存货成本应扣除累计跌价准备。

存货的市价是指可变现净值。存货的可变现净值是指在日常经营活动中，存货的估计售价减去至完工时估计将要发生的成本、估计的销售费用以及相关税费后的金额。

存货可变现净值的确定必须要有确凿的证据，包括存货的市价、相同或类似存货的市价、销货方提供的有关成本资料等。如果存货已签订合同，签订合同的存货可变现净值以合同价格为基础进行计算。

（2）存货跌价准备。由于残缺、过时、技术创新等原因，企业持有的存货特别是产成品会出现价格下跌的情况，如时装过季降价。在财务报表编制日，如果存货的可变现净值低于其成本，企业应将可变现净值低于存货成本的部分列为损失，称为存货跌价损失，在资产减值损失账户中进行核算。存货跌价损失记入企业的利润表，减少当期的利润。根据会计准则的规定，如果以后影响存货减值的影响因素已经消失或存货的价值又恢复过来，减记的金额应当予以恢复，即可以在以前计提的存货跌价准备的范围内转回，但不能超过以前计提的金额。

针对存货可变现净值低于存货成本的问题，会计上需要专门设存货跌价准备账户进行核算。存货跌价准备账户是存货项目的抵减项，起减少存货的作用。计提时，记入存货跌价准备账户的贷方。该账户贷方发生额反映存货跌价准备的提取；借方发生额一方面反映冲减处置存货已提取的存货跌价准备，另一方面反映存货价值恢复时冲销以前提取的部分。在实际工作中，由于存货具有品种多、数量大等特点，存货跌价准备除了按单个存货进行计提，还可以按类别进行计提。按单个存货计提的金额可能更加准确，但工作量较大。按类别计提可以减轻工作量，但准确性会受到一定影响，企业可根据自己的情况进行选择。

例 6-6

某公司有一批存货，其价格变动情况如表 6-5 所示。

表 6-5　某公司存货价格变动情况　　金额单位：元

时间	账面成本	可变现净值	存货跌价准备	
			期初余额	本期转销额
20×6 年 12 月 31 日	12 000	11 000	0	0
20×7 年 12 月 31 日	10 000	9 000	1 000	1 000
20×8 年 12 月 31 日	13 000	12 000	1 000	0

说明：本期转销额是指因为本期销售了已经计提跌价准备的存货而减少的存货跌价准备。

分析：企业于每年年末计提存货跌价准备的情况如下：

(1) 20×6 年 12 月 31 日，存货可变现净值为 11 000 元，账面成本为 12 000 元。根据成本与市价孰低的原则，期末存货将以较低的可变现净值 11 000 元对外报告。账面成本超过可变现净值的 1 000 元确认为资产减值损失，同时计提存货跌价准备 1 000 元。调整分录如下：

借：资产减值损失——存货跌价准备	1 000	
贷：存货跌价准备		1 000

(2) 20×7 年 12 月 31 日，比较存货的账面成本与可变现净值，存货的可变现净值低于账面成本 1 000 元，在 20×7 年 12 月 31 日的年度报告中，存货应按 9 000 元对外进行报告。由于存货跌价准备转销 1 000 元，表明 20×6 年计提了跌价准备的存货全部销售（借记存货跌价准备 1 000 元，借记营业成本 11 000 元，贷记存货 12 000 元）。20×7 年存货余额 10 000 元是当年购进但尚未出售的存货，且发生了跌价损失 1 000 元（10 000－9 000）。因此，20×7 年 12 月 31 日需要计提存货跌价准备 1 000 元。

借：资产减值损失——存货跌价准备	1 000	
贷：存货跌价准备		1 000

(3) 20×8 年 12 月 31 日，存货的可变现净值低于账面成本 1 000 元，但由于当年未转销已经计提的存货跌价准备，这意味着低于可变现净值 1 000 元的存货是期初存货，当年未再发生减值损失，因此，20×8 年不需要再计提存货跌价准备。

按照会计准则的规定，如果计提跌价准备的存货的价值恢复了，应该转回已经计提的存货跌价准备，但转回的金额不得超过已计提的存货跌价准备。假设 20×8 年度不仅没有出售上年度已经计提了跌价准备的存货，而且，该部分存货的市价恢复了 300 元，即该部分存货的可变现净值低于其账面成本 700 元，为此应转回 300 元跌价准备。

借：存货跌价准备	300	
贷：资产减值损失——存货跌价准备		300

再假如该批存货的可变现净值超过账面成本 1 200 元，只能转回以前已计提的存货跌价准备 1 000 元。

借：存货跌价准备	1 000	
贷：资产减值损失——存货跌价准备		1 000

6.4 存货和销售成本在财务报表中的列示

资产负债表上的存货是按照存货的账面价值列示的。存货的账面价值是存货的账面余额减累计存货跌价准备后的余额。在利润表上，已经出售的存货列作营业成本，即本章所称的销售成本或已售商品的成本；未出售的部分列为资产负债表中的存货。

根据森马服饰 2018 年资产负债表和利润表中披露的 2018 年存货期末账面余额（未扣除存货跌价准备）51.59 亿元①，期初账面余额 28.64 亿元，2018 年的营业成本（销售成本）98.4 亿元（加回转销的存货跌价准备），可以根据以下公式推算本期存货增加额。

期初存货余额＋本期存货增加－本期存货减少＝期末存货余额

期末存货余额－期初存货余额＋本期存货减少＝本期存货增加

51.59　－　28.64　＋　98.4　＝　121.35(亿元)

森马服饰的存货在报表中的列示如图 6-2 所示。

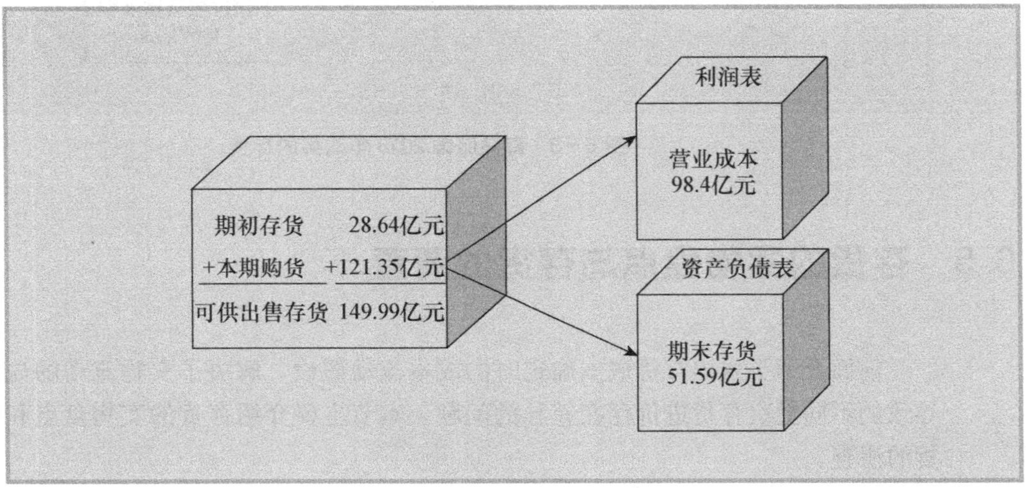

图 6-2　森马服饰 2018 年存货和销售成本

除了在资产负债表和利润表中反映与存货相关的经济业务外，现金流量表中的“购买商品、接受劳务支付的现金”反映了存货采购相关的经济业务。森马服饰购买商品、接受劳务支付的现金为 129.92 亿元（见表 3-4）。购买商品支付的现金与存货增加额的差额主要受两个因素的影响：第一，购买商品支付的现金包括支付的增值税进项税，而存货成本是不含进项税的。第二，本期购买的商品未必都支付了现金，未支付款项的存货体现为资产负债表中应付票据和应付账款的增加，或者支付以前年度欠的货款，体现为资产负债表中应付账款的减少，或者预付购货款，体现为资产负债表中预付账款的增加。将本期增加的存货与现金流量表和资产负债表联系起来，如图 6-3 所示。

① 森马服饰 2017 年年末和 2018 年年末的存货跌价准备余额分别为 4.79 亿元和 7.41 亿元。2018 年计提存货减值损失 6.21 亿元，转销 4.64 亿元，详见森马服饰 2018 年报。

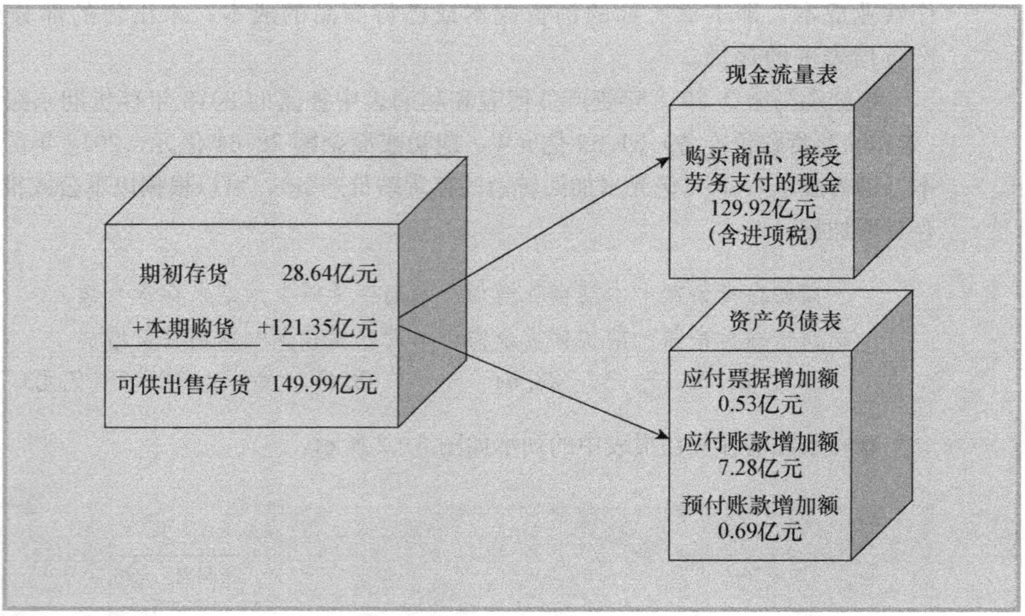

图6-3 森马服饰2018年购买的存货

6.5 存货的实物盘点与存货的清查

前面介绍了发出存货成本确定时的成本流动假设，解决了实物流动的先后次序导致的不同批次存货进价存在差异的问题。本节主要介绍存货的实物盘点和期末存货的清查。

6.5.1 管理存货的两种方法

1. 实地盘存制

实地盘存制是存货管理的一种方法。企业平时只对购进存货做记录，发出存货的数量及金额则通过对期末存货的实地盘点，采用倒挤的方法确定。用公式可表达为：

$$\text{期初存货数量}+\text{本期购入存货数量}-\text{期末存货数量}=\text{本期销售(减少)存货数量}$$

前面的存货成本流动假设也适用于实地盘存制下期末存货成本的确定。

期末存货数量×存货单位成本＝期末存货成本

期初存货成本＋本期购入存货成本－期末存货成本＝本期发出存货成本

在会计上，需要编制一笔调整分录，确定已销存货的成本。

例6-7

某服装店期初库存服装10件，本期进货25件，期末盘点还有5件服装没有卖出。每件服装的单位成本为60元。计算该服装店已售服装的成本并编制会计分录。

分析：服装店已售服装的成本＝(期初10件＋本期进货25件－期末存货5件)×60元/件＝1 800（元）。编制如下会计分录：

借：存货（期末）	300（5×60）
营业成本	1 800
贷：存货（期初）	600（10×60）
购货	1 500（25×60）

2. 永续盘存制

永续盘存制又称账册盘存制，是平时对购进存货、发出存货进行记录，通过账面记录确定期末存货的方法。在实际工作中，数量记录主要由仓库保管人员完成，会计人员根据出库记录或领料单，按先进先出法或加权平均法计算发出存货的成本。计算公式为：

期初存货成本＋本期购入存货成本－本期发出存货成本＝期末存货成本

例6-8

假设上述服装店期初库存服装的成本为600元，本期购进服装的成本为1 500元，售出服装的成本为1 800元。计算该店期末存货成本并编制会计分录。

分析：服装店期末存货成本＝600＋1 500－1 800＝300（元）。可以根据出库单，做结转已售存货的会计分录：

借：营业成本	1 800
贷：存货	1 800

3. 两种方法的比较

实地盘存制和永续盘存制都是企业控制和管理存货的方法，从以账管实物来看，永续盘存制要优于实地盘存制，适合大中型企业使用。实地盘存制适合规模较小的企业使用，优点是简单易行，缺点是倒挤出来的存货成本可能包括并不完全是生产使用或销售的存货成本，也许毁损甚至贪污盗窃造成的短少也被倒挤入成本，不利于对存货实物的管理。实地盘存制作为对期末存货进行实地盘点的一种方法为大多数企业所采用，采用永续盘存制的企业到了年度末，也要采用实地盘点的方法来核对账面的数据。

6.5.2 存货清查的方法

企业存货在实际收存、领用、保管的过程中，难免会出现误差，也会由于其他原因遭受毁损、遗失等，因此需要对企业存货进行及时的盘点，以查明原因，进行处理，保证账实相符。

例6－9

某公司在12月底的财产清查中，发现用于服装加工的辅助材料比账面记录多出6 000元。经多方查找，原因不明，应当计入管理费用。

分析：由于实际盘存大于账面记录，将差额借记原材料账户，使实际库存与账面记录相符。再根据处理意见冲减管理费用。按照会计准则的要求，与固定资产盘盈、盘亏一样，存货盘盈、盘亏也是前期差错，但存货盘盈金额通常较小，按管理权限报经批准后冲减管理费用。

（1）记录盘盈原材料6 000元。

借：原材料——辅料　　6 000
　贷：待处理财产损溢——待处理流动资产损溢　　6 000

（2）根据处理意见编制会计分录。

借：待处理财产损溢——待处理流动资产损溢　　6 000
　贷：管理费用　　6 000

例6－10

某公司在12月底的财产清查中，发现用于服装加工的布料比账面记录少了3 000元。经查明：1 000元属于定额内的损耗；2 000元属于仓库保管员的责任。3天后保管员如数进行了赔偿。

分析：实际库存少于账面记录，应在原材料账户的贷方进行记录，使账面数与实际库存数相等。1 000元属于定额内的合理损耗，记入管理费用账户的借方；2 000元是仓库保管员的过失造成的，应由保管员个人承担，通过其他应收款账户进行核算，不能记入公司的损失。

（1）记录盘亏原材料3 000元。

借：待处理财产损溢——待处理流动资产损溢　　3 000
　贷：原材料——布料　　3 000

（2）根据处理意见编制会计分录。

借：管理费用　　1 000
　　其他应收款——仓库保管员　　2 000
　贷：待处理财产损溢——待处理流动资产损溢　　3 000

（3）收到保管员的赔偿款2 000元。

借：库存现金　　2 000
　贷：其他应收款——仓库保管员　　2 000

除了原材料、库存商品等存货项目，存货中还包括低值易耗品、包装物等项目。根据《2006企业会计准则——应用指南》，低值易耗品、包装物属于周转材料（指企业能够多次使用，逐渐转移其价值，但仍保持原有实物形态不确认为固定资产的材料），应通过周转材料账户进行核算。周转材料账户可按材料的种类，分别设置在库、在用、摊销进行明细分类核算。采用一次转销法的，领用时应按其账面成本，借记相关成本费用类账户，贷记周转材料账户。采用五五摊销法的，领用时应按其账面成本，借记周转材料（在用），贷记周转材料（在库）；摊销时应按其账面成本的一半，借记相关成本费用类账户，贷记周转材料（摊销）；报废时再按其账面成本的一半，借记相关成本费用类账户，贷记周转材料（摊销）。同时，将周转材料明细账按总账面成本结平，借记周转材料——摊销，贷记周转材料——在用。

习 题

（一）辨析与思考

Q6-1 请仔细辨认下列哪些项目属于企业的存货。

（1）房地产公司已建好未售出的房子和为建房采购的各种建筑材料，如钢材、水泥、塑钢门窗、玻璃幕墙等。

（2）汽车制造厂未销售出去的汽车，制造汽车所需的各种零部件、轮胎、材料等。

（3）餐馆库存的各种干货、海鲜、猪肉、牛肉、羊肉、禽蛋、蔬菜、水果和调料等。

（4）酒窖中的酒、五谷杂粮、酒瓶、酒罐、商标、瓶盖。

（5）软件公司正在开发的软件、商品化软件、计算机等。

（6）时代公司为了拓展业务，接受了大量的来料加工业务，外国公司提供所有的布料、辅料、拉链、纽扣、缝纫线、消毒水等，这些东西已运抵时代公司的原材料仓库。

Q6-2 存货计价与财务报表的关系。

存货是一个资产负债表项目，就像一个大箩筐，企业的很多“宝贝”都装在这个大箩筐中，比如生产用的各种材料物资、周转用的包装物、低值易耗品、各种半成品、产成品等。因此，对存货的计价就显得特别重要，不同的计价方法会得出不同的计价结果，该结果不仅会影响资产负债表，还会影响利润表。由于存货是一个累计数，影响的不仅是当期，还会传递到以后的会计期间。

存货计价包括几个环节？在不同环节应该如何选择存货的计价方法？

Q6-3 存货计价方法与会计信息的可比性。

实习生：经理，我看了一下公司存货的核算方法，我们公司从成立那天起就一直使用先进先出法计算发出存货的成本，现在物价这么高，为什么不采用后进先出法计算发出存货的成本呢？

财务经理：是啊，我们也注意到了这个问题，采购部门的人员总抱怨说，东西越买越贵。我们也准备改变存货计价的方法，可是，你是知道的，改变方法会破坏会计信息的一致性，以后前后期的会计信息就没法比较了。另外，还得董事会批准，十分麻烦。

你建议该公司改变存货的计价方法吗？为什么？请谈谈你对会计信息可比性的认识。

（二）练习题

E6-1 练习成本流动假设

某企业采用实地盘存制，一年的存货变动情况如下：

1月1日	存货	15件，单价50元
2月12日	购进	10件，单价61元
6月24日	购进	20件，单价70元
10月8日	购进	15件，单价80元
12月31日	盘存	20件

要求：

计算不同存货计价方法下的销售成本和期末存货成本，填入表6-6。

表6-6 不同存货计价方法下的计算结果 金额单位：元

计价方法	销售成本	期末存货成本
先进先出法		
后进先出法		
加权平均法		

E6-2 练习存货购买与销售的核算

时代公司在公司大门外面设置一个独立的销售部，主要用于展示和销售本公司生产的服装。销售部采用实地盘存制，每月月末进行盘点，独立核算。假设20×8年12月共进货500件，每件成本为35元，售价为50元，12月31日经盘点还有50件尚未售出。此外，发现账外服装600元。不考虑增值税。

要求：

(1) 编制服装购进、销售的有关会计分录。

(2) 编制调整分录，确认已售服装的成本。

(3) 记录盘盈服装的处理。

E6-3 练习存货跌价准备的计提

20×8年12月31日，时代公司在对所有存货进行盘点的基础上，认真地对每项存货的市价与成本进行对比，发现原材料存货的成本都是上升的，库存的服装都需要降价销售。20×8年年末有关存货的资料如下（单位：元）：

	成本	市价	差异
原材料	300 000	320 000	20 000
库存服装	170 000	130 000	−40 000

要求：

按成本与市价孰低法编制20×8年年末的调整分录（按总额），在资产负债表中列示存货项目。

E6-4 练习采用毛利法确定发出存货的成本

假设某企业20×8年6月的实际毛利率为40%。7月初存货成本25万元，购入存货成本60万元，销售收入86万元，销售退货10万元。

要求：

(1) 计算该企业7月的销售成本和期末存货成本。

(2) 编制相关会计分录。

（三）案例

C6 宝钢股份存货跌价准备的计提、转回与转销

2008年钢铁行业经历了冰火两重天的严峻考验，进口铁矿石价格继2007年上涨9.5%后继续上涨，最高涨幅达96.5%。受供求不平衡和成本上涨等因素影响，2008年上半年，焦炭、煤炭、合金等原辅材料价格也持续上涨，钢材市场供求两旺，国内外价格不断创出历史新高。2008年下半年尤其是第四季度，伴随着金融危机引发的全球性经济衰退，钢铁产业链各行业需求全面下滑，钢材价格一路暴跌，钢铁企业面临低钢价、高成本库存的严峻形势，出现销量大幅下滑、利润大幅下降的局面。在全球经济衰退尚未见底的背景下，钢铁产品出口遭遇越来越多的国际反倾销、反补贴调查，贸易摩擦日渐加剧。

随着全球经济步入下行周期，我国钢铁工业的发展进入一个重要转折期，国内钢材供过于求的局面将在相当长的时间内存在。

宝钢股份2008年实现营业总收入2 008.5亿元，利润总额86.7亿元。

2009年，受国家一揽子经济刺激政策推动，国内粗钢产量创历史新高，达到5.68亿吨，同比增长12.9%。需求的回暖尤其是2009年下半年以来汽车、家电等行业需求的回升，带动国内钢铁价格探底回升，总体呈现上半年低位盘整、下半年冲高运行的态势。钢材产品价格波动周期缩短、波动幅度扩大，全年钢铁行业整体钢材销售价格低于2008年前三季度平均水平。受钢材需求回升和价格回暖拉动，铁矿石、炼焦煤等原燃料进口量大幅上升，焦炭、煤炭、废钢、铁合金等主要原燃料采购价格在2009年第三季度进入上行通道。受国际市场需求急剧萎缩、贸易保护及汇率变动等诸多因素影响，国内钢材出口同比大幅下滑，进口有所增加。重点大中型钢铁企业2009年累计实现利润553.9亿元，同比下降31.4%。

2009年，宝钢股份实现营业总收入1 485.3亿元，利润总额72.9亿元，同比下降10.5%。

2008年和2009年铁矿石、炼焦煤、钢铁产品价格的大幅波动，在宝钢股份的存货跌价准备中得到体现。表6-7和表6-8分别是宝钢股份2008年和2009年存货跌价准备余额的变化情况。表6-9是宝钢股份经营成果对比表。

表6-7 宝钢股份2008年存货跌价准备　　金额单位：万元

项目	原材料	半成品	库存商品	备品备件及其他	合计
2008年年初数	14 363	41 853	39 212	7 620	103 048
2008年计提	291 900	147 016	175 583	2 705	617 204
2008年转回	—	−4 947	−20 455	−1 650	−27 052
2008年转销	−47 281	−53 944	−720	−458	−102 403
出售子公司减少	—	—	−247	−85	−332
外币报表折算差额	—	—	−17	—	−17
2008年年末数	258 982	129 978	193 356	8 132	590 448

表6-8 宝钢股份2009年存货跌价准备 金额单位：万元

项目	原材料	半成品	库存商品	备品备件及其他	合计
2009年年初数	258 982	129 978	193 356	8 132	590 448
2009年计提	10 432	45 400	28 993	2 071	86 896
2009年转回	−9 787	−18 105	−127 823	−387	−156 102
2009年转销	−253 034	−111 173	−50 882	−130	−415 219
外币报表折算差额	—	—	42	—	42
2009年年末数	6 593	46 100	43 686	9 686	106 065

表6-9 宝钢股份经营成果对比表 金额单位：亿元

项目	2008年	2009年	差异额	差异率
营业总收入	2 006	1 485	−521	−26%
利润总额	82	73	−9	−11%

要求：

请根据宝钢股份2008年和2009年存货跌价准备的计提、转回和转销来回答为什么宝钢股份2009年总收入相比2008年下降26%，而利润的下降幅度只有11%。

第7章

非流动资产与摊销

学习目的

1. 了解非流动资产的内容;
2. 理解非流动资产摊销的原因和方法;
3. 掌握固定资产、无形资产和其他非流动资产的核算方法。

本章简介

本章介绍的非流动资产包括企业常见的固定资产、无形资产，以及具有一定特殊性的开发支出、商誉、油气资产、投资性房地产和生物资产。本章所涉及的非流动资产是企业通过使用获得收益的资产，而不是通过出售获得收益的资产（按照公允价值模式核算的投资性房地产除外)。因此，这些非流动资产的成本需要在有效使用期内进行分摊(商誉除外)。同时，这些非流动资产大多需要进行减值测试。

本章介绍的非流动资产主要涉及两个会计问题：取得成本和成本分摊方法。非流动资产的入账成本与其取得方式密切相关，比如，购入固定资产、自建固定资产、租入固定资产的入账成本各不相同。无形资产的取得方式主要有购入和企业合并形成两种，合并形成的无形资产分为同一控制下的企业合并与非同一控制下的企业合并形成的无形资产（参见第9章)。固定资产成本的分摊取决于企业的折旧方法，油气资产成本的分摊可以采用产量法或者直线法，其他非流动资产的分摊通常采用直线法。

7.1 非流动资产的内容和特点

非流动资产是指企业持有时间超过一年或超出长于一年的一个经营周期的资产，如固定资产、无形资产、开发支出、商誉，以及石油天然气企业的油气资产、农业企业的生产性生物资产，还包括长期股权投资、企业持有的不准备在短期内变现的金融资产等。开发支出和商誉本质上也可以作为无形资产，由于资产负债表将这两个项目单独列示，本书也将其作为单独的项目予以介绍。

企业持有的非流动资产有三种盈利方式（或者变现方式）：一是通过长期使用获得收益，逐步将所持有的非流动资产变为现金，如固定资产、无形资产、开发支出、油气资产、生产性生物资产等；二是通过再出售获得收益，如以公允价值计量且其变动计入其他综合收益的金融资产；三是通过以投资方式取得被投资方分配的红利或者支付的利息获得收益，如长期股权投资、以摊余成本计量的金融资产。不同盈利方式的非流动资产需要采用不同的会计核算方式。

对于通过长期使用获得收益的非流动资产，通常采用成本模式核算。成本模式是指按照取得非流动资产时的成本入账，账面价值采用系统且合理的方法，与使用资产带来的收入进行配比，如固定资产与折旧、无形资产与摊销、开发支出与摊销等。例如，企业购进一台机器花了10万元，估计可使用5年，在这5年中这台机器不断加工出产品，机器的购买成本就要在5年内按时间或按机器的产出量等进行合理分摊。企业拥有的生产性生物资产也是通过使用获得收益，但由于生物资产的特殊性，可以采用公允价值模式核算。

对于通过再出售获得收益的非流动资产，可以采用公允价值模式核算。在公允价值模式下，取得非流动资产时按照其成本入账，期末按照公允价值调整账面价值，两者的差额或者计入当期损益，或者计入所有者权益下的其他综合收益。采用公允价值核算模式时不需要对非流动资产（如以公允价值计量且其变动计入其他综合收益的金融资产）进行摊销。投资性房地产也可以采用公允价值模式核算。

对于通过以投资方式取得被投资方分配的红利或者支付的利息获得收益的非流动资产，会计核算方法相对复杂一些，具体方法取决于投资性质、投资金额。比如，股权投资不同于债权投资，股权投资中，占60%股权的投资与占10%股权的投资也不同。债权投资采用类似于成本模式的会计核算方法，期末按照摊余成本计价。股权投资根据投资比例，分别采用成本法和权益法核算。

本章将介绍第一种盈利方式的非流动资产。以公允价值计量且其变动计入其他综合收益的金融资产、以摊余成本计量的金融资产将在第8章和第9章进行介绍。

7.2 固定资产

7.2.1 固定资产的概念

固定资产是企业为生产商品、提供劳务、出租或经营管理而持有的，使用寿命超过一个会计年度的实物资产。在实际工作中，企业通常还会按照金额大小来确定固定资产。比如，即便某设备使用年限超过规定标准，但由于设备价值相对于企业的总资产规模太小，通常不将其作为固定资产处理。比如低于500元的工具器具就可直接作为费用处理。

固定资产是企业经营能力的重要体现，对于资本密集型企业尤其如此，比如发电厂的固定资产（机组）决定了发电量，航空公司的固定资产（飞机）决定了运输能力。然而，一些企业在经营模式创新之后变成了轻资产公司，将大量制造业务分离或者外包出去，如耐克公司就将鞋子的制造外包给生产成本较低的国家和地区，2009 年，中国、越南、印度尼西亚和泰国生产的耐克鞋分别占其当年总产量的 36%，36%，22%和 6%，为耐克生产运动服装的企业遍及 34 个国家和地区，单个企业的加工量不到耐克服装产量的 5%。2009 年度，耐克的销售收入为 190 亿美元，固定资产只有 19 亿美元，资产总额为 132 亿美元。

7.2.2　固定资产的特点

固定资产是指企业拥有或控制的、供企业长期使用的建筑物、机器设备、运输工具、办公家具等，能够为企业带来未来的经济利益，具有以下特点：

(1) 企业持有的目的是使用而不是销售。

(2) 使用寿命超过一个会计年度。

使用寿命可以用时间来度量，也可以用该固定资产所能生产的产品或提供劳务的数量来度量。比如，一辆汽车设计可用 15 年，并能行驶 100 万公里，使用寿命就可确定为 15 年或 100 万公里。

7.2.3　固定资产的种类

为便于对固定资产进行管理，通常按固定资产的经济用途、使用状态、所有权等进行分类。常见的分类方法如下。

1. 按固定资产的经济用途分类

(1) 厂场设备。包括厂房、办公楼及附属设备等。

(2) 生产机器。包括生产流水线、加工用的各种机器、仪器、仪表、检测设备等。

(3) 运输工具。包括各种车辆。

(4) 土地。

2. 按固定资产的使用状态分类

(1) 正在使用的固定资产。它是指正在使用过程中的固定资产。

(2) 尚未使用的固定资产。它是指目前还未组装或安装完成的固定资产，也不排除不符合企业要求的固定资产。

(3) 准备处置或废弃的固定资产。它是指企业转型准备处置或者已经服役期满的固定资产。

3. 按固定资产的所有权分类

(1) 自有固定资产。

(2) 租入固定资产。

7.2.4 取得固定资产的核算

固定资产的取得方式不同，其成本构成也不相同。下面介绍几种常见的固定资产取得方式。在实际工作中，由于交易的多样性，企业取得固定资产的方式可能远远不止这些。

1. 以购买方式取得的固定资产

通过购买方式取得的固定资产，其成本主要包括购买价款，相关税费，使固定资产达到目前状态或位置所发生的运输、装卸、安装及专业人员的服务费用等。以一笔款项购入多项没有单独标价的固定资产，应当按照各项固定资产公允价值的比例对总成本进行分配，分别确定各项固定资产的成本。

购买固定资产除了支付价款，与购买存货一样，还需要缴纳增值税。有关增值税的核算见第10章。

一些专用设备需要专业的安装，如电梯、化工装备、炼油装备等。还有些设备需要实施专门的工程才能转变为具备生产能力的固定资产，如火电企业的发电机等。所以，有些设备的安装费远远高于其购买成本。

例7-1

时代公司于20×8年1月9日购入一台带蒸汽锅炉的电熨斗，以银行存款支付货款20 000元以及13%的增值税，其中，蒸汽锅炉的市场价格为12 000元，电熨斗的市场价格为8 000元。

分析：按现行规定，时代公司购置该项固定资产缴纳的增值税不构成固定资产的成本，需单独核算，增值税＝20 000×13%＝2 600（元）。编制如下会计分录：

借：固定资产	20 000	
应交税费——应交增值税（进项税额）	2 600	
贷：银行存款		22 600

例7-2

时代公司20×8年2月20日购进由10台电动缝纫机组成的生产流水线，购买价格为10万元（不含税），增值税税率为13%，安装调试费为1 000元，运输费为2 000元。假设安装调试费和运输费均为含税价，税率分别为13%和9%。

分析：该流水线符合固定资产的定义，记入固定资产账户的借方，由于购置生产性固定资产的增值税可以抵扣，需要将安装调试费和运输费还原为不含税价格，计入固定资产的成本。该流水线的成本构成如下：

购买价格	100 000元
安装调试费	885元（1 000/1.13）
运输费	1 835元（2 000/1.09）
合计	102 720元

20×8年2月20日，支付货款和增值税共计116 000元（100 000×(1+13%)+

1 000+2 000)。编制如下会计分录:

借:固定资产	102 720
应交税费——应交增值税(进项税额)	13 280
贷:银行存款	116 000

2. 自行建造的固定资产

企业除了通过购买方式取得固定资产,还可以自行建造。自行建造需要设置在建工程账户进行核算,固定资产建造所需的各种钢材、水泥等建筑材料,单独设工程物资账户进行核算,等工程竣工并完成各种验收工作以后,从在建工程账户的贷方转入固定资产账户的借方。

除了建造所需的材料和人工,固定资产建造成本还包括为建造固定资产而发生的借款费用,将借款费用计入固定资产成本称作借款费用资本化。① 对于借款费用,会计准则有严格的限制,只有在符合以下条件时才能资本化:

(1) 资产支出已经发生。资产支出包括为购建或者生产符合资本化条件的资产而以支付现金、转移非现金资产或者承担带息债务形式发生的支出。

(2) 借款费用已经发生。

(3) 为使资产达到预定可使用或者可销售状态所必要的购建或者生产活动已经开始。

为建造固定资产而借入专门借款的,应当以专门借款当期实际发生的利息费用,减去将尚未动用的借款资金存入银行取得的利息收入或者进行暂时性投资取得的投资收益后的金额,确定为专门借款利息费用的资本化金额。

除了为建造固定资产而发生的专门借款,如果在借款费用资本化期间内,建造固定资产占用了一般借款,一般借款的借款费用也应当计入固定资产成本。应当根据累计资产支出超过专门借款部分的资产支出乘以所占用一般借款的资本化率(具体计算参见更高级别的课程),计算确定一般借款应予资本化的利息金额。一般借款是指除专门借款以外的其他借款。

确定停止借款费用资本化的时间也是一个关键问题。按照会计准则的要求,当固定资产达到预定可使用状态时,应停止资本化,继续发生的借款费用计入当期损益。如果在建造固定资产的过程中发生了非正常中断,而且连续中断时间超过3个月,应当暂停借款费用的资本化。

建造的固定资产达到预定可使用状态,可以有几个判断标准:固定资产的实体建造(包括安装)已经全部完成或者实质上已经完成;固定资产与设计要求、合同规定或者生产要求相符,即使存在个别不相符的地方,也不影响固定资产的正常使用。

比如,企业向银行借入专门借款1 000万元,对生产车间进行扩建,于20×7年

① 不仅固定资产的借款费用可以资本化,房地产开发企业开发的用于出售的房地产开发产品、机械制造企业制造的用于对外出售的大型机械设备等存货的借款费用也可以资本化。

3月1日开工，20×8年7月1日完工。该笔借款在工程完工前发生的利息费用应计入在建生产车间的成本。若借款期限长于工程建设期限，则工程完工后发生的利息不能资本化，应计入当期财务费用。

例7-3

时代公司为自行建造原材料仓库购进一批钢材、水泥、隔热板材等建筑材料，共计120万元，适用增值税税率为13%。工程从20×7年1月1日开工，于20×8年12月31日完工，期间还支付了工人工资30万元以及间接费用50万元。该项目的所有资金均来自银行的专门借款200万元，借款日期为20×7年11月1日，借款期限为2年，年利率为6%，专门借款的存款利息收入为20 000元。

分析：对工程前期购买的各种建筑材料专门设置工程物资账户进行核算。工程开工后陆续使用的各种建筑材料、支付的工人工资等要先记入在建工程账户的借方，完工后再转入固定资产。编制如下会计分录：

（1）购买建筑材料时：

借：工程物资　　1 200 000

　　应交税费——应交增值税（进项税额）　　156 000

　贷：银行存款　　1 356 000

（2）领用建筑材料时：

借：在建工程　　1 200 000

　贷：工程物资　　1 200 000

（3）结算并支付工人工资和间接费用时：

借：在建工程　　300 000

　贷：应付职工薪酬　　300 000

借：应付职工薪酬　　300 000

　贷：银行存款　　300 000

借：在建工程　　500 000

　贷：银行存款　　500 000

（4）将借款费用计入工程成本，计息时间为13个月。

借：在建工程　　110 000（2 000 000×6%×13/12－20 000）

　贷：长期借款——利息　　110 000

（5）工程完工时：

借：固定资产　　2 110 000

　贷：在建工程　　2 110 000

（6）计算固定资产完工后专门借款的利息费用。

借：财务费用　　110 000（2 000 000×6%×11/12）

　贷：银行存款　　110 000

3. 租入的固定资产

租赁是指在一定期间让渡资产的使用权以获取对价的合同或合同的一部分。承租方在整个使用期内享有使用该资产的几乎所有经济利益，并主导该资产的使用。

（1）初始确认和计量。承租人需要在租赁开始时确认一项使用权资产和租赁负债。租赁负债按照租赁期内支付租金的现值计量，使用权资产按照租赁负债的金额进行初始计量，并对租赁预付款、已取得的租赁激励措施、承租人的初始直接费用（如佣金）以及复原、搬迁和拆除成本的估计进行调整。

（2）后续计量。在使用期内对使用权资产比照固定资产计提折旧。每期承担的利息增加租赁负债，实际支付租赁款则减少负债。

（3）列报。在资产负债表中可单独列示使用权资产和租赁负债，也可在附注中单独披露。折旧费用和利息费用在利润表中单独列示，不允许合并列示。在现金流量表中，租赁负债的本金支付作为筹资活动支付的现金流量列示；利息支付可以根据对会计政策的选择而列作经营活动现金支出。

对租赁期为 12 个月或更短的短期租赁和标的价值较低的标的资产不确认使用权资产和租赁负债，发生时作费用处理。

4. 其他方式取得的固定资产

企业除了以购买、自建、租赁这三种主要方式取得固定资产外，还会通过其他方式获得固定资产，比如接受投资者的投资、接受捐赠、以物易物，甚至盘点发现账外的固定资产等。

（1）接受投资形成的固定资产。投资者除了用货币资金进行投资，还可以用实物资产进行投资。实物资产的价值可以通过双方协商或专门的资产评估公司进行评估来确定。

（2）接受捐赠取得的固定资产。企业接受捐赠取得的固定资产按照公允价值入账。

（3）非货币性资产交换取得的固定资产。非货币性资产交换是指交易双方通过交换存货、固定资产、无形资产和长期股权投资等非货币资产而取得对方的资产，一般不涉及货币性资产，即使有少量补价，也会低于所交换资产价值的 25%。一般情况下，通过非货币性资产交换取得的固定资产，按照换出资产的公允价值加上相关的税费作为入账价值。

（4）盘盈取得的固定资产。企业在对资产进行实物盘点时发现的账外固定资产，应确定盘盈固定资产的原值、累计折旧和固定资产净值，如果不能确认盘盈固定资产的这些信息，则应按照固定资产的重置成本入账。同时，固定资产盘盈应作为前期差错处理，适用追溯重述法，通过以前年度损益调整账户进行核算。

固定资产盘亏造成的损失计入当期损益。

例 7－4

时代公司在年底盘点资产的过程中，发现有一台普通的缝纫机没有入账，价值 2 800 元。

分析：对盘盈的账外固定资产要及时登记入账。会计上通过以前年度损益调整账户进行核算。编制如下会计分录：

借：固定资产　　2 800

　　贷：以前年度损益调整　　2 800

5. 具有弃置费用的固定资产

对于特殊行业的特殊固定资产，在确定其入账成本时，应考虑预计弃置费用。

弃置费用是根据国家法律和行政法规、国际公约等规定，企业承担的环境保护和生态恢复等义务的支出，如针对矿产资源、核电站的弃置，企业需要履行保护和恢复环境的义务。企业履行弃置义务不可避免地会发生费用，有些费用是相当高昂的。

在确定固定资产的弃置费用时，需要考虑货币的时间价值，在固定资产的使用寿命内按照预计负债的摊余成本和实际利率计算确定的利息费用应计入财务费用。

例7-5

某企业建造完成一座核电站，决算后的固定资产成本为32亿元，预计使用30年。30年后，弃置该核设施所需的费用为3.5亿元，按照5%的贴现率计算，弃置费用的现值为80 982 107.03元。

(1) 计算已完工的固定资产的成本。

借：固定资产　　3 280 982 107.03

　　贷：在建工程　　3 200 000 000

　　　　预计负债　　80 982 107.03

(2) 计算第1年应负担的利息（按照实际利率法）。

借：财务费用　　4 049 105.35(80 982 107.03×5%)

　　贷：预计负债　　4 049 105.35

(3) 计算第2年应负担的利息。

借：财务费用　　4 251 560.62((80 982 107.03+4 049 105.35)×5%)

　　贷：预计负债　　4 251 560.62

以后会计年度的会计处理略。

7.2.5 固定资产的折旧

1. 固定资产折旧的概念

固定资产折旧（depreciation）是指在固定资产的有效使用期内，对固定资产的成本采用系统且合理的方法进行分配的过程，即将固定资产的成本转化为费用的过程。

2. 固定资产折旧的范围

并不是所有的固定资产都需要计提折旧。确定固定资产折旧的范围是界定哪些固定资产需要计提折旧，哪些固定资产不需要计提折旧。

(1) 需要计提折旧的固定资产。

1）房屋和建筑物。

2）在用的机器设备、仪器仪表、运输车辆、工具器具。

3）季节性停用和大修理停用的固定资产。

4）租入和以经营租赁方式租出的固定资产。

5）已达到预定可使用状态但尚未办理竣工决算的固定资产，按照估计价值入账，并计提折旧；待办理竣工决算后，按照实际成本调整原来的暂估值，但已按暂估值计提的折旧不需要调整。

6）未使用、不需要使用的固定资产。

（2）不需要计提折旧的固定资产。

1）已提足折旧仍继续使用的固定资产。

2）按规定单独作价作为固定资产入账的土地。

3）持有待售的固定资产。

4）以融资租赁方式租出的固定资产。

租入的固定资产应当采用与自有应计提折旧资产相一致的折旧政策。能够合理确定租赁期届满时将会取得租赁资产所有权的，应当在租赁资产尚可使用年限内计提折旧；无法合理确定租赁期届满时是否能够取得租赁资产所有权的，应当在租赁期与租赁资产尚可使用年限两者中较短的期间内计提折旧。

企业一般应当按月计提折旧，当月增加的固定资产，当月不计提折旧，从下月起计提折旧；当月减少的固定资产，当月照计提折旧，从下月起不计提折旧。固定资产提足折旧后（应计折旧成本已分摊完毕），不管能否继续使用，均不再计提折旧；提前报废的固定资产，也不再补提折旧。

根据《企业会计准则第4号——固定资产》的规定，企业对未使用、不需要使用的固定资产（不含更新改造和因大修理停用的固定资产）也应计提折旧，计提的折旧计入当期管理费用。

3．影响固定资产折旧的因素

影响固定资产折旧的因素主要是指影响固定资产折旧额大小的因素，这固然与后面介绍的折旧方法有关，但也与固定资产的成本、固定资产的使用寿命、固定资产的预计净残值和固定资产的减值密切相关。

（1）固定资产的成本。固定资产的成本是指企业按各种方式取得固定资产的实际成本。外购固定资产的成本包括购买价格，运输、装运、安装和专业人员的维护等费用；自建固定资产的成本包括耗用的各种工程物资、人员工资、各项税费等支出。

（2）固定资产的使用寿命。使用寿命是指固定资产的预计使用时间，可以通过时间（如使用年限）来度量，也可以通过该固定资产提供的服务量（生产产品的数量等）来度量。在确定固定资产的使用寿命时，既要考虑其有形（物理）损耗，也要考虑其无形损耗。无形损耗主要是指受技术进步的影响，企业会提前终止对该固定资产的使用。

（3）固定资产的预计净残值。预计净残值是固定资产使用寿命终了时，预计处置该固定资产可以取得的收入减去预计发生的费用的差额。固定资产原值减预计净残值称为固定资产可折旧金额。

（4）固定资产的减值。固定资产减值是固定资产可收回金额低于固定资产账面净值的差额。在计提固定资产折旧时，应当从可折旧金额中扣除已经计提的固定资产减值。

4. 固定资产折旧方法

固定资产折旧方法体现了将固定资产的成本转化为费用的分配结构，即分摊的方式，该分摊方式应与使用固定资产预期带来的经济利益相关联。如果固定资产使用带来的收益是均衡的，企业可以采用平均分摊的方式将固定资产成本等额地分配到每一个会计期间。如果固定资产在使用初期带来的收益更多，企业可以在固定资产初期多提折旧，固定资产效率下降后少提折旧，这种方式称为加速折旧法。

（1）年限平均法。年限平均法是假设固定资产的使用是均衡的，为企业带来的收益也是均衡的，固定资产的成本按其使用寿命进行平均分配。由于每一期计提的折旧金额相等，若把各点连接起来便是一条直线，因此，该方法也称为直线法（straight-line method）。用公式可表达为：

$$D=\frac{C-S}{N}$$

式中，D——折旧额；C——成本；S——净残值；N——使用寿命。

固定资产成本减去净残值的差额（$C-S$）是可折旧金额，即应当分摊的固定资产成本。固定资产的原值即成本并不全是可折旧金额。

例 7-6

某企业办公用固定资产的成本为 100 000 元，可使用 5 年，预计净残值为 0。

分析：按年限平均法计提折旧，每年的折旧额 $D=(100\,000-0)/5=20\,000$（元）。

借：管理费用　　20 000

　贷：累计折旧　　20 000

在实际工作中，折旧通常是按月计提的。累计折旧账户是备抵性质的账户，被备抵账户是固定资产，二者是减数与被减数的关系，累计折旧起冲减固定资产成本的作用。资产负债表上固定资产是按净值（固定资产－累计折旧）来列示的，如计提了减值，应按账面价值（扣除减值后的金额）列示。累计折旧表示的是到现在为止，已经分摊了多少成本，或者说是对资产价值折耗的计量，并不代表有任何实物的“累积”。

（2）工作量法。工作量法又称产量法，是指按固定资产的产出量或提供的服务量（可以用重量、体积、长度等进行计量）来分配固定资产成本的方法。固定资产使用的频率越高，产量越大，分摊的成本就越多。用公式可表达为：

$$D=\frac{C-S}{V}$$

式中，D——折旧额；C——成本；S——净残值；V——产量。

例 7-7

某公司购进电动缝纫机 1 台，它能加工 10 000 件服装，成本为 20 200 元，预计净残值为 200 元。20×8 年这台缝纫机共生产出 1 000 件服装。

分析：每件服装耗用的成本为 2 元((20 200－200)/10 000)。1 000 件服装需要分摊的折旧为 2 000 元（1 000×2）。

借：生产成本　　2 000
　贷：累计折旧　　2 000

（3）加速折旧法。加速折旧是在固定资产的有效使用年限内以递减的方式分配固定资产的成本，即在固定资产使用的前几年多提折旧，后几年少提折旧，使计提的折旧呈现递减的状态。加速折旧法的效果是更早、更多地分配固定资产的成本。最常见的加速折旧法是双倍余额递减法和年数总和法。它们以一种递减的方式来分配固定资产的成本。此外，采用缩短年限的方法也能起到加速折旧的作用。比如，一项固定资产原来确定的折旧年限是 8 年，现在使用的折旧年限为 5 年，也加快了折旧的速度。

1）双倍余额递减法。双倍余额递减法是按照直线法折旧率的两倍乘以固定资产账面净值计提折旧的方法。由于固定资产账面净值是递减的，因此，计提的折旧额也呈现递减的状态。

例 7-8

某公司车间管理部门的一台办公设备原始成本为 16 000 元，预计净残值为 456 元，预计使用寿命为 5 年。按双倍余额递减法计提折旧。

分析：折旧率＝2×(1/n)×100%＝2×(1/5)×100%＝40%。由于第 4 年按双倍余额递减法计算的折旧额为 1 382.4 元（3 456×40%），小于按剩余年限除该设备原始成本减去净残值后计算的折旧额 1 500 元（(3 456－456)/2)，因此从第 4 年起改为按直线法计提折旧。每年计提的折旧额如表 7-1 所示。

表 7-1　双倍余额递减法折旧计算表　　金额单位：元

年份	期初账面净值	折旧率	折旧额	期末账面净值
1	16 000	40%	6 400	9 600
2	9 600	40%	3 840	5 760
3	5 760	40%	2 304	3 456
4	3 456		1 500	1 956
5	1 956		1 500	456

根据上表编制第 1 年计提折旧的会计分录：

借：制造费用　　6 400
　贷：累计折旧　　6 400

第 2～5 年的分录相同，金额如表 7-1 所示。

为简化核算，2006年会计准则规定按双倍余额递减法计提折旧的企业，在倒数第二年，将固定资产年初账面净值减去残值直接除以2，得到最后两年应计提的折旧额。

2）年数总和法。年数总和法是指以年数的总和作为分母，以剩余使用年限作为分子，以递减的分数乘以固定资产的应计提折旧额来计算折旧额。

例7-9

某公司销售科办公室电脑的成本为9 000元，预计使用时间为4年，净残值为500元。按年数总和法计提折旧。

分析：将年数总和10（$n(n+1)/2=4\times(4+1)/2$）作为分母，可使用年限作为分子，第1～4年的年数分数为4/10，3/10，2/10和1/10，应计提折旧额＝9 000－500＝8 500（元），每年应计提的折旧如表7-2所示。

表7-2 年数总和法折旧计算表 金额单位：元

年数	应计提折旧额	年数分数	当年折旧额	累计折旧额
1	8 500	4/10	3 400	3 400
2	8 500	3/10	2 550	5 950
3	8 500	2/10	1 700	7 650
4	8 500	1/10	850	8 500

第1年计提折旧的会计分录为：

借：销售费用 3 400

　贷：累计折旧 3 400

第2～4年的分录相同，折旧金额如表7-2所示。

（4）不同折旧方法的比较及其对税收的影响。沿用例7-9的资料。直线法下，每年的折旧额＝(9 000－500)/4＝2 125（元）。双倍余额递减法下，折旧率＝2×(1/4)×100%＝50%。第1年的折旧额＝9 000×50%＝4 500（元），第2年的折旧额＝4 500×50%＝2 250（元），第3～4年的折旧额＝(2 250－500)/2＝875（元）。三种方法计算的折旧额如表7-3所示。

表7-3 三种不同折旧方法对比表 金额单位：元

时间	方法		
	直线法	年数总和法	双倍余额递减法
第1年	2 125	3 400	4 500
第2年	2 125	2 550	2 250
第3年	2 125	1 700	875
第4年	2 125	850	875
合计	8 500	8 500	8 500

三种折旧方法计算出来的折旧额在第一年差异很大，最大的折旧额是按双倍余额递减法计算的4 500元，它与最低的按直线法计提的折旧额2 125元相差2 375元，

与按年数总和法计算的3 400元也相差1 100元。如果采用双倍余额递减法计提折旧，假设企业适用的所得税税率为25%，与直线法相比，这项差异就会为企业带来税收上的好处593.75元（2 375×25%）。从总体来看，企业纳税的总额不会改变，但加速折旧法无疑推迟了企业纳税的时间，等于享受了无息贷款。从图7-1可以看出，双倍余额递减法的这种效果最为明显，其次是年数总和法，直线法的折旧金额则是一条直线。相应地，双倍余额递减法下的固定资产净值下降最快，其次是年数总和法，直线法下的固定资产净值则是均衡下降的，如图7-2所示。

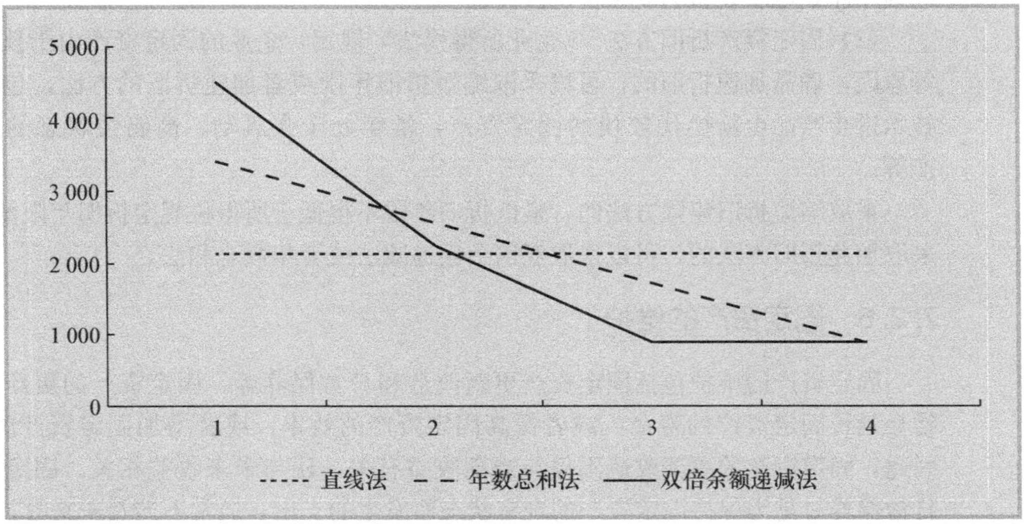

图7-1 三种折旧方法的折旧额

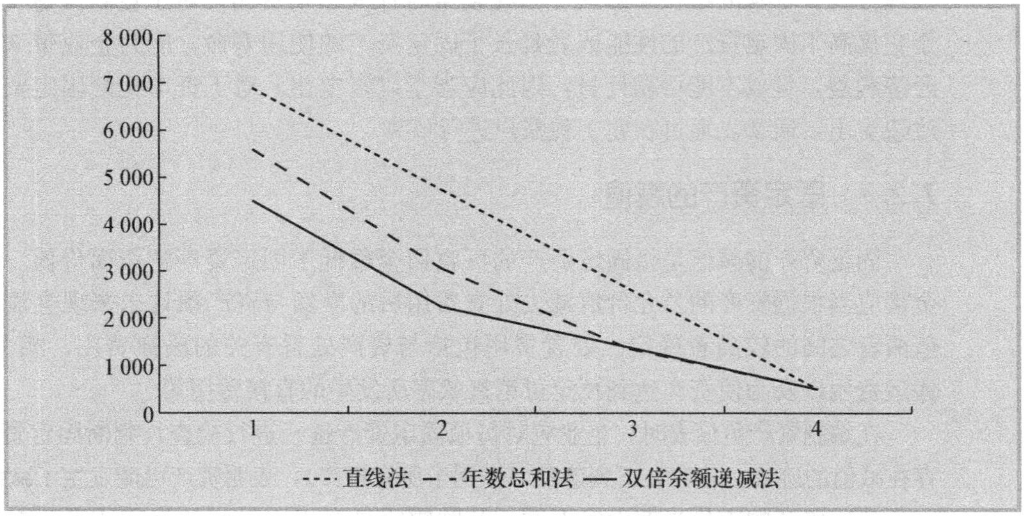

图7-2 三种折旧方法的固定资产净值

5. 税法中关于固定资产折旧的规定

固定资产折旧不仅影响企业的利润，也影响所得税税前扣除的金额，因此，固定资产折旧是一个会计问题，也是一个税法问题。《企业所得税法》对固定资产的范围、折旧年限以及折旧方法都有明确的规定。

按照《企业所得税法》，固定资产是指企业为生产产品、提供劳务、出租或者经营管理而持有的、使用时间超过12个月的非货币性资产，包括房屋、建筑物、机器、机械、运输工具以及其他与生产经营活动有关的设备、器具、工具等。

（1）固定资产使用年限。《企业所得税法》规定了固定资产的最低使用年限：房屋、建筑物为20年，飞机、火车、轮船、机器、机械和其他生产设备为10年，与生产经营活动有关的器具、工具、家具等为5年，飞机、火车、轮船以外的运输工具为4年，电子设备为3年。

（2）固定资产折旧方法。《企业所得税法》规定，企业的固定资产由于技术进步等原因，确需加速折旧的，可以采取缩短折旧年限或者加速折旧的方法，包括由于技术进步产品更新换代较快的固定资产，常年处于强震动、高腐蚀状态的固定资产等。

采取缩短折旧年限方法的，最低折旧年限不得低于所得税规定折旧年限的60%。采取加速折旧方法的，可以采取双倍余额递减法或者年数总和法。

7.2.6 固定资产的维护

固定资产的维护包括固定资产更新改造和日常保养等。固定资产的更新改造通常会延长固定资产的寿命，或者提高固定资产的效率，或者增加固定资产的功能，因此，固定资产的更新改造不仅与当期收益有关，还与未来收益相关。固定资产的日常保养只是为保持固定资产的现有状态而发生的支出，通常不涉及未来收益。

按照划分资本性支出与收益性支出的原则，对于固定资产维护支出有两种会计处理方式：日常的维护和修理支出在发生时计入当期费用；对于更新改造支出，由于它提高了固定资产的性能或者延长了固定资产的使用寿命，能为企业带来未来的经济利益，且成本能可靠计量，因此应当予以资本化。对于资本化的固定资产更新改造支出，通常先通过在建工程账户进行核算。

7.2.7 固定资产的减值

固定资产的减值是指固定资产的可收回金额低于固定资产的账面价值。可收回金额应当根据资产的公允价值减去处置费用后的净额与资产预计未来现金流量的现值两者之间的较高者确定。处置费用包括与资产处置有关的法律费用、相关税费、搬运费用以及为使资产达到预定可销售状态所发生的直接费用等。

在编制资产负债表时，企业应对每项固定资产逐一进行检查，判断固定资产是否存在减值的迹象。若存在下列迹象（适用于所有资产），表明资产可能发生了减值：

（1）资产的市价当期大幅下跌，其跌幅明显高于因时间的推移或者正常使用而预计的下跌。

（2）企业经营所处的经济、技术或者法律等环境以及资产所处的市场在当期或者将在近期发生重大变化，从而对企业产生不利影响。

（3）市场利率或者其他市场投资报酬率在当期已经提高，从而影响企业计算资产预计未来现金流量现值的折现率，导致资产可收回金额大幅降低。

(4) 有证据表明资产已经陈旧过时或者其实体已经损坏。

(5) 资产已经或者将被闲置、终止使用或者计划提前处置。

(6) 企业内部报告的证据表明，资产的经济绩效已经低于或者将低于预期，如资产所创造的净现金流量或者实现的营业利润（或者亏损）远远低于（或者高于）预计金额等。

(7) 其他表明资产可能已经发生减值的迹象。

例 7-10

某公司在3年前以18 000元购进一台设备，由于技术进步，原计划要使用6年，但公司预计再使用一年就会提前处置。20×8年12月31日编制资产负债表时，确认资产减值损失为2 000元。

分析：该设备是由于技术进步而被提前处置的。企业估计的减值损失为2 000元。企业可通过固定资产减值准备账户进行核算。

借：资产减值损失——固定资产减值准备	2 000	
贷：固定资产减值准备		2 000

如果计提了固定资产减值准备，在资产负债表中所列的固定资产金额就是减去累计折旧和固定资产减值准备后的余额。固定资产减去累计折旧后的余额称为固定资产净值，再减去固定资产减值准备后的余额称为固定资产账面价值。固定资产折旧与固定资产减值是两个完全不同的概念。折旧是对已发生成本的一种分配，固定资产减值是固定资产由于各种原因发生了价值减损而确认的损失。固定资产折旧与固定资产减值存在一定的关联性。如果固定资产折旧估计过低，固定资产净值相对较高，固定资产发生减值的可能性就会增大。

7.2.8 固定资产的处置

固定资产的处置包括出售、报废、转让等。对于报废的固定资产，需要设置固定资产清理账户进行核算，该账户贷方记录清理收入，借方记录清理费用和被处置固定资产的账面价值（固定资产原值－累计折旧－固定资产减值准备）。贷方大于借方的差额，转入营业外收入——非流动资产处置收益；借方大于贷方的差额，转入营业外支出——非流动资产处置损失。

例 7-11

某公司一项固定资产的原价为20 000元，累计已计提折旧18 000元。公司决定报废该固定资产。报废该固定资产取得1 500元，支付的清理费用为600元。忽略税收因素。

(1) 结转该项固定资产的账面原值。

借：固定资产清理	2 000	
累计折旧	18 000	
贷：固定资产		20 000

（2）支付清理费用600元。

借：固定资产清理　　600

　　贷：银行存款　　600

（3）收到报废收入1 500元。

借：银行存款　　1 500

　　贷：固定资产清理　　1 500

（4）结转固定资产清理净损失。

借：营业外支出——非流动资产处置损失　　1 100

　　贷：固定资产清理　　1 100

准备出售的固定资产应当转入持有待售资产，出售固定资产产生的损益计入资产处置损益。持有待售资产发生减值时，应计提减值准备。除准备出售的固定资产外，所有准备出售的非流动资产，如长期股权投资、无形资产等，都应转入持有待售资产。持有待售资产在资产负债表中列作流动资产。

7.2.9 固定资产在资产负债表中的列示

固定资产在资产负债表上按照净额列示。固定资产净额是固定资产原值扣除累计折旧和固定资产减值准备后的余额。

宝钢股份有限公司是典型的钢铁制造企业，拥有大量的设备。以下是宝钢股份2018年固定资产的报表列示和披露信息（见表7—4和表7—5）。

表7-4 宝钢股份合并资产负债表 金额单位：百万元

资产	2018年12月31日	2017年12月31日
流动资产合计	120 089	133 293
……		
固定资产	150 718	154 222
在建工程	7 765	10 095
……		
资产总计	335 141	350 235

表7-5 宝钢股份固定资产的构成 金额单位：百万元

项目	房屋及建筑物	机器设备	运输工具	办公及其他设备	合计
一、账面原值					
1. 期初余额	82 900	269 433	22 432	24 090	398 854
2. 本期增加金额	3 798	9 532	6 653	6 723	26 705
（1）购置	422	160	112	420	1 114
（2）在建工程转入	1 930	9 371	1 954	2 051	15 306
（3）企业合并增加					

续表

项目	房屋及建筑物	机器设备	运输工具	办公及其他设备	合计
（4）外币折算差额	27		1		28
（5）重分类	1 419		4 586	4 252	10 257
3. 本期减少金额	1 164	14 630	745	493	17 032
（1）处置或报废	81	3 848	743	486	5 158
（2）转入投资性房地产	560				560
（3）转入其他非流动资产	1				1
（4）处置子公司减少	523	513	2	3	1 041
（5）外币折算差额		12		4	17
（6）重分类		10 257			10 257
4. 期末余额	85 534	264 334	28 339	30 319	408 527
二、累计折旧					
1. 期初余额	41 635	166 713	16 769	17 914	243 031
2. 本期增加金额	3 710	11 677	5 251	4 010	24 648
（1）计提	3 223	11 675	2 008	1 611	18 518
（2）外币折算差额	7	2	0	2	11
（3）重分类	480		3 243	2 397	6 120
3. 本期减少金额	577	9 776	705	466	11 524
（1）处置或报废	69	3 376	703	465	4 613
（2）转入投资性房地产	326				326
（3）处置子公司减少	182	281	2	1	466
（4）重分类		6 120			6 120
4. 期末余额	44 768	168 614	21 315	21 458	256 154
三、减值准备					
1. 期初余额	185	1 356	29	31	1 601
2. 本期增加金额	55	163	0	13	232
（1）计提	55	162	0	13	231
（2）外币折算差额	0	1			1
3. 本期减少金额	8	161	4	6	179
（1）处置或报废	1	147	4	6	
（2）处置子公司减少	6	14		0	20
（3）外币折算差额				0	0
4. 期末余额	233	1 358	25	38	1 654
四、账面价值					
1. 期末账面价值	40 534	94 362	6 999	8 824	150 718
2. 期初账面价值	41 080	101 364	5 633	6 144	154 222

资产负债表列示的固定资产金额

7.3 无形资产

7.3.1 无形资产的概念

无形资产是指企业拥有或控制的没有实物形态的可辨认非货币性资产，主要包括专利权、非专利技术、版权、商标权、特许权、土地使用权等。其中，可辨认性可根据以下标准进行判断，符合其中一条即表明是可辨认的无形资产。

（1）能够从企业中分离或者划分出来，并能单独或者与相关合同、资产或负债一起，用于出售、转移、授予许可、租赁或者交换。

（2）源自合同性权利或其他法定权利，无论这些权利是否可以从企业或其他权利和义务中转移或者分离出来。

虽然无形资产与有形资产一样，能为企业带来未来的经济利益，但是无形资产给企业带来的经济利益具有很大的不确定性。比如，有些企业的商标具有很高的商业价值，而有些企业尽管也注册了商标，但商标却没有多少商业价值。

7.3.2 无形资产的取得方式及成本确定

企业取得无形资产大致有以下几种方式：

（1）外购。企业外购的无形资产按取得时的成本入账，包括购买价格、税费以及直接归属于使该资产达到预定用途的其他支出。

（2）自行开发。除满足资本化条件的开发支出，企业自行开发的无形资产一般都不确认，如企业自行开发形成的商标、著作权、专利权等。

（3）投资者投入。投资者投入无形资产的成本，应当按照投资合同或协议约定的价值确定，但合同或协议约定价值不公允的除外。

（4）其他方式。常见的其他取得无形资产的方式包括非货币性资产交换、政府补助、企业合并等。通过非货币性资产交换取得的无形资产可按换出资产的公允价值进行确定。通过政府补助取得的无形资产应当按照公允价值计价，并确认递延收益，递延收益在相关无形资产的使用寿命内平均分配。通过企业合并取得的无形资产按照公允价值计价。

7.3.3 无形资产的摊销

1. 无形资产摊销期限与方法的确定

无形资产摊销与固定资产折旧类似，需要将无形资产的成本扣除残值以后在使用期内进行系统、合理的分摊。如果无形资产的使用寿命确实是无限的，则不摊销无形资产成本。使用寿命有限的无形资产的残值通常为零，但下列情况除外：

（1）由第三方承诺在无形资产使用寿命结束时购买该无形资产。

（2）可以根据活跃市场得到预计残值信息，并且该市场在无形资产使用寿命终结时很有可能存在。

由于无形资产给企业带来经济利益的方式很难确定，一般将无形资产的成本进行平均摊销。摊销期限从使用无形资产开始，到停止使用无形资产为止。实际工作中，摊销期限可根据以下原则来确定：

（1）有法律规定的使用寿命，无合同规定的使用寿命的，依照法律规定的使用寿命。

(2) 无法律规定的使用寿命，有合同规定的使用寿命的，依照合同规定的使用寿命。

(3) 既有法律规定的使用寿命，又有合同规定的使用寿命，比较两者的时间，按较短的使用寿命进行摊销。

(4) 对于无使用寿命的无形资产，可综合各方面的因素，与历史数据比较，参考同行经验甚至进行专家论证等，从而确定无形资产带来经济利益的期限。

无形资产摊销的成本直接计入当期损益。实际工作中，也有按产量或销量来支付无形资产的使用费用的，可直接计入当期损益。

已经计提减值准备的无形资产在计提摊销时，应当扣除无形资产的减值准备。

例7-12

时代公司为了提升服装的品牌效应，与某著名公司签订合同，同意以每生产一件服装支付50元的代价取得商标的使用权。假设时代公司20×8年上半年共生产5 000件服装。

分析：20×8年需支付的商标使用费＝5 000×50＝250 000（元）。

借：管理费用——商标使用权　　250 000

　贷：银行存款　　250 000

2. 无形资产的取得与摊销

(1) 专利。专利是受法律保护的发明创造，即一项发明创造向国家审批机关提出专利申请，依法审查合格后向专利申请人授予的在规定的时间内对该项发明创造享有的专有权，是一种排他的权利。我国将专利分为发明、实用新型和外观设计三种，发明的专利权期限为20年，实用新型的专利权期限和外观设计的专利权期限均为10年。

例7-13

时代公司20×8年1月1日以5万元购入一款服装的外观设计，可使用2年。

分析：服装外观设计属于一项专利，公司将其作为无形资产入账，并在2年内进行摊销。

购买时的会计分录为：

借：无形资产——专利——外观设计　　50 000

　贷：银行存款　　50 000

20×8年12月31日按直线法进行摊销，摊销额＝50 000/2＝25 000（元）。

借：管理费用　　25 000

　贷：累计摊销——专利——外观设计　　25 000

(2) 商标权。商标权是指商标主管机关依法授予商标所有人对其注册商标受国家法律保护的专有权。商标是一种识别标志，用以区别商品和服务的不同来源，一般由文字、数字、图形、字母、颜色等组合而成。我国商标权的获得必须履行商标注册程序，实行申请在先的原则。

我国《商标法》规定，商标权有效期为10年，自核准注册之日起计算，期满前

6个月内申请续展，在此期间内未能申请的，可再给予6个月的宽展期。续展可无限重复进行，每次续展期为10年。

企业自创商标权所发生的费用作为当期费用，不确认为资产。

例7-14

时代公司一款产品的商标（尚未注册）与一家设计事务所的商标（已注册）同名，经协商，时代公司以105 000元从该设计事务所买入商标。

分析：时代公司买入商标形成公司的无形资产105 000元，公司决定按直线法分10年摊销。会计分录为：

借：无形资产——商标	105 000	
贷：银行存款		105 000

第1年摊销时：

借：管理费用	10 500	
贷：累计摊销——商标		10 500

此后9年，每年都要做相同的摊销分录：

借：管理费用	10 500	
贷：累计摊销——商标		10 500

值得注意的是，商标只是一种识别标志，其作用在于维护经济活动的秩序，而专利则直接推动社会经济的发展。对两者的保护可以调动人们进行探索、发明的积极性，推动社会经济有序发展。

（3）著作权。著作权又称为版权，是指自然人、法人或者其他组织对文学、艺术或科学作品依法享有的财产权利和人身权利的总称。著作权自作品创作完成之日起产生，在我国实行自愿登记原则。

例7-15

时代公司20×8年从一著名服装设计师处购入一款服装的设计图纸，以银行存款支付20 000元。公司认为该服装可能流行2年。

分析：公司购入的设计图纸属于知识产权，记入无形资产——著作权。

借：无形资产——著作权	20 000	
贷：银行存款		20 000

由于服装的流行时间短，公司分2年进行摊销，第1年摊销时：

借：管理费用	10 000	
贷：累计摊销——著作权		10 000

（4）土地使用权。

1）土地使用权的取得方式。土地使用权是指单位或者个人依法或依约定，对国有土地或集体土地所享有的占有、使用、收益和有限处分的权利。

国有土地使用权是指国有土地的使用人依法利用土地并取得收益的权利。国有土地使用权的取得方式有划拨、出让、出租、入股等。有偿取得的国有土地使用权可以依法转让、出租、抵押和继承。划拨土地使用权在补办出让手续、补缴或抵交土地使用权出让金之后，才可以转让、出租、抵押。农民集体土地使用权是指农民集体土地的使用人依法利用土地并取得收益的权利。农民集体土地使用权可分为农用土地使用权、宅基地使用权和建设用地使用权。

划拨土地使用权是指经县级以上人民政府依法批准，在土地使用者缴纳补偿、安置等费用后取得的国有土地使用权，或者经县级以上人民政府依法批准后无偿取得的国有土地使用权。

出让土地使用权是指国家以土地所有者的身份将国有土地使用权在一定年限内让与土地使用者，由土地使用者向国家支付土地使用权出让金后取得的土地使用权。取得出让土地使用权有以下几个特征：取得的土地使用权是有偿的；取得的土地使用权是有期限的；取得的土地使用权是一种物权。土地使用权出让的形式有三种，即协议出让、招标出让和拍卖出让。

土地使用权转让是指通过出让方式取得国有土地使用权的单位和个人，将土地使用权再转移的行为，如出售、交换、赠与等。土地使用权出让构成土地使用权流转的一级市场，土地使用权转让构成土地使用权流转的二级市场。

土地使用权出租是指土地使用者作为出租人将土地使用权随同地上建筑物、其他附着物租赁给承租人使用，由承租人向出租人支付租金的行为。未按土地使用权出让合同规定的期限和条件投资开发、利用土地的，土地使用权不得出租。

土地使用权买卖是指土地使用权人以获取价款为目的将自己的土地使用权转移给其他公民或法人，后者获得土地使用权并支付价款的行为。

不同用途的土地，其使用年限是不一样的：

①居住用地 70 年。

②工业用地 50 年。

③教育、科技、文化、卫生、体育用地 50 年。

④商业、旅游、娱乐用地 40 年。

⑤综合或者其他用地 50 年。

2）土地使用权的会计核算。企业取得的土地使用权通常应按无形资产核算。土地使用权用于自行开发建造厂房等自用地上建筑物时，土地使用权的账面价值不与地上建筑物的成本合并计算，应将其单独作为无形资产进行核算。

企业外购房屋建筑物所支付的价款中包括土地使用权以及建筑物的价值的，应当对实际支付的价款按照合理的方法（如公允价值的比例）在土地使用权和地上建筑物之间进行分配，确实无法在土地使用权和地上建筑物之间进行合理分配的，全部作为固定资产核算。

企业通过划拨无偿取得的土地使用权也应确认为无形资产，直接归属于使该项资产达到预定用途所发生的支出（如缴纳配套费、土地储备金等）应计入取得无形资产的成本。

如果企业采用分期付款方式购买土地使用权，并且付款期限比较长，购买土地使用权的价款超过正常信用条件延期支付，实质上具有融资性质，其成本按购买价的现值确定。

如果房地产开发企业取得的土地使用权用于建造对外出售的房屋建筑物，其相关的土地使用权价值应当计入所建造的房屋建筑物的成本。

企业改变土地使用权的用途，将其用于出租或增值目的时，应将其账面价值转为投资性房地产。如果企业采用公允价值模式核算，则在转换日按照土地使用权的公允价值作为投资性房地产的入账价值，转换日土地使用权的账面价值与公允价值的差额作为当期损益，记入公允价值变动损益。

例7-16

时代公司于20×8年1月1日取得乙公司一块土地的使用权，用于自行开发建造库房，经与对方协商采用分期付款方式支付款项。按照合同，该土地使用权总价款为1 000万元，首次付款400万元，剩余款项每年年末支付150万元，4年付清。假设银行同期贷款利率为5%，不考虑其他税费。

分析：土地使用权的现值＝400＋150×(P/A,5%,4)＝400＋150×3.545 951＝931.892 7（万元），未确认融资费用＝1 000－931.892 7＝68.107 3（万元），融资费用分摊按实际利率法，融资费用分摊表如表7-6所示。

表7-6 融资费用分摊表 金额单位：元

期间	每期偿还债务（分期付款）(1)	摊销未确认融资费用 (2)＝(3)×5%	长期负债余额 (3)＝期初(3)－(1)＋(2)
			5 318 927
1	1 500 000.00	265 946.35	4 084 873.35
2	1 500 000.00	204 243.67	2 789 117.02
3	1 500 000.00	139 455.85	1 428 572.87
4	1 500 000.00	71 427.13*	0.00
合计	6 000 000.00	681 073.00	

*71 427.13＝681 073－(265 946.35＋204 243.67＋139 455.85)。

会计分录如下：

①首次付款时：

借：无形资产——土地使用权 9 318 927

  未确认融资费用 681 073

 贷：长期应付款——乙公司 6 000 000

   银行存款 4 000 000

②20×9年1月1日付款时：

借：长期应付款——乙公司 1 500 000

 贷：银行存款 1 500 000

借：财务费用 265 946

 贷：未确认融资费用 265 946

未确认融资费用以后每年摊销的金额分别为204 243.67元、139 455.85元和71 427.13元。

后3年付款时的会计分录与此相似。

例7-17

W房地产开发企业通过拍卖方式取得一块土地的使用权用于建造对外出售的商品房，该土地使用权价款为2 500万元，以银行存款支付。商品房建造完工后，经竣工决算，建造总成本为6 500万元。

①取得土地使用权时：

借：在建工程——商品房　　25 000 000

　贷：银行存款　　25 000 000

②结转商品房建造成本时：

借：开发产品——商品房　　65 000 000

　贷：在建工程——商品房　　65 000 000

7.3.4　无形资产的处置

无形资产的处置包括出售、出租和转销。

企业出售无形资产，应当将出售无形资产取得的价款与其账面价值的差额计入资产处置损益，无形资产的出售收入应缴纳增值税。企业出租无形资产使用权产生的租金收入和发生的相关费用应分别确认为其他业务收入和其他业务成本，无形资产出租收入缴纳的增值税以及出租后计提的摊销费用也计入其他业务成本。

企业出售无形资产的典型会计分录如下：

借：银行存款

　　累计摊销

　　无形资产减值准备

　贷：无形资产

　　　资产处置损益

　　　应交税费——应交增值税

如果预期无形资产不再为企业带来未来的经济利益，应当将该无形资产的账面原值予以转销，无形资产原值与累计摊销和无形资产减值准备的差额作为当期损益（营业外支出）。

借：累计摊销

　　无形资产减值准备

　　营业外支出——非流动资产处置损失

　贷：无形资产

7.3.5　无形资产的期末测试

在资产负债表编制日，企业应对拥有的各项无形资产进行减值测试，如果无形资产的可收回金额低于账面价值，应计提无形资产减值准备。减值准备一经确定，不得转回。

借：资产减值损失——无形资产减值准备
　贷：无形资产减值准备

7.4 其他非流动资产

前面介绍了固定资产和无形资产两类非流动资产项目。在资产负债表中还有很多具有一定特殊性的非流动资产项目，有些与特殊业务活动相关，如开发支出、商誉、投资性房地产等，有些与特定行业相关，如油气资产、生物资产等。

7.4.1 开发支出

当一项研究成果在技术上具备可行性，并具有一定的商业价值时，企业将其用于某项计划或设计，开发出全新的或有实质性改进的产品所需的支出即可理解为开发支出。由于研发是一个连续的过程，研究阶段的成果具有不确定性，可能是一个具有广泛商业价值的结果，也可能是一个毫无商业价值的结果。因此，企业内部研发项目的支出通常分为研究阶段的支出和开发阶段的支出。

研究是指为获取并理解新的科学或技术知识而进行的独创性的有计划调查。研究通常是探索性的，研究的结果可能形成无形资产，也可能无法形成无形资产，一般在发生时，企业将其支出作为当期的费用进行处理。

开发是指在进行商业性生产或使用前，将研究成果或其他知识用于某项计划或设计，以生产出新的或具有实质性改进的材料、装置、产品等。记入开发阶段的支出能否形成无形资产并不确定，只有同时满足下列条件时，才能确认为企业的无形资产：

（1）完成该无形资产以使其能够使用或出售在技术上具有可行性。

（2）具有完成该无形资产并使用或出售的意图；有将开发形成的无形资产用于企业使用或出售的意图。

（3）无形资产产生经济利益的方式，包括能够证明运用该无形资产生产的产品存在市场或无形资产自身存在市场；无形资产将在内部使用的，应当证明其有用性。

（4）有足够的技术、财务资源和其他资源支持，以完成该无形资产的开发，并有能力使用或出售该无形资产。

（5）归属于该无形资产开发阶段的支出能够可靠地计量。

事实上，研究和开发在实务中有时很难区别。但为了准确核算开发成本，准则规定研究阶段的支出费用化，开发阶段的支出资本化。设置研发支出账户核算企业研发无形资产过程中发生的各项支出，并分别设置费用化支出账户与资本化支出账户进行明细分类核算。研发支出的借方累计会计期间发生的所有研究开发支出，期末，将形成无形资产的研究开发支出转入无形资产，借记无形资产，贷记研发支出——资本化支出；对费用化的研究开发支出，借记研发费用，贷记研发支出——费用化支出，不属于研发费用的纯行政性支出、培训费等应转入管理费用。研发支出的期末余额即资产负债表上的非流动资产开发支出项目。

例 7－18

由于服装行业是一个个性化的时尚产业，消费者的需求变化非常快。为了赢得先机，时代公司组建了一个面料研发部，专门研发产品。研发部在 20×8 年共发生如下费用：购买设备支出 10 万元，购买试验用材料 8 万元，支付研究人员工资 30 万元。假定 48 万元费用中 8 万元用于研究，40 万元用于开发，并在期末认定开发支出可以资本化。

（1）采购设备和材料时：

借：原材料	80 000	
固定资产	100 000	
贷：银行存款		180 000

（2）将设备和材料用于开发时：

借：研发支出——费用化支出	80 000	
——资本化支出	400 000	
贷：累计折旧		100 000
原材料		80 000
应付职工薪酬		300 000

（3）期末将费用化支出转入研发费用，将资本化支出转入无形资产。

借：研发费用	80 000	
贷：研发支出——费用化支出		80 000
借：无形资产	400 000	
贷：研发支出——资本化支出		400 000

7.4.2 商誉

商誉产生于企业合并，是合并方的合并成本高于被合并方可辨认净资产公允价值的差额。商誉的经济含义是被合并方的超额收益。

例 7－19

A 企业以 2 000 万元收购 B 企业 100%的股权，B 企业净资产账面价值为 1 300 万元，可辨认净资产的公允价值为 1 600 万元。这意味着 A 企业以 2 000 万元购买了价值为 1 600 万元的 B 企业，超出 B 企业公允价值的 400 万元就是 A 企业在企业合并过程中形成的商誉。

按照会计准则，商誉与无形资产、固定资产等非流动资产项目的成本转销方法不同，商誉的账面价值不分年度摊销，但需要在每年年末进行减值测试。如果商誉的账面价值高于其公允价值，表明商誉发生了减值，将商誉的减值金额计入当期损失。关于商誉的确定方法和过程，参见第 9 章关于企业合并的内容。

商誉的减值测试采用资产组或者资产组组合的方法。具体过程是：先将商誉的账面价值分摊给相关资产组或者资产组组合，然后分别计算各个资产组或者资产组组合的可收回金额，如果各个资产组或者资产组组合的可收回金额低于其账面价值加上分摊的商誉价值，则商誉发生了减值。

例7-19中，A企业收购B企业时确认商誉400万元。假设原B企业的资产组组合按照生产单位划分为一分厂和二分厂，相应的资产账面价值分别为3 000万元和2 000万元，则分配给该资产组组合的商誉价值分别为240万元和160万元，两者合计，两个分厂的资产账面价值分别为3 240万元和2 160万元。根据现金流量现值法测算，一分厂资产组组合的可收回金额为2 980万元，二分厂资产组组合的可收回金额为2 300万元。一分厂资产组组合发生减值260万元，包括分摊给一分厂资产组组合的商誉240万元和一分厂的其他资产减值20万元。测试结果表明，A企业的商誉发生减值240万元。

7.4.3 投资性房地产

投资性房地产是指企业为赚取租金、实现资本增值或两者兼而有之所持有的房地产，包括已出租的建筑物、已出租的土地使用权、持有并准备增值后转让的土地使用权。

投资性房地产的初始计量采用成本法，按实际成交的价格加以确认。投资性房地产的后续计量有两种模式：一是成本模式；二是公允价值模式。采用成本模式核算的方法与固定资产的核算类似，需要计提折旧。采用公允价值模式核算应当在每个会计期末按照公允价值调整原来的账面价值，差额计入当期损益，不需要计提折旧。企业对所有投资性房地产只能选择一种模式核算，或是成本模式，或是公允价值模式，不能对部分投资性房地产采用成本模式核算，对部分投资性房地产采用公允价值模式核算。

投资性房地产的计量模式一经确定，不得随意变更。两种模式之间只能单向转换，采用成本计量模式的投资性房地产可以变更为公允价值计量模式，但采用公允价值计量模式的投资性房地产不能变更为成本计量模式。

7.4.4 油气资产

油气资产是指油气开采企业拥有或控制的油气井及相关设施和矿区权益。矿区是指企业进行油气开采活动而划分的区域或独立的开发单元。矿区权益分为探明矿区权益和未探明矿区权益。探明矿区是指已发现探明经济可采储量的矿区，未探明矿区是指未发现探明经济可采储量的矿区。

石油天然气企业的业务循环如图7-3所示。

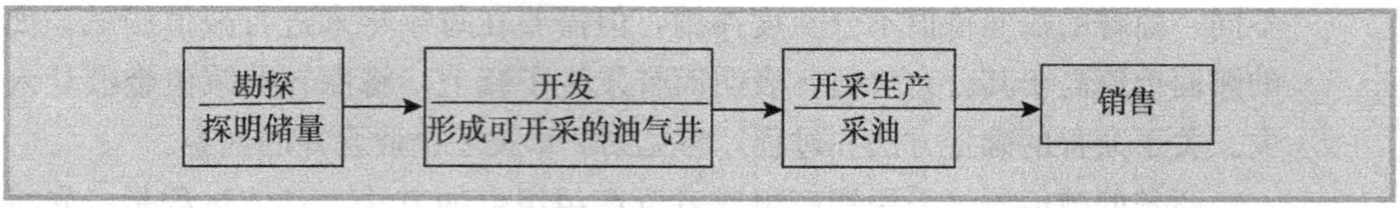

图7-3 石油天然气企业的业务循环

油气资产的会计核算过程概括如下：

油气勘探阶段发生的所有支出均记入油气勘探支出账户。勘探活动有可能探明储量，也可能没有探明储量。对于没有探明储量的支出，期末确认为当期费用；对于探明储量的支出，期末作为资产，转入油气资产账户。探明储量的矿区，通过建设开发，可以形成具有生产能力的油气井，油气井建设开发的支出记入油气开发支出账户，开发完成后，转入油气资产账户。油气勘探支出账户和油气开发支出账户的余额在资产负债表中反映为在建工程项目。

油气资产属于递耗资产。递耗资产是指通过开采、采伐、利用而逐渐耗竭，以致无法恢复或难以恢复、更新或按原样重置的自然资源。除了油气资产，矿藏也是递耗资产。油气资产通常按产量法或年限法计提资产折耗。

产量法又称单位产量法，它以单位产量为基础对探明矿区权益的取得成本和油气井及相关设施的成本计提折耗。采用该方法对油气资产计提折耗时，矿区权益应以探明经济可采储量为基础，油气井及相关设施成本以探明已开发经济可采储量为基础。

此外，由于开发石油或天然气的企业在处置油气井及相关设备时，可能会对环境造成一定的影响，因此要承担一项很重要的弃置义务，所涉及的支出可能比一般企业要大。在确认油气井及相关设施的成本时，弃置义务应当以矿区为基础进行预计，主要涉及井及相关设施的弃置、拆移、填埋、清理和恢复生态环境所发生的支出。企业可设置弃置费用账户进行核算。

7.4.5　生物资产

生物资产是指有生命的动物和植物，与农业生产密切相关。这里的农业主要包括种植业、畜牧养殖业、林业和水产业等。生物资产分为消耗性生物资产、生产性生物资产和公益性生物资产。

消耗性生物资产是指为出售而持有的或在将来收获为农产品的生物资产，包括生长中的大田作物、蔬菜、用材林以及存栏待售的牲畜等。

生产性生物资产是指为产出农产品、提供劳务或出租等目的而持有的生物资产，包括经济林、薪炭林、产畜和役畜等。典型的生产性生物资产如奶牛、种牛等。

公益性生物资产是指以防护、环境保护为主要目的的生物资产，包括防风固沙林、水土保持林和水源涵养林等。

生物资产的核心要素是有生命，因此，生物资产具有两个典型特征：

(1) 生物资产会产生自然增值，即随着生物资产的发育、成长，其价值会自然增加。

(2) 生物资产会发生病虫害，甚至死亡。

生物资产一般按照成本模式核算。外购生物资产的成本包括购买价款、相关税费、运输费、保险费以及可直接归属于购买该资产的其他支出。自行栽培、营造、繁殖或养殖的消耗性生物资产的成本包含收获前或者出售前发生的相关支出。自行营造或繁殖的生产性生物资产的成本包含达到预定生产经营目的前发生的相关支出。

企业对生产性生物资产可按年限平均法、工作量法或产量法等计提折旧。每年年终，要对生产性生物资产的使用寿命、预计净残值和折旧方法进行复核。

每年年度终了对消耗性生物资产和生产性生物资产进行检查，有确凿证据表明由于遭受自然灾害、病虫害、动物疫病侵袭或市场需求变化等原因，消耗性生物资产的可变现净值或生产性生物资产的可收回金额低于其账面价值的，应当按照可变现净值或可收回金额低于账面价值的差额，计提生物资产跌价准备或减值准备，并计入当期损益。消耗性生物资产减值的影响因素已经消失的，减记金额应当予以恢复，并在原已计提的跌价准备金额内转回，转回的金额计入当期损益。生产性生物资产减值准备一经计提，不得转回。

生物资产在有确凿证据表明其公允价值能够持续可靠取得时，可采用公允价值进行计量。对生物资产采用公允价值模式核算需要同时满足下列条件：

（1）生物资产有活跃的交易市场。

（2）能够从交易市场上取得同类或类似生物资产的市场价格及其他相关信息，从而对生物资产的公允价值做出合理估计。

习　题

（一）辨析与思考

Q7-1 企业发生的下列支出，哪些增强了资产的服务能力？哪些只是维持了资产的服务能力？

（1）定期给汽车换机油、空气过滤器。

（2）装修办公楼。

（3）更换机器的零部件。

（4）在原建筑物上增盖一层楼房。

Q7-2 当为取得资产发生一项支出时，企业编制的会计分录包含下列内容，请问其含义是增加资产的价值还是增加费用？

借：累计折旧

　贷：银行存款

Q7-3 普通企业正在使用的厂房与房地产开发公司正在建造的地产项目都可以确认为企业的固定资产吗？普通设备的备品备件一般确认为存货，大型民用航空公司运输的高价周转件等是否可以确认为企业的固定资产？

Q7-4 长期资产的使用时间长、价值高，不可能在一个会计期间内就全部被消耗。长期资产需要在有效使用时间内进行合理分配，将成本转化为费用。这种转化有不同的称谓，固定资产叫折旧，无形资产叫摊销，自然资源叫折耗。其实，这些只是名称不同，实质上都是分摊成本的意思。你认为这种说法对吗？

Q7-5 固定资产在计提折旧时需要估计固定资产的有效使用时间，如果估计该项固定资产能够一直使用下去，无时间限制，该项固定资产是不是就不需要计提折旧？

Q7-6 新药开发的周期长，投入的研发费用巨大。据报道，欧美的新药研发平均需要10年时间，每年投入上亿美元，制药公司进行药物研发，需要筹集大笔资金用于前期基础研究，并不得不承担在早期阶段失败的风险。前期投入中的利息费用和新药研发成功的费用是否全部确认为专利资产？

Q7－7　某城市为了限制机动车的数量，采用车牌号码拍卖的方式以增加机动车的购买成本。如果购买一辆小轿车的成本为 10 万元，为车牌付出的成本为 5 万元，请问车牌费用是计入固定资产的成本还是计入无形资产的成本，抑或是直接作为当期的费用？

Q7－8　企业一般需要先取得采矿权，支付相关费用后才能开采矿产资源。为取得采矿权支付的费用是企业的一项资产吗？

Q7－9　果树属于什么资产？

（二）练习题

E7－1　练习折旧方法

A 公司 20×5 年 7 月 1 日以 144 000 元购入一台设备，估计使用 3 年或运行 6 900 小时，净残值为 6 000 元。20×5 年至 20×8 年设备使用情况分别为 800 小时、2 700 小时、2 500 小时和 900 小时。

要求：

分别采用直线法、双倍余额递减法和产量法计算 20×5 年至 20×8 年的折旧额。

E7－2　练习固定资产的核算

某公司 20×8 年 1 月 1 日购入一台设备，用现金支付 15 000 元，其余 50 000 元公司开出银行承兑汇票，期限为 2 个月，利率为 3%，3 月 1 日支付利息和本金。其他资料如下：

发票价格	64 000 元
运费	500 元
安装费	500 元
总计	65 000 元
预计净残值	5 000 元

假定该公司采用年数总和法计提折旧，折旧年限为 5 年。暂不考虑税费。

要求：

（1）编制购入设备、支付利息及计提折旧的会计分录。

（2）20×8 年 12 月 31 日，按资产原价的 5%计提资产减值损失。

（3）20×9 年 1 月 1 日，计算该固定资产的账面价值。

E7－3　练习无形资产的核算

F 公司最近研制成功一种新产品。此前投入的开发成本如下：

材料	100 000 元
设备折旧	42 000 元
人工	176 000 元
间接成本	102 000 元
总计	420 000 元

在申请专利的过程中发生专利申请费、审查费、复核费等4 900元。预计该专利使用时间为10年。

要求：

根据经济业务编制相关会计分录：

(1) 将研发支出计入成本。

(2) 支付专利申请费。

(3) 将申请成功的专利转入无形资产。

(4) 按直线法分10年摊销无形资产的成本。

(三) 案例

C7－1 鞍钢股份的固定资产折旧

2011—2012年，很多钢铁企业变更了固定资产折旧年限，如鞍钢股份、南京钢铁、马钢股份、华菱钢铁、柳州钢铁、济南钢铁、莱芜钢铁等。鞍钢股份2011年9月26日发布公告称，董事会决定从2011年7月1日起调整固定资产折旧年限，具体方案如表7－7所示。

表7－7 固定资产折旧年限调整表 单位：年

类别	变更前折旧年限	变更后折旧年限
房屋	20	30
建筑物	20	30
传导设备	15	15
机械设备	10	15
动力设备	11	10
运输设备	10	10
工具及仪器	7	5
管理用具	5	5

说明：表中的房屋及建筑物为生产用房屋及建筑物。

固定资产折旧年限变更后，2011年度固定资产折旧额减少10.36亿元，所有者权益及净利润增加7.77亿元。鞍钢股份2011年年报披露的主要财务指标如表7－8所示。

表7－8 鞍钢股份2011年主要财务指标 金额单位：百万元，标注除外

项目	2011年度	2010年度	本年比上年增减（%）	2009年度
营业总收入	90 423	92 431	－2.17	70 126
营业利润	－3 446	2 253	－252.95	789
利润总额	－3 281	2 358	－239.14	843
归属于上市公司股东的净利润	－2 146	2 039	－205.25	727
经营活动产生的现金流量净额	4 663	9 026	－48.34	4 549
基本每股收益（元/股）	－0.297	0.282	－205.32	0.100

续表

项目	2011 年度	2010 年度	本年比上年增减（%）	2009 年度
稀释每股收益（元/股）	−0.297	0.282	−205.32	0.100
全面摊薄净资产报酬率（%）	−4.23	3.77	下降 8 个百分点	1.39
加权平均净资产报酬率（%）	−4.09	3.83	下降 7.92 个百分点	1.38
项目	2011 年年末	2010 年年末	本年年末比上年年末增减（%）	2009 年年末
资产总额	102 988	105 114	−2.02	100 987
负债总额	50 683	49 769	1.84	47 189
归属于上市公司股东的所有者权益	50 751	54 068	−6.13	52 432
归属于上市公司股东的每股净资产	7.01	7.47	−6.16	7.25
资产负债率（%）	49.21	47.35	上升 1.86 个百分点	46.73
总股本	7 235	7 235	—	7 235

鞍钢股份 2010—2011 年固定资产的折旧情况如表 7－9 所示。

表 7－9　鞍钢股份 2010—2011 年固定资产折旧情况表　　金额单位：百万元

项目	2010 年期初额	2010 年增加额	2010 年减少额	2010 年期末额	2011 年增加额	2011 年减少额	2011 年期末额
一、账面原值合计	77 357	10 501	111	87 747	3 239	325	90 661
其中：房屋及建筑物	21 403	3 256	9	24 650	749	25	25 374
机器设备	52 343	6 545	90	58 798	2 324	274	60 848
其他	3 611	700	12	4 299	166	26	4 439
二、累计折旧合计	23 424	7 010	74	30 360	6 887	237	37 010
其中：房屋及建筑物	4 207	1 262	13	5 456	1 219	15	6 660
机器设备	17 601	5 310	46	22 865	5 186	205	27 846
其他	1 616	438	15	2 039	482	17	2 504
三、账面净值合计	53 933	3 491	37	57 387			53 651
其中：房屋及建筑物	17 196	1 994	−4	19 194			18 714
机器设备	34 742	1 235	44	35 933			33 002
其他	1 995	262	−3	2 260			1 935
四、减值准备合计	128	4	12	120		35	85
其中：房屋及建筑物	16		2	14			14
机器设备	109	4	10	103		35	68
其他	3			3			3
五、账面价值合计	53 805			57 267			53 566
其中：房屋及建筑物	17 180			19 180			18 700
机器设备	34 633			35 830			32 934
其他	1 992			2 257			1 932

该公司董事会认为，近年来对固定资产的投资、技术改造和技术革新、定期全面检修和年修以及对生产用房屋及建筑物的定期修缮，提高了设备主要是机械设备的使用性能和装备水平，延长了生产用房屋建筑物的使用寿命，从而延长了固定资

产的使用寿命。会计准则规定，企业至少应当于每年年度终了时，对固定资产使用寿命和预计净残值进行复核，如果固定资产使用寿命预计数与原先估计数有差异，应当调整固定资产使用寿命。该公司的固定资产综合折旧率高于同行业大多数公司。因此，本次会计估计变更将使公司的财务信息更为客观。

问题：

(1) 比较鞍钢股份与南京钢铁、华菱钢铁、柳州钢铁、济南钢铁、莱芜钢铁2011—2012年变更前后的固定资产折旧年限；比较鞍钢股份与宝钢股份的固定资产折旧年限和综合折旧率（按照年折旧额/年初固定资产原值计算）及其对财务业绩的影响。

(2) 鞍钢股份变更固定资产折旧年限是否会影响投资者的投资决策？

(3) 变更固定资产折旧年限如何进行会计处理？

C7-2 通用电气的志愿者服务

通用电气公司（GE）在20×3年度全球最有价值品牌榜上名列第四，价值为423.4亿美元，比20×2年度的413.3亿美元增长了2.44%。下面是杰克·韦尔奇于20×1年4月25日在亚特兰大年会上的发言摘录：

> ……通用电气的员工已经深深植根于社区之中并开展了志愿者活动，最近有500名员工参加了亚特兰大志愿日活动，1月有150名员工参加了纪念马丁·路得·金博士志愿服务峰会。
>
> 昨天，杰夫·伊梅尔特和动力系统集团的首席执行官约翰·赖斯参观了南区中学并拜会了校长比尔·谢伯尔德博士。通用电气Elfun亚特兰大分会的志愿者从1993年开始与南区中学合作，合作内容主要是帮助学生备考学业能力测验并辅导学生以提高学业总体水平。如今在这方面所做的努力有了成效，南区中学学生在学业能力测验中达到800分或800分以上的人数提高了两倍，上大学深造学生人数增加了32%。
>
> 多年来，在通用电气所在的其他城市里，我们一直在走访像南区中学这样的学校，由于通用电气员工的指导和通用电气提供的奖学金，成千上万原本可能上不了大学的学生进入大学学习，我们为这些志愿者及其在社区所展现出来的公司形象深感自豪。

问题：

你认为通用电气的成功与上述因素有关吗？如果有，请根据你的理解并结合会计上对资产的定义加以评论。

C7-3 核灾难带来的损失该如何处理

据报道，1986年4月26日，苏联的切尔诺贝利核电站发生爆炸，导致事故发生后3个月内有31人死亡，之后15年内有6万～8万人死亡，13.4万人遭受各种程度的辐射疾病折磨，方圆30公里内的11.5万民众被迫疏散。为消除事故的影响，耗费了大量的人力、物力资源。

官方的统计结果是，从事故发生到2006年共有4 000多人死亡。但是绿色和平组织基于白俄罗斯国家科学院的数据研究发现，在过去 20 年间，切尔诺贝利核电站事故受害者总计 900 多万人，他们随时可能死亡。这场灾难可能导致的死亡人数为 9.3 万，致癌人数为 27 万，经济损失为 180 亿卢布。

2011 年 3 月 11 日 13 时 46 分，日本本州岛附近海域发生 9 级大地震，导致福岛核电站发生爆炸并引起放射性物质泄漏，遇难失踪人数为 27 475。东京电力公司 17 日公布了事故处置时间表，欲在 9 个月内控制核泄漏。

日本 2011 年 3 月的贸易数据显示，当月贸易顺差骤降近八成，出口出现 16 个月来的首次下降。地震和海啸引发的供应链和电力供应中断，给日本乃至很多跨国公司的正常生产带来了严重干扰，直接导致丰田汽车等公司的许多工厂停工。

据日本《每日新闻》报道，政府正着手讨论制定灾害赔偿框架方案，最终赔偿额可能达数万亿日元。东京电力公司 2009 财务年度的资产为 13.2 万亿日元（约合 1 590亿美元），负债为 10.6 万亿日元（约合 1 276 亿美元）。《朝日新闻》所获估算数据显示，赔偿和事故处理费用合计约 10 万亿日元（约合 1 204 亿美元）。

东京电力公司 26 日宣布从当天开始向福岛核电站事故疏散居民支付临时赔偿金，临时赔偿金为家庭每户 100 万日元（约合 1.2 万美元）、单身人士每位 75 万日元（9 120 美元）。东京电力公司预计总支付金额为 500 亿日元（约合 6.08 亿美元）。

问题：

（1）核灾难带来的损失包括哪些？这些损失应该由谁来承担？

（2）从会计核算的角度判断是否可以事先提取弃置费用、赔偿损失等？会计上该如何处理？

第8章

金融资产

学习目的

1. 初步认识金融工具，了解金融工具的特点和分类；
2. 掌握金融资产的分类和核算方法；
3. 了解金融资产重分类和预期信用损失的估计方法。

本章简介

金融工具是具有货币价值的合约（文件），如支票、汇票、债券、股票、期货或期权合同等，两方或者多方签订的具有法律执行力的支付合同也是金融工具，如应收账款。很多金融工具都有市场价格，如股票、债券，流动性强、价格变动频繁使得这些金融工具的盈利模式和风险特征有别于其他资产，给会计核算带来了挑战。金融资产的损益处理取决于金融资产的分类。本章介绍了金融资产的三分类方法及其会计处理，还介绍了预期信用损失三阶段的计算方法及其会计处理。

8.1 金融资产的概念和分类

8.1.1 金融资产的概念

金融资产是企业持有金融工具而形成的资产。金融工具是融通资金的媒介，常见的金融工具有在证券交易所交易的股票、债券、基金等。金融工具的一个重要特征是具有货币价值，可以转让买卖，也会因为价格变化产生损益。不同的金融工具具有不同的风险，比如，股票的风险特征与债券不同，债券持有人收到的利息是固定的，到期要求收回本金，股票持有人则没有固定回报，不能要求公司退还股本。

金融工具分为原生工具（underlying instruments，也称为基础工具）和衍生工具（derivative instruments）。原生工具分为证券类（如股票、债券）和其他现金类

(如贷款、存款)。衍生工具是在原生工具的基础上设计的合约，传统的衍生工具有期权 (option)、期货 (future)、远期合同 (forward) 和互换 (swap) 等。

原生工具的价值通常直接由市场决定，包括在市场上流通的证券和其他现金工具。衍生工具的价值来源于所依附的一种或者多种资产的价值，如股票期权的价值来自所依附的特定股票。

由于衍生工具种类繁多，交易对象和交易方式不同等，又可将其分为交易所交易的衍生工具和柜台交易 (OTC①) 的衍生工具，如商品期货、股指期货、掉期等。具体分类如表 8-1 所示。

表 8-1 金融工具的分类

资产类别	工具类别			
	证券	其他现金	交易所交易的衍生工具	OTC 的衍生工具
债务 (长期) >1 年	债券	贷款	债券期货 债券期权	利率掉期 利率上限和下限 利率期权
债务 (短期) ≤1 年	国库券 商业票据	存款 定期存款	短期利率期货	远期利率协议
权益	股票	—	股票期权 权益期权	股票期权
外汇	—	即期外汇	货币期货	远期外汇 外汇期权 外汇掉期

注：有些工具没有列入此表，如回购协议。

从会计角度定义，金融工具是指形成一个企业的金融资产，并形成其他单位的金融负债或权益工具的合约。比如，A 企业发行 5 年期债券，B 企业购入该债券，这笔交易表明双方认可发行合约，约定债券的偿还日期、偿还方式、利率、利息支付方式等，这个合约就是一项金融工具，A 企业产生了一项金融负债，B 企业产生了一项金融资产。

金融资产包括现金、存款、应收账款、应收票据、贷款等货币债权，股票、公司债券等有价证券以及由衍生工具交易产生的净债权等。

金融资产的价格变化非常快，波动也很大。如在上海证券交易所挂牌交易的股票的价格，在开盘期间每一秒都会发生变化，而且涨跌频繁。对于持有金融资产的企业而言，损益波动显得极为频繁。为了及时反映金融资产的价格变化，原则上金融资产采用公允价值进行计量，但公允价值并不是唯一的计量工具，因为企业管理金融资产的业务模式和金融资产的合同现金流量特征不同，有的金融资产还可以采

① OTC 是英文"over the counter"的简称，指证券场外交易市场，由于没有固定场所，交易分散，以协议方式直接在证券商的柜台进行交易，故称为柜台交易。随着电子技术及网络的发展，场内市场与场外市场在交易方式和交易手段上的区别逐渐淡化，更多体现为挂牌交易的差别。

用摊余成本计量模式。

由于金融工具十分复杂，即便采用公允价值计量，财务报表也很难全面体现金融工具的风险，所以，金融工具的表外披露显得十分重要，如每一类金融工具的范围及性质、利率风险、信用风险、金融资产和金融负债的公允价值等信息。

金融资产的分类是确认和计量的基础，下面重点介绍金融资产的分类。

8.1.2 金融资产的分类

按照企业管理金融资产的业务模式和金融资产的合同现金流量特征，金融资产分为以下三类：

（1）以摊余成本计量的金融资产。

（2）以公允价值计量且其变动计入其他综合收益的金融资产。

（3）以公允价值计量且其变动计入当期损益的金融资产。

所谓业务模式是指企业通过金融资产获取现金流量的方式，也可以看作企业管理金融资产的方式。企业通过金融资产获得现金流量的方式有三种：收取合同现金流量、出售金融资产获得现金流量，或者同时采用这两种方法获得现金流量。金融资产的合同现金流量特征是指金融工具合同约定的，反映相关金融资产经济特征的现金流量属性，通常与基本贷款安排一致，即本金加利息的合同现金流量特征。

以收取合同现金流量为目的的金融资产应当以摊余成本计量，以收取合同现金流量和出售为目的的金融资产应当以公允价值计量并且将其变动计入其他综合收益，不属于前述两种分类的金融资产应当以公允价值计量并且将其变动计入当期损益。

实务中，以获得合同现金流量为主要目的的以摊余成本计量的金融资产，也会发生出售的业务，但只是为了管理信用风险、管理流动性而偶然发生的，或者说不是以出售为主要方式。以公允价值计量且其变动计入当期损益的金融资产，也会收到合同现金流量，但只是附带的，主要目的是出售，而且交易比较频繁。以公允价值计量且其变动计入其他综合收益的金融资产，出售和收取合同现金流量两者共同构成业务模式的有机组成部分，这样，可以保持资产的流动性、获得较高收益、使资产负债匹配合理。

对企业管理金融资产的业务模式的判断，应当以企业投资组合的类别为基础，而不是对单个金融资产逐一确定其业务模式，比如为了保持一定的流动性和收益率，企业将持有若干种债券和股票作为一个投资组合，这时就不能对该企业所持有的债券和股票逐一区别认定。

如果资产负债匹配不合理，就会导致会计错配。所谓会计错配是指企业的资产或者负债因为会计计量的差异而产生的损益，这样的损益可能误导报表使用者。对承担相同金融风险的资产和负债采用不同的计量方式就会产生会计错配，比如，债券投资（资产）和发行的债券（负债）都承担相同的利率波动风险，但方向却是相反的，面对相同的基础利率下降，市场上交易的债券价格会上涨，因此资产会产生收益，而负债价值上涨却会产生损失。如果计量方式相同，资产和负债受利率上升影响的效果就会相互抵消，但计量方式不同，比如资产按照公允价值计量，确认了收益，但负债按照摊余成本计量，没有确认损失，就会出现会计错配。为了消除会计错配的影响，企业可以指定这笔债券为以公允价值计量且其变动计入当期损益的金融负债，这种指定方法也称为公允价值选择权，一旦指定，就不能撤销变更。应付债券指定为以公允价值计量且其变动计入当期损益的金融负债以后，就可以通过净资产和净损益的变动直观地看出公允价值的净变动的影响。

为便于对金融资产进行合理分类，可参考图 8-1。对图 8-1 的理解需要结合后面的金融资产核算的内容。

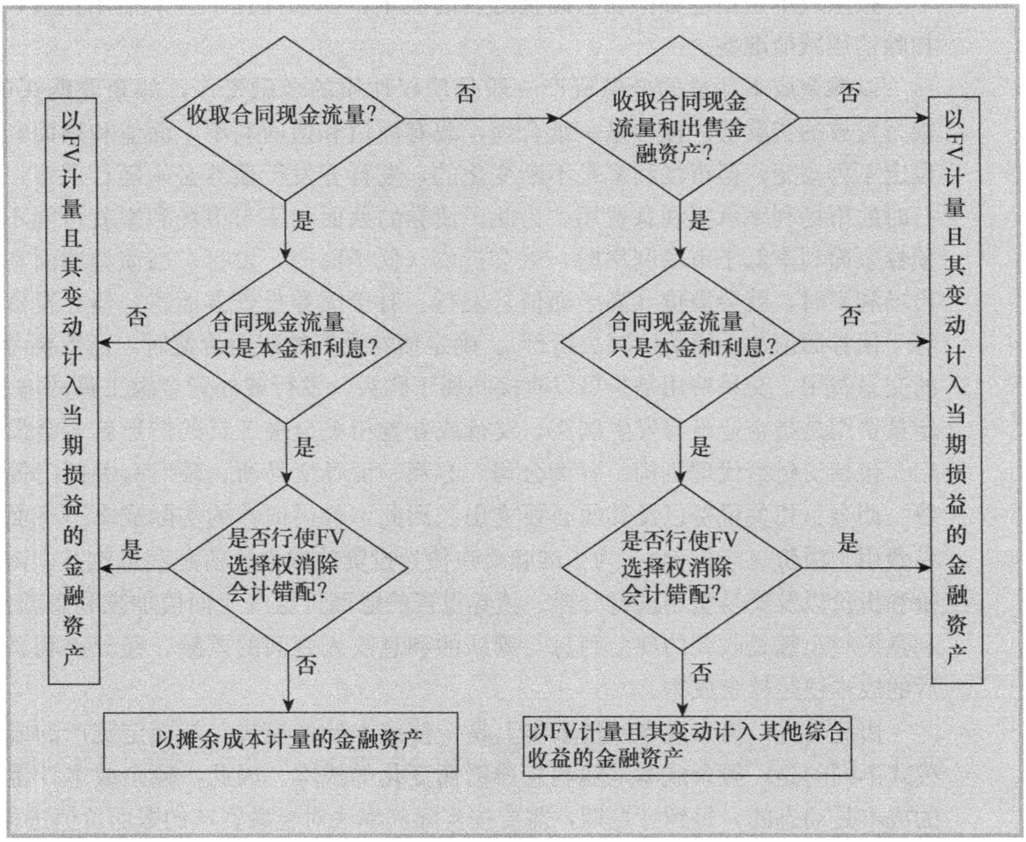

图 8-1　金融资产分类判断示意图

注：FV是公允价值（fair value）的缩写。

8.2　金融资产的核算

8.2.1　以摊余成本计量的金融资产

以摊余成本计量的金融资产必须满足下列两个条件：

（1）企业管理金融资产的业务模式是为了收取合同现金流量；

（2）按照合同条款规定，合同现金流量仅仅是本金和利息。

合同现金流量仅仅是本金和利息的要求与基本贷款的特征是一致的。在基本贷款的安排中，货币的时间价值和信用风险是决定利息的最重要的因素，此外，影响利息的因素还包括流动性风险、管理成本、金融机构的利润等，这些因素与基本贷款安排的特征是一致的。如果利息中包含其他因素，或者合同现金流量的特征与基本贷款安排相差很大，比如，利息中包含商品价格、股票价格等因素，就不能认定合同现金流量仅仅是本金和利息，这就意味着不能将这类金融资产划分为以摊余成本计量的金融资产。

摊余成本是指经分摊利息调整之后的成本，如果计提了预期信用损失，还应当扣除信用减值准备。

以摊余成本计量的金融资产一般是债权性质的金融资产，如企业购买的债券、银行发放的贷款等。债券是一纸合约，载有面值和票面利率，面值和票面利率一经设定不再改变，但市场利率是不断变化的，发行方发行债券必须随行就市，按照发行时的市场利率承担利息费用。为此，债券的票面利率与市场利率就可能不同。当债券票面利率低于市场利率时，就会折价（低于面值）发行；当债券票面利率高于市场利率时，就会溢价（高于面值）发行。对于债券投资方而言，债券投资的成本等于债券面值加上溢价（减去折价）。确定债券投资的账面价值时，还需要考虑债券的交易费用，交易费用是指可以直接归属于购买、发行或处置金融工具的增量费用，增量费用是指企业没有发生购买、发行或处置相关金融工具的情形就不会发生的费用，包括支付给代理机构、咨询公司、券商、证券交易所、政府有关部门等的手续费、佣金、相关税费以及其他必要支出。因此，购买债券的实际成本等于面值＋交易费用＋溢价（－折价）。为了准确反映债券投资的账面价值和利息收益，需要对溢价和折价以及交易费用进行分摊。债券投资的账面价值等于面值加减利息调整金额，利息调整金额是收到的现金利息与确认的利息收入之间的差额。经分摊利息调整之后的成本便是摊余成本。

由此可见，摊余成本计量事实上是一种成本计量模式，与固定资产的成本计量模式不同的是，摊余成本是随利息摊销而变化的成本。因此，摊余成本计量模式下的成本是动态的，每到计息期，需要按实际利率法对金融资产的账面价值进行调整。

实际利率法是指按照金融资产或金融负债的实际利率计算摊余成本及各期利息收入或利息费用的方法。

从投资方的角度看，实际利率是投资者在投资得到回报时的真实利率，即投资取得金融资产时的市场利率。按照实际利率法，期初账面余额乘以实际利率得出的金额即投资者应该确认的投资收益，同时也是债务人应该确认的财务费用。在债券市场上，投资收益是债券公允价值的一部分，即债券应当反映投资者的报酬，因此，实际利率法计算的投资收益增加了债权投资的摊余成本。按票面利率计算的应收利息产生了现金流入（债务人支付的现金利息），意味着债券公允价值的下降，现金流入等额地降低了债权投资的公允价值。如果计提了信用减值损失，说明债券的账面价值大于其公允价值，此时要将债权投资的账面价值减至公允价值的水平。因此，期末持有债权投资的摊余成本为：

期末摊余成本＝期初账面余额＋(－)利息调整
－已收回的本金－信用减值准备

式中，

利息调整＝投资收益（期初账面余额×实际利率）
－现金流入（面值×票面利率）

投资者为取得债券支付的手续费及超过面值部分的溢价或低于面值部分的折价，都是投资者的实际成本。由于债券要按面值核算，这些差额就全部“挤”到利息调整中，需要在债券的存续期间进行摊销。

以摊余成本计量的金融资产，需要按照预期信用损失的方法，计提信用减值准备。预期信用损失的计算方法将在本章第4节中介绍。投资方的投资收益（利息收入）是根据债权投资的账面余额乘以实际利率确定的，但是，债权投资发生信用减值的，投资收益应当根据摊余成本（即账面余额扣除信用减值）和实际利率确定。

(1) 对于取得金融资产时就已经发生信用减值的，利息收入按照摊余成本和经信用调整的实际利率计算。经信用调整的利率是将未来现金流量贴现为摊余成本的利率。

(2) 对于取得金融资产后发生信用减值的，应在发生信用减值以后的期间按照摊余成本和实际利率计算利息收入。

关于预期信用损失的计算方法请参见例8-7。

以摊余成本计量的金融资产需要设置债权投资账户，并在其下设面值和利息调整、应计利息明细账进行核算。利息调整是购买债券的支出与面值的差额。当支出大于面值时，借记债权投资——利息调整，当支出小于面值时，贷记债权投资——利息调整。在整个债券存续期的每个计息期末，按照实际利率法对利息调整进行分摊，到债券投资期满时，恰好将利息调整分摊为零，使债券投资的成本回到债券的面值，利息收入则记入投资收益账户。如果债券是分期付息一次还本，则对应的账户为应收利息，如果债券是到期一次还本付息，则对应的账户为债权投资——应计利息。整个债权投资的核算分购入时的核算、持有期间的期末利息调整和到期收回本金时的核算。

例8-1

甲公司为获得合同现金流量而形成一个投资组合，其中的一个债券品种为20×6年1月1日购入的乙公司的3年期债券，支付价款10 534.6万元，债券面值10 000万元，票面利率8%，每年付息一次，到期还本。甲公司在购买时将其划分为以摊余成本计量的金融资产。

分析：支付价10 534.6万元大于面值10 000万元，属于溢价购入，其差额534.6万元记入利息调整，需要计算实际利率对其进行分摊。每个计息期可获得乙公司支付的利息现金800万元（10 000×8%）。可按下列步骤进行会计业务处理：

第一步，计算实际利率。

计算到期一次还本的分期付息债券的实际利率可以利用 Excel 中的 IRR 公式，经计算，实际利率为 6%。

第二步，根据实际利率编制利息调整摊销表，如表 8-2 所示。

表 8-2 以摊余成本计量的金融资产利息调整摊销表

20×6 年 12 月 31 日　　金额单位：万元

	现金流入 (1)＝面值×8%	利息收入 (2)＝(4)×6%	摊销金额 (3)＝(1)－(2)	账面价值 (4)＝期初(4)－(3)
20×6 年 1 月 1 日				105 346 000
20×6 年 12 月 31 日	8 000 000	6 320 760	1 679 240	103 666 760
20×7 年 12 月 31 日	8 000 000	6 220 006	1 779 994	101 886 766
20×8 年 12 月 31 日	8 000 000	6 113 234*	1 886 766	100 000 000

*尾差＝到期现金流入－期初债券账面价值＝108 000 000－101 886 766＝6 113 234(元)

第三步，根据债券购入信息和利息调整摊销表，编制会计分录。

(1) 20×6 年 1 月 1 日购入时，按面值记录债权投资，实际支出与面值的差额借记利息调整。

借：债权投资——乙公司——面值　　100 000 000

　债权投资——乙公司——利息调整　　5 346 000

　贷：银行存款　　105 346 000

(2) 债券持有期间，每个计息期末的调整。

1) 20×6 年 12 月 31 日。

借：应收利息　　8 000 000（100 000 000×8%）

　贷：投资收益　　6 320 760（105 346 000×6%）

　　债权投资——乙公司——利息调整　　1 679 240

借：银行存款　　8 000 000

　贷：应收利息　　8 000 000

此时债权投资的摊余成本＝105 346 000＋6 320 760－8 000 000

＝103 666 760(元)

2) 20×7 年 12 月 31 日。

借：应收利息　　8 000 000（100 000 000×8%）

　贷：投资收益　　6 220 006（103 666 760×6%）

　　债权投资——乙公司——利息调整　　1 779 994

借：银行存款　　8 000 000

　贷：应收利息　　8 000 000

此时债权投资的摊余成本＝103 666 760＋6 220 006－8 000 000

＝101 886 766(元)

3) 20×8年12月31日。

借：应收利息　　8 000 000（100 000 000×8%）

　贷：投资收益　　6 113 234（倒挤含尾差）

　　债权投资——乙公司——利息调整　　1 886 766

借：银行存款　　8 000 000

　贷：应收利息　　8 000 000

(3) 20×8年12月31日到期收回本金。

借：银行存款　　100 000 000

　贷：债权投资——乙公司——面值　　100 000 000

8.2.2 以公允价值计量且其变动计入其他综合收益的金融资产

以公允价值计量且其变动计入其他综合收益的金融资产必须满足以下两个条件：

(1) 企业管理金融资产的业务模式是为了收取合同现金流量以及出售金融资产；

(2) 按照合同条款规定，合同现金流量仅仅是本金和利息。

企业持有金融资产的目的可能是多样的，比如保持流动性、获得更好的收益，或者在保持流动性的同时获得更高的收益。为了达到这些目的，企业将各种金融资产整合在一起，既能取得合同现金流量，又能出售金融资产获得现金流量，积极稳妥地管理好金融资产。比如，按计划，X公司未来3个月有一笔大额支出，当前银行账户存有富余现金，为了筹集将来需要的资金并保证到期有随时可动用的资金，公司决定将富余的现金投资于短期和长期的金融资产项目，其中很多金融资产的期限超过3个月。X公司通过持有这些金融资产取得合同现金流量，在机会合适的时候出售一些金融资产投资于回报更高的金融资产。X公司管理这个投资组合的负责人的报酬与投资组合的报酬是挂钩的。X公司出于这种动机管理金融资产是一种很常见的方式。这个投资组合是典型的以公允价值计量且其变动计入其他综合收益的金融资产。

对于非交易性的权益工具投资，企业可以在初始确认时指定其为以公允价值计量且其变动计入其他综合收益的金融资产，一旦指定，就不能撤销。

以公允价值计量且其变动计入其他综合收益的金融资产分其他权益工具投资和其他债权投资进行核算。

1. 其他权益工具投资

其他权益工具投资是指以公允价值计量且其变动计入其他综合收益的金融资产中的权益工具，指定划分为以公允价值计量且其变动计入其他综合收益的非交易性权益工具也包括在内。

在其他权益工具投资下，分别设置成本、公允价值变动等明细账进行核算。核算分其他权益工具投资的初始计量（取得时）、持有期间和因出售或者其他原因终止确认时的核算。

(1) 其他权益工具投资的初始计量。其他权益工具投资的初始计量是指对其他权益工具投资取得时的成本的计量，按新准则的要求，购买股权的对价和交易费用一律计入其他权益工具投资的成本。股权中含已宣告未发放的股利，单独通过应收股利账户进行核算，不作为投资成本。

（2）其他权益工具投资持有期间的核算。持有期间获得的股利作为投资收益。持有期间资产负债表日产生的公允价值变动，借记或贷记其他权益工具投资——公允价值变动，贷记或借记其他综合收益——其他权益工具投资公允价值变动。

（3）其他权益工具投资因出售或者其他原因终止确认时的核算。出售时，按照实际收到的对价借记银行存款，贷记其他权益工具投资（成本＋公允价值变动），其差额借记或贷记留存收益（盈余公积和未分配利润），以前计入其他综合收益的公允价值变动转为留存收益。

例8-2

甲公司为了有效利用间歇性的富余现金，制定了一个投资计划，通过收取合同现金流量和出售投资的方式，获得稳定可靠且较高的收益。作为该投资计划的一部分，20×7年3月1日，甲公司以306万元（300万元含1万元交易费用）购入丙公司1%的股权，其中6万元是去年未发放的股利，股利发放日期为3月10日。丙公司是非上市公司。甲公司将对丙公司的股权投资指定为以公允价值计量且其变动计入其他综合收益的金融资产。当年12月31日，经评估，甲公司所持的丙公司股权的价值为330万元。20×8年9月15日，甲公司出售所持的丙公司股权50%，取得现金170万元。20×8年11月2日，丙公司发生重大意外事故，正常经营活动受到较大影响，12月31日，经评估确认，甲公司所持的丙公司股权价值只有100万元。

分析：甲公司持有的丙公司股权没有交易市价，属于非交易性的权益工具，甲公司将其指定为以公允价值计量且其变动计入其他综合收益的金融资产，通过其他权益工具投资账户进行核算。会计处理如下：

（1）20×7年3月1日，甲公司购买丙公司股权时：

其他权益工具投资的成本＝300－1＋1＝300（万元），应收股利为6万元。

借：其他权益工具投资——丙公司——成本	3 000 000	
应收股利	60 000	
贷：银行存款		3 060 000

（2）20×7年3月10日收到股利时：

借：银行存款	60 000	
贷：应收股利		60 000

（3）20×7年12月31日，根据评估的公允价值调整其他权益工具投资。

借：其他权益工具投资——丙公司——公允价值变动	300 000	
贷：其他综合收益——其他权益工具投资公允价值变动		300 000

（4）20×8年9月15日，以170万元出售50%的丙公司股权时：

借：银行存款	1 700 000	

贷：其他权益工具投资——丙公司 1 650 000
盈余公积 5 000（50 000×10%）
未分配利润 45 000（50 000×90%）

将出售部分股权产生的其他综合收益150 000元（300 000×50%）转为留存收益。

借：其他综合收益——其他权益工具投资公允价值变动 150 000
贷：盈余公积 15 000（150 000×10%）
未分配利润 135 000（150 000×90%）

（5）20×8年12月31日，根据公允价值调整其他权益工具投资。

借：其他综合收益 ——其他权益工具投资公允价值变动 650 000
贷：其他权益工具投资——丙公司——公允价值变动 650 000

2. 其他债权投资

其他债权投资是指企业将购入的债权不持有至到期，而是指定为以公允价值计量且其变动计入其他综合收益的金融资产，其业务模式为获取现金流或随时准备出售。

在其他债权投资下分别设置成本、利息调整和公允价值变动明细账进行核算。核算分其他债权投资的初始计量（取得时）、持有期间和因出售或者其他原因终止确认时的核算。

（1）其他债权投资的初始计量。其他债权投资的初始计量是指对其他债权工具取得时的成本的计量，按新准则的要求，购买债权的对价和交易费用一律计入其他债权投资的成本。债权中含已到期未发放的利息，单独通过应收利息账户进行核算，不作为投资成本。

（2）其他债权投资持有期间的核算。持有期间获得的利息收入作为投资收益，利息收入按照实际利率计算。

资产负债表日其他债权投资应计提信用减值准备。

资产负债表日产生的公允价值变动，借记或贷记其他债权投资——公允价值变动，贷记或借记其他综合收益——其他债权投资公允价值变动。

（3）其他债权投资因出售或者其他原因终止确认时的核算。出售时，按照实际收到的对价借记银行存款，贷记其他债权投资（成本＋公允价值变动＋利息调整），其差借记或贷记投资收益，同时将以前计入其他综合收益的累计利得或损失从其他综合收益中转出，计入当期损益。

例8-3

H公司于20×7年1月1日，以10 200 000元购入丁公司面值为1 000万元、票面利率为5%、期限为3年、分期付息（年付）到期一次还本的债券，交易费用为2万元。20×7年12月31日债券的公允价值为1 030万元，20×8年12月31日以1 040万元出售该债券。

分析：该业务的处理比较复杂，需要先计算实际利率，并按实际利率编制利息调整表，以确定各期末债券的账面价值，再与公允价值进行比较，借记或贷记其他综合收益。每年年末记录按面值计算的应收利息和按实际利率法计算的利息收入（投资收益）。

（1）20×7年1月1日，以10 200 000元购入丁公司债券时：

其他债权投资的成本＝1 020＋2＝1 022(万元)

借：其他债权投资——丁公司——成本 10 220 000

　贷：银行存款 10 220 000

（2）采用IRR方法计算出的丁公司债券的实际利率为4.204 159 462 1%。

（3）编制债券利息调整表，如表8－3所示。

表8－3 利息调整表　　金额单位：元

	期初余额	利息收入	投资收益	利息调整	期末余额
0					10 220 000
1	10 220 000	500 000	429 665	70 335	10 149 665
2	10 149 665	500 000	426 708	73 292	10 076 373
3	10 076 373	500 000	423 627	76 373	10 000 000

（4）20×7年12月31日，编制利息调整分录。

借：应收利息（银行存款） 500 000

　贷：投资收益 429 665

　　其他债权投资——丁公司——利息调整 70 335

（5）20×7年12月31日，按公允价值编制调整分录。

借：其他债权投资——丁公司——公允价值变动 150 335

　贷：其他综合收益——其他债权投资公允价值变动 150 335

（6）20×7年12月31日按照公允价值重新计算实际利率并进行利息调整。

1）债券公允价值为10 300 000元时的实际利率为3.422 560 51%。

2）H公司的利息调整表重新计算，如表8－4所示。

表8－4 按公允价值调整后的利息调整表　　金额单位：元

	期初余额	利息收入	投资收益	利息调整	期末余额
1					10 300 000
2	10 300 000	500 000	352 524	147 476	10 152 524
3	10 152 524	500 000	347 476	152 524	10 000 000

（7）20×8年12月31日，H公司出售债券时：

1）编制利息调整分录。

借：应收利息（银行存款） 500 000

　贷：投资收益 352 524

　　其他债权投资——丁公司——利息调整 147 476

2）编制出售债券会计分录。

借：银行存款 10 400 000

贷：其他债权投资 10 152 524

投资收益 247 476

3）将计入其他综合收益的金额转出。

借：其他综合收益——其他债权投资公允价值变动 150 335

贷：投资收益 150 335

8.2.3 以公允价值计量且其变动计入当期损益的金融资产

既不属于以摊余成本计量的金融资产，也不属于以公允价值计量且其变动计入其他综合收益的金融资产，都划分为以公允价值计量且其变动计入当期损益的金融资产。这类金融资产主要是交易性的金融资产。交易性的金融资产最重要的特征就是短期内出售或者回购，换句话说，持有的目的就是尽快交易获利。除了为套期而持有的衍生金融资产外，企业持有的衍生金融资产都是交易性的。

以公允价值计量且其变动计入当期损益的金融资产需要设置交易性金融资产账户进行核算。该账户只核算购买交易性金融资产的成本。为获得交易性金融资产发生的交易费用，直接借记投资收益账户，如果购买的股票含有已宣告而未发放的股利，应从投资支出中单列记入应收股利账户，如果购买的债券含有应收取而未收取的利息，应从投资支出中单列记入应收利息账户，因为应收股利和应收利息不是投资成本，而是投资时垫支的支出，当被投资企业发放股利和支付利息时即可收回，实际收到时，借记银行存款，贷记应收股利或者应收利息账户。

在交易性金融资产下分别设置成本、公允价值变动明细账进行核算。

出售交易性金融资产时，按实际收到的价款借记银行存款，贷记交易性金融资产——成本、交易性金融资产——公允价值变动，将其差额借记或者贷记投资收益账户。

例8-4

A公司于20×7年10月25日购入宝山公司股票100万股，支付现金628万元。其中有已宣告但尚未领取的现金股利26万元，交易费用2万元。当年12月31日，A公司持有的宝山公司的股票市值618万元。A公司购买宝山公司股票是为了在短期内获利出售。20×8年1月30日收到现金红利26万元。20×8年8月20日，A公司出售所有宝山公司的股票，获得现金收入635万元。

（1）20×7年10月25日购入宝山公司股票时：

交易性金融资产购入成本＝628－26－2＝600(万元)

借：交易性金融资产——宝山公司股票——成本 6 000 000

应收股利 260 000

投资收益 20 000

贷：银行存款 6 280 000

(2) 20×7年12月31日编表日：

借：交易性金融资产——公允价值变动 180 000

贷：公允价值变动损益 180 000

(3) 20×8年1月30日收到现金红利26万元时：

借：银行存款 260 000

贷：应收股利 260 000

(4) 20×8年8月20日出售宝山公司股票时：

借：银行存款 6 350 000

贷：交易性金融资产——宝山公司股票——成本 6 000 000

交易性金融资产——公允价值变动 180 000

投资收益 170 000

8.3 金融资产重分类

只有当企业管理金融资产的业务模式发生变化时，企业才可以对金融资产进行重分类，但对所有金融负债均不得进行重分类。

8.3.1 以摊余成本计量的金融资产的重分类

将以摊余成本计量的金融资产重新划分为以公允价值计量且其变动计入其他综合收益的金融资产，在重分类当天，金融资产按照当时的公允价值计量，如果该金融资产的账面价值与其公允价值出现差额，计入其他综合收益。

将以摊余成本计量的金融资产重新划分为以公允价值计量且其变动计入当期损益的金融资产，在重分类当天，金融资产按照当时的公允价值计量，如果该金融资产的账面价值与其公允价值出现差额，计入当期损益。

对以摊余成本计量的金融资产进行重新分类，不影响实际利率和预期信用损失的计量。

例8-5

假设例8-1中，甲公司在购入乙公司债券的当年年末决定调整投资组合，将对乙公司债券的投资改为交易性的证券，乙公司债券当时的收盘价为102 000 000元，甲公司的债权投资账面价值为103 666 760元，于是，甲公司将债权投资调整为交易性金融资产，按公允价值102 000 000元计量，差额1 666 760元的损失计入投资收益。

会计分录为：

借：交易性金融资产 102 000 000

投资收益 1 666 760

贷：债权投资——成本 100 000 000

——利息调整 3 666 760

8.3.2　以公允价值计量且其变动计入其他综合收益的金融资产的重分类

将以公允价值计量且其变动计入其他综合收益的金融资产重新划分为以摊余成本计量的金融资产，应当将以前计入其他综合收益的累计损益转出来，将该金融资产的账面价值调整到初始状态，但累计减值和汇兑损益除外。该重分类不影响实际利率和预期信用损失的计量。

将以公允价值计量且其变动计入其他综合收益的金融资产重新划分为以公允价值计量且其变动计入当期损益的金融资产，应当将以前计入其他综合收益的累计损益转为当期损益。

8.3.3　以公允价值计量且其变动计入当期损益的金融资产的重分类

将以公允价值计量且其变动计入当期损益的金融资产重新划分为以摊余成本计量的金融资产，应当按重分类当天的公允价值作为新的入账价值，并根据该公允价值确定其实际利率。

将以公允价值计量且其变动计入当期损益的金融资产重新划分为以公允价值计量且其变动计入其他综合收益的金融资产，不需要调整账面价值，也不会出现损益，只需要变更会计账户。

8.4　金融资产减值

8.4.1　计提减值的金融资产

需要计提减值的金融资产主要是指以摊余成本计量的金融资产和以公允价值计量且其变动计入其他综合收益的金融资产。需要特别注意的是，金融资产减值不是已经发生的减值，而是预期要发生的减值，即预期信用损失。预期信用损失是以违约风险概率为权重计算的信用损失的加权平均数，信用损失是由于信用风险显著增加导致预期不能收回的现金流量的现值，计算现值的贴现率为实际利率。信用风险是违约风险，也就是不能偿付到期债务的风险。因此，预期信用风险针对的是产生合同现金流量的金融资产，即债务性金融工具。

8.4.2　预期信用损失模型

对金融资产减值采用预期信用损失模型（expected credit loss，ECL），即估计金融资产未来可能发生的损失，而不是对已经发生的损失计提减值准备。如上所述，预期信用损失模型是各种违约情况下不能收回的现金金额与每一违约概率的乘积。因此，减值准备是这些概率加权平均的累积结果。由于每一笔贷款或者长期应收账款都存在违约风险（如果违约概率不为 0），所以，每一项这类资产都含有预期信用损失。

例8-6

一笔贷款的金额是10 000元。如果发生违约风险，收回贷款的现值是200元，现金短少9 800元，违约概率是1%，则预期信用损失为98元。

贷款金额（预计借款人将来偿还的金额，按实际利率贴现）	10 000
发生违约时估计未来现金流量现值	200
不能收回的现金	9 800
违约概率	1%
预期信用损失	98

每一个资产负债表日，企业应都根据预期现金流量收回的可能性和收回的金额相应调整减值准备，并计入损益。如果贷款最后全部收回，则预期信用损失最终为零。如果贷款风险增加，违约概率和预期信用损失也将增加。如果发生违约，债权人将遭受实际现金短少的损失，预期信用损失等于短少的现金（9 800元）。

8.4.3 计提减值的方法

按照预期信用损失模型计提减值准备时，应将金融资产的信贷风险分为三个阶段，分别确定预期信用损失以及利息收入。

第一阶段，如果在初始确认金融资产后，金融资产的信用风险没有显著增加，企业应当确认12个月预期信用损失，利息收入按照金融资产的期初账面余额计算。

12个月预期信用损失是未来12个月发生违约的概率与因违约产生的预期信用损失总额（存续期内）的乘积，而不论这些损失什么时候发生。因此，12个月预期信用损失表示未来12个月因违约事件预期可能发生而导致的金融资产存续期内的全部预期信用损失。

例如，信用卡持卡人死亡会导致信用卡未偿还余额损失，此处12个月预期信用损失需要估计未来12个月持卡人死亡概率及预期损失金额，假设持卡人未来12个月死亡概率为0.01%，信用卡借款余额20万元，该持卡人银行存款5万元，则预期信用损失金额为15万元，12个月预期信用损失为15元（150 000×0.01%）。

第二阶段，如果在初始确认金融资产后，金融工具的信用风险显著增加，企业应当确认存续期内的预期信用损失，利息收入按照金融资产的期初账面余额计算。

应收账款和合同资产要始终估计存续期内的预期信用损失。

第三阶段，金融资产发生了信用减值，要确认存续期内的预期信用损失，按照摊余成本（账面余额减信用减值准备后的余额）计算利息收入。

以上三个阶段不是估计预期信用损失的三个连续的步骤，而是信贷风险程度的三种状况，任何一项以摊余成本计量的金融资产都有可能处于三个阶段的任意一个阶段。

例8-7

20×6年1月1日，A银行向B公司发放3年期贷款1 000万元，年利率为5%

（实际利率与合同利率相同），每年年末收取利息。20×7年12月31日，由于财务状况恶化，预期B公司现金流会出现问题。20×8年12月31日，B公司由于没有现金偿还贷款，要求贷款展期3年。

分析：A银行向B公司发放的1 000万元贷款属于中长期贷款，应在每个期末对B公司的信用状况进行全面评估。A银行按照《企业会计准则第22号——金融工具》的要求，运用预期信用损失模型，分三个阶段计提预期信用损失。

第一阶段，确认12个月预期信用损失。

20×6年12月31日，贷款处于第一阶段，B公司的信用风险没有显著增加，于是，A银行要估计B公司未来12个月违约的概率。假定B公司未来12个月违约的概率为1%，届时银行将不能收回贷款（100%损失），企业应确认信用损失10万元（1%×1 000万元），按照金融资产期初账面余额确认利息收入50万元（1 000万元×5%）。

（1）银行发放贷款时：

借：贷款——B公司——中长期贷款	10 000 000	
贷：吸收存款		10 000 000

（2）20×6年12月31日，计提贷款处于第一阶段减值损失及确认按账面余额计算的利息收入50万元。

借：信用减值损失	100 000	
贷：贷款损失准备		100 000
借：应收利息	500 000	
贷：利息收入		500 000

第二阶段，确认存续期内的预期信用损失，利息收入按照金融资产的账面余额计算。

20×7年12月31日，贷款处于第二阶段。B公司财务状况恶化，将面临现金流量问题，信用风险显著增加。A银行估计B公司在剩下的存续期违约的概率为35%，应确认预期信用风险损失350万元（35%×1 000万元），并按照金融资产期初账面余额确认利息收入。由于该贷款已经计提了10万元的信用减值损失，20×7年12月31日只需要确认340万元的信用减值损失。

借：信用减值损失	3 400 000	
贷：贷款损失准备		3 400 000
借：应收利息	500 000	
贷：利息收入		500 000

第三阶段，金融资产发生了信用减值，应确认存续期内的预期信用损失，按照摊余成本计算利息收入。

20×8年12月31日，贷款处于第三阶段。由于流动性问题，B公司不能支付到期贷款，只能展期3年。贷款的信用损失已经发生。A银行估计B公司在剩余存续期内违约的概率为60%，应确认预期信用损失600万元（60%×1 000万元），此时金融资产的期初摊余成本仍为1 000万元，因此应确认利息收入50万元（1 000万元×5%）。由于该贷款已经计提了350万元的信用减值损失，20×8年12月31日只需要确认250万元的信用减值损失。

借：信用减值损失　　2 500 000
　贷：贷款损失准备　　2 500 000
借：应收利息　　500 000
　贷：利息收入　　500 000

20×9年12月31日，A银行确认利息收入应按照该贷款期初摊余成本余额400万元计算，即20万元（400万元×5%）。

三阶段预期信用损失计提及利息收入计算见表8-5。

表8-5　三阶段预期信用损失计提及利息收入计算表　　金额单位：万元

日期	阶段	原始金额	损失准备	利息收入
20×6/12/31	第一阶段	1 000	10	50
20×7/12/31	第二阶段	1 000	350	50（当年仍处于第一阶段）
20×8/12/31	第三阶段	1 000	600	50（当年仍处于第二阶段）
20×9/12/31	第三阶段	1 000	600	20

8.4.4　预期信用损失的转回

对于已经计提了金融资产在整个存续期内的损失准备，但在报告日，该金融资产不再属于信用风险显著增加情形的，企业可以按照未来12月预期信用损失的金额计算损失准备，因此产生的转回金额作为减值利得计入当期收益。

对于取得金融资产时已经发生信用减值的，如果在报告日确定的整个存续期内预期信用损失小于其取得时估计的预期信用损失，企业可以将这个差额（预期信用损失减少额）确认为减值利得。

以上两种情况下的预期信用损失的转回可编制如下会计分录：

借：贷款损失准备
　贷：信用减值损失

习　题

（一）思考与辨析

Q8-1　下列金融工具中哪些是原生工具？哪些是衍生工具？

（1）现金和应收账款。

（2）股票。

（3）债券。

（4）利率互换。

（5）期货。

Q8-2　明天公司20×8年进行了以下几项与投资相关的交易，请对这些投资进行分类并说明理由。

(1) 公司于20×8年5月5日购买了5年期国债300万元，这批国债投资将作为偿还20×8年5月10日到期的公司债券的储备。

(2) 由于能源价格持续上涨，明天公司认真分析了几家能源类上市公司的年报及相关资料，认为L公司的股票价格被市场低估了，且该公司的股价存在相当大的上涨空间，于是在20×8年10月10日购进L公司普通股50万股。

Q8－3　如果一家公司在两家不同的证券交易所（如内地和香港）上市，所形成的市价如何确定？是依据A股的价格还是H股的价格？什么是A股？什么是H股？

表8－6是七家同时在上海证券交易所或深圳证券交易所与香港联合交易所上市的公司在2019年2月1日各自的收盘价。除中国平安以外，港股价格均低于大陆A股股价。

表8－6　七家不同行业公司A股和H股同一时间的股票价格

名称	A股代码	2019年2月1日股价（单位：元）	H股代码	2019年2月1日股价（单位：港元）	溢价(H/A)
中兴通讯	000063.SZ	20.41	0763.HK	15.66	－51.78%
青岛啤酒	600600.SH	38.10	0168.HK	33.90	－30.88%
中国国航	601111.SH	8.21	0753.HK	7.6	－25.8%
工商银行	601398.SH	5.65	1398.HK	5.85	－12.47%
中国石油	601857.SH	7.35	0857.HK	4.93	－73.62%
中国平安	601318.SH	63.21	2318.HK	75.60	2.63%
*ST油服	600871.SH	1.86	1033.HK	0.71	－205.08%

(二) 练习题

E8－1　明天公司20×8年1月1日以102万元的价格购入H公司发行的到期一次还本付息、面值100万元的企业债券，其中交易费用为2万元。该债券的期限为3年，票面年利率为6%。明天公司购买债券仅仅是为了获得本金和利息的合同现金流量。

要求：

(1) 考虑明天公司购入的这批债券应分类为什么类型的金融资产。

(2) 请为明天公司的这项债券投资编制相关的会计分录。

(3) 思考该项投资在明天公司20×8年6月30日年报中该如何列示。

E8－2　明天公司20×8年1月以5元/股的价格购入未上市的W公司的股票300万股，包含未发放的股利3元/10股，交易费用为75 000元。明天公司将该批股票指定为以公允价值计量且其变动计入其他综合收益的金融资产。20×8年3月6日收到W公司派发的股利。假定明天公司20×8年6月20日以6元/股的价格转售所持有的W公司股票的50%，交易费用为0.05元/股。经评估认定，20×8年6月30日，该公司股票价格为6.6元/股，20×8年12月31日为6.2元/股。

要求：

请为明天公司编制相关的会计分录。

E8-3 明天公司持有的四家公司的股票和债券情况如表8-7所示。明天公司决定持有该投资组合的目的是通过出售获得较高的回报，其中购入债券并非是为了获得合同现金流量。

表8-7 明天公司持有的金融资产 金额单位：元

项目	账面价值	市价
(1) A公司股票	350 000	330 000
(2) B公司股票	260 000	272 000
(3) C公司债券	90 000	99 000
(4) D公司债券	85 000	84 000

要求：

编制相关会计分录。

E8-4 明天公司20×8年6月10日购买了1.2万股F公司的股票，市价为8.2元/股，其中已宣告但尚未发放的现金股利0.20元/股。支付相关税费500元。明天公司将其分类为以公允价值计量且其变动计入当期损益的金融资产。股利于20×8年10月16日收到。20×8年11月1日明天公司出售该批F公司股票，价格为8.6元/股，支付相关税费640元。

要求：

根据上述资料，请为明天公司编制相关的会计分录。

E8-5

公司利用闲散资金于20×8年10月8日，以4元/股的价格购入甲公司10万股普通股，购入该股票的目的是通过出售赚取价差。公司于当年11月25日以6元/股的价格将股票全部售出。交易费用为成交金额的2.5‰。

要求：

(1) 编制有关会计分录。

(2) 计算公司从这笔交易中赚取的金额。

（三）案例

C8-1 预期信用损失的估计

时代公司用513万元买入B公司债券，该债券面值为500万元，期限为5年，年利率为6%，每年年末付息。时代公司购入该债券时债券已经发行在外1年整，并收到了第1年的利息，B公司信用风险没有明显恶化，预期不会发生信用损失。债券发行后的第2年年末，B公司因意外自然灾害导致生产车间丧失生产能力，估计6个月才能恢复生产，时代公司认为B公司的信用风险显著恶化，估计未来3年B公司有8成的可能性支付70%的利息。第3年下半年，受损的车间生产能力得到恢复，但不能稳产达产，此时银行基准利率大幅上涨，严重损害了B公司的债务融资能力，B公司出现了到期不能支付的迹象，时代公司认为，B公司债券的信用损失已经发生，估计最后两年的利息只能收回 30%，债券本金到期不能收回，预计将递延 1 年。B 公司支付了前 3 年的利息，最后 2 年的利息没有支付。B 公司债券的信用风险变化情况如图 8-2 所示。

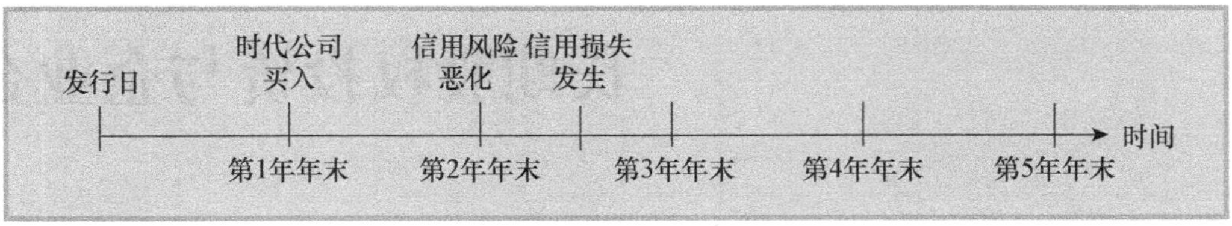

图 8-2 B 公司债券信用风险变化情况

要求：

(1) 掌握债券投资预期信用损失三阶段估计的方法。

(2) 编制时代公司投资该债券的相关会计分录。

C8-2 时代公司的投资决策会议

时代公司在经营一段时间后，明显感觉到汇率波动对公司利润的负面影响。公司于是成立投资部专门负责投资相关事宜。在一次专门的投资会议上，公司管理层要求大家讨论应对汇率波动的对策。下面是部分会议记录：

开会时间：20×8 年 8 月 26 日

参会人员：王五、赵六、张三、李四、投资部经理

会议议题：投资决策

王五：前段时间，欧元走弱，现在欧元似乎又有走强的迹象。汇率波动已经对公司的利润产生了负面影响。

赵六：汇率波动是常态，有涨有跌是不可避免的，问题是我们怎么应对，以规避汇率波动的风险。

李四：我们进口布料的成本会越来越高。建议用手里资金的 80%从欧洲进口我们畅销西服的布料。

张三：这样的话，汇率波动的影响就是摆在我们面前的实际问题。

赵六：是得想个办法保住我们的资产不受损失。可不可以做一个欧元期货？

王五：可以试一试。这个任务就交给投资部经理吧。

投资部经理：我说个方案，大家讨论一下。为了避免欧元升值带给我们的负面影响，我们可以与银行签订一份买入欧元的远期外汇合约。假定我们有一笔西装面料的货款 50 万欧元要在 2 个月以后支付，如果欧元兑人民币的汇率为 7.55，预期 3 个月后会升至 7.65。如果与银行签订一份远期外汇买入合同，约定以 7.55 的汇率在 2 个月后买入欧元 50 万元，就能避免持有欧元债务带来的损失。

最后经过大家表决，一致同意李四和投资部经理的建议。

要求：

假设签订远期合同后一个月的月末为编表日，汇率为 1 欧元兑换人民币 7.60 元。请尝试对欧元外汇合约进行记录。

第9章

长期股权投资与企业合并

学习目的

1. 理解子公司、合营企业和联营企业的含义；
2. 掌握长期股权投资成本的确认方法；
3. 掌握成本法和权益法的核算方法；
4. 熟悉企业合并的会计原则以及少数股东权益和商誉的产生过程；
5. 了解合并财务报表编制的方法。

本章简介

长期股权投资是企业对子公司、合营企业和联营企业的投资。长期股权投资分为合并形成的长期股权投资和非合并形成的长期股权投资。合并形成的长期股权投资又分为同一控制下的合并和非同一控制下的合并形成的长期股权投资。同一控制下合并形成的长期股权投资成本按照合并日取得被投资企业所有者权益账面价值的份额确定，非同一控制下合并形成的长期股权投资和非合并形成的长期股权投资通常按照支付资产的公允价值确定投资成本。企业取得长期股权投资后，视投资企业对被投资企业的影响程度不同而采用不同的核算方法，形成重大影响和共同控制的采用权益法，一般适用于对联营企业和合营企业的核算；形成控制关系的，采用成本法进行核算，一般是指对子公司的核算。

为了便于理解母公司编制的合并报表中的合并商誉、少数股东权益和少数股东利润，本章对编制合并报表的抵销方法也做了简单介绍。

9.1 长期股权投资的范围

9.1.1 长期股权投资的概念

投资是企业通过出让现金或者其他资产而获得权利或者机会的行为。比如，企业因购买股权而拥有获得股利的权利；企业因购买债券而拥有获得利息的权利。

长期股权投资是指通过购买股票或签订协议等方式取得被投资企业股权的投资，包括对子公司、合营企业和联营企业的投资。企业购买的股票如果有公开市场报价，并且不属于对子公司、合营企业和联营企业的投资，应当作为金融工具，不能作为长期股权投资。没有公开市场报价的小额股权投资也作为金融工具核算。

为了反映长期股权投资的取得、收回和结存的情况，企业应设置长期股权投资账户进行核算。该账户属于资产类账户，借方反映投出的资产金额，贷方反映收回的投资金额，余额在借方，反映继续持有的投资。长期股权投资账户按被投资企业设置二级账户，在二级账户下再设置投资成本、损益调整和其他综合收益调整等进行明细分类核算。

9.1.2 长期股权投资的范围

1. 对子公司的投资

子公司是投资企业能够控制的企业，常见的子公司是投资企业持有50%以上股份的企业。控制是指投资企业有权参与被投资企业的相关活动而享有回报，并且有能力影响其回报金额，比如决定被投资企业的重大投资项目、重大新产品开发项目、股利分配政策等。投资企业能够对被投资企业实施控制的，投资企业应当将子公司纳入合并财务报表的合并范围。

投资企业持有被投资企业50%以上的有表决权的股份是控制的一种典型表现形式，但投资企业的持股比例低于50%也可能形成控制，比如，在股权分散的情况下，投资企业持有被投资企业40%或者更低的股权比例也可能形成控制。反之，投资企业即便持有被投资企业50%的股份，由于协议的约束，投资企业也可能丧失控制权。

2. 对合营企业的投资

合营企业是指投资企业与其他方共同控制的被投资企业，典型的形式是两个股东各持有被投资企业50%的股份。共同控制意味着没有任何一方能够单方面控制被投资企业。典型的对合营企业的投资是与国外品牌汽车公司合资的汽车制造企业，比如，上海汽车集团股份有限公司持有上海大众汽车有限公司50%的股份，德国大众的两家公司合计持有另外50%的股份，则上海大众汽车有限公司为上海汽车集团股份有限公司的合营企业。

3. 对联营企业的投资

联营企业是投资企业能够对其经营和财务政策施加重大影响的被投资企业，典型的形式是投资企业持有被投资企业20%以上的有表决权的股份。

投资企业持有被投资企业股权比例的示意图如图9-1所示。

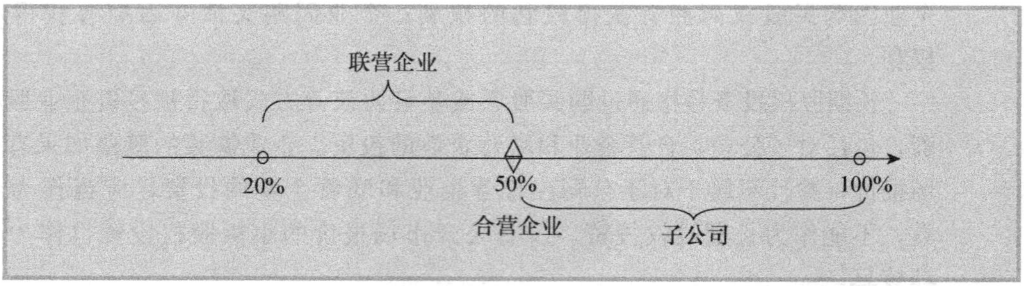

图9-1 投资企业持有被投资企业股权比例示意图

9.2 长期股权投资的核算方法

9.2.1 长期股权投资的取得

长期股权投资在取得时，应按初始投资成本入账。初始成本是投资企业在投资时发生的投资成本。长期股权投资的初始投资成本，应分别按企业合并和非企业合并两种情况确定。

1. 企业合并形成的长期股权投资

企业合并是将两个或两个以上单独的企业合并形成一个报告主体的交易或事项。企业合并通常是由收购兼并引起的。当一家企业收购并因此而控制了另一家企业，收购方和被收购方就产生了企业合并，被收购方称为收购方的子公司。企业合并形成的长期股权投资是投资企业对子公司的投资。

企业合并下的长期股权投资的初始成本分两种情况予以确定。

(1) 同一控制下的企业合并。同一控制下的企业合并是指合并双方在合并交易或者事项发生前后均受同一方控制，如A公司和B公司都是甲集团公司的子公司，A公司收购了B公司60%的股权，A公司和B公司产生了合并，但甲集团公司通过A公司仍然控制B公司。A公司的长期股权投资就是通过同一控制下企业合并形成的，如图9-2所示。

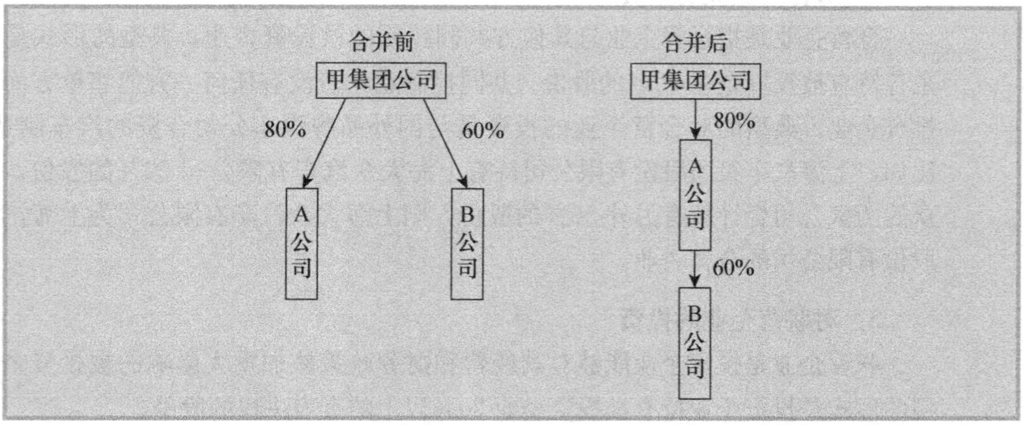

图9-2 同一控制下的企业合并

同一控制下企业合并形成的长期股权投资，其初始成本按照被投资企业相应的净资产账面价值的份额确定，投资企业的实际投资成本与初始投资成本的差额计入投资企业的资本公积。资本公积不足冲减的，调整留存收益。如果合并对价为现金、非现金资产或者投资企业承担的债务，则实际投资成本为合并对价的账面价值。如果合并对价为投资企业发行的权益性证券，则实际投资成本为权益性证券的票面价值。在合并过程中产生的审计等中介费用计入投资企业的当期费用。

例 9-1

ABC 集团公司分别持有子公司 X 和 Y55%和 60%的股权，Y 公司净资产的账面价值为 1 000 万元，其中股本 600 万元，净资产的评估价值 1 200 万元。20×8 年 1 月 1 日，X 公司出资 700 万元向集团公司购买了其所持有的 Y 公司的全部股权。收购过程中，X 公司发生了审计等中介费用 15 万元。

分析：由于 X 公司和 Y 公司都受 ABC 集团公司的控制，X 公司收购 Y 公司股权的交易属于同一控制下的企业合并。X 公司以 700 万元从其母公司 ABC 集团公司收购 Y 公司 60%的股权，按照会计准则规定，只能按照 Y 公司净资产账面价值的 60%确定。因此，X 公司长期股权投资的初始成本确认为 600 万元（1 000 万元×60%）。实际投资大于初始投资成本的差额 100 万元（700 万元−600 万元）冲减 X 公司的资本公积。

X 公司投资收购时的会计分录如下：

借：长期股权投资——Y 公司——投资成本	6 000 000	
资本公积——其他资本公积	1 000 000	
管理费用	150 000	
贷：银行存款		7 150 000

（2）非同一控制下的企业合并。非同一控制下的企业合并是指合并双方在合并交易或事项发生前后不受同一方控制。非同一控制下企业合并形成的长期股权投资，其初始成本（入账价值）为合并成本。合并成本是投资企业（合并方）所支付的对价的公允价值。非同一控制下的企业合并中，购买方为企业合并发生的审计、法律服务、评估咨询等中介费用以及其他相关费用，应当于发生时计入当期损益；购买方作为合并对价发行的权益性证券或债务性证券的交易费用，应当计入权益性证券或债务性证券的初始确认金额。

投资企业支付的合并对价的账面价值与其公允价值的差额作为投资企业的当期损益。

例 9-2

甲、乙两家公司属于非同一控制下的相互独立的公司。甲公司于 20×9 年 1 月 1 日以现金和无形资产对乙公司投资，取得乙公司 60%的股份。甲公司支付现金 600 万元，无形资产无账面价值，公允价值为 1 500 万元。乙公司 20×9 年 1 月 1 日净资产为 2 000 万元，其中股本 1 300 万元。合并过程中，甲公司发生审计、评估等中介费用 100 万元。

分析：由于甲公司与乙公司是相互独立的公司，不受同一公司控制，甲公司收购乙公司的股权属于非同一控制下的企业合并。甲公司以现金和无形资产对乙公司投资，按照会计准则规定，可以按所支付的现金和无形资产的公允价值来确定其合并成本。因此，甲公司长期股权投资的初始成本确认为2 100万元（现金600万元＋无形资产公允价值1 500万元）。甲公司支付的合并对价的账面价值600万元（现金600万元＋无形资产0元）与其公允价值（现金600万元＋无形资产公允价值1 500万元）的差额为1 500万元，计入资产处置损益。

甲公司20×9年1月1日发生该项交易时做如下分录：

借：长期股权投资——乙公司——投资成本	21 000 000	
管理费用	1 000 000	
贷：银行存款		7 000 000
资产处置损益		15 000 000

2. 非企业合并形成的长期股权投资

非企业合并形成的长期股权投资的入账价值的确定方法与非同一控制下企业合并形成的长期股权投资相同。非企业合并形成的长期股权投资意味着投资企业是对合营企业或者联营企业进行投资。

例9-3

甲公司以20万元取得丙公司20%的股份，实际支付价款20万元，包括支付的税金、手续费等，其中有2万元是已宣告但尚未支付的现金股利。

分析：支付价款中包含的已宣告但尚未支付的现金股利不构成长期股权投资的成本，应单独通过应收股利账户核算，长期股权投资成本为180 000元（200 000－20 000）。

借：长期股权投资——丙公司——投资成本	180 000	
应收股利	20 000	
贷：银行存款		200 000

9.2.2 取得长期股权投资后的核算

投资企业取得长期股权投资后，被投资企业可能盈利，也可能亏损；被投资企业可能分配股利，也可能不分配股利。被投资企业的这些经营状况和股利政策都会影响投资企业的投资收益，也会影响投资企业长期股权投资的账面价值。

投资企业在投资后，对长期股权投资的核算有两种方法：成本法和权益法。

1. 成本法

成本法是投资企业在取得长期股权投资后仍然按照投资时的投资成本计量的方法。只有当投资企业追加或收回投资、长期股权投资发生减值、被投资企业发放清算性股利时，投资企业才调整长期股权投资的账面价值。投资企业收到的被投资企业分配的股利直接作为投资收益。

在成本法下，投资企业确认的投资收益仅限于被投资企业接受投资后产生的累积净利润的分配额，所获得的利润或现金股利超过该分配额的部分作为初始投资成本的收回，即清算性股利。

按照会计准则的要求，对子公司的长期股权投资采用成本法核算。

例 9-4

沿用例 9-1，X 公司的子公司 Y 公司 20×8 年实现净利润 300 万元。20×9 年 2 月 3 日宣布分派现金股利 350 万元，20×9 年 4 月 30 日实施股利分配。

分析：由于 Y 公司宣告分派的股利 350 万元超过 Y 公司的净利润 300 万元，超过部分 50 万元为清算性股利。X 公司按比例应享有的股利 210 万元（3 500 000×60%）中有 30 万元是清算性股利，应作为初始投资成本的收回，其余 180 万元作为投资收益。X 公司按应享有的份额编制如下会计分录：

（1）20×9 年 2 月 3 日，Y 公司宣告分配股利时：

借：应收股利——Y 公司	2 100 000	
贷：投资收益		1 800 000
长期股权投资——Y 公司——投资成本		300 000

（2）Y 公司实际分配股利时：

借：银行存款	2 100 000	
贷：应收股利——Y 公司		2 100 000

2. 权益法

权益法是指最初以投资成本对投资计价，以后根据投资企业享有被投资单位所有者权益份额的变动对投资账面价值进行调整的方法。

当被投资企业实现利润或者发生亏损时，投资企业按照与自己持股比例相应的份额调整长期股权投资的账面价值，同时确认投资损益。当被投资企业的账面净资产因为非损益原因发生变化时，投资企业也需要按照与自己持股比例相应的份额调整长期股权投资的账面价值，同时调整股东权益的对应项目，如资本公积、其他综合收益等。

权益法下对长期股权投资进行调整的目的是使长期股权投资的账面价值恰好等于持股比例乘以被投资方的股东权益，以动态反映投资企业在被投资方的权益份额。

（1）权益法的一般处理方法。按照会计准则的要求，对合营企业和联营企业的长期股权投资采用权益法核算。

例 9-5

B 公司 20×8 年 1 月 10 日以 500 万元取得 D 纺织公司 30%的股权。D 纺织公司 20×8 年发生亏损 100 万元。此外，D 公司当年所有者权益中的其他综合收益增加 50 万元。

分析：B 公司对 D 公司的投资属于对联营企业的投资，初始投资成本等于投资额 500 万元，记入长期股权投资账户的借方。投资所取得的股权比例为 30%，符合权益法核算条件。因此，B公司对D公司投资的后续计量采用权益法，每个报告期末需要按股权比例调整长期股权投资账户。当D公司20×8年发生亏损100万元时，B公司应按持股比例减少长期股权投资30万元（100万元×30%），贷记长期股权投资——损益调整，同时冲减投资收益；当D公司20×8年所有者权益中其他综合收益增加50万元时，B公司应按持股比例增加长期股权投资15万元（50万元×30%），借记“长期股权投资——其他综合收益”，同时贷记“其他综合收益”。

（1）20×8年1月10日，B公司投资时：

借：长期股权投资——D公司——投资成本　　5 000 000

　贷：银行存款　　5 000 000

（2）20×8年年底，D公司报告亏损时，B公司按持股比例确认损失。

借：投资收益——D公司　　300 000

　贷：长期股权投资——D公司——损益调整　　300 000

（3）20×8年，D公司所有者权益中其他综合收益增加50万元时，B公司按持股比例调整长期股权投资账面价值。

借：长期股权投资——D公司——其他综合收益　　150 000

　贷：其他综合收益　　150 000

（2）权益法的几个专门问题。长期股权投资按权益法进行核算时，如果初始投资成本小于取得投资时应享有的被投资企业可辨认净资产公允价值份额，应对长期股权投资账面价值进行调整，计入取得投资当期的损益。

例9-6

甲企业于20×9年1月以1 500万元取得乙公司40%的股权，乙公司净资产账面价值3 200万元，公允价值4 000万元。甲企业对该项投资采用权益法核算。

分析：甲企业长期股权投资的初始投资成本1 500万元，小于取得投资时应享有的乙公司可辨认净资产公允价值份额1 600万元（4 000万元×40%），差额100万元作为营业外收入处理。

借：长期股权投资——乙公司——投资成本　　16 000 000

　贷：银行存款　　15 000 000

　　营业外收入　　1 000 000

采用权益法对联营企业或合营企业的长期股权投资进行核算时，应当以取得投资时被投资企业各项可辨认资产的公允价值为基础，对被投资企业净利润进行调整后加以确定，而不应简单地按照被投资单位的账面净利润与持股比例计算的结果确定。常见的需要调整的因素包括固定资产及折旧、无形资产及摊销、存货和销售成本等。

如果无法合理确定取得投资时被投资企业各项可辨认资产的公允价值，或者投资时被投资企业可辨认资产的公允价值与其账面价值之间的差额不重要，可以按照被投资企业的账面净利润与持股比例计算的结果确认投资收益，但投资企业应在附注中解释无法合理确定被投资企业各项可辨认资产公允价值的原因。

例9-7

Y公司于20×8年1月1日取得S联营企业30%的股权，取得投资时S公司固定资产账面价值为500万元，公允价值为600万元，固定资产的预计使用年限为10年，净残值为零，S公司采用直线法计提折旧。S公司20×8年度利润表中净利润为500万元。

分析：Y公司在采用权益法调整对S公司的长期股权投资账面价值之前，应当首先按照投资时S公司的公允价值重新计算净利润。S公司20×8年固定资产折旧费用为50万元，按照Y公司取得投资时S公司固定资产的公允价值计算的折旧费用为60万元，不考虑所得税影响，按照被投资单位的账面净利润计算确定的投资收益应为150万元（500×30%）。但按该固定资产的公允价值计算的净利润为490万元（500－10），因此Y公司应确认的当期投资收益为147万元（490×30%）。

借：长期股权投资——S公司——损益调整	1 470 000	
贷：投资收益		1 470 000

按照权益法，投资企业应分担被投资企业发生的亏损。被投资企业因为连续亏损而使得净资产等于零，投资企业的长期股权投资也将等于零。如果被投资企业在净资产为零的情况下继续亏损，其净资产将变成负数，投资企业如何处理被投资企业的"超亏"（"超亏"是指投资企业承担的被投资企业的累计亏损额超过了投资企业的投资额）呢？按照会计准则，投资企业确认被投资企业发生的净亏损，应当以长期股权投资的账面价值以及其他实质上构成对被投资企业净投资的长期权益减记至零为限。投资企业若负有承担额外损失的义务，可按照或有负债进行处理，借记投资收益，贷记预计负债。

其他实质上构成对被投资企业净投资的长期权益，通常指投资企业对被投资企业长期性的应收项目，如对被投资单位的长期应收款，这类款项没有明确的回收计划且在可预见的未来期间难以收回，实质上构成了投资企业的长期权益。

总之，对于超亏的被投资企业，投资企业应当按照以下顺序进行处理：

首先，减记长期股权投资的账面价值。

其次，当长期股权投资的账面价值减记至零时，如果存在实质上构成对被投资企业净投资的长期权益，应以该长期权益的账面价值为限减记长期权益的账面价值，同时确认投资损失。

最后，当长期权益的价值减记至零时，如果按照投资合同或协议约定需要投资企业承担额外义务，应按预计承担的金额确认投资损失。

被投资企业出现超亏时，可依次编制如下会计分录：

借：投资收益

　贷：长期股权投资——损益调整

　　　长期应收款

　　　预计负债

被投资单位以后期间实现盈利的，投资企业应按以上相反顺序恢复长期股权投资的账面价值，同时确认投资收益。

9.2.3 长期股权投资减值

企业对子公司、合营企业及联营企业的长期股权投资在资产负债表日存在可能发生减值的迹象时，应进行减值测试，如果长期股权投资的可收回金额低于账面价值，应当将该长期股权投资的账面价值减记至可收回金额，减记的金额确认为资产减值损失，计入当期损益，同时计提相应的资产减值准备，应做如下会计分录：

借：资产减值损失——长期股权投资减值准备

　贷：长期股权投资减值准备

长期股权投资减值是永久减值，一经确认，以后期间不得转回。

9.3 企业合并和合并财务报表

9.3.1 企业合并

1. 企业合并

当一家企业通过股权投资控制了另一家企业时，便产生了企业合并。企业合并是将两个或两个以上单独的企业合并形成一个报告主体的交易或事项。企业合并有三种形式：

（1）创立合并。两家或两家以上的公司合并成一家新的公司。比如，两家在法律上独立的公司——A公司和B公司，合并为一家新公司——C公司，A公司和B公司随即不复存在。

（2）吸收合并。两家或两家以上的公司组成一家公司，成为一个法人。吸收合并后，其中一家继续存在，其他公司随即解散。比如A公司购买了B公司的全部股份，A公司继续存在（合并两家公司的资产和负债），而B公司宣告解散。

（3）控股合并。这是最常见的一种合并方式。一家公司通过取得另一家公司的多数股份而控制其经营，这两家公司之间便是母公司（控股公司）和子公司的关系，多数股权通常要超过50%。在现代股权比较分散的情况下，低于50%的股份也能形成控制。如果母公司没有持有子公司100%的股权，由其他股东持有的股权称为少数股东权益，母公司享有的权益称为归属于母公司的股东权益。母子公司关系建立后，它们便可以认为是一个经济实体。

比如，甲公司收购了乙公司60%的股权，对乙公司形成了控制，甲公司就需要将乙公司合并成一个报告主体，而不再是仅仅报告甲公司自己的业务。甲公司收购乙公司60%的股权就是产生企业合并的交易。

2. 企业合并中的会计问题

两个原本单独报告的会计主体合并成一个报告主体，将原来两套财务报表合起来编制一套财务报表，需要解决以下四个问题：

（1）将合并方的长期股权投资与被合并方的所有者权益相互抵销。合并双方作为一个报告主体，只有一个所有者权益，即合并方的所有者权益。合并方通过购买股权的方式控制了被合并方之后，被合并方的所有者权益也就归属于合并方的所有者权益（少数股东权益除外），将两家公司的所有者权益简单相加会导致重复计算，所以，被合并方的所有者权益应当与合并方的长期股权投资抵销。

（2）确定合并成本的计量问题。合并方的合并成本与长期股权投资的入账价值是同一个问题，其计量有两个选择，按照所支付对价的公允价值计量，或者按照被合并方所有者权益的账面价值计量。合并成本的计量与被合并方资产和负债项目的计量是相关的。

（3）确定被合并方的资产和负债项目的计量问题。被合并方的资产和负债（即合并方购入的资产和负债）的计量也有两个选择，维持合并日的账面价值，或者按照合并日的公允价值重新计量。

（4）被合并方利润表并入合并方的时间。被合并方的利润表并入合并方的时间有两个选择，一个时间是从合并日开始，另一个时间是从被合并方期初开始。

对于合并成本以及被合并方资产和负债的计量问题，还有被合并方的利润表并入合并方的时间，需要区别同一控制和非同一控制两种不同的合并情形。

（1）同一控制下的企业合并。如上节所述，同一控制是指两家企业在合并交易或者事项发生前后均属同一方控制。

在同一控制下的企业合并中，合并方长期股权投资的入账价值按照合并日在被合并方的账面价值中享有的份额计量。合并方长期股权投资的入账价值明确了合并中取得的资产和负债的计量方法，即，合并方在企业合并中取得的资产和负债按照合并日的账面价值计量。合并方取得的净资产账面价值与其支付的合并对价账面价值（或发行股份面值总额）的差额，应当冲减或增加资本公积；资本公积不足冲减的，冲减留存收益。

由于是按照账面价值计量合并中取得的资产和负债，企业合并不会产生新的资产和负债，也不会改变这些资产和负债的账面金额，结果不会出现损益。

在同一控制下的企业合并中，被合并方的利润表从期初开始并入合并方，即被合并方整个报告期的利润表都并入合并方。

（2）非同一控制下的企业合并。在非同一控制下的企业合并中，合并双方是两个独立的市场主体，合并方支付的对价（合并成本）是被合并企业所有者权益的公允价值，被合并企业的可辨认资产和负债应当按照合并日的公允价值计量。因此，被合并企业的可辨认资产和负债按照公允价值计量也就是将合并成本在被合并企业的可辨认资产和负债之间进行分配的过程。在合并成本的分配过程中，分配对象不限于被合并企业账面已经确认的可辨认资产和负债，还应当包括账面未确认的可辨认资产和负债，如无形资产等。可辨认资产和负债是可以单独计量、单独标价、单独出售的资产和负债，可辨认资产和负债的差额就是可辨认净资产。除了商誉，所有资产都是可辨认的。

如果按照可辨认资产和负债的公允价值分配之后，合并成本还有余额，即合并成本高于被合并企业可辨认净资产的公允价值，这个差额就是商誉。因此，商誉是合并方以高价从被合并方购买的一项预期能够产生超额收益的资产。由此可见，商誉产生于企业合并，故也称“购买商誉”。商誉是不可辨认的，不能单独出售、单独计量，只能伴随企业合并而产生。比如，A公司以100万元收购B公司100%的股权，B公司股东权益账面价值60万元，公允价值75万元，收购后，B公司予以注销，成为A公司的分公司，这样，B公司的资产和负债均按照公允价值并入A公司，A公司的股东权益增加75万元，但A公司收购B公司花了100万元，差额25万元即商誉。

在非同一控制下的企业合并中，被合并方的利润表从合并日开始并入合并方，即被合并方在合并日之前的利润不能并入合并方。

例9-8

沿用例9-2，甲公司收购乙公司60%的股份，合并成本为2 100万元，乙公司净资产的账面价值为2 000万元，60%股权对应的账面价值为1 200万元，这意味着甲公司以2 100万元购得了账面价值1 200万元的净资产。假设乙公司可辨认净资产的公允价值为2 930万元，其中资产的公允价值5 230万元，包括账面未确认的无形资产650万元，负债的公允价值2 300万元，如表9-1所示。这样，可辨认净资产2 930万元的60%的权益为1 758万元（2 930×60%），与2 100万元的合并成本相差342万元，即甲公司合并时产生的购买商誉。

表9-1 乙公司资产负债表

20×9年1月1日　　　　金额单位：万元

资产	账面价值	公允价值	负债和所有者权益	账面价值	公允价值
流动资产			流动负债		
货币资金	1 150	1 150	短期借款	800	800
应收账款	600	580	应付账款	550	550
存货	550	600	应付工资	200	200
流动资产小计	2 300	2 330	应交税费	100	150
非流动资产			流动负债合计	1 650	1 700
固定资产	1 800	2 100	非流动负债		
其他长期资产	150	150	长期借款	600	600
无形资产			负债合计	2 250	2 300
非流动资产小计		650	股东权益		
			股本	1 200	1 200
	1 950	2 900	资本公积	300	1230
			盈余公积	200	200
			未分配利润	300	300
			股东权益合计	2 000	2 930
资产总额	4 250	5 230	负债和股东权益总计	4 250	5 230

具体计算过程如下：

甲公司合并成本：	2 100 万元
乙公司可辨认净资产公允价值60%的份额：	1 758 万元（2 930 万元×60%）
甲公司合并时取得的商誉：	342 万元
少数股东权益	1 172 万元（2 930 万元×40%）

应做如下抵销分录：

借：股东权益（乙公司） 2 930
　　商誉 342
　贷：长期股权投资（甲公司） 2 100
　　　少数股东权益 1 172

需要注意的是，少数股东权益1 172 万元不含商誉。如果少数股东权益含商誉，计算方法如下①：

$$\text{乙公司净资产的公允价值} = \text{可辨认净资产的公允价值} + \text{完整商誉}$$
$$= 2\,930 + 570 \times (342/60\%)$$
$$= 3\,500(\text{万元})$$

应做如下抵销分录：

借：股东权益（乙公司） 2 930
　　商誉 570
　贷：长期股权投资（甲公司） 2 100
　　　少数股东权益 1 400

如果乙公司被收购后被甲公司注销，变成甲公司的分公司，乙公司的资产和负债项目就需要以按照公允价值重新计量后的金额并入甲公司，合并中产生的商誉将出现在甲公司的账面上。注销乙公司时，需要处理少数股东权益，或者全部买下，或者换股成为母公司的股东，不会存在少数股东权益。

如果乙公司仍然保留法人资格，则乙公司在合并日不能按照公允价值调整资产和负债项目的账面金额，但甲公司在今后的合并报表中应按照合并日的公允价值对乙公司资产和负债项目进行计量，即调表不调账。

9.3.2 合并财务报表

1. 合并财务报表的概念

合并财务报表是因企业合并而产生的。合并财务报表是以母公司及其全部子公司组成的企业集团作为一个会计主体，以母公司和子公司单独编制的个别财务报表

① 这种方法是实体理论的合并方法。实体理论将少数股东权益纳入合并报表，并且，少数股东权益包含商誉价值。按照业主权理论，少数股东权益不纳入合并报表，合并报表中的商誉只是合并方购买取得的商誉，不是被合并方的全部商誉。实务中的企业合并是两种理论混合的方法，少股东权益纳入合并报表，但不含商誉，合并报表中的商誉只是合并方购买的商誉。

为基础，由母公司编制的综合反映企业集团财务状况、经营成果及现金流量的财务报表，包括合并资产负债表、合并利润表、合并现金流量表和合并所有者权益变动表。

创立合并和吸收合并所成立的公司，在法律上成为一个独立的实体，同时也是一个独立的经济实体，编制财务报表的方法与编制一般财务报表的方法相同。

对于控股合并方式，虽然母子公司各自保持自身在法律上的独立地位，但母公司已经取得子公司的控制权，它们之间的经济联系极为密切，实际上已经形成了一个新的经济实体。外界对其财务状况和经营成果的了解并不仅限于各个单独的财务报表，而是包括整个经济实体。因此，母公司应以经济实体为基础编制母子公司的合并财务报表。

2. 合并财务报表的意义

（1）提供反映由母公司组成的企业集团整体经营情况的会计信息。在控股经营的情况下，母公司和子公司都是独立的法人实体，分别编制各自的财务报表，分别反映企业本身的生产经营情况，这些财务报表并不能有效地提供反映整个企业集团经营情况的会计信息。母公司股东、债权人及管理者，不仅希望了解母公司本身的经营状况，也希望知道子公司的经营状况，以获得投资方面的信息。子公司的其他股东也希望了解母公司的经济实力。合并财务报表便可满足这两方面的需求。不然报表使用者就要花大量的时间和精力去收集、分析各公司的财务报表。

（2）提供母子公司作为整个经济实体对外业务的盈利能力的会计信息。在一定的会计期间内，母子公司之间经常会发生各种交易，如存货销售、固定资产买卖或者租赁、应收应付等。这些交易都会在各个公司的账簿和报表中得到反映。编制合并报表时，需要抵销公司间的交易，以免重复计算，产生错误的信息。因此，合并财务报表反映了经济实体对外业务的财务状况及盈利能力。

（3）合并财务报表有利于避免一些企业集团利用内部控股关系人为粉饰财务报表情况的发生。控股公司的发展带来了一系列新的问题，一些控股公司利用对子公司的控制关系，运用内部转移价格等手段（如低价向子公司提供原材料、高价收购子公司产品等）转移利润，或通过高价对企业集团内其他企业销售、低价购买其他企业的原材料转移亏损等。通过编制合并财务报表，可以将企业集团内部交易产生的收入及利润予以抵销，使财务报表反映企业集团客观真实的财务和经营情况，有利于防止和避免控股公司人为操纵利润、粉饰财务报表现象的发生。

例 9-9 可以简要说明合并财务报表的意义。

例9-9

甲股东以100万元设立X公司。X公司注册设立后，又以50万元设立了全资子公司Y公司。

甲股东设立X公司时，X公司的资产负债表为：

资产(现金)＝所有者权益(股本)

1 000 000　＝　　1 000 000

X公司设立Y公司时：

X公司的资产负债表为：

资产（现金）　＋　长期股权投资＝所有者权益（股本）

500 000　　＋　500 000　　＝1 000 000

Y公司的资产负债表为：

资产（现金）　＝　所有者权益（股本）

500 000　　＝　500 000

X公司将Y公司纳入合并范围，编制合并资产负债表，该合并资产负债表的所有者权益的金额是多少？

分析：如果将X公司和Y公司的资产负债表各个项目简单相加，所有者权益是150万元。这个结果显然是错误的，因为X公司和Y公司都没有发生增加股东财富的任何交易，甲公司的股东财富（股东权益）不会发生任何变化，仍然为当初投资的100万元。所以，在编制合并报表时应当将X公司和Y公司之间的交易抵销，即X公司的长期股权投资50万元和Y公司的所有者权益50万元相互抵销，然后再将各项目的金额相加，结果仍然是资产100万元、所有者权益100万元。

3. 需要抵销的公司间交易

合并报表的基本方法是将纳入合并范围的母公司及其所有子公司之间的交易相互抵销，然后将相同的报表项目金额相加，得到合并后的报表金额。纳入合并范围的所有母子公司之间发生的交易都是需要抵销的公司间交易，包括公司间的投资、公司间的销售、公司间的债权债务等。以下举例说明公司间投资和公司间销售的抵销。

（1）公司间投资。企业对外投资在资产负债表上列为长期股权投资。但在编制合并资产负债表时，经济实体内部母子公司之间的投资不能列为长期股权投资，需要将母公司的长期股权投资与子公司的所有者权益抵销。

例9-10

A公司以500万元收购了B公司100%的股权，购买日B公司所有者权益的账面价值为300万元，评估的公允价值为500万元。

分析：母公司在编制合并报表时，将自己资产负债表中的长期股权投资500万元与子公司所有者权益的公允价值500万元相抵销。合并后的结果是，母公司的长期股权投资在合并报表中被子公司的资产和负债项目替代了。

A公司合并报表时编制的抵销分录如下：

借：股东权益（B公司）　　5 000 000

　贷：长期股权投资（A公司）　　5 000 000

（2）公司间销售。从合并报表的范围看，纳入合并范围的公司间销售都没有最终完成对外销售，编制合并报表时，应当将公司间销售与存货的毛利抵销。

例9-11

A公司销售300万元产品给B（子）公司，销售成本230万元。B公司以高于成本20%的价格对外销售，当年年末对外销售了60%，还有40%尚未出售。

分析：本例中，A公司确认了300万元的销售收入和230万元的销售成本，实现毛利70万元。但从合并报表角度看，这笔销售交易是公司间的交易，当A公司和B公司合并报表时，A公司的这项销售是不能确认的。B公司当年对外销售了60%，剩余40%的产品尚未销售，B公司确认了60%的销售收入和相应的销售成本。

对于公司间销售，母公司与子公司的会计记录如表9-2所示。

表9-2 母公司和子公司有关销售的会计记录 金额单位：元

科目	母公司		子公司	
	借	贷	借	贷
银行存款	3 000 000		2 160 000	3 000 000
销售收入*		3 000 000		2 160 000
销售成本*	2 300 000		1 800 000	
存货*		2 300 000	3 000 000	1 800 000

*正式的科目名称应为"主营业务收入""主营业务成本"和"库存商品"，为了下文叙述方便，也便于对下文更直观地理解，表中暂用销售收入、销售成本和存货。

根据上述记录，如果简单将母子公司的报表项目相加，母子公司的销售收入为516万元，销售成本为410万元，实现毛利106万元。从合并报表角度看，母公司向子公司销售商品300万元不能作为销售收入，应当抵销，只有子公司对外出售的216万元才能作为合并报表的销售收入。同样，母公司向子公司销售商品的成本230万元也应当抵销，只有子公司对外出售商品的成本180万元才能作为合并报表的销售成本。所以，合并报表时对本例销售业务的处理如下：

(1) 销售收入按照B公司销售了60%的产品的收入确认，价格按照B公司对外销售的价格计算。

(2) 销售成本按照A公司销售给B公司的价格计量。

(3) A公司与B公司之间的销售交易抵销。

(4) A公司未实现的属于B公司存货的毛利也应抵销。

A公司编制合并报表时的抵销分录如下：

借：销售收入（A公司） 3 000 000
　贷：销售成本（A公司） 2 300 000
　　销售成本（B公司） 420 000 [60%×(300－230)]
　　存货（B公司） 280 000 [40%×(300－230)]

这笔分录的作用是：抵销公司间的销售交易，将母公司卖给子公司商品所确认的销售收入和销售成本全部减为零，由于子公司购买的存货是按照母公司的销售价格计价的，贷记子公司的销售成本42万元和存货28万元就是将子公司存货的毛利（300万元－230万元）全部减为零。将公司间的交易抵销后，合并报表应确认销售收入216万元，销售成本138万元，毛利78万元。将上述业务及抵销分录列表，如表9-3所示。

表9-3　母子公司抵销分录　　金额单位：元

科目	母公司		子公司		抵销		合并后	
	借	贷	借	贷	借	贷	借	贷
银行存款	3 000 000		2 160 000	3 000 000			2 160 000	
销售收入		3 000 000		2 160 000	3 000 000			2 160 000
销售成本	2 300 000		1 800 000			2 300 000	1 380 000	
						420 000		
存货		2 300 000	3 000 000	1 800 000		280 000		1 380 000

4. 合并财务报表的特殊项目

在企业合并中，如果母公司没有持有子公司100%的股份，合并资产负债表中会出现少数股东权益项目，合并利润表中会出现少数股东损益项目；如果母公司购买子公司的价格超过子公司可辨认净资产的公允价值，合并资产负债表中会出现商誉项目。从合并过程看，少数股东权益和商誉都是合并抵销过程产生的差额。

（1）当母公司持有子公司的股份低于100%时，母公司的长期股权投资的账面金额低于子公司所有者权益的公允价值，两者相抵销时会出现一个差额，即少数股东权益。

（2）当母公司的长期股权投资的账面金额高于子公司可辨认净资产的公允价值时，将母公司的长期股权投资与子公司可辨认净资产的公允价值相抵销，也会出现一个差额，即商誉。

合并资产负债表中的商誉和少数股东权益都是由企业合并交易带来的，要一直保留在合并资产负债表中。商誉将在以后期间的减值测试中逐步减少甚至消失（归零）。只要母公司没有拥有子公司100%的股权，或者不出售子公司，合并资产负债表中就一直会出现少数股东权益。

例9-12

P公司以现金110万元收购S公司60%的股份，S公司成为P公司的子公司。P公司的账面价值以及S公司净资产的账面价值和公允价值见表9-4。

表9-4　P公司的账面价值和S公司的账面价值与公允价值　　金额单位：万元

项目	P公司	S公司	
		账面价值	公允价值
现金、其他资产	500	150	200
负债	200	40	30
股东权益	300	110	170

在收购S公司后，P公司的资产负债表中出现长期股权投资项目110万元，如表9-5所示。

表9-5　P公司收购S公司前后的资产负债表　　金额单位：万元

项目	P公司		S公司
	收购前	收购后	
现金、其他资产	500	390	150
长期股权投资——S公司	—	110	—
资产合计	500	500	150
负债	200	200	40
股东权益	300	300	110
负债和股东权益合计	500	500	150

S公司可辨认净资产的公允价值为170万元（200万元－30万元），如表9-6所示。P公司收购S公司60%的股权，相应的份额是102万元（170万元×60%），但P公司的合并成本为110万元，二者之差即商誉。

表9-6　S公司的公允价值　　金额单位：万元

项目	P公司		S公司	
	收购前	收购后	账面价值	公允价值
现金、其他资产	500	390	150	200
长期股权投资——S公司	—	110	—	—
资产合计	500	500	150	200
负债	200	200	40	30
股东权益	300	300	110	170
负债和股东权益合计	500	500	150	200

将P公司与S公司之间的投资交易抵销后，可以得到两家公司合并后的资产负债表，如表9-7所示。

表9-7　P公司的合并资产负债表　　金额单位：万元

项目	P公司		S公司		抵销		
	收购前	收购后	账面价值	公允价值	借	贷	合并金额
现金、其他资产	500	390	150	200			590
长期股权投资——S公司	—	110	—	—		110	0
商誉	—	—	—		8		8
资产合计	500	500	150	200			598
负债	200	200	40	30			230
股东权益	300	300	110	170	170		300
少数股东权益						68	68
负债和股东权益合计	500	500	150	200	178	178	598

编制如下抵销分录：

借：股东权益（S公司）　　1 700 000

　　商誉　　80 000

　贷：长期股权投资（P公司）　　1 100 000

　　　少数股东权益　　680 000

9.4 长期股权投资在财务报表上的列示

长期股权投资在资产负债报表上是一个单独项目，包括对子公司、合营企业和联营企业的长期股权投资。由于母公司对子公司的长期股权投资已经与子公司的所有者权益抵销了，合并资产负债表上的长期股权投资只反映对合营企业和联营企业的投资。

长期股权投资所取得的收益在利润表上反映为投资收益，其中采用权益法核算的长期股权投资的投资收益要单独列示。由于对子公司的长期股权投资采用成本法核算，母公司利润表中的投资收益只反映子公司分配的股利。在编制合并报表时，需要将母公司对子公司的投资收益（分配的股利）与子公司的净利润相抵销，合并利润表上的投资收益不包含对子公司的投资收益，但合并利润表的净利润包括子公司所有的净利润。下面以中国国际航空公司长期股权投资和投资收益的列示为例加以解释。中国国际航空公司的长期股权投资和投资收益数据如表 9－8 和表 9－9 所示。

表 9－8　资产负债表　　金额单位：百万元

项目	2018 年 12 月 31 日		2017 年 12 月 31 日	
	合并	母公司	合并	母公司
……				
流动资产合计	23 726	16 056	20 759	12 789
……				
长期股权投资	16 541	24 708	15 299	27 326
……				
资产总计	243 716	182 319	235 718	174 265

表 9－9　利润表　　金额单位：百万元

项目	2018 年度		2017 年度	
	合并	母公司	合并	母公司
……				
投资收益	1 368	258	－308	838
其中：对联营企业和合营企业的投资收益	749	514	－376	579
……				
净利润	8 201	5 358	8 637	6 958

表 9－8 显示，中国国航 2018 年年末合并资产负债表中的长期股权投资为 165 亿元，母公司的长期股权投资为 247 亿元，由于合并报表中的母公司对子公司的长期股权投资被抵销了，所以，合并资产负债表中的长期股权投资金额小于母公司长期股权投资金额。由于母公司对子公司的长期股权投资与子公司的所有者权益相互抵

销，合并报表中的资产总额比母公司资产总额多出的614亿元（2 437亿元－1 823亿元），主要是由纳入合并范围的子公司的负债和少数股东权益所形成的资产。

表9－9显示，中国国航2018年合并利润表上按权益法核算的长期股权投资的投资收益约为7亿元，母公司按权益法核算的长期股权投资的投资收益约为5亿元，两者的差额主要来自对子公司的长期股权投资。由于对子公司的长期股权投资按照成本法核算，子公司当年取得的净利润不能及时体现在母公司的投资收益中，包括各子公司按权益法核算的长期股权投资的投资收益，合并后，这些投资收益都会体现在合并利润表中。中国国航母公司247亿的长期股权投资中，约206亿元是对子公司的投资（见表9－11）。比较表9－10和表9－11可以发现，合并后按权益法核算的长期股权投资为165亿元，但母公司按权益法核算的长期股权投资只有约42亿元，两者相差约123亿元，可见中国国航的子公司持有大量按权益法核算的长期股权投资。

表9－10　中国国航合并报表长期股权投资的构成　　金额单位：百万元

项目	2018年12月31日	2017年12月31日
按权益法核算的股权投资		
——占合营企业之权益	1 427	1 239
——占联营企业之权益	15 114	14 106
合计	16 541	15 346
减：长期股权投资减值准备	—	—
——联营企业	—	－47
合计	16 541	15 299

表9－11　中国国航母公司的长期股权投资　　金额单位：百万元

项目	2018年12月31日	2017年12月31日
按成本法核算的股权投资		
——子公司	20 645	23 547
按权益法核算的股权投资	—	—
——占合营企业之权益	1 311	1 239
——占联营企业之权益	2 881	2 669
合计	24 837	27 456
减：长期股权投资减值准备	－130	－130
合计	24 708	27 326

习　题

（一）辨析与思考

Q9－1　下列投资行为使投资方与被投资方形成什么关系？应当采用什么会计核算方法？

（1）甲与乙共同出资1 000万元，各占50%股权建立的企业是联营企业还是合营企业?

(2) 如果时代公司拥有明德复印社100%股权的话，时代公司与明德复印社会形成什么关系?

(3) A企业通过股票市场购买上市公司B公司3%的股份，同时又通过协议购买非上市公司C公司3%的股份。它们都可以在长期股权投资中进行核算吗?

(4) 甲公司拥有乙公司60%的股权，乙公司拥有丙公司100%的股权。甲公司能控制丙公司吗?

Q9-2　企业合并是由两个或两个以上具有独立法律主体地位的企业，通过购买或签协议的方式，合并成一个经济实体。合并的方式一般有三种：一种是创立合并，两个或两个以上公司的主体资格消失，合并成一个新的经济实体；二是吸收合并，保留一家，其他的宣告解散；三是母子公司，这是比较常见的一种合并方式。母子公司在法律上和经济上都是独立的主体吗? 在什么情况下会变成一个主体?

Q9-3　在成本法下，长期股权投资一直保持初始投资的成本不变，除非出现子公司发放清算性股利、减值等情况；在权益法下，长期股权投资的成本要随着被投资方的股东权益变化而变化(按持股比例)。

什么是清算性股利? 为什么在权益法下长期股权投资的成本要随着被投资方的股东权益变化而变化?

Q9-4　同一控制下企业合并形成的长期股权投资的初始成本按照被投资企业相应的净资产账面价值的份额决定，投资方的实际投资成本与初始投资成本的差额计入投资方的资本公积。非同一控制下的企业合并形成的长期股权投资的初始成本为合并成本，合并成本为投资方所支付对价的公允价值，投资方支付的合并对价的账面价值与公允价值之间的差额作为当期损益。为什么要这样规定?

Q9-5　会计上只确认并购产生的商誉而忽视自创商誉本身就是一种矛盾，也是很不公平的。特别是对那些不是通过合并把规模做大的公司来说，它们的真实价值并未体现出来。你认同这种说法吗?

Q9-6　少数股东权益是母公司之外的股东享有的子公司净资产(权益)的比例。只要没有100%控股就会有少数股东权益。你认为将少数股东权益单独列示出来有必要吗?

(二) 练习题

E9-1　练习同一控制下形成的长期股权投资成本的确定

某集团公司下属子公司有E公司与F公司。F公司净资产账面价值为1 000万元，公允价值为1 200万元。20×8年3月1日，E公司以500万元购入F公司有表决权股份的40%。支付评估、审计、法律等费用48万元。

要求：

编制有关会计分录。

E9-2　练习非同一控制下形成的长期股权投资成本的确定

H公司与W公司购并前和购并后都不受同一方控制。W公司净资产账面价值为

1 000 万元，公允价值为 1 200 万元。20×8 年 3 月 1 日，H 公司以 300 万元现金和账面价值 10 万元（公允价值为 20 万元）的无形资产购入 W 公司有表决权股份的 25%。支付评估、审计、法律等费用 22 万元。

要求：

编制有关会计分录。

E9-3　练习长期股权投资成本法

甲公司 20×7 年 1 月 1 日以 600 万元购入乙公司 60% 的股份，乙公司 20×7 年盈利 180 万元，分派现金股利 150 万元。乙公司 20×8 年发生亏损 50 万元，分派现金股利 50 万元。

要求：

编制有关会计分录。

E9-4　练习长期股权投资权益法

甲公司 20×8 年以每股 8 元的价格购入丙公司 80 万股普通股，占该公司有表决权股份的 30%。丙公司 20×8 年实现税后利润 500 万元。20×9 年 2 月 26 日，经股东大会通过公司分派现金股利 200 万元。

要求：

编制有关会计分录。

E9-5　练习合并资产负债表的编制

某母公司与子公司 20×8 年 12 月 31 日的资产负债表如表 9-12 所示。

表 9-12　母子公司资产负债表　　金额单位：元

项目	母公司	子公司
货币资金	800 000	260 000
长期股权投资——子公司	900 000	
固定资产（净额）	1 000 000	1 250 000
应收账款——子公司	150 000	
合计	2 850 000	1 510 000
应付票据	200 000	110 000
非流动负债	1 400 000	
应付账款——母公司		150 000
股本——普通股	1 000 000	900 000
留存收益	250 000	350 000
合计	2 850 000	1 510 000

要求：

编制抵销分录和合并资产负债表。

（三）案例

C9　蛋糕房与水果店的合并

甜甜水果店和小丁蛋糕房经过一段时间的经营，生意越做越好，各自忙着扩大自己的业务。小丁蛋糕房为了制作更加营养和健康的食品，准备以新鲜的水果替代部分奶油，以与大多数蛋糕店采用罐头水果的做法相区别。但新鲜水果的品质难以标准化，临时采购很难保证水果的品质。甜甜水果店在这方面积累了大量的经验，并与水果生产基地建立了良好的关系，能确保大量优质的水果供应。由于水果腐烂快，不易保存，甜甜水果店想为自己找个好出路。小丁蛋糕房与甜甜水果店经过多次洽谈、协商达成一致协议：甜甜水果店同意接受小丁蛋糕房的投资，成为其子公司。以下是小丁蛋糕房与甜甜水果店之间的业务往来：

（1）小丁蛋糕房（以下简称蛋糕房）20×7 年年底向甜甜水果店（以下简称水果店）投资 70 万元，甜甜水果店的实收资本因此增加到 76 万元。

（2）20×8 年，小丁蛋糕房与甜甜水果店之间发生如下业务：

1）蛋糕房从水果店购入 60 万元水果作为蛋糕原材料。水果成本为 50 万元。

2）水果店从蛋糕房购买蛋糕 3 万元作为员工生日礼物。蛋糕成本为 17 000 元。

3）水果店向蛋糕房借入 10 万元，并向其支付利息 5 000 元。

假定利润表中的所得税税率为 25%，所得税＝利润总额×25%。

假定水果店资产负债表中资产、负债的账面价值与公允价值相等。

假定甜甜水果店和小丁蛋糕房并购前资产负债表和利润表如表 9-13 至表 9-16 所示。

表 9-13　利润表

编制单位：甜甜水果店　　20×7 年度　　金额单位：元

项目	金额
一、营业收入	2 628 500
减：营业成本	1 698 500
税金及附加	131 425
销售及管理费用	68 675
财务费用	5 000
二、营业利润	724 900
减：营业外支出	67 500
三、利润总额	657 400
减：所得税费用	164 350
四、净利润	493 050

表 9-14　资产负债表

编制单位：甜甜水果店　　20×7年12月31日　　金额单位：元

项目	金额	项目	金额
银行存款	1 088 000	应交税费	1 800
应收账款	62 000	长期借款	100 000
存货	118 750		
固定资产	123 000		
减：累计折旧	36 900	实收资本	760 000
固定资产净值	86 100	未分配利润	493 050
资产合计	1 354 850	负债与所有者权益合计	1 354 850

表 9-15　利润表

编制单位：小丁蛋糕房　　20×7年度　　金额单位：元

项目	金额
一、营业收入	2 950 000
减：营业成本	1 704 750
税金及附加	165 200
销售及管理费用	85 620
财务费用	3 750
二、营业利润	990 680
三、利润总额	990 680
减：所得税费用	247 670
四、净利润	743 010

表 9-16　资产负债表

编制单位：小丁蛋糕房　　20×7年12月31日　　金额单位：元

项目	金额	项目	金额
银行存款	402 285	应付账款	32 900
应收账款	25 000	预收账款	200 000
存货	105 000	长期借款	150 375
预付账款	120 000		
长期股权投资	700 000		
固定资产	252 000		
减：累计折旧	78 000		
固定资产净值	174 000	实收资本	500 000
其他应收款	100 000	未分配利润	743 010
资产合计	1 626 285	负债与所有者权益合计	1 626 285

要求：

（1）编制抵销分录。

（2）以小丁蛋糕房为母公司编制合并利润表和合并资产负债表。

第10章

负　　债

学习目的

1. 了解负债的特征和分类；
2. 掌握流动负债项目的核算方法；
3. 熟悉或有负债的会计处理方法；
4. 掌握债券现金流量现值的含义和计算方法；
5. 掌握长期借款、应付债券的核算方法。

本　章　简　介

负债是将导致企业资产流出的现时义务。负债通常具备债权人、金额和到期时间三个要素，如银行借款、应付账款、应付债券等，但并不是企业确认的所有负债都具备这三个要素，如计提损失产生的负债。因此，确认负债比确认资产可能更有难度。企业常见的负债项目包括流动负债中的短期借款、应付项目、或有负债，以及非流动负债中的长期借款、应付债券。企业的很多费用是定期支付的，而不是在负债产生的时候随时支付，比如，如果水电费是先用后付，企业时刻都会发生负债，再如，企业时刻都在使用职工的劳动，但却不是时刻支付工资，因而总是承担着应付职工薪酬和福利。这些在经营中时刻产生的负债应当按照权责发生制的要求定期地予以估计。

负债的计价通常依据将来支付的现金流量的现值。对于长期负债，如果票面利率与实际利率不同，长期负债的现值与面值就不等，就产生了溢折价，会计核算时需要对溢折价进行利息调整，典型的业务是发行公司债券。

递延所得税是一个专门的会计问题。结合应交税费，本章对递延所得税做了简要解释。

10.1 负债的定义和特征

负债是指企业过去的交易或事项形成的、预期会导致经济利益流出企业的现时义务。该义务一般是在公平交易中产生的。有的义务是法律强制企业履行的，比如各种税费；有的义务是推定的义务，如核设施可能导致的清除污染的义务。

负债又是企业资产的资金来源，向金融机构借款会产生负债，发行债券也会产生负债。企业在经营过程中也会产生负债，如企业在采购过程中欠供应商的货款形成的应付账款、应付票据，在销售活动中预收客户定金、保证金形成的预收账款等；还有与单位职工或税务部门、投资者之间应付未付的工资或税金、尚未发放的现金股利等。

通常，负债具备债权人（债主）、到期时间和金额三个基本要素，但是，并非所有的负债都是显性的，也会出现不具备这三个要素的隐性负债，比如企业对产品质量的承诺或者对未来某一交易的承诺。从负债的定义和特征来看，企业确认负债时还会出现一些难题。

第一，企业的义务是否已经发生。按照定义，过去的交易或事项是产生负债的必要条件。现实中，有些交易已经发生了，但是否导致企业承担现时义务仍然不能确定。比如航空公司的常旅客计划，每位常旅客在购买机票并实际搭乘飞机后就可以积累里程，旅客积累的旅程可以用于免费兑换机票或商品、升舱。常旅客计划意味着旅客一旦积累了里程，航空公司就承诺了未来的义务。可是，航空公司通常保留了修改常旅客计划的权利，还可以决定是否让旅客兑换某个航班的机票。因此，表面上看常旅客计划使航空公司承担了义务，但实际上航空公司可能未必承担了所承诺的义务。

第二，负债是否可以计量。按照定义，负债会导致企业经济利益的流出，负债的特征之一是，将来偿还的金额是确定的。很多情况是，企业承担了义务，金额却很难可靠计量。比如，煤矿厂有义务在煤炭资源枯竭的时候清理矿井，核电站有义务清理报废的核设施，这些义务都是这类企业已经承担的义务，但将来的清理费用很难可靠估计。更难估计的是环境污染导致企业承担的义务，按照法律要求，如果企业造成污染，就必须承担清理和相关的赔偿责任，因此，不具备处理“三废”设备的企业就已经承担了义务，但到底要花多少钱却很难计量。

第三，负债的价值是否能合理估计。负债的公允价值不如资产的公允价值受到重视。根据现行会计准则，当资产的账面价值高于可收回金额时，企业需要计提减值准备。如果企业的负债不能如数偿还，是否也需要计提减值（产生收益）呢？这就涉及负债价值的估计。负债的价值受基准利率和特定债务人的信用水平的影响。例如，企业借入固定利率的长期借款后银行的基准利率降低了，意味着企业的负债价值上涨了，因此会产生损失，反之亦然。银行的基准利率相对容易获得，但企业估计自己的信用水平（违约率）从而估计自己负债的公允价值则是一件困难的事情。

负债的公允价值与负债的利率相关，因此，将负债划分为带息负债和不带息负债对于报表使用者是有意义的。

作为一种资金来源，企业的负债具有杠杆效应。负债的成本是固定的（如固定利率），如果企业的资产报酬率高于负债的成本，剩余部分就为股东增加了财富。因此，如果企业的经营效率足够高，高负债对股东是有贡献的。此外，负债的利息费用可以在税前扣除，意味着政府承担了一部分企业负债的利息费用，即所谓的税盾（tax shield）。高负债（高杠杆）的企业，财务风险也高。

10.2 流动负债

10.2.1 短期借款

短期借款是一种融资性借款，指企业向各类金融机构或第三方借入的偿还期在一年之内的借款。短期借款主要用于弥补企业流动资金的不足。借款期限的长短可根据企业的需要或融资能力的大小来决定。融资的安排，包括期限、金额等，是一个专门的财务管理问题。金融机构与非金融机构的融资时间是不同的，金融机构的短期借款可能只有一天，如银行之间的隔夜拆借。

短期借款的核算主要包括短期借款的取得、利息的计算及偿还的核算，如果借款来源多样化，还需设置明细分类账户进行核算。短期借款属于负债类账户，贷方记录借款的增加，借方记录借款的减少（已偿还），余额表示尚未到期或归还的金额，在资产负债表中列入流动负债部分的短期借款项目。

短期借款的利息费用作为当期费用在利润表的财务费用项目中列示。

例 10-1

时代公司与中国工商银行在20×8年4月30日签订一份借款合同，合同约定借款金额为100万元，借款期限为6个月，利率为3%。

分析：这笔借款如果没有结账编表，则只需要做两笔会计分录：一是在借入时登记银行存款的增加和负债即短期借款的增加；二是在到期日计算利息并编制偿还本金和利息的会计分录。如果有结账编表，比如半年报，则需要在6月30日编制一笔调整分录：借记财务费用，贷记应付利息，金额为5 000元（1 000 000×3%×2/12）。以下是没有编制调整分录的会计分录。

（1）20×8年4月30日借入时：

借：银行存款	1 000 000	
贷：短期借款——中国工商银行		1 000 000

（2）20×8年10月30日，偿还本金1 000 000元和利息时：

利息费用=1 000 000×3%×6/12=15 000（元），利息费用通过财务费用账户进行核算。

借：短期借款　　1 000 000
　　财务费用　　15 000
　贷：银行存款　　1 015 000

10.2.2 经营性应付项目

经营性应付项目是指企业在生产经营过程中发生的义务，包括与供货商发生的应付未付的购货款，由向职工承诺的工资、奖金及各种福利形成的应付未付的职工薪酬，与国家或地方税务部门发生的应该缴纳而尚未缴纳的各种税金和费用，以及其他各项应付未付的费用，如水电费、房租费等。这些应付项目主要通过应付账款、应付票据、应付职工薪酬和应交税费等账户进行核算。

1. 应付账款

应付账款是企业在购买商品时，承诺向供货商支付而没有支付的款项。供货商在与购货方签订合同时，一般会约定一个付款期，供货商为避免到期收不到货款，通常还会鼓励购货方提前付款，并给予一定的优惠条件。当企业签订有优惠付款条件的合同时，一般会考虑享受这个优惠，在账务处理时，就需要分别考虑享受折扣和不享受折扣的情况。这个折扣可理解为购货方得到的优惠，按照现行会计制度的规定可冲减财务费用。

例 10-2

时代公司与上海纺织厂签订了一份购货合同，合同价值 80 万元，付款条件是“3/10，2/20，n/30”。具体含义是：上海纺织厂给时代公司的授信期为 1 个月，如果时代公司在 10 天之内付款，可以享受 3%的折扣，在 10～20 天之内付款，可以享受 2%的折扣，超过 20 天付款不享受折扣。公司适用的增值税税率为 13%。

分析：假设时代公司不享受付款优惠，就需要全额付款。如果时代公司希望得到 3%的折扣，就要在 10 天之内付款。假设现金折扣只针对货款部分。下面分两种情况编制会计分录。

（1）购入时：

借：在途物资　　800 000
　　应交税费——应交增值税（进项税额）　　104 000
　贷：应付账款　　904 000

（2）不享受折扣，全额支付货款时：

借：应付账款　　904 000
　贷：银行存款　　904 000

（3）享受 3%的折扣时：

按 97%的比例支付货款，将 3%的折扣 24 000 元（800 000×3%）记入财务费用账户的贷方。

借：应付账款　　904 000
　贷：银行存款　　880 000
　　　财务费用　　24 000

2. 应付票据

应付票据是企业在购买商品或接受劳务时开具的在未来某一确定时间支付确定金额的一种凭证，通常会按供货商的要求开具。票据结算是企业间广泛使用的一种结算方式，由于加入了银行的信用，可以有效地避免结算风险。企业未到期的票据通过应付票据账户进行核算，贷方记录应付票据的增加，借方记录已偿还的应付票据，即应付票据的减少。贷方余额表示尚未到期或尚未支付的票据，列入资产负债表中流动负债部分的应付票据项目。

例 10－3

沿用例 10－2 的资料，时代公司开出一张金额为 904 000 元、期限为 3 个月、票面利率为 3%的票据。

分析：由于该票据是一张带息票据，到期时要计算利息，利息＝904 000×3%×3/12＝6 780（元），记入财务费用账户的借方。

（1）购入物品即开出票据时：

借：在途物资	800 000	
应交税费——应交增值税（进项税额）	104 000	
贷：应付票据		904 000

（2）票据到期时：

借：应付票据	904 000	
财务费用	6 780	
贷：银行存款		910 780

3. 应付职工薪酬

应付职工薪酬①是企业应付未付给员工的报酬，通常是由于工资结算时间与实际发放时间有时滞造成的，属于企业的一项短期负债。职工薪酬是指企业为获得职工提供的服务或解除劳动关系而给予的各种形式的报酬或补偿，包括企业提供给职工配偶、子女、受赡养人、已故员工遗属及其他受益人等的福利。根据发放形式分为货币性薪酬和非货币性薪酬（如企业自产产品等）。

职工薪酬具体由四个部分组成：短期薪酬、离职后福利、辞退福利和其他长期职工福利。

（1）短期薪酬。是指企业在职工提供相关服务的年度报告期间结束后 12 个月内需要全部予以支付的职工薪酬，因解除与职工的劳动关系给予的补偿除外。短期薪酬具体包括：职工工资、奖金、津贴和补贴，职工福利费，医疗保险费、工伤保险费和生育保险费等社会保险费，住房公积金，工会经费和职工教育经费，短期带薪缺勤，短期利润分享计划，非货币性福利以及其他短期薪酬。其中，带薪缺勤是指企业支付工资或提供补偿的职工缺勤，包括年休假、病假、短期伤残、婚假、产假、丧假、探亲假等。利润分享计划是指因职工提供服务而与职工达成的基于利润或其

① 2014 年 1 月 27 日，财政部修订并印发了《企业会计准则第 9 号——职工薪酬》（财会〔2014〕8 号）。

他经营成果提供薪酬的协议。

（2）离职后福利。是指企业为获得职工提供的服务而在职工退休或与企业解除劳动关系后提供的各种形式的报酬和福利，短期薪酬和辞退福利除外。

（3）辞退福利。是指企业在职工劳动合同到期之前解除与职工的劳动关系，或者为鼓励职工自愿接受裁减而给予职工的补偿。

（4）其他长期职工福利。是指除短期薪酬、离职后福利、辞退福利之外的所有职工薪酬，包括长期带薪缺勤、长期残疾福利、长期利润分享计划等。

上述四类职工薪酬中，最为复杂的是离职后福利的估计，需要精算，其会计处理也相对复杂，对离职后福利的会计处理和支付方式将对企业的利润和财务状况产生影响。

按照《劳动合同法》的规定，企业应该为员工缴纳三险一金或五险一金。三险一金是指养老保险、失业保险、医疗保险和住房公积金。三险由企业和个人共同承担，企业承担的部分计入成本，个人承担的部分可在个人所得税税前扣除。五险是以上三险再加工伤保险和生育保险，这两部分都是由企业承担的。

某市养老保险缴费比例为：单位20%（其中17%划入统筹基金，3%划入个人账户），个人8%（全部划入个人账户）。医疗保险缴费比例为：单位10%，个人2%+3元。失业保险缴费比例为：单位1.5%，个人0.5%。工伤保险按行业性质分为0.6%，1.2%，2%三档基准费率，全部由单位承担。生育保险缴费比例为：单位0.8%，个人不交。公积金：根据企业的实际情况选择住房公积金缴费比例，但原则上最高缴费额不得超过该市职工平均工资300%的10%。

职工的薪酬费用按照岗位记入不同的账户。生产人员的薪酬记入生产成本账户，车间管理人员的薪酬记入制造费用账户，销售人员的薪酬记入销售费用账户，企业管理人员的薪酬记入管理费用账户。

由于职工的劳动付出时间与企业实际发放工资的时间不一致，因此会形成短期负债，记入应付职工薪酬账户的贷方，表示尚未发放的薪酬，等实际发放时，再冲减应付职工薪酬。代扣代缴的款项通过其他应付款账户进行核算。应付职工薪酬下设工资、职工福利、社会保险费、住房公积金、工会经费、职工教育经费等明细账户，进行明细分类核算。

每个公司的工资制度不同，工资的计算和发放方式也不同，有的按固定工资，有的按计件（时）工资，有的实行年薪制。一般服装制造企业的工人工资为计件工资，每月由车间核算员或指定的财务人员按计件工资标准编制职工工资结算单交财务部门，财务部门再制作全厂的汇总工资结算单并组织发放。

例10-4

时代公司随着业务的发展，专门成立了西服加工车间和旗袍制作车间，并配备了专门的工资核算员，负责计算每月每位工人的工资。西服加工车间的月工资总额为32 400元，旗袍制作车间的月工资总额为21 600元。公司管理人员、车间管理人员的工资也由专人进行汇总计算。全厂月工资分配表如表10-1所示。

表 10-1 时代公司 20×8 年 10 月工资分配表

金额单位：元

(1)	(2)	(3)	(4)=(2)+(3)	(5)=(4)×5%	(6)=(4)×20%	(7)=(4)×10%	(8)=(4)×1.5%	(9)=(5)+(6)+(7)+(8)	(10)=(4)+(9)
部门	基本工资	奖金	小计	住房公积金	养老保险	医疗保险	失业保险	小计	总计
西服车间	21 600	10 800	32 400	1 620	6 480	3 240	486	11 826	44 226
旗袍车间	14 400	7 200	21 600	1 080	4 320	2 160	324	7 884	29 484
管理部门	20 000	10 000	30 000	1 500	6 000	3 000	450	10 950	40 950
车间管理部门	4 000	3 000	7 000	350	1 400	700	105	2 555	9 555
合计	60 000	31 000	91 000	4 550	18 200	9 100	1 365	33 215	124 215

公司财会人员按表 10-1 编制会计分录。

(1) 每月月末将全公司的工资计入成本。

借：生产成本——西服　　44 226
　　　　　　——旗袍　　29 484
　　管理费用　　40 950
　　制造费用　　9 555
　贷：应付职工薪酬——工资　　91 000
　　　　　　　　——三险一金　　33 215

(2) 如果公司与银行签订工资发放协议，每月定期将工资单送交银行，银行直接从公司账户中将钱转入每位职工的工资账户。会计人员根据银行付款通知书编制会计分录：

借：应付职工薪酬——工资　　91 000
　　　　　　　　——三险一金　　33 215
　贷：银行存款　　124 215

如果公司没有和银行签署工资发放协议，需到银行去提取现金，再发放给员工，会计分录为：

借：库存现金　　91 000
　贷：银行存款　　91 000
借：应付职工薪酬——工资　　91 000
　贷：库存现金　　91 000

4. 应交税费

应交税费是指企业在生产经营过程中产生的应向政府税务机关缴纳的各种税费，主要包括增值税、所得税、消费税、城市维护建设税、教育费附加等。

(1) 企业应缴纳的税费种类。企业在生产经营过程中，按照税法的规定，视经营的产品和服务不同需要缴纳不同的税费。按照征收对象企业需要缴纳的税费有：

1) 流转税：以商品或劳务买卖的流转额为课税对象课征的各种税，如增值税、消费税、关税等。目前，流转税中的增值税是价外税，消费税是价内税。价外税是指价格中不包含税金，价内税是指价格中包含税金。

2）所得税：以纳税人的所得额为课税对象课征的各种税，如企业所得税、个人所得税。

3）行为税：以纳税人所发生的某种行为为课税对象课征的各种税，如印花税、车船使用税等。

4）财产税：以纳税人拥有或支配的财产为课税对象课征的各种税，如房产税等。

5）资源税：对在我国境内开采国家规定的矿产资源（如石油、天然气、煤炭等）和生产用盐的单位或个人征收的一种税。

6）特定目的税：为了达到特定目的，对特定对象和特定行为征收的一种税，如土地增值税、车辆购置税、耕地占用税等。

从事的业务不同，不同公司需要缴纳的税收也不尽相同。表10-2列示的是森马服饰2018年年报中披露的税种和税率。

表10-2　森马服饰2018年年报中披露的税种和税率

税种	计税依据	税率
增值税	一般纳税人：按税法规定计算的销售货物和应税劳务收入为基础计算销项税额，在扣除当期允许抵扣的进项税额后，差额部分为应交增值税； 小规模纳税人：对销售额或出租商铺的租赁收入额简易计税	17%，16%，3%，5%
城市维护建设税	应缴流转税额	7%，5%
企业所得税	应纳税所得额	25%
教育费附加	应缴流转税额	3%
地方教育费附加	应缴流转税额	2%，1%
房产税	原值×70%、营业收入	1.2%，12%

（2）几种常见税收的核算。

1）应交增值税。增值税核算相关内容请见第5章增值税专栏。

2）应交消费税。消费税是对特定消费品的流转额征收的一种税。征税商品有烟、酒、高档化妆品、成品油、贵重首饰及珠宝玉石、高尔夫球及球具、高档手表、游艇、实木地板、摩托车、小汽车等，税率最低为1%，最高为56%。消费税实行价内税，除金银首饰在零售环节缴纳以外，其他都在生产、进口和委托加工环节缴纳。由于消费税是单环节征收的一种税，在以后的批发、零售等环节无论再转销多少次，都不用再缴纳消费税（卷烟除外），所以国家采用比例税率或定额方式进行征收。消费税的纳税人是企业，但税款最终由消费者承担。

消费税的征收采用从价定率和从量定额两种方法。从价定率的应纳税额＝销售额×比例税率；从量定额的应纳税额＝销售数量×定额税率。但对甲类、乙类卷烟和白酒则采用复合税率征收。如甲类卷烟：56%加0.003元/支；乙类卷烟：36%加0.003元/支；白酒：20%加0.5元/500克（或500毫升）。

企业将计算出来的消费税记入税金及附加账户的借方，将应交未交的消费税记入应交税费——应交消费税账户的贷方进行核算。

例10-5

汽车制造商生产一辆小汽车的成本为8万元，出厂价为10万元（不含增值税）。假设消费税税率为9%（不同排量的小汽车消费税税率是不同的），消费税=100 000×9%=9 000（元）。

（1）制造企业计算消费税的金额时：

借：税金及附加——消费税[①]	9 000	
贷：应交税费——应交消费税		9 000

（2）实际缴纳时：

借：应交税费——应交消费税	9 000	
贷：银行存款		9 000

3）应交所得税。所得税是以各类所得为征税对象，按一定比例进行征收的一种税。所得一般包括：第一，营业所得。如从事工业、商业、服务业等生产经营的所得。第二，投资所得。如股息、红利所得，财产租赁或转让所得，特许权使用费所得。第三，劳务所得。如工资、薪金所得，劳务报酬所得。

按纳税主体分为个人所得税和企业所得税。个人所得税的纳税主体是个人，企业履行代扣代缴义务。企业所得税的纳税主体是企业。企业所得税是国家税务部门对企业所得征收的一种税，通过应交所得税明细账户反映企业应该向税务部门缴纳的所得税税款。应交所得税金额的计算公式如下：

$$\text{应交所得税}=\text{应纳税所得额}\times\text{所得税税率}$$

$$\text{应纳税所得额}=\begin{matrix}\text{纳税年度的}\\\text{收入总额}\end{matrix}-\begin{matrix}\text{不征税}\\\text{收入}\end{matrix}-\begin{matrix}\text{免税}\\\text{收入}\end{matrix}-\begin{matrix}\text{各项}\\\text{扣除}\end{matrix}-\begin{matrix}\text{允许弥补的以前}\\\text{年度亏损}\end{matrix}$$

由于应纳税所得额的确认要遵守税法规定，会计上按权责发生制确认的利润与应纳税所得额之间有一定差距，需要利用递延所得税进行调整，因此，应交所得税的换算与递延所得税是关联的。

企业将计算出来的所得税记入所得税费用账户的借方，将应交未交的所得税记入应交税费——应交所得税账户的贷方进行核算。

假设企业确认的所得税费用恰与应交所得税金额相等，编制的会计分录为：

借：所得税费用

　　贷：应交税费——应交所得税

企业应按税务部门的要求，及时汇总清缴所要缴纳的税金，否则会面临滞纳金惩罚。如果被罚缴纳滞纳金，企业应将其作为营业外支出。

---

① 卷烟除在生产环节增收一次消费税，还在批发环节加征了一次从价税。2009年5月，批发环节加征一道从价税，税率为5%；经国务院批准，自2015年5月10日起，卷烟批发环节从价税税率由5%提高至11%，并按0.005元/支加征从量税。

例 10-6

时代公司收到当地税务部门的通知，需缴纳滞纳金 50 000 元。

公司支付滞纳金的会计分录如下：

借：营业外支出——滞纳金　　50 000

　贷：银行存款　　50 000

此外，还有一些税费不通过应交税费账户进行核算，而是直接借记税金及附加账户，贷记银行存款账户。如车辆购置税、印花税等，在直接缴纳的同时就已完税。

10.2.3　或有负债

1. 或有负债的概念

或有负债是指过去的交易或事项形成的潜在义务，其存在须通过未来不确定事项的发生或不发生予以证实；或者是指过去的交易或事项形成的现时义务，履行该义务不是很可能导致经济利益流出企业或该义务的金额不能可靠地计量。可见，或有负债的发生取决于或有事项。

所谓或有事项（contingency），是指“现存的带有不确定性的情况、状态或处境，其结果将会给企业带来利得或损失，而其最终是否实现则取决于一个或多个未来事件是否发生”。其特征为：(1) 其存在或起因在于过去已完成的交易或已发生的事项或情况；(2) 交易事项或情况的最后结果是不确定的；(3) 交易事项或情况的最后结果依赖于未来发生或不发生某种事实加以证实。或有事项也可能产生或有资产。或有资产指过去的交易或事项形成的潜在资产，其存在须通过未来不确定事项的发生或不发生予以证实。

出于谨慎性考虑，会计上不确认可能的利得，但确认可能的损失。在确认可能的损失的同时，要确认一笔负债，该负债就是或有负债。例如，时代公司对所有客户承诺，衣服发生质量问题，公司免费更换、修改等。但这种服务是否发生、发生多少，取决于衣服的质量及顾客是否来更换等情况。对这项可能的损失，公司要根据以往的经验计提合理最佳估计数的维修与更换服务费用，公司在计提这笔费用的同时会形成一项预计负债。

2. 或有负债的会计处理方法

或有负债的会计处理取决于或有事项发生的可能性。如果导致或有负债的或有事项很可能发生（通常指发生的可能性大于不发生的可能性），企业应当确认负债；如果导致或有负债的或有事项可能发生（发生的概率通常低于 50%），企业应当在财务报表附注中说明或有负债；如果可能性很小，企业可以不予处理。根据发生的可能性和计量的可靠性，不同的会计处理方法如表 10-3 所示。

对于应确认的或有负债，企业需设置预计负债账户进行核算。预计负债是负债类账户，贷方表示预计负债的增加，借方表示预计负债的减少，余额在贷方，表示到报告期末已经预计但尚未发生的或有损失数。下面通过一些企业常见的或有负债进行解释。

表 10-3　或有负债的会计处理

可能性①	可计量	不可计量
很可能	确认	附注中披露
可能	附注中披露	附注中披露
可能性很小	没有要求，但可以披露	

（1）对外担保。对外担保主要是指企业为其他企业进行债务担保，即承诺在被担保企业不能及时偿还时，担保企业负有担保连带责任，替被担保企业偿还从金融机构借入的款项。因此，企业一旦为他方提供担保，就会面临连带付款的责任，该责任具有不确定性。企业通常在财务报表附注中披露对外担保业务，上市公司还需要在担保事项发生时专门发布公告，披露对外担保事项。例如，美克国际家居用品股份有限公司 2016 年 11 月 1 日发布公告，为其控股股东美克投资集团有限公司 17 000 万元人民币贷款提供担保，累计为其提供担保金额为 69 750 万元。截至公告披露日，公司及控股子公司对外担保总额为 273 400 万元、81.08 万美元，担保总额按照各借款主体记账汇率折算为人民币 273 886.48 万元，占上市公司最近一期经审计的归属于母公司所有者权益的 89.65%，其中，与控股子公司之间的担保金额为 39 486.48 万元，占上市公司最近一期经审计的归属于母公司所有者权益的 12.93%，无对外逾期担保。

（2）未决诉讼。未决诉讼是指企业有涉讼事项在资产负债表日尚未结案，即法院还未终审判决的涉讼事件。不管企业是原告还是被告，企业要么胜诉，要么败诉。胜诉会给企业带来利得，在未收到判决前企业出于谨慎性考虑可以不予确认。如果一旦败诉会给企业带来损失，那么企业需要对败诉的可能性做出估计，并进行相应的会计处理。如果上市公司发生重大诉讼案件，应及时发布公告。

（3）产品质量保证。如前所述，企业为了让消费者放心购买，对所生产的产品质量提供"三包"服务，即"包退、包修和包换"。在产品质量不能达到 100%保证的情况下，这项费用迟早会发生，但发生的金额和时间需要企业做出判断和估计。企业应当根据权责发生制的原则，在产品出售的当期根据销售收入的一定百分比计提产品质量保证费用，通过销售费用和预计负债这两个账户进行核算。销售费用是成本费用类账户，借方表示增加，贷方表示减少；预计负债是负债类账户，贷方表示增加，借方表示减少，余额在贷方。例如，森马服饰 2018 年年末预计负债余额为 6.55 亿元，其中 5.38 亿元是估计的客户退货。

例 10-7

时代公司在年末按当年销售收入的 5‰计提产品质量保证费用。假设时代公司的年销售收入为 1 000 万元。

① 可能性是指发生的概率，很可能是指发生的可能性介于 50%～95%，可能是指发生的可能性介于 5%～50%，可能性很小是指发生的可能性低于 5%。

产品质量保证费用＝1 000×5‰＝5（万元），编制如下会计分录：

借：销售费用——产品质量保证费用　　50 000

　贷：预计负债　　50 000

以后按实际发生额编制会计分录：

借：预计负债　　××

　贷：库存现金或银行存款等　　××

森马服饰2018年年末披露的预计负债如表10-4所示。

表10-4 森马服饰2018年年末预计负债　　金额单位：元

项目	期末余额	期初余额	形成原因
未决诉讼	12 487 161.36		注1
预计期后退货	537 693 260.29	595 304 450.21	注2
税收争议	95 493 793.70		注3
关店成本	9 648 255.35		注4
合计	655 322 470.70	595 304 450.21	

注1：截至2018年12月31日，公司存在尚未完结的商业诉讼案件和尚未完结的员工诉讼案件。针对上述诉讼案件，公司共计提预计负债12 487 161.36元。

注2：预计期后退货系公司在资产负债表日对分销模式下已发出但约定可有条件退回的销售测算预计退货金额，冲减已确认收入和已结转的相应成本，同时对预计退回的存货计提存货跌价准备，确认为预计负债。

注3：公司在意大利的孙公司Kidiliz Group Italy S. r. l. 被当地税务局对其2011—2015年间的转移定价进行税务稽查，由此公司对2011—2015年的潜在税务风险及2016年可能面临的转移定价税务稽查共计计提预计负债95 493 793.70元。

注4：公司境外孙公司计划关停部分门店，管理层目前针对截至资产负债表日宣布关停的店铺计提关停成本。

10.3 非流动负债

非流动负债是相对于流动负债而言的，流动负债的偿还期在一年或长于一年的一个经营周期之内，非流动负债的偿还期在一年或长于一年的一个经营周期以上。非流动负债的核算比流动负债的核算复杂，会涉及货币时间价值问题。本节主要介绍长期借款、应付债券、可转换债券的核算。

10.3.1 长期借款

长期借款是企业向银行或其他金融机构借入的期限在一年以上（不含一年）的各项借款，一般都是有特定用途的借款，如项目借款等。根据还本付息方式将长期借款分为分期付息、到期还本或分期还本的借款和到期一次还本付息的借款。设长期借款账户进行核算，贷方记录借款本金或利息的增加，借方记录本金和利息的减少（偿还），余额在贷方，表示尚未偿还的借款及利息。

长期借款核算包括借入、计息和偿还三个阶段，因此需在长期借款总账户下设本金、利息调整和应计利息明细账户进行明细分类核算。如果实际收到的借款与合同金额有差异，按实际收到的现金净额借记银行存款，贷记长期借款——本金，差额记入长期借款——利息调整账户。期末对一次还本付息的借款进行利息调整时，将应付未付的利息记入长期借款——应计利息账户的贷方；期末对分期付息借款计提利息时，记入应付利息账户的贷方。

利息费用根据借款用途可做不同的处理。如果是在筹建期间发生的利息费用，则记入管理费用账户；如果是在经营期间发生的利息费用或停止资本化以后发生的利息费用，则记入财务费用账户。实务中企业举借长期借款大多有特定用途，长期借款的本金和利息的偿还方式也多种多样。比如，以项目方式或研究开发的名义进行的贷款，在符合资本化的条件下，需要将利息费用资本化，记入在建工程、研发支出等账户。

长期借款每期确认的利息费用＝长期借款的摊余成本×实际利率

长期借款的摊余成本＝长期借款本金－利息调整

如果企业有外汇借款，还需按不同币种设置明细账户，如长期借款——美元、长期借款——欧元、长期借款——日元等。如果贷款来自不同的银行，还要按不同的银行设置明细账户。

例 10-8

时代公司 20×7 年 7 月 1 日向中国工商银行借入 300 万元用于某项工程，期限为 2 年，利率为 6%，到期一次还本付息。假设合同利率与实际利率相同。

（1）借入长期借款。时代公司 20×7 年 7 月 1 日与中国工商银行签订借款合同时，一方面增加银行存款，另一方面增加长期借款。

借：银行存款　　3 000 000

　贷：长期借款——本金　　3 000 000

（2）期末调整利息费用。年末按照权责发生制的要求，对银行贷款利息进行调整，记入在建工程账户的借方。

1）20×7 年 7 月 1 日至 12 月 31 日的利息费用＝3 000 000×6%×6/12＝90 000（元）。

借：在建工程　　90 000

　贷：长期借款——应计利息　　90 000

2）20×8 年 1 月 1 日至 12 月 31 日的利息费用＝3 000 000×6%＝180 000（元）。

借：在建工程　　180 000

　贷：长期借款——应计利息　　180 000

（3）偿还本金和利息。

1）先计算 20×9 年 1 月 1 日至 7 月 1 日的利息费用，利息费用＝3 000 000×6%×6/12＝90 000（元）。

借：在建工程　　90 000

　贷：长期借款——应计利息　　90 000

2）企业开出支票偿还本金 300 万元和 2 年利息共计 36 万元。

借：长期借款——本金　　3 000 000

　　　　　——应计利息　　360 000

　贷：银行存款　　3 360 000

10.3.2 应付债券

公司债券是公司依照法定程序在债券市场上发行的、按约定条件还本付息的有价证券。发行债券是一种要约行为，发行人需要在发行债券的说明书上明确债券的所有要素内容，包括发行人、发行规模、期限、利率、付息方式、担保人以及其他选择权等。

债券发行价格的高低受市场利率的影响。比如，Y企业决定发行面值为5 000万元、利率为4.5%、期限为5年的债券，1个月后，Y企业的债券如期发行，但这时的银行储蓄存款年利率已经调整到5%，这意味着Y企业的债券发行价格发生了变化，投资者不愿意按照面值购买Y企业的债券，此时需要重新计算债券的发行价格，通常采用现金流量贴现的方法计算。贴现计算方法请参见第4章。

1. 债券价格的确定

债券发行价格是按债券未来现金流量的现值来计算的。债券未来现金流量受债券面值、到期日、票面利率及付息期数的影响。债券的面值是本金，即到期偿还给投资者的金额；债券到期日是向投资者偿还本金的日期；票面利率是债券上标明的利率，也称名义利率，用以计算债券发行人定期向投资者支付的现金利息；付息期数是债券利息支付的次数。贴现率一般按市场利率确定，市场利率是指债券发行时，金融市场上那些风险和期限与发行债券类似的借贷资本的利率，通常受银行的基准利率影响，也受发行人的信用状况影响，因此，市场利率经常变化。

债券未来的现金流量包括两个部分：到期偿还的本金和定期支付的现金利息，将这两个部分现金流量按照市场利率换算成现值，就是债券的发行价格。如果公司发行的是定期付息（每期利息相等）、一次还本的债券，则债券价格可根据以下公式进行计算：

$$BP = B \times (1+i)^{-n} + I \times \frac{1-(1+i)^{-n}}{i}$$

式中，BP——债券发行价格；B——债券面值；I——每一付息期所支付的利息，等于票据面值乘以票面利率；n——付息期数；i——市场利率。

如果债券的票面利率与市场利率相同，债券的发行价格就是债券的面值。如果票面利率低于市场利率，债券的发行价格将低于面值，称为折价发行；反之，如果票面利率高于市场利率，债券的发行价格将高于面值，称为溢价发行。债券折价（发行价格低于面值的部分）是债券发行人以后少付利息而事先给投资者的补偿；债券溢价（发行价格高于面值的部分）是债券发行人以后多付利息而事先得到的补偿。因此，溢价或折价是对债券存续期中利息费用的一种调整。

例 10-9

时代公司经过债券发行的相关审核，于20×8年1月1日发行了期限为6年、票面年利率为6%、面值为2 000万元的定期付息、一次还本债券，付息时间为每年年末。假设发行时的市场利率为4%，6%和8%。

分析：(1) 市场利率为4%时：

公司每期按票面利率支付的利息=2 000×6%=120(万元)

债券发行价格为前5期利息现值和第6期利息现值与本金现值之和，如图10-3所示。

2 209.69=115.39+110.95+106.68+102.58+98.63+94.84+1 580.62

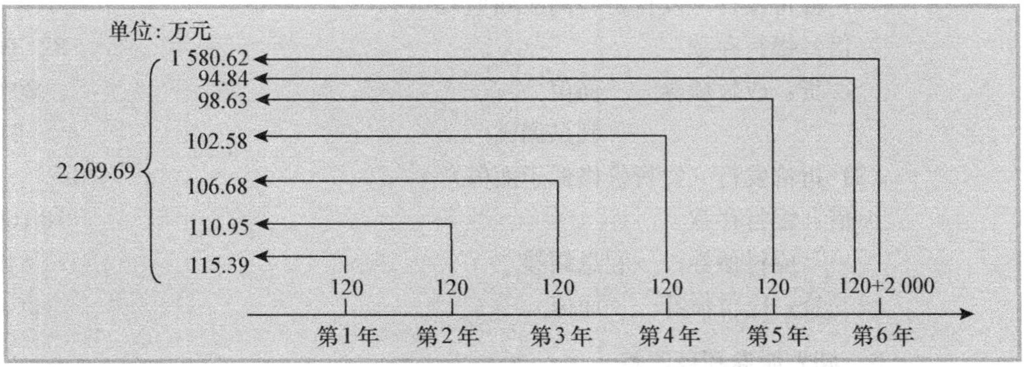

图10-3 债券发行价格计算示意图

由于每期支付的利息金额相等，可以直接用年金现值系数简化计算。

债券发行价格=未来偿还的本金的现值+每期支付的现金利息的现值
=本金×1元现值系数+每期支付的现金利息×年金现值系数

1元现值系数和年金现值系数都可以查表求得。

市场利率为4%时的债券发行价格可简化为：

债券发行价格=未来偿还的本金的现值+每期支付的现金利息的现值
=20 000 000×0.790 314 525 73+1 200 000
×5.242 136 856 75
=22 096 855(元)

(2) 市场利率为6%时：

债券发行价格=20 000 000×0.704 960 54+1 200 000×4.917 324 33
=20 000 000(元)

(3) 市场利率为8%时：

债券发行价格=20 000 000×0.630 169 6+1 200 000×4.622 879 7
=18 150 848(元)

2. 债券发行的账务处理

债券发行时，企业在收到现金的同时会增加一笔负债，该负债用应付债券账户进行核算。应付债券属于负债性质的账户，贷方登记应付债券的增加，借方登记应付债券的偿还，余额在贷方，表示尚未支付的债券金额。为了反映企业债券的面值，应付债券账户设面值、利息调整和应计利息明细账户，利息调整明细账户记录债券面值与债券实际发行收入的差额，应计利息明细账户用于核算一次到期还本债券的利息，用于累计应付未付的债券利息。以下分录以例10－9为例。

（1）平价发行（发行价格等于面值）。

借：银行存款　　20 000 000

　贷：应付债券——面值　　20 000 000

（2）溢价发行（发行价格高于面值）。

借：银行存款　　22 096 855

　贷：应付债券——面值　　20 000 000

　　　　　　——利息调整　　2 096 855

（3）折价发行（发行价格低于面值）。

借：银行存款　　18 150 848

　　应付债券——利息调整　　1 849 152

　贷：应付债券——面值　　20 000 000

3. 期末债券利息调整

发行人按照债券的面值和票面利率向投资者支付现金利息，但这并不是债券发行人实际承担的利息费用。债券发行人实际承担的利息费用是按照债券的实际发行价格和市场利率计算的，因此，债券发行人每期支付的现金利息（面值×票面利率）与其实际承担的利息费用是不同的。如果不考虑债券发行等费用，其差额便是溢折价的摊销。发行时所使用的市场利率就是实际利率。如果考虑债券发行费用，实际利率则需要重新计算。

债券实际发行价格（发行净额）除受溢折价因素影响，还受发行费用以及发行期间冻结资金产生的利息收入的影响，它们会减少或增加发行债券实际取得的资金（债券发行净额）。发行净额与债券面值之间的差额需要在债券存续期间进行摊销。摊销方法是先重新计算发行时的实际利率，将该实际利率乘以债券的摊余成本（债券账面价值）得出发行企业实际承担的利息费用，该利息费用与每期实际支付的利息（债券面值乘以票面利率）的差额，就是每期的利息调整额。

例10－9中的市场利率为给定数。表10－5是市场（实际）利率为4%时的利息费用及摊余成本计算表；表10－6是市场利率为8%时的利息费用及摊余成本计算表。

表10－5　债券利息调整及摊余成本计算表（一）　　金额单位：元

期次	支付的利息 (1)＝面值×6%	利息费用 (2)＝(5)×4%	利息调整 (3)＝(1)－(2)	利息调整余额 (4)＝(4)－(3)	摊余成本 (5)＝(5)－(3)
0				2 096 855	22 096 855
1	1 200 000	883 874	316 126	1 780 729	21 780 729
2	1 200 000	871 229	328 771	1 451 958	21 451 958
3	1 200 000	858 078	341 922	1 110 036	21 110 036

续表

期次	支付的利息 (1)＝面值×6%	利息费用 (2)＝(5)×4%	利息调整 (3)＝(1)－(2)	利息调整余额 (4)＝(4)－(3)	摊余成本 (5)＝(5)－(3)
4	1 200 000	844 401	355 599	754 438	20 754 438
5	1 200 000	830 178	369 822	384 616	20 384 616
6	1 200 000	815 385	384 615	0	20 000 000
合计	7 200 000	5 103 145	2 096 855		

表 10－6　债券利息调整及摊余成本计算表（二）　　金额单位：元

期次	支付的利息 (1)＝面值×6%	利息费用 (2)＝(5)×8%	利息调整 (3)＝(2)－(1)	利息调整余额 (4)＝(4)－(3)	摊余成本 (5)＝(5)＋(3)
0				1 849 152	18 150 848
1	1 200 000	1 452 068	252 068	1 597 084	18 402 916
2	1 200 000	1 472 233	272 233	1 324 851	18 675 149
3	1 200 000	1 494 012	294 012	1 030 839	18 969 161
4	1 200 000	1 517 533	317 533	713 306	19 286 694
5	1 200 000	1 542 936	342 936	370 370	19 629 630
6	1 200 000	1 570 370	370 370	0	20 000 000
合计	7 200 000	9 049 152	1 849 152		

例 10－9 只考虑了溢折价因素。债券溢折价是按照债券的实际利率计算出来的现金流量现值与债券面值之间的差额，该差额全部记入应付债券——利息调整账户。债券利息调整过程如表 10－5 和表 10－6 所示。

（1）溢价发行债券利息调整依表 10－5，会计分录如下（第 1 年）：

借：财务费用　　883 874

　　应付债券——利息调整　　316 126

　贷：银行存款　　1 200 000

第 2 年至第 6 年的利息调整分录相同，金额如表 10－5 所示。

表 10－5 显示，债券的发行价格为 22 096 855 元，溢价 2 096 855 元。债券发行人的负债总额为 22 096 855 元，按照 4%的实际利率计算，第 1 年实际承担的利息费用是 883 874 元，但债券发行人按照债券要约支付了 1 200 000 元，高于实际利息费用 316 126元，该差额就是债券第 1 年的利息调整额（将现金利息支出减少到实际利息费用)。债券利息调整后的负债余额（摊余成本）为 1 780 729 元，债券发行人在第 2 年年初的负债余额（摊余成本）便由 22 096 855 元减少到 21 780 729 元。按照 21 780 729 元的负债余额（摊余成本）重复上述调整过程，便可以得到第 2 年的利息费用、利息调整额和第 2 年年末的负债余额（摊余成本)，依此类推，最终将利息调整余额调整为零，负债余额（摊余成本）减少到20 000 000元。最终偿还 20 000 000 元的本金，整个

债券的核算过程结束。

（2）折价发行债券利息调整依表10－6，会计分录如下（第1年）：

借：财务费用　　1 452 068

　贷：应付债券——利息调整　　252 068

　　　银行存款　　1 200 000

表10－6显示，债券的发行价格为18 150 848元，折价1 849 152元。债券发行人的负债总额为18 150 848元，按照8%的实际利率计算，第1年实际承担的利息费用是1 452 068元，但债券发行人按照债券要约只支付了1 200 000元，低于实际利息费用252 068元，该差额就是债券第1年的利息调整额（将现金利息支出增加到实际利息费用）。债券利息调整后的负债余额（摊余成本）为1 597 084元，债券发行人在第2年年初的负债余额（摊余成本）便由18 150 848元增加到18 402 916元。按照18 402 916元的负债余额（摊余成本）重复上述调整过程，便可以得到第2年的利息费用、利息调整额和第2年年末的负债余额（摊余成本），依此类推，最终将利息调整余额调整为零，负债余额（摊余成本）增加到20 000 000元。最终偿还20 000 000元的本金，整个债券的核算过程结束。

4. 债券的清偿

债券到期时，按债券面值支付本金。时代公司的债券到期时，需偿还投资者本金2 000万元。偿还债券本金的会计分录为：

借：应付债券——面值　　20 000 000

　贷：银行存款　　20 000 000

应付债券的利息费用与长期借款的利息费用该记入什么账户、该不该资本化是由借款和债券的用途决定的，用于工程或研究开发项目，符合资本化条件的，将利息费用记入在建工程、制造费用、研发支出等账户，停止资本化的利息费用记入财务费用账户。

提前清偿债券可能会产生损益。当提前清偿债券的价格高于债券账面价值时，将发生损失；反之，提前清偿债券的价格低于债券的账面价值，则会出现利得。

10.3.3 可转换债券

可转换债券是在一定条件下可以按照一定比例转为发行公司股票的债券，即被赋予股票转换权的企业债券。可转换债券具有债券和期权的双重属性。可转换债券的持有人既可以选择持有债券到期，获取公司偿还的本金和支付的利息，也可以选择在约定的时间内转换成股票，享受股利分配或资本增值。当投资者无法判断发行公司的发展潜力及前景时，可以先投资可转换债券。如果将来发行公司经营业绩突出，经营前景明朗，股票价格看涨，就可以将债券转换为股票。对于投资者而言，可转换债券能多提供一个投资选择机会。因为可转换债券具有可转换成股票的附加权利，其发行利率通常比普通债券低。

由于可转换债券是具有债务和权益特征的混合金融工具，因此，会计核算时要求分别确认债券和权益的价值。

例 10－10

A公司经有关部门批准，于20×1年1月1日按每份面值100元发行了200万份可转换债券，取得发行价款20 000万元。该债券期限为5年，票面利率为2%，利息于每年年末支付。每份债券均可在债券发行1年后的任何时间转换为10股普通股（按10元债券面值转换为1股普通股，每股面值1元）。A公司发行可转换债券时，与其类似的普通债券的市场利率为5%（忽略发行债券的佣金、手续费等其他相关因素）。

20×2年1月1日，A公司股票行情看好，可转换债券持有人将持有的可转换债券的70%转为A公司的股份。

发行可转换债券时，应将收到的发行价格总额分拆为债券部分和权益部分。

$$\begin{aligned}\text{债券部分公允价值} &= 20\,000\times(P/F,5\%,5)+20\,000\times2\%\times(P/A,5\%,5)\\ &= 20\,000\times0.783\,526+400\times4.329\,477\\ &= 17\,402.31(\text{万元})\end{aligned}$$

$(P/F,5\%,5)$ 是付息期为5次、利率为5%的1元现值系数的缩写，$(P/A,5\%,5)$ 是付息期为5次、利率为5%的1元年金现值系数的缩写。

$$\text{权益部分公允价值}=20\,000-17\,402.31=2\,597.69(\text{万元})$$

20×1年1月1日发行可转换债券时的会计分录如下（单位：万元）：

借：银行存款　20 000
　　应付债券——可转换债券——利息调整　2 597.69
　贷：应付债券——可转换债券——面值　20 000
　　　其他权益工具　2 597.69

权益部分的公允价值2 597.69万元在记入其他权益工具的同时，作为债券利息调整记入应付债券。债券利息调整的金额按照实际利率法进行摊销，如表10－7所示。如果债券筹资用于固定资产建设，应将债券利息调整连同利息支付记入在建工程。

表10－7　可转换债券利息调整及摊余成本计算表　　金额单位：万元

期次	支付的利息 (1)＝面值×票面利率	利息费用 (2)＝(5)×5%	利息调整 (3)＝(2)－(1)	利息调整余额 (4)＝(4)－(3)	摊余成本 (5)＝(5)＋(3)
0				2 597.69	17 402.31
1	400.00	870.12	470.12	2 127.57	17 872.43
2	400.00	893.62	493.62	1 633.95	18 366.05
3	400.00	918.30	518.30	1 115.65	18 884.35
4	400.00	944.22	544.22	571.43	19 428.57
5	400.00	971.43	571.43	0.00	20 000.00
合计	2 000.00	4 597.69	2 597.69		

A公司20×1年支付利息400万元，债券利息调整为470.12万元，当年年末编制如下分录：

借：在建工程　870.12

　贷：银行存款　400

　　　应付债券——可转换债券——利息调整　470.12

可转换债券的持有人转股后，债券的票面金额和每年支付的利息都将发生变化，因此，需要重新计算债券的价值和利息费用，然后再按照实际利率法进行利息调整。

转股前未调整的利息费用余额为2 127.57万元，转股后的债券部分的公允价值和利息调整余额计算如下：

（1）转股后债券部分的公允价值（假设实际利率仍然为5%）：

转股后债券部分面值＝20 000×(1－70%)
＝6 000(万元)

转股后债券部分公允价值＝6 000×(P/F,5%,4)＋6 000×2%×(P/A,5%,4)
＝6 000×0.822 702＋120×3.545 951
＝5 361.73(万元)

（2）转股后可转换债券的利息调整余额：

转股后可转换债券的利息调整余额＝债券面值－债券部分公允价值
＝6 000－5 361.73
＝638.27(万元)

转股后的利息调整过程如表10-8所示。

表10-8　可转换债券转股后利息调整及摊余成本计算表　　金额单位：万元

期次	支付的利息 (1)＝面值×2%	利息费用 (2)＝(5)×5%	利息调整 (3)＝(2)－(1)	利息调整余额 (4)＝(4)－(3)	摊余成本 (5)＝(5)＋(3)
1				638.27	5 361.73
2	120.00	268.09	148.09	490.18	5 509.82
3	120.00	275.49	155.49	334.69	5 665.31
4	120.00	283.26	163.26	171.43	5 828.57
5	120.00	291.43	171.43	0.00	6 000.00
合计	480.00	1 118.27	638.27		

由上述两表可以计算出，转股前的利息调整余额为2 127.57万元，转股后的利息调整余额为638.27万元，为此，需要冲减利息调整余额1 489.30万元。

转换的股份数＝转换的债券面值(20 000×70%)/换股率(10)＝1 400(万股)

20×2年年初将70%的债券转换为股份时的会计分录如下所示：

借：应付债券——可转换债券——面值　　14 000（20 000×70%）
　　其他权益工具　　1 818.38（2 597.69×70%）
　贷：应付债券——可转换债券——利息调整　　1 489.30
　　　股本　　1 400（14 000/10）
　　　资本公积——股本溢价　　12 929.08

10.4 递延所得税

递延所得税是一个专门的会计问题，既不是单纯的负债问题，也不是单纯的资产问题，而是既涉及递延所得税资产和递延所得税负债，又涉及所得税费用的问题。

10.4.1 递延所得税资产和递延所得税负债

企业所得税是对企业“利润（所得）”征收的一种税。所得税法确定的企业“利润”与会计核算的“利润”是不同的。所得税法确定的“利润”称为应纳税所得额，是企业的全部收入减去不纳税收入、免税收入以及各项扣除、弥补以前年度亏损后的余额；会计核算的“利润”是企业按照会计准则的规定确认的所有收入、收益减去费用、损失后的余额。

由于会计准则与所得税法规定的差异，会计利润总额与应纳税所得额的差异随之产生，出现了递延所得税负债和递延所得税资产。递延所得税负债是企业今后需要缴纳的所得税，递延所得税资产则是企业将来可以抵减的所得税。以下三个例子可以解释递延所得税资产和递延所得税负债产生的原因。

例 10-11

时代公司12月15日以每股5元的价格购入H股份公司股票10万股，12月31日市价为每股5.5元，市值为55万元。时代公司持有H公司股票是为了获得股票的短期投资收益。假设时代公司的所得税税率为25%，编制递延所得税会计分录。

分析：时代公司购入H股份公司的股票是为了获得短期投资收益，按照获取现金流的业务模式，应该将其作为以公允价值计量且其变动计入当期损益的金融资产进行核算，年末确认公允价值变动损益5万元。按照税法的规定，股票投资的资本利得只有在实现的时候才缴纳所得税，所以，时代公司当年不需要缴纳该项资本利得的所得税。但是会计利润已包含5万元的资本利得，会计利润大于应纳税所得额，按照应纳税所得额计算的应交所得税就会小于按照会计利润计算的应交所得税，其差异就是递延所得税负债（推迟到出售股票时再缴纳）。为此，时代公司需要在确认股票资本利得的时候确认递延所得税负债12 500元（5万元×25%），同时增加所得税费用（相当于按会计利润确认所得税费用）。

（1）购买H股份公司股票时：

借：交易性金融资产　　500 000
　贷：银行存款　　500 000

（2）年末确认资本持有利得（公允价值变动损益）。

借：交易性金融资产　　50 000
　贷：公允价值变动损益　　50 000

（3）确认递延所得税负债。

借：所得税费用　　12 500
　贷：递延所得税负债　　12 500

例 10－12

时代公司认为部分库存服装已经过时，很可能会大幅降价，为此，对账面余额100万元的库存服装计提了20万元跌价准备。假设甲公司的所得税税率为25%，编制递延所得税会计分录。

分析：按照会计准则的规定，时代公司计提的存货跌价准备20万元应当计入当期损益。按照所得税法的规定，资产减值损失只有在实际发生时才能在税前扣除，企业计提的资产减值损失不能在税前列支。所以，时代公司在计算当期应纳税所得额时，要加回这个减值。由于这笔减值在以后期间实际发生时才可以税前扣除，这就相当于产生了一笔可以以后进行抵减的资产，即递延所得税资产，金额为5万元（20万元×25%），同时减少所得税费用。

（1）计提存货跌价准备时：

借：资产减值损失　　200 000
　贷：存货跌价准备　　200 000

（2）确认递延所得税资产。

借：递延所得税资产　　50 000
　贷：所得税费用　　50 000

例 10－13

C电器公司承诺为其销售的洗衣机免费保修电机10年。当年C电器公司销售洗衣机50万台，估计未来十年发生保修的概率为1%，每台保修费约300元，为此，当年计提了150万元的保修费。假设C电器公司的所得税税率为25%，编制递延所得税会计分录。

分析：本例与例10－12相似，不同之处在于本例的预提费用是负债（预计负债）。按照会计准则的规定，C电器公司预提了150万元的保修费用，应当计入当期损益。按照所得税法的规定，保修费用只有在发生时才能在税前扣除，企业预提的保修费用不能在税前列支。所以，C电器公司在计算当年的应纳税所得额时，不能将其作为扣除项，应加回计征所得税。C电器公司为此产生了一项递延所得税资产，金额为375 000元（150万元×25%），同时减少所得税费用。

（1）计提预计产品质量保证费时：

借：管理费用——产品质量保证费　　1 500 000
　贷：预计负债　　1 500 000

借：递延所得税资产　　375 000
　贷：所得税费用　　375 000

以上三例表明，递延所得税资产和递延所得税负债产生于会计准则和税法规定的不同，这种不同只是时间上的不同，即会计准则和所得税法都认可收入和应税所得，或者费用和税前扣除项，只是认可的时间不同而已。上述资本利得和资产减值都是会计确认在前，税法认定在后，于是产生了递延所得税问题。这种差异会随着时间的推移而消除，称为暂时性差异。

10.4.2 暂时性差异

如上所述，暂时性差异是会计与税法确认收入和费用的时间不同而产生的差异，这些暂时性差异既可以按照上述逐笔交易辨认的方式确定，也可以通过某一时点的资产的账面价值与计税基础（税前可扣除额）的差异来确定。对于任意时点的资产负债表，暂时性差异可以用下面的公式计算：

暂时性差异＝资产的账面价值－计税基础(税前可扣除额)

资产的账面价值是企业按照会计准则的要求进行会计核算的结果，计税基础则是税法规定的可以税前扣除的金额。以例 10－11 为例，时代公司年末交易性金融资产账面价值为 55 万元（成本 50 万元＋公允价值变动损益 5 万元），计税基础为 50 万元。这样，账面价值与计税基础相差了 5 万元，即暂时性差异。例 10－12 也是如此，存货账面价值为 80 万元（100 万元－20 万元），计税基础为 100 万元，暂时性差异为 20 万元。由此可见，资产项目的暂时性差异就是资产的账面价值与计税基础的差额。

负债与资产是相反的概念，资产是权利，负债是义务，资产表示未来现金流入，负债表示未来现金流出。绝大多数负债项目与损益无关，也不存在税前扣除，比如短期借款、应付账款等，这意味着多数负债不会出现暂时性差异，但与损益相关的负债项目则属于税法规定的可扣除项目，如预提费用产生的负债。如果某一负债项目产生了暂时性差异，该暂时性差异实际上也就是税法规定可以抵扣的金额。如例 10－13 中，C 电器公司当期计提了 150 万元保修费，产生预计负债 150 万元，该负债的账面价值就是税法规定可以扣除的金额，即暂时性差异。

总之，资产项目的暂时性差异是资产的账面价值与计税基础的差异，负债项目的暂时性差异则是负债的税前可扣除金额①。

对于永久性差异，如所有不纳税收入（国债利息收入）、免税收入，全部可以扣除，对于不能扣除的费用，如超过标准的业务招待费，永远不能扣除，因此，资产项目的账面价值与计税基础不会产生差异，负债项目不会出现可扣除金额。

---

① 会计准则也用公式“暂时性差异＝负债账面价值－计税基础”来表达。将“负债的计税基础＝负债账面价值－税前可扣除金额”代入前面的公式，得到“暂时性差异＝负债税前可扣除金额”。这些公式有点绕，不便于理解，本书直接表述为：负债项目的暂时性差异就是负债的税前可扣除金额。

10.4.3 应纳税暂时性差异和可抵扣暂时性差异

按照暂时性差异对未来期间所得税金额的影响，可将暂时性差异分为应纳税暂时性差异和可抵扣暂时性差异。顾名思义，应纳税暂时性差异是指将来应缴纳所得税的暂时性差异，可抵扣暂时性差异则是指将来可以扣除的暂时性差异。

如果资产的账面价值高于其计税基础，则表明将来可以税前扣除的金额低于账面价值，该暂时性差异不能在税前扣除，即应纳税暂时性差异；反之，如果资产的账面价值低于其计税基础，则表明将来可以税前扣除的金额高于账面价值，该暂时性差异可以在将来的期间扣除，即可抵扣暂时性差异。负债项目的暂时性差异实际上就是税法规定的可扣除金额，负债的账面价值低于计税基础意味着在未来期间可以在税前扣除的金额为负数，出现的可能性不大。因此，负债项目的暂时性差异几乎都是可抵扣暂时性差异。

例10-11中交易性金融资产账面价值高于计税基础的5万元为应纳税暂时性差异。例10-12中存货账面价值低于计税基础的20万元为可抵扣暂时性差异。例10-13中预计负债账面价值150万元只有在将来才可抵扣，直接形成了可抵扣暂时性差异。为便于理解和记忆，将资产、负债的账面价值、计税基础与暂时性差异的关系列为递延所得税判断矩阵，如表10-9所示。

表10-9 递延所得税判断矩阵

	资产	负债
账面价值＞计税基础	应纳税暂时性差异 （递延所得税负债）	可抵扣暂时性差异 （递延所得税资产）
账面价值＜计税基础	可抵扣暂时性差异 （递延所得税资产）	应纳税暂时性差异 （递延所得税负债）

10.4.4 递延所得税的核算方法

上述经济业务表明，除了当期发生的所得税费用外，企业还会发生递延所得税费用。应纳税暂时性差异意味着企业实际承担了所得税负债，只是将该所得税负债递延到将来支付。可抵扣暂时性差异意味着企业因将来可以扣除的金额获得了所得税资产，只是将该所得税资产递延到将来实际抵扣。递延所得税资产和递延所得税负债的计算公式如下：

递延所得税资产＝可抵扣暂时性差异×适用所得税税率

递延所得税负债＝应纳税暂时性差异×适用所得税税率

考虑到递延所得税的影响，企业当期确认的所得税费用的金额并不都是当期应向税务部门缴纳的税金，而是包括了根据递延所得税资产或递延所得税负债的金额进行调整的递延所得税费用。所得税费用的计算方法如下：

所得税费用＝当期所得税费用±递延所得税费用

＝当期所得税费用±递延所得税资产减增±递延所得税负债增减

式中，

递延所得税资产增加＝期末递延所得税资产－期初递延所得税资产

若为负数，则为递延所得税资产减少。

递延所得税负债增加＝期末递延所得税负债－期初递延所得税负债

若为负数，则为递延所得税负债减少。

递延所得税资产和递延所得税负债都符合资产和负债的定义。递延所得税负债表明企业未来经济利益的流出，产生于企业未来的应税金额。递延所得税资产表明企业未来经济利益的流入，产生于企业未来的可抵扣金额。

资产账面价值与计税基础之间的差异，除了可能由公允价值计量、资产减值、预计负债导致以外，会计核算的方法不同，同样会导致账面价值与计税基础不同，如计提固定资产折旧时，会计核算采用直线法，税法采用加速折旧法就会导致资产账面价值高于计税基础，产生递延所得税负债。

例 10－14

S公司 20×8 年部分资产负债项目年末余额如表 10—10 所示。假设 S公司当年的应纳税所得额为 2 000 万元，适用的所得税税率为 25%，递延所得税资产和递延所得税负债的期初余额分别为 75 万元和 18 万元。计算递延所得税费用并编制相关会计分录。

表 10－10 S公司 20×8 年部分资产负债项目期末余额 金额单位：元

项目	账面价值	计税基础	差异	
			应纳税	可抵扣
交易性金融资产	3 800 000	2 800 000	1 000 000	
存货	25 000 000	26 000 000		1 000 000
预计负债	600 000	0		600 000
无形资产	2 000 000	0	2 000 000	
总计			3 000 000	1 600 000

递延所得税资产和递延所得税负债的计算：

(1) 期末应纳税暂时性差异	3 000 000	
期末递延所得税负债	(3 000 000×25%)	750 000
期初递延所得税负债		180 000
递延所得税负债增加		570 000
(2) 期末可抵扣暂时性差异	1 600 000	
期末递延所得税资产	(1 600 000×25%)	400 000
期初递延所得税资产		750 000
递延所得税资产减少		350 000

当期所得税费用＝20 000 000×25%＝5 000 000(元)

所得税费用＝当期所得税费用＋递延所得税负债增加＋递延所得税资产减少
＝5 000 000＋570 000＋350 000
＝5 920 000(元)

借：所得税费用　　5 920 000
　贷：应交税费——应交所得税　　5 000 000
　　　递延所得税负债　　570 000
　　　递延所得税资产　　350 000

对递延所得税进行调整的目的，是在不同期间反映企业真实的税后利润水平，否则就会扭曲企业各期的净利润。

递延所得税不仅会对所得税费用产生影响，对其他项目也会产生影响，如企业合并涉及的递延所得税需要调整商誉，资产估值涉及的递延所得税需要调整资本公积。如要完整理解递延所得税，看懂上市公司递延所得税附注信息，需要学习更高级别的课程。

10.4.5 递延所得税在附注中的披露

按照监管部门的要求，上市公司的财务报表附注应详细披露递延所得税和所得税费用的构成和变化情况，包括已确认和未确认的递延所得税资产和负债、可抵扣亏损的到期时间、暂时性差异的明细项目、所得税费用与会计利润的调节项目等。下面是森马服饰2018年财务报表附注披露的递延所得税资产、递延所得税负债以及所得税费用的详细信息（见表10-11至表10-13）。

表10-11　森马服饰2018年年末未经抵销的递延所得税资产　　金额单位：万元

项目	期末余额		期初余额	
	可抵扣暂时性差异	递延所得税资产	可抵扣暂时性差异	递延所得税资产
可抵扣亏损	8 570	2 420	—	—
坏账准备	12 150	3 261	8 870	2 217
存货跌价准备	21 844	5 462	13 633	3 408
存货未实现内部销售损益	45 033	11 475	18 001	4 500
业务合并影响	292	73	337	84
预计负债	53 745	13 466	59 530	14 883
预提销售返利	17 733	4 433	18 328	4 582
股权激励费用	2 409	602	—	—
递延收益	545	136	—	—
合计	162 321	41 328	118 699	29 675

表 10－12　森马服饰 2018 年年末未经抵销的递延所得税负债　金额单位：万元

项目	期末余额		期初余额	
	应纳税暂时性差异	递延所得税负债	应纳税暂时性差异	递延所得税负债
非同一控制企业合并资产评估增值	36 594	8 786	11 232	2 808
可供出售金融资产公允价值变动	—	—	160	40
固定资产税务会计差异	3 295	922	—	—
合计	39 889	9 709	11 392	2 848

表 10－13　森马服饰 2018 年所得税费用表　金额单位：万元

项目	2018 年发生额	2017 年发生额
当期所得税费用	67 783	38 142
递延所得税费用	－9 113	190
合计	58 671	38 332

习　题

（一）辨析与思考

Q10－1　下列负债中哪些是金额确定的负债？哪些是或有负债？哪些是视经营状况而定的负债？

（1）应付账款。

（2）应付票据。

（3）应付债券。

（4）长短期借款。

（5）预计产品质量“三包”。

（6）应收票据贴现。

（7）应交增值税。

（8）应付职工薪酬。

（9）应交所得税。

Q10－2　Personal Audio 公司在 2009 年起诉苹果公司侵犯了其两项专利，要求苹果公司赔偿 8 400 万美元经济损失。2011 年 7 月 9 日美国得州东区联邦法院陪审团做出一项裁决，判决苹果公司侵犯了 Personal Audio 公司播放列表专利，要求苹果公司赔偿 800 万美元经济损失。

假如你是苹果公司的财务人员：

（1）当公司在 2009 年被起诉时，是否需要在会计上做出处理？如果需要，该如何处理？

（2）面对法院的裁决，该如何对上述诉讼事件进行会计处理？

Q10-3 20××年6月消费者物价指数（CPI）为6.4%，A公司366天债券利率为5.18%，你认为A公司的200亿元债券会不会流标？

Q10-4 市场利率是资金市场上供求关系决定的利率。由于经济形势及市场供求关系的变化，市场利率也在不断变化。债券发行时的市场利率会影响债券票面利率的确定。很多企业在发行债券时都要向机构投资者询价以确定债券的票面利率。由于实际发债时间与债券票面利率的设定时间有差异，难免出现票面利率与实际利率不同的情况。债券发行价格高于或低于债券面值说明了什么？

（二）练习题

E10-1 练习长短期借款的核算

公司年初与银行签订一份借款合同，借入期限为1个月、利率为1.5%的借款20万元，2年期、利率为6%的借款50万元。编制从借入款项到偿还的所有会计分录。

要求：

编制有关会计分录。

E10-2 练习应付账款与应付票据的核算

公司采用赊购方式购进一批存货，价值为100万元，信用期为30天。30天之后如果还没有支付，需向对方开具一张银行承兑汇票。公司为增值税一般纳税人，适用增值税税率为13%。

要求：

编制有关会计分录。

E10-3 练习工资核算

公司应付月工资总额为25万元（管理人员工资8万元，生产工人工资12万元，销售人员工资5万元）。假设代缴个人所得税4万元，住房公积金2万元。

要求：

编制有关会计分录。

E10-4 练习与售后服务有关的预计负债

公司20××年销售服装300万元，按销售收入的5%预提更换、修改等费用。本年实际支出12万元，假设全部用银行存款支出。

要求：

编制有关会计分录。

E10-5 练习债券发行价格的计算并编制发行分录

公司准备发行5年期、利率为6%、规模为1 000万元的一次还本、分期付息债券。请你为公司计算一下债券的发行价格并编制相关的会计分录。分别假定市场利率为6%，5%和8%。

要求：

编制有关会计分录。

E10-6 练习利息调整（溢价）的计算

沿用E10-5的资料。假设债券溢价发行费用为零，则发行时的市场利率就是实际利率。

要求：

编制债券利息调整表。

E10－7 练习实际利率和利息调整（折价）的计算

沿用E10－5的资料。假设债券折价发行费用为10万元，折价发行实际取得的款项为910万元（920—10）。

要求：

（1）重新计算债券的实际利率。

（2）编制债券利息调整表。

（三）案例

C10 B公司的以新换旧业务

B公司于20×6年由中国建设银行××省分行提供全额担保，发售AAA级××债券，共募集资金22亿元，主要作为营运资金使用。期限为3年，到期日为20×9年7月28日。公司20×8年还发行了一笔20亿元的短期融资债券，到期日为20×9年8月16日。除了这两笔公司债券，还有72.8亿元的短期借款和长期借款，而20×9年半年报显示货币资金为9.6亿元，面对即将到期的42亿元公司债券本金和高额长短期借款，公司承担着巨大的短期偿付压力。为应对即将到期的债务，公司采用了以新换旧的方式。公司于20×9年7月6日发售了20亿元短期融资债券，利率为5%；20×9年9月26日，又发行了第2期短期融资债券，利率为6.18%。

问题：

（1）信用评级能不能为债券保驾护航？

（2）如果预计不能按期偿付债券本息，B公司至少需要采取几种方法来应对？

第11章

所有者权益

学习目的

1. 了解股份有限公司的特点及其治理结构；
2. 掌握所有者权益的核算方法；
3. 明确库存股的含义。

本章简介

所有者权益主要包含股本（实收资本）、资本公积、其他权益工具、其他综合收益、盈余公积和未分配利润等项目。股本按照股份的面值核算。资本公积与所有者的资本相关，如投入资本的溢价部分。盈余公积是按照《公司法》要求从企业当期利润中计提的，计提盈余公积意味着企业减少了当期可供分配的利润。未分配利润是企业累计未向所有者分配的利润。

所有者权益项目不能单独计价，而是或者取决于资产，如实收资本以及相关的资本公积取决于所有者投入资产的价值，或者取决于损益，如未分配利润取决于当期实现的净利润。

所有者权益的内容与企业的组织形式密切相关，受到相关法律的影响，如《公司法》《合伙企业法》等。本章介绍了企业的不同组织形式以及所有者权益的会计核算内容，包括公司（有限责任公司和股份有限公司）、合伙企业和独资企业。

11.1 公司制企业的所有者权益

公司制企业的所有者权益是公司所有者（股东）在公司享有的权益。所有者权益是一种剩余索取权，主要表现为对公司利润的索取权。利润是公司的最终财务成果，是扣除了所有费用后的余额，如果公司发生亏损，股东就要承担损失。股东除了财务上的权益，还有决定公司重大方针政策和重大事项的投票权。

11.1.1 相关概念介绍

1. 股份

股份是公司股本的份额，通常每 1 元股本划分为 1 股，股本为 1 000 万元，也就有 1 000 万股。股本是公司股东缴入的股份总额，金额等于注册资本。注册资本是公司在工商行政管理局注册登记的资本额。

股东的投资总额可能与股份数量不完全对等，比如，投资者向 W 公司投资 230 万元，但只拥有 W 公司 100 万股，表明该投资者按照 2.3 元/股的价格投入资本。

2. 股票

股票是股东对公司投资的凭证，是公司股份的表现形式。股票曾经是印制的书面凭据，现在则是无纸化的电子形式。

公司股票上市流通后，股票也就成为一种市场上可以交易的金融工具，投资者在股票市场上可以自由买卖。当投资者在股票市场上买入一家公司的股票，就成为这家公司的股东。如果股东将持有的一家公司的股票全部卖出，就不再是这家公司的股东。股东在股票市场上转让股票是股东之间的经济活动，与公司的资本增减变化无关。

公司发行的股票是有面值的，我国通常为每股 1 元人民币。股票市场上的股票价格是由公司价值决定的，与股票的面值无关。

在不同市场上市交易的股票有不同的名称，我国资本市场交易的股票有 A 股和 B 股，A 股是面向国内投资者的以人民币标价交易的股票，B 股是面向国内投资者的以外币标价交易的股票。在境外资本市场上市交易的股票也有不同的名称，如境内公司在香港联合交易所交易的股票通称为 H 股。有些公司的股票同时在几个资本市场挂牌交易，如中国石油天然气股份有限公司的股票在纽约证券交易所、香港联合交易所和上海证券交易所三地挂牌交易。

按照股东享有的权利，股票可分为优先股和普通股。与普通股股东相比，优先股股东有优先获得股息的权利，即在向普通股股东分派股利前，应先向优先股股东分派股息。优先股股息通常按照事先约定的优先股票面金额的一定比例计算。由于优先股股东具有优先获得股息的权利，因此通常没有普通股那样的表决权。优先股股东在优先获得股息后，也可以与普通股股东一同分配股利，称为参与优先股。如果未支付的优先股股息可以累积到以后年度分派，则称为累积优先股，股息过期不付的优先股称为不累积优先股。

3. 首次公开发行股票

公司设立时的股本通常是股东私下约定募集的，即股东与股东签订投资协议，向公司注资。

公开发行股票是指公司公开向公众发行股票、募集资金。公开发行股票涉及公众范围广泛，公众不可能再像私下募集那样，每个人都通过私下方式去了解企业内部信息，决定是否购买股票。因此，公开发行股票是受到政府监管的。公开发行股票之前，公司需要改制为股份有限公司。按照《公司法》的规定，只有股份有限公司才能公开发行股票。

公司第一次公开发行股票称为首次公开发行股票（IPO）。首次公开发行股票的公司需要向中国证券监督管理委员会申请，经核准才能公开发行股票（科创板实行注册制）。公司向中国证券监督管理委员会申请时，应当递交首次公开发行股票说明，包括拟发行的股份数量、发行公司的基本情况、风险因素、主要业务和技术、同业竞争和关联交易、董事和高层管理者情况、公司治理情况、财务会计信息等方面的信息。

公司首次公开发行股票需要聘请中介机构提供专业服务，包括券商、会计师事务所、律师事务所、资产评估机构等。会计师事务所负责审核鉴证公司过去的财务状况和经营成果以及对未来业绩的预测，出具经注册会计师签字的审计报告。

4. 股份有限公司的治理结构

股份有限公司是一个独立的法律主体，可以以公司的名义开展经营活动并承担民事法律诉讼。股份有限公司的股本由划分为相等份额的股份组成，持有股份的投资者是公司的股东。按照《公司法》，股份有限公司的股东、董事、监事和管理层具有特定的权利和义务，需要保证公司合规有效运营。

（1）股东大会。股份有限公司的最高权力机构是股东大会，决定有关公司章程、公司董事、预算方案和决算方案、重大投资、公司合并和分立、股利分配等涉及公司的重大方针政策和事项。股东大会每年召开一次，如果发生需要股东大会批准的事项，公司应召开临时股东大会。

（2）董事会。董事会是公司的决策机构，负责公司的经营计划和投资方案，制定公司的年度财务预算方案和决算方案，制定公司的利润分配方案以及增加或者减少注册资本的方案和发行公司债券的方案，拟定公司合并和设立方案，决定公司内部管理机构的设置，聘任或者解聘公司总经理，并根据总经理的提名，聘任或者解聘公司副总经理、财务负责人，决定其报酬事项。

（3）监事会。监事会受股东大会的委托履行监督职责，包括检查公司的财务状况，对董事和高层管理者执行公司职务时违反法律、法规或者公司章程的行为进行监督，提议召开临时股东大会，当董事和管理层的行为损害公司的利益时，可以要求董事和管理层予以纠正。

（4）管理层。管理层是公司的经营班子，通常包括公司总经理、副总经理、财务负责人，负责公司日常运行，包括实施董事会决议、实施公司年度经营计划和投资方案、拟定公司内部管理机构设置方案、拟定公司的基本管理制度等。

典型的公司治理结构如图 11-1 所示。

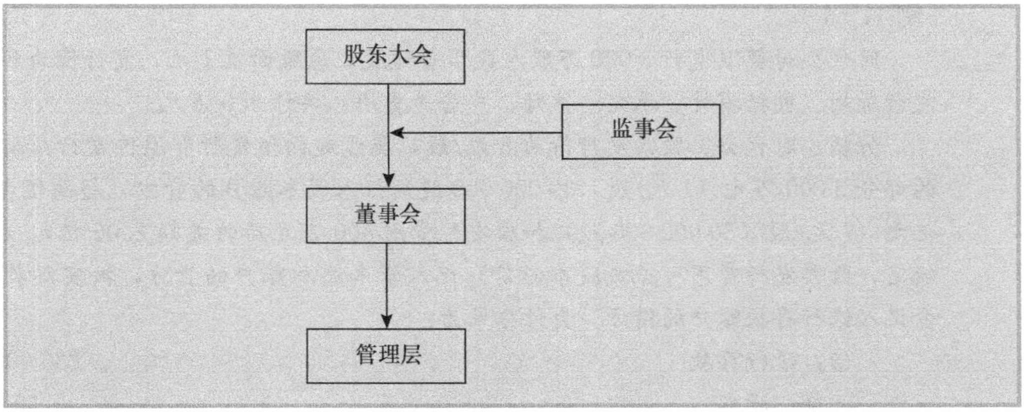

图 11－1　公司治理结构示意图

11.1.2　所有者权益的核算

公司制企业的所有者权益项目有：股本（或者实收资本）、资本公积、库存股、其他权益工具、其他综合收益、盈余公积和未分配利润。其中，盈余公积、未分配利润、其他综合收益可以合并称为留存收益。所有者权益各个项目可以反映所有者（股东）投入的资本和企业经营形成的收益。

公司制企业分为有限责任公司和股份有限公司。有限责任公司股东投入的资本用实收资本账户进行核算，股份有限公司股东投入的资本用股本账户进行核算。下面介绍的是股份有限公司的所有者权益项目。

1. 股本

股本是投资者作为普通股股东投入公司的资本。资产负债表上的股本项目只反映了投资者投入资本的一部分，即股票面值，超过面值的部分在资本公积项下反映。如果股票面值为 1 元/股，公司的股本总额就是公司的股票数量总和。如果公司没有新发行股票或者回购股票，资产负债表中的股本一般是不变的。股本既是资产负债表项目，也是会计科目，股本账户是所有者权益类账户，贷方登记股本的增加，借方登记股本的减少，余额在贷方。股本记录的是股份的面值，超面值部分在资本公积中核算。

股票面值是股份有限公司在所发行的股票票面上标明的金额，它以元/股为单位。股票面值并不代表投资者实际的投资额，在我国上海证券交易所或深圳证券交易所上市的公司股票面值均为 1 元/股，这样规定的目的是便于计算股票数量，以确定每位投资者在股份有限公司中的投资比例，作为确认股东权利的依据。比如你拥有某上市公司股票总数的 2%，公司分发 1 000 万元现金股利时，你便可以得到 20 万元的股利。国外公司股票的面值是公司自己确定的，有的国外公司发行无面值股票。

在资产负债表上列示的股本是公司在编制报表日实际拥有的股本金额。

例 11－1

时代公司获准发行3 000万股人民币普通股，每股面值1元，发行价为8元/股。发行费用（包括审计、承销、律师、广告等费用）共计400万元。

分析：时代公司股票发行价为8元/股，属于超面值发行即溢价发行，属于面值的部分3 000万元（1元/股×30 000 000股）记入股本账户的贷方，超面值部分2.1亿元（7元/股×30 000 000股）扣除发行费用400万元后的差额2.06亿元（按现行规定，股票发行费用可抵减股本溢价）记入资本公积账户的贷方，按实际收到的现金记入银行存款账户的借方。会计分录为：

借：银行存款　　236 000 000
　贷：股本　　30 000 000
　　资本公积——股本溢价　　206 000 000

2. 资本公积

资本公积是由公司非经营性因素引起的资本增加，属于全体股东。除上述股票发行溢价所形成的资本公积，还包括资产评估增值。长期股权投资按权益法核算时，如果被投资企业资本公积发生变动，公司按持股比例将应享有的份额也计入资本公积。资本公积是所有者权益类账户，贷方登记增加数，借方登记减少数，余额在贷方。资本公积总账户下设置资本（股本）溢价和其他资本公积两个明细账户，其他资本公积账户的内容包括资本溢价之外的所有资本公积。资本溢价形成的资本公积可用于转增资本。

例 11－2

时代公司经董事会提议、股东大会批准，将5 000万元的股本溢价转换为每股1元的股本。

分析：这是在所有者权益之间进行结转，增加股本5 000万元，减少资本公积——股本溢价5 000万元。

借：资本公积——股本溢价　　50 000 000
　贷：股本　　50 000 000

3. 其他权益工具

其他权益工具是公司为筹集资金而发行的除普通股以外的权益工具，如优先股等。

发行方选用的金融工具的性质有时与其名称不一致，称为“债”的金融工具不一定就是债，称为“股份”的金融工具不一定就是权益，比如，多数情况下，优先股是公司发行的一种权益工具，但如果具有债的性质，就不能确认为股东权益。

区分债和权益工具的关键在于判断其是否能无条件地避免通过交付现金或其他金融资产来履行一项合同义务。如果企业不能无条件地避免通过交付现金或者其他金融资产来履行义务，该金融工具就是一项负债。

4. 其他综合收益

其他综合收益是按照会计准则的规定不能计入当期损益的利得和损失。如以公允价值计量且其变动计入其他综合收益的金融资产的公允价值变动、存货或自用房产转为以公允价值模式计量的投资性房地产时在计量日的公允价值大于账面价值的差额、采用权益法核算长期股权投资时被投资企业其他综合收益变动的相应份额、外币报表折算差额。

其他综合收益余额是公司设立之初到编表日为止累计发生的相关项目的利得和损失。按现行准则的规定，这些利得和损失有一部分在终止确认时可以转入当期损益，如计入本项目的金融工具公允价值变动差额在该金融工具终止确认时可以转出计入当期损益。有一部分利得和损失在以后期间是不允许转入当期损益的，如重新计量职工薪酬设定受益计划净负债或净资产导致的变动计入其他综合收益的部分，在以后期间也不允许转回损益。

5. 盈余公积

盈余公积是企业经营活动赚取的、按相关规定留存企业、当年不能分配给股东的利润。盈余公积可用于转增资本、弥补亏损或在亏损年度发放红利。企业在亏损年度用盈余公积发放红利要在弥补亏损并经董事会批准之后。盈余公积分为法定盈余公积和任意盈余公积。

法定盈余公积是按照《公司法》的规定，按当期净利润的 10%计提的，法定盈余公积累计金额达到公司注册资本的 50%以上，可以不再提取；任意盈余公积是按公司意图任意提取的。盈余公积可以用于分配股利，但分配股利后的盈余公积余额不得低于注册资本的 25%。

计提盈余公积的目的是减少可供分配的利润，保障公司扩大再生产和除公司股东以外的利益相关者的利益。

在会计核算时需设置盈余公积总账户，在其下设置法定盈余公积和任意盈余公积明细账户进行核算。盈余公积是所有者权益类账户，贷方记录增加数，借方记录减少数，余额在贷方。

例 11－3

截至 20×8 年 6 月 30 日，时代公司共实现税后利润 3 000 万元。按税后利润的 10%计提法定盈余公积，按税后利润的 5%计提任意盈余公积。

分析：计提盈余公积属于利润分配业务，需要设置利润分配账户进行核算。利润分配账户是一个混合性质的账户，贷方反映利润的形成或来源，借方反映利润的分配或去向。在会计核算时，为利润分配的借方设置了提取法定盈余公积、提取任意盈余公积、应付股利或利润、盈余公积补亏等明细账户进行核算。

（1）法定盈余公积＝3 000×10%＝300（万元）。

借：利润分配——提取法定盈余公积	3 000 000	
贷：盈余公积——法定盈余公积		3 000 000

（2）任意盈余公积＝3 000×5%＝150（万元）。

借：利润分配——提取任意盈余公积	1 500 000	
贷：盈余公积——任意盈余公积		1 500 000

6. 股利分配

股利是公司对股东投资的回报，股利分配是公司利润分配的重要内容。发放股利的形式通常有现金股利、股票股利和财产股利。现金股利是以现金向股东派发的股利；股票股利是公司用自己的股票向股东派发的股利；财产股利是公司用自己的非现金资产向股东派发的股利，如有价证券、实物资产等。

与股利分配相关的日期通常有四个：宣告日、登记日、除权日和发放日。宣告日是公司宣布股利分配方案的日期；登记日是公司登记享受本次股利的在册股东的截止日（即登记日不在册的股东不享受本次股利分配）；除权日是股票价格中不含本次股利的日期，通常是登记日的第二天；发放日是公司实际发放股利的日期。

股利既然是对公司利润的分配，那么只有在公司实现利润的时候才可以发放，包括以前年度累计未分配的利润和计提的盈余公积。如果公司没有取得足够的利润或者累计的未分配利润不足以分配股利，公司仍然分配股利，这种股利称为清算性股利，形式上是股利，实质上是资本返还。比如，A公司年初的盈余公积和未分配利润之和为90万元，当年亏损60万元，A公司分配现金股利80万元，发放的现金股利中50万元为清算性股利。投资企业收到清算性股利时，应冲减长期股权投资，而不应确认为投资收益。投资企业确认投资收益应以投资后被投资企业实现的净利润为限，如果投资企业收到的股利超过了这个限额，超过部分就是对投资企业的资本返还，即清算性股利。

例11－4

时代公司董事会提议并经股东大会批准，向全体股东按每10股1元发放现金股利，按税法的规定，公司代扣个人股利税平均每10股0.10元。

分析：公司发放股利应设置应付股利账户，它是负债性质的账户，贷方表示增加，借方表示减少（股利已发放），余额在贷方，表示尚未发放的股利。公司应在股利宣告日确认应付股利的增加，在股利发放日减少应付股利。

（1）股利宣告日：

时代公司发放股利的金额＝30 000 000×1/10＝3 000 000（元）

时代公司代扣的股利税＝3 000 000×10%＝300 000（元）

借：利润分配——应付股利	3 000 000	
贷：应付股利		2 700 000
其他应付款——代扣个人股利税		300 000

（2）股利发放日：

借：应付股利	2 700 000	
其他应付款——代扣个人股利税	300 000	
贷：银行存款		3 000 000

7. 未分配利润

未分配利润是指公司赚取的、尚未指明用途、留待以后再分配的利润。未分配利润是资产负债表项目，核算该项目的账户是利润分配——未分配利润，该账户的本年发生额是从本年利润账户结转过来的。如果公司的收入大于费用，表示公司盈利，按照收支相减的差额，借记本年利润，贷记利润分配——未分配利润；如果公司的收入小于费用，表明公司亏损，按照收支相减的差额，借记利润分配——未分配利润，贷记本年利润。

例 11－5

时代公司本年实现税后利润 3 000 万元。

分析：这 3 000 万元税后利润要从本年利润账户的借方结转至利润分配——未分配利润账户的贷方，再将例 11－3、例 11－4 的业务结转至利润分配——未分配利润账户的借方。

（1）将 3 000 万元的税后利润结转至利润分配——未分配利润账户的贷方。

借：本年利润　　30 000 000

　贷：利润分配——未分配利润　　30 000 000

（2）将计提的法定盈余公积 3 000 000 元结转至利润分配——未分配利润账户的借方。

借：利润分配——未分配利润　　3 000 000

　贷：利润分配——提取法定盈余公积　　3 000 000

（3）将计提的任意盈余公积 1 500 000 元结转至利润分配——未分配利润账户的借方。

借：利润分配——未分配利润　　1 500 000

　贷：利润分配——提取任意盈余公积　　1 500 000

（4）将利润分配——应付股利 3 000 000 元结转至利润分配——未分配利润账户的借方。

借：利润分配——未分配利润　　3 000 000

　贷：利润分配——应付股利　　3 000 000

通过以上结转，期末利润分配——未分配利润账户的贷方余额＝30 000 000－(3 000 000＋1 500 000＋3 000 000)＝22 500 000（元）。该余额即资产负债表中未分配利润项目的余额的组成部分，用公式表达为：

未分配利润＝期初未分配利润＋本年实现净利润
　　　　　－当年利润分配（盈余公积、股利）

资产负债表中的未分配利润是一个累计数，既包括本期形成的，也包括以前期间形成的。所以，资产负债表中的未分配利润表示从公司开业到编表日累计已经实现但尚未分配给股东的净利润。

8. 库存股

库存股是指公司将发行在外的股份购回但尚未注销的股份。在资产负债表中，库存股作为股本的减项列示。按照《公司法》，公司不得收购本公司股份。但是，有下列情形之一的除外：

（1）减少公司注册资本。

（2）与持有本公司股份的其他公司合并。

（3）将股份奖励给本公司职工。

（4）股东因对股东大会做出的公司合并、分立决议持异议，要求公司收购其股份的。

出于以上原因购回的本公司股份，通过库存股账户进行核算。库存股的核算有成本法和面值法之分，我国会计准则规定采用成本法。在成本法下，库存股按照购回股份的成本计价，库存股再发行时，发行收入与库存股账面成本的差额记入资本公积，注销库存股时直接转销账面成本。成本法将库存股的购买与再发行看作一件相互联系的事情，购买是业务的开始，再发行是业务的结束。

按我国《公司法》的要求，奖励职工的股份属于利润分配的范畴，公司不能将其作为费用，只能冲减资本公积。购回公司股份时需要设置库存股账户进行核算，该账户的借方表示增加，贷方表示减少，余额在借方。

例11-6

时代公司以每股8.5元的价格购回公司发行在外的股票100万股，并将其全部发放给职工。

（1）购回公司股票需支付的价款＝1 000 000×8.5＝8 500 000（元）。

借：库存股	8 500 000	
贷：银行存款		8 500 000

（2）向职工发放时：

借：资本公积	8 500 000	
贷：库存股		8 500 000

9. 股票期权

股票期权是在某一日期以特定价格买入或者卖出股票的权利。股票期权只是一种权利，不涉及义务。股票期权可以用作公司高级管理人员的报酬，激励公司的高级管理人员。比如，A公司当前的股票价格为每股10元，A公司的董事会为了激励高级管理人员，向其授予股票期权，一年后的今天，公司高级管理人员可以每股10元的价格买入公司股票1 000万股。假设，一年后的今天，A公司的股票价格为每股13元，则高级管理人员可以获得3 000万元（1000×3）的收益。如果一年后的股票价格跌到每股8元，则高级管理人员所持有的股票期权没有任何价值。采用股票期权激励的方法，公司高级管理人员会积极努力地为自己创造价值，也为股东创造价值。

股票期权是一种衍生工具，可以在市场上流通。因此，公司向管理层授予股票期权，也就意味着公司向管理层交付了有价值的金融工具，公司发生了费用。不过，这种费用不需要公司用现金支付，而是用公司股票支付。当管理层行使股票期权时，公司需要支付股票，相当于公司发行股票，增加公司发行在外的股票。

例 11－7

20×8 年 6 月 30 日，时代公司决定向其管理层授予股票期权 300 万份，行权价格为授予日当天的股票收盘价 9.5 元/股，行权开始日为授予日后的一年（20×9 年 7 月 1 日）。经测算，时代公司股票期权在授予日的价值为 420 万元。20×9 年 7 月 8 日，管理层将所持有的股票期权全部行权。

（1）20×8 年 6 月 30 日，当时代公司授予管理层股票期权时：

借：管理费用——股票期权费用	4 200 000	
贷：资本公积——其他资本公积		4 200 000

（2）20×9 年 7 月 8 日，当管理层行权时：

借：银行存款	28 500 000（3 000 000×9.5）	
资本公积——其他资本公积	4 200 000	
贷：股本		3 000 000
资本公积——股票溢价		29 700 000

10. 优先股

优先股是指依照《公司法》，在一般规定的普通种类股份之外，另行规定的其他种类股份，其股份持有人优先于普通股股东分配公司利润和剩余财产，但参与公司决策管理等的权利受到限制。

在我国发行的优先股一般有强制分红的要求，即公司在有可分配税后利润的情况下必须向优先股股东分配股息。

优先股面值由发行方设定，目前常见的为每股 100 元人民币。我国目前发行的优先股大部分为可赎回的优先股和可转换的优先股。

11.2　其他组织形式企业的所有者权益

企业的组织形式在第 1 章已做过简单介绍，不论公司的组织形式如何，也不论公司的大小，在会计上都是独立的会计主体。不同类型组织形式的区别主要是所有者权益的结构不同，独资企业和合伙企业的权益结构就不同于股份有限公司。

11.2.1　独资企业的所有者权益

独资企业是由单独的个人所拥有的非公司化的企业组织形式。独资企业的所有者权益结构比较简单，只有所有者一个人。公司是盈利还是亏损，赚多赚少，花多花少也都是他自己的事情，因此，公司赚钱了就增加他的权益，他要花钱消费就减少他的权益。在收入和费用的核算上与其他公司没有什么区别，但在所有者权益核算上只需设置两个账户进行核算，一是业主权益（资本）账户，二是业主提款账户。业主权益（资本）账户的贷方记录他的投资和赚来的利润，借方记录他的亏损和消费的部分，账户的余额在贷方。业主提款账户的借方主要记录他的个人消费，期末将其结转至业主权益（资本）账户的借方，业主提款账户期末无余额。

例 11-8

小刘自己出资5万元成立一个独资企业从事玩具的销售业务。经汇总，收入20万元，费用15万元，个人消费1万元。

（1）小刘投入资本时：

借：银行存款　　50 000

　贷：业主权益　　50 000

（2）取得20万元收入时：

借：银行存款　　200 000

　贷：营业收入　　200 000

（3）支付15万元费用时：

借：营业成本　　150 000

　贷：银行存款　　150 000

（4）将收入和费用结转至本年利润账户。

借：营业收入　　200 000

　贷：本年利润　　200 000

借：本年利润　　150 000

　贷：营业成本　　150 000

（5）将本年利润账户的贷方余额5万元结转至业主权益账户。

借：本年利润　　50 000

　贷：业主权益　　50 000

（6）业主消费1万元时：

借：业主提款　　10 000

　贷：银行存款　　10 000

（7）将业主提款转入业主权益。

借：业主权益　　10 000

　贷：业主提款　　10 000

期末，业主权益的余额为90 000元（50 000＋50 000－10 000）。

11.2.2 合伙企业的所有者权益

合伙企业是由两个或两个以上的人为了经营活动而自愿联合在一起的一种非公司化的企业。合伙企业不是法人，不能独立承担民事责任，合伙人承担无限责任。所以，合伙企业的所有者权益应当分清每个合伙人的权益。

我国《合伙企业法》规定，合伙企业拥有自己的财产，合伙人的出资、以合伙企业名义取得的收益和依法取得的其他财产，均为合伙企业的财产。合伙人在合伙企业清算前，不得请求分割合伙企业的财产。

合伙企业的债务先以合伙企业的全部财产进行清偿，合伙企业不能清偿到期债务的，合伙人承担无限连带责任。

合伙企业所有者权益的会计核算与独资企业基本相同，不同之处是独资企业的老板只有一个，合伙企业的合伙人有两个以上。可设置合伙人权益（资本）账户和合伙人提款账户进行核算，合伙人权益账户需按合伙人的名字开设明细账户，并将赚取的利润或损失在不同的合伙人之间进行分配。由于我国《合伙企业法》规定合伙企业拥有自己的财产，因此，合伙企业的所有者权益还需要设置合伙人共有权益账户。

例 11－9

假设第 1 章习题中的三位法学院同学经过不懈努力，成功注册了一家合伙制的律师事务所，当起了律师。他们每人出资 20 万元，共筹集资金 60 万元，第一年实现利润 30 万元（均以合伙企业名义获得），每人分得 5 万元。B 合伙人以个人名义开展业务，实现利润 8 万元，按照合伙协议，支持 B 合伙人业务的 A 合伙人分得 2 万元。B 合伙人个人提取红利 3 万元。

（1）收到投资款时：

借：银行存款	600 000	
贷：合伙人权益——A		200 000
——B		200 000
——C		200 000

（2）将 30 万元利润结转至合伙人共有权益账户。

借：本年利润	300 000	
贷：合伙人共有权益		300 000

（3）各人分得 5 万元时：

借：合伙人共有权益	150 000	
贷：银行存款		150 000

以合伙企业名义取得的净利润计入合伙人共有权益。

（4）B 合伙人获得利润 8 万元。

借：本年利润	80 000	
贷：合伙人权益——B		60 000
——A		20 000

以合伙个人名义取得的净利润计入合伙人个人的权益。

（5）B 合伙人提取红利 3 万元。

借：合伙人提款——B	30 000	
贷：银行存款		30 000

（6）将合伙人提款冲减资本账户。

借：合伙人权益——B	30 000	
贷：合伙人提款——B		30 000

合伙企业的会计核算主要是合伙人权益（资本）的核算。合伙人的投入和新增

利润都会增加合伙人的权益（资本），如果亏损则会减少合伙人的权益（资本），利润分配会减少合伙人的权益（资本）。如果合伙人不是分别执行合伙业务，或者以合伙人个人的名义执行业务，则合伙企业实现的利润均为合伙人共有权益。经过上述资本变动，可编制合伙人权益（资本）表，如表11-1所示。

表11-1 合伙人权益（资本）表

20×8年12月31日 金额单位：元

项目	合计	A	B	C	共有权益
投入资本	600 000				600 000
本期净利	380 000	20 000	60 000		300 000
合计	980 000	20 000	60 000		900 000
本期提款	−180 000		−30 000		−150 000
期末余额	800 000	20 000	30 000		750 000

说明：合伙企业实质上是依协议成立的企业，因此，合伙人权益的变化取决于合伙协议的条款。

习 题

（一）辨析与思考

Q11-1 以下哪些因素会增加所有者权益？哪些因素会减少所有者权益？哪些因素不影响所有者权益？

（1）投资者投资。

（2）投资者撤资。

（3）持有以公允价值计量且其变动计入其他综合收益的金融资产的利得。

（4）持有交易性金融资产的损失。

（5）经营利润。

（6）经营亏损。

（7）发放现金股利。

（8）发放股票股利。

（9）库存股。

（10）行使认股权。

（11）可转换债券。

（12）限售期内的公司高管和员工持股。

（13）盈余公积补亏。

（14）资本公积转增资本。

（15）接受非现金性资产捐赠。

Q11-2 在上市公司的股份中，有些股份在一定时间内是禁售的。在计算每股收益时是否包括禁售的部分？为什么？

Q11-3　对会计的学习虽已进入尾声，但由于很多概念既有法律层面的，也有会计制度层面的，总感觉它们纠缠在一起，有些分不清楚。例如：

(1) 为什么投资者对公司的投资要分成两个部分来记录，面值部分记入股本账户，超过面值部分记入资本公积账户？股本为什么要设定一个面值？是由谁规定的？

(2) 为什么要将企业赚取的利润按《公司法》的规定提取盈余公积？《公司法》第一百六十六条规定："公司法定公积金累计额为公司注册资本的百分之五十以上的，可以不再提取。"设限的目的是什么？

(3) 资本公积的形成原因有哪些？

(二) 练习题

E11-1　**练习合伙企业资金筹集的业务处理**

A，B，C 三位合伙人各出资 5 万元成立会计师事务所。其中 C 以 4 台高级电脑出资，每台电脑 1.25 万元。

要求：

编制相关会计分录。

E11-2　**练习公司发行股票的业务处理**

收集一家上市公司首次公开发行股票的发行收入、发行费用（包括向中介机构支付的承销费、审计费等）等信息。

要求：

根据所收集的信息，编制发行股票的会计分录。

E11-3　**练习提取盈余公积的业务处理**

某企业 20×8 年实现利润 2 000 万元，适用的所得税税率为 15%。分别按税后利润的 10%和 5%提取法定盈余公积和任意盈余公积。

要求：

编制相关会计分录。

E11-4　**练习股利分配的业务处理**

沿用 E11-3 的数据，公司当年计提盈余公积后剩余的可供分配利润为 1 445 万元（1 700 万元−255 万元）。期初未分配利润为 355 万元。公司董事会提议向股东分配现金股利 500 万元。股东大会批准了该分配方案。

要求：

(1) 股利分配方案对外公布时，编制有关会计分录。

(2) 实际发放股利时，编制有关会计分录。

E11-5　**练习利润分配明细账户的结转**

将 E11-4 涉及的除未分配利润以外的利润分配明细账户清零。

要求：

编制相关会计分录。

（三）案例

C11 时代公司认股权计划

时代公司上市以后，为了激励原股东和公司管理层，公司董事会提出了一个认股权计划的预案。预案内容为：认股权计划总额100万股，每股行权价格8元，因为公司股票发行价为8元/股。行权时间为2年，期满未行权部分自动失效。该预案引起热烈讨论。

A董事：公司成立之初不应大规模发放认股权。

B董事：不制定认股权计划，公司高层管理人员队伍可能不稳定，辞职套现的可能性会增加。

C董事：既然为了稳定队伍，就不妨加上一条，从公司上市日开始计算，工作满3年后才能行权。

D董事：行权价格与股票价格一致是没有吸引力的，也起不到任何激励作用，这与自己到市场上购买没有什么区别。

E董事：我同意D董事的意见，应把行权价格定为5元/股。

假设股票期权在授予日的价值为1 500 000元。

要求：

请你根据5位董事的意见，为时代公司制定一份认股权计划。请根据你所假设的3年后的股票价格走势，设计行权和未行权两种情况，编制有关会计分录，并回答下述问题：

（1）行权会对公司财务状况产生哪些影响？

（2）未行权的原因是什么？

（3）公司为什么要制定认股权计划？

第12章

财务报表分析

学习目的

1. 掌握常用财务比率的含义和计算方法；
2. 掌握结构分析和趋势分析的方法；
3. 了解财务报表分析的比较基准；
4. 学会运用不同方法分析企业的盈利能力、财务风险和营运能力。

本章简介

财务报表分析是通过分析财务比率、报表项目构成以及报表项目随时间的变化，将三张主要财务报表的相关项目关联起来，分析企业的基本面状况，包括企业的盈利能力、财务风险和营运能力。反映企业盈利能力的财务比率主要有毛利率、营业利润率、销售利润率、总资产报酬率、净资产报酬率；反映企业财务风险的财务比率主要有流动比率、速动比率、资产负债率、利息保障倍数等；反映企业营运能力的财务比率主要有总资产周转率、存货周转率、应收账款周转率。编制杜邦分析图运用的杜邦分析法是将企业的盈利能力、营运能力和财务杠杆联系起来分析所有者权益报酬率影响因素的方法。选择不同的比较标准，可以判断会计数字高低显示出来的不同状况，例如，毛利率是高还是低，取决于和谁比较。

虽然前面我们已为时代公司编制了资产负债表、利润表和现金流量表，但它毕竟是虚拟的公司，交易和数据也都是假设的，与处于市场竞争环境中的企业的实际情况完全不同。

本章选择20家服装类上市公司2018年度财务报告有关数据的中值作为行业指标，通过分析森马服饰连续5年的财务指标，试图找到服装行业的典型财务特征和成长轨迹，并将森马服饰与对标公司进行对比分析，找出存在差异的原因以及数据之间的逻辑关系，以期为初学者将会计知识内化为自己的能力提供一个范例。

12.1 财务报表分析概述

财务报表分析是通过分析财务报表数据之间的关系了解企业的财务状况和经营成果。财务报表分析的用途很广，投资者在投资、收购兼并前对企业的财务报表进行分析，以明确目标企业的价值；债权人在做出信贷决策前对企业的财务报表进行分析，以了解企业的偿债能力；企业管理者对财务报表进行分析以深入把握企业各部门、各业务线的绩效指标以及隐藏的危机和风险，对企业目前的行业地位和竞争优势及时做出评估，验证战略落地的情况等。

财务报表之间、财务报表的项目之间是关联的。资产的增减变化不仅产生于负债和所有者权益的增减变化，也产生于收入、费用的增减变化；收入、费用的增减变化会引起资产、负债和所有者权益的增减变化。经营活动现金的来源和运用同时表现为资产负债表项目和利润表项目的增减变化。比如，计提固定资产折旧，减少了资产负债表中的固定资产净值，同时增加了利润表中相关费用项目或者产品成本（存货）；利润表中的营业成本表现为资产负债表中存货的减少。因此，分析财务报表仅仅依靠解读单个项目是不够的，还需要考虑财务报表项目之间的关系，才能揭示出企业完整的经济业务状况。

企业的经营活动是一个持续不断的过程，但财务报表却是按照会计分期的假设定期编制的。因此，财务报表项目在年度之间的变化会呈现出具有特定含义的现象。比如，营业收入在年度之间的变化以及与此相关的营业成本在年度之间的变化。将一些财务报表项目连续多年的金额放在一起，可以观察企业财务状况和经营成果的变化趋势，消除会计分期的人为影响。比如，对净利润与经营活动现金净流量在特定会计期间的差异而言，将连续若干年的数据放在一起观察，就可能消除跨期的影响。

比率分析法和结构分析法是将财务报表项目联系起来的常见方法。

比率分析法是根据两个或者多个相互关联的财务报表项目计算出比率，以发现其中的经济含义。比如，净利润除以营业收入，可以得到净利润占营业收入的比率，即每1元营业收入可以获得的净利润额，作为表示企业盈利能力的指标之一。在计算财务比率时，分子和分母应当保持对应关系。

结构分析法是通过计算财务报表各个项目的金额占总额的比例来了解企业资产、负债的构成和收入、费用的构成。

12.2 比率分析

常用的财务比率有三种：反映企业盈利能力的财务比率、反映企业财务风险的财务比率和反映企业营运能力的财务比率。

12.2.1　反映企业盈利能力的财务比率

企业的盈利能力通常可以从利润率和回报率两个方面来分析。利润表达的是剩余的意思，即营业收入扣除各项费用后还剩下多少，用利润除以营业收入就可以得出利润率。出于不同维度的评价目的，可以设定不同的扣减项目，例如，要考察企业产品带来的利润，就可以将扣减项目设定为营业成本，用营业收入减去营业成本得出毛利，再用毛利除以营业收入，即可得出毛利率。毛利率是广泛应用于各行业的评价指标，不同行业会呈现出不同的毛利。有的行业毛利可能高达 70%～90%，有的行业毛利可能不足 10%。不同的扣除项目可以得出不同的利润率，如营业利润率和销售利润率等。

回报率表示投入产出的关系，即一定的投入能获得多少产出（回报），投入的指标通常是资产或者净资产，相应的产出指标则是息税前利润或者净利润。

1. 毛利率

毛利率是用毛利除以营业收入，毛利是营业收入扣除营业成本后的金额。计算公式为：

$$毛利率=\frac{毛利}{营业收入}\times 100\%=\frac{营业收入-营业成本}{营业收入}\times 100\%$$

毛利是企业盈利的源泉，毛利高的企业更有机会获得高利润。毛利是产品竞争强度的表现，竞争激烈的产品，毛利水平通常都比较低。毛利也体现了制造企业的研发能力，研发能力越强，适应市场需求的新产品越多、推出越快，越有可能获得高毛利。

利润表中的营业收入和营业成本是各种产品的综合收入和综合成本，据其所计算的毛利是综合毛利。通过企业的分部报告可以获得各种产品的营业收入和营业成本数据，从而计算出各种产品的毛利率。

按照上述公式，可计算出森马服饰 2018 年的毛利率为 39.78%。

$$\begin{matrix}森马服饰\\2018年毛利率\end{matrix}=\frac{1\,571\,913-946\,586}{1\,571\,913}\times 100\%=\frac{625\,327}{1\,571\,913}\times 100\%=39.78\%$$

森马服饰主要有两大类产品——休闲服饰和儿童服饰，分别计算两种不同类别产品的毛利率更加有助于投资者分析森马服饰的盈利能力，如表 12-1 所示。

表 12-1　森马服饰的产品毛利率

产品	指标	2018 年	2017 年	2016 年	2015 年	2014 年	2013 年
休闲服饰	占全部收入比重	43.21%	46.85%	52.51%	57.18%	60.18%	64.88%
	毛利率	36.98%	29.31%	34.80%	35.64%	32.80%	33.60%
儿童服饰	占全部收入比重	56.14%	52.56%	46.88%	41.81%	38.87%	35.12%
	毛利率	42.23%	41.52%	42.87%	41.09%	42.01%	39.31%

2. 营业利润率

营业利润是企业经常性业务产生的利润，常见的计算方法是用毛利总额扣除税金及附加、销售费用（营业费用）、管理费用、研发费用和财务费用。由于企业可能有各种业务收入和业务成本，在计算营业利润时，应该包含各种业务的营业利润。因此，毛利是各种业务的毛利之和，这里称为毛利总额。由于营业利润是各种业务收入产生的，所以，分母应当用各种营业收入之和。计算公式为：

$$\text{营业利润率}=\frac{\text{营业利润}}{\text{营业收入}}\times 100\%$$

$$=\frac{\text{毛利总额}-\text{税金及附加}-\text{销售费用}-\text{管理费用}-\text{研发费用}-\text{财务费用}}{\text{营业收入}}\times 100\%$$

该计算公式的分子也可以直接采用利润表中的营业利润。需要注意的是，利润表中的营业利润包含一些非经常性的损益项目，如资产减值损失中的存货跌价损失、各项长期资产减值损失、公允价值变动收益、其他收益、资产处置收益等。

森马服饰的经常性业务是生产经营服饰，按照上述公式，森马服饰2018年的营业利润率为17.08%。①

$$\text{森马服饰2018年营业利润率}=\frac{625\ 327-11\ 137-257\ 038-52\ 190-36\ 431}{1\ 571\ 913}\times 100\%$$

$$=\frac{268\ 531}{1\ 571\ 913}\times 100\%=17.08\%$$

如果直接采用森马服饰利润表中的营业利润进行计算，则营业利润率为13.23%（208 022/1 571 913），低于上述未扣除资产减值损失和未加计其他收益计算出来的营业利润率近4%。

事实上，营业利润指标也具有行业特征。森马服饰近五年来每年的存货跌价损失占营业收入的比例都在2%以上，2018年为3.5%。由于服装的季节性强，过季服装通常会折价出售，服装企业在换季时通常都有过季服装，因此，服装企业的存货跌价损失可以视为经常性的损失。如果不能及时跟上消费者偏好的改变，积压的存货将侵蚀掉企业的利润。

3. 销售利润率

销售利润率，也称为净利润率，净利润是企业最终的经营结果，净利润率自然也是企业盈利能力的最终体现。计算公式为：

$$\text{销售利润率}=\frac{\text{净利润}}{\text{营业收入}}\times 100\%$$

---

① 由于森马服饰2018年的财务费用为－7 580万元，属于利息收入，失去了营业活动的性质，在计算营业利润时予以扣除。

由于净利润由企业各种业务收入产生，所以，分母应该用各种营业收入之和。

$$森马服饰 2018 年销售利润率=\frac{168\ 155}{1\ 571\ 913}\times 100\%=10.70\%$$

在正常经营状态下，毛利率、营业利润率和销售利润率是依次递减的，三个比例的分母都是营业收入，差别在于分子。毛利是营业收入扣除营业成本的余额，是企业的产品或者服务直接贡献的利润，是企业盈利的源泉，只有获得足够的毛利，才有余地弥补企业的销售费用、管理费用等期间费用。营业利润是毛利扣除期间费用、税金及附加和研发费用后的余额，是企业预期可以周期性重复获得的、稳定的经常性利润，营业利润具有较高的可预测性。净利润是营业利润加减所有非经常性损益并扣除所得税后的余额，是企业利润的最后结果。如果销售利润率高于营业利润率，必定是其他损益项目影响的结果，如其他收益、投资收益、营业外收支等。

森马服饰 2018 年的毛利率约为 40%，即每 1 元销售额有 0.4 元毛利，营业利润率约为 17%，毛利率与营业利润率之间的差额 23%即期间费用率。如果森马服饰 2018 年没有发生其他损益，17%的营业利润率扣除所得税后就是销售利润率（净利润率），实际情况是，森马服饰 2018 年的销售利润率约为 11%，两者之间 6%的差异是各项损益、资产减值和所得税费用导致的。

4. 总资产报酬率

总资产报酬率（return on assets，ROA）表示企业资产总额所产生的回报。由于总资产是企业的全部投入，既包括股东投资形成的资产，也包括债权人投资形成的资产，总资产报酬率也称为企业的投资报酬率（return on investment，ROI）。计算公式为①：

$$\begin{aligned}总资产报酬率&=\frac{净利润}{总资产平均余额}\times 100\%\\&=\frac{净利润}{(总资产期初余额+总资产期末余额)/2}\times 100\%\end{aligned}$$

总资产平均余额理论上应该是一个加权平均数，为简化计算，一般使用的是算术平均数，即用总资产的期初数与期末数相加再除以 2。资产负债表所有项目的平均余额计算方法与此相同。

按照上述公式，森马服饰 2018 年总资产报酬率为 11.13%。

$$\begin{aligned}\begin{matrix}森马服饰 2018 年\\总资产报酬率\end{matrix}&=\frac{168\ 155}{(1\ 656\ 771+1\ 364\ 321)/2}\times 100\%=\frac{168\ 155}{1\ 510\ 546}\times 100\%\\&=11.13\%\end{aligned}$$

① 总资产报酬率还有另外一种计算方法，即分子包含所得税和税后利息，所得税和税后利息都被视为企业总资产创造的报酬。由于利息费用可以在税前扣除，实际上政府承担了部分利息，企业承担的只是扣除所得税后的利息净额。为了区分这两种计算方法，将分子为净利润的称为总资产收益率，将分子包含所得税和税后利息的称为总资产报酬率。本书通称为总资产报酬率，表明回报的含义。

5. **净资产报酬率**

净资产报酬率通常也称为净资产收益率，或者所有者（股东）权益报酬率，是股东（包括少数股东）的综合回报率。计算公式为：

$$净资产报酬率=\frac{净利润}{净资产平均余额}\times 100\%$$

在合并报表中，净利润分为少数股东净利润和归属于母公司股东的净利润。因此，在计算母公司所有者（股东）权益报酬率时，应当用归属于母公司股东的净利润，分母也相应地改为归属于母公司股东的权益。计算公式为：

$$股东权益报酬率=\frac{归属于母公司股东的净利润}{归属于母公司股东的权益平均余额}\times 100\%$$

$$森马服饰2018年净资产报酬率=\frac{168\ 155}{(1\ 119\ 273+1\ 011\ 744)/2}\times 100\%$$

$$=\frac{168\ 155}{1\ 065\ 509}\times 100\%=15.78\%$$

由于森马服饰的少数股东权益金额很小，净资产报酬率与股东权益报酬率几乎没有差别。

以经纬纺织机械股份有限公司（下称经纬纺机）为例。经纬纺机2018年净利润为214 920万元，其中归属于母公司股东的净利润为78 335万元；2018年年底股东权益合计2 080 590万元，归属于母公司股东权益为835 467万元。

$$\begin{array}{c}经纬纺机2018年\\净资产报酬率\end{array}=\frac{214\ 920}{(2\ 080\ 590+1\ 979\ 711)/2}\times 100\%$$

$$=\frac{214\ 920}{2\ 030\ 151}\times 100\%=10.59\%$$

$$\begin{array}{c}经纬纺机2018年\\股东权益报酬率\end{array}=\frac{78\ 335}{(835\ 467+763\ 467)/2}\times 100\%$$

$$=\frac{78\ 335}{799\ 467}\times 100\%=9.8\%$$

总资产报酬率与净资产报酬率的不同之处在于，总资产中包含了负债形成的资产，而净资产只是股东的投资，因此，总资产报酬率没有考虑财务杠杆因素。将财务杠杆纳入计算公式，可以得到以下等式：

$$净资产报酬率=总资产报酬率\times 财务杠杆$$

$$=\frac{净利润}{总资产}\times\frac{总资产}{净资产}\times 100\%$$

在满足一定条件的情况下，财务杠杆可以放大股东的收益。比如，一个投资报酬率为8%的项目，股东投资100万元，得到回报8万元。如果再以5%的资金成本借入资金100万元，则股东可以另外得到3万元［100万元×(8%－5%)］，加上股东投资的回报，合计获得11万元回报。财务杠杆的作用如表12-2所示。

表 12－2　财务杠杆的作用　　单位：万元

	无杠杆	有杠杆
股东投资	100	100
负债		100
回报	8	11
净资产报酬率	8%	11%
总资产报酬率	8%	5.5%

由此可见，增加负债后，总资产报酬率下降了，但净资产报酬率却提高了，这就是财务杠杆的作用：

$$净资产报酬率(11\%)=总资产报酬率(5.5\%)\times财务杠杆(2)$$

12.2.2　反映企业财务风险的财务比率

企业财务风险是指企业不能清偿到期债务的风险。清偿债务的能力表现为资产的流动性状况。资产的流动性是指资产转变成现金的时间和速度，时间越短、速度越快，资产的流动性越强。负债的流动越强，对资产的流动性要求就越高。因此，从清偿到期债务的角度看，资产的流动性与负债的流动性应该恰当匹配。

1. 流动比率

流动比率是流动资产对流动负债的倍数，是常见的反映企业清偿短期债务能力的指标。流动资产是一年内将转变为现金的资产，流动负债是一年内将到期的债务，两者的倍数关系可以恰当地体现企业的短期财务风险。计算公式为：

$$流动比率=\frac{流动资产}{流动负债}$$

由于流动资产和流动负债都是资产负债表的时点指标，流动比率只能反映企业静止状态下的短期财务风险。由于企业经营活动是一个连续不断的循环，流动比率时时刻刻都会发生变化，因此，在运用流动比率分析企业财务风险时，应当结合时期数指标，如现金流量。

作为时点数指标，流动比率的意义主要体现在以下两个方面：

（1）从静止角度看企业的财务风险状况。极端的情况是，资产的流动性突然停滞，外部资金也无法获得，企业将面临的财务风险有多大，是否能够承受。

（2）反映企业的资产流动性是否能够在某一个时刻应对外部流动性的变化，换言之，企业应对外部流动性变化的余地有多大。

$$森马服饰\ 2018\ 年年末流动比率=\frac{1\,124\,085}{441\,024}=2.55(倍)$$

2. 速动比率

由于流动资产中包含了存货等流动性不高的资产项目，为了更好地衡量企业的短期财务风险，将存货等流动性不高的资产从流动资产中剔除，得到速动资产。将速动资产除以流动负债就是速动比率。计算公式为：

$$速动比率=\frac{流动资产-存货}{流动负债}=\frac{速动资产}{流动负债}$$

$$森马服饰 2018 年年末速动比率=\frac{1\,124\,085-441\,749}{441\,024}=\frac{682\,336}{441\,024}=1.55(倍)$$

3. 资产负债率

资产负债率是负债总额与资产总额的比率，表现企业的总资产中有多少是由负债形成的。资产负债率也是财务杠杆的一种表达方式。财务杠杆的另一种常见的表达方式是资产除以股东权益，计算结果是资产与所有者权益的倍数关系，2 倍表示所有者权益是资产的一半，即资产负债率为 50%，3 倍表示所有者权益为资产的 1/3，即资产负债率为 67%。资产负债率的计算公式为：

$$资产负债率=\frac{负债总额}{资产总额}\times 100\%$$

资产负债率可以反映企业的债务空间。如果资产负债率较低，企业通过债务融资方式获得资金的余地就大。当资产负债率高到一定程度，企业就不再有机会进行债务融资了。

资产负债率是反映企业财务风险的重要指标。显然，资产负债率越高，对企业资产的流动性要求也越高，企业资金安排的回旋余地也就越小。

$$森马服饰 2018 年年末资产负债率=\frac{537\,498}{1\,656\,771}\times 100\%=32.44\%$$

4. 利息保障倍数

利息保障倍数是企业息税前利润与利息费用之比，反映企业支付借款利息的能力。计算公式为：

$$利息保障倍数=\frac{息税前利润}{利息费用}=\frac{利润总额+利息费用}{利息费用}$$

在实际计算时，通常用财务费用代替利息费用。由于森马服饰 2018 年度的财务费用为负数，因此计算其利息保障倍数没有意义。下面的计算选取的是中国国航 2018 年度的财务数据①。

$$中国国航 2018 年利息保障倍数=\frac{9\,957\,905+2\,899\,696}{2\,899\,696}=4.43(倍)$$

12.2.3 反映企业营运能力的财务指标

企业的营运能力是企业驾驭日常经营活动的能力，反映企业运用资金的效率，财务上表现为资产的周转率。周转率是企业经营活动从开始到结束的时间。比如，

① 中国国航 2018 年合并利润表的财务费用为 52.76 亿元，其中包含了汇兑损失 23.77 亿元，计算利息保障倍数时扣除了汇兑损失。

存货周转率表示企业从取得存货到存货出售所需要的时间，应收账款周转率则表示企业从销售产品到收回现金所需要的时间。周转率越快，周转时间越短，资产的使用效率就越高。

作为反映营运效率的财务指标，资产的周转率越快，表明企业获得一定规模的营业收入所需要的资金量越少，或者企业能够用一定规模的资金量实现更多的营业收入。资产周转率较低的企业，其运营过程中占用的资金量较大。

1. 应收账款周转率

应收账款周转率表示企业从销售产品到收回现金所需要的时间，或者在一定期间内完成从销售产品到收回现金的循环的次数。计算公式为：

$$\text{应收账款周转率(次)}=\frac{\text{营业收入}}{\text{应收账款平均余额}}$$

$$\text{应收账款周转率(天)}=\frac{365}{\text{应收账款年周转次数}}$$

森马服饰 2018 年应收账款平均余额为 168 741 万元，营业收入为 1 571 913 万元，周转次数为 9.32 次，即大约 39 天周转 1 次。计算如下：

$$\begin{array}{c}\text{森马服饰 2018 年}\\\text{应收账款周转率(次)}\end{array}=\frac{1\,571\,913}{(195\,268+142\,215)/2}=\frac{1\,571\,913}{168\,741}$$

$$=9.32\text{(次)}$$

$$\text{森马服饰 2018 应收账款周转率(天)}=365/9.32=39\text{(天)}$$

2. 存货周转率

存货周转率表示企业从取得存货到出售存货所需要的时间，或者在一定期间内完成从取得存货到出售存货的循环的次数。计算公式为：

$$\text{存货周转率(次)}=\frac{\text{营业成本}}{\text{存货平均余额}}$$

$$\text{存货周转率(天)}=\frac{365}{\text{存货年周转次数}}$$

森马服饰 2018 年存货平均余额（占用额）为 340 089 万元，营业成本为 946 586 万元，周转次数为 2.78 次，即 131 天周转 1 次。计算如下：

$$\text{森马服饰 2018 年存货周转率(次)}=\frac{946\,586}{(441\,749+238\,429)/2}=\frac{946\,586}{340\,089}$$

$$=2.78\text{(次)}$$

$$\text{森马服饰 2018 年存货周转率(天)}=365/2.78=131\text{(天)}$$

3. 总资产周转率

总资产周转率衡量企业全部资产的运营效率，表示企业当前规模的营业收入所需要的资产总量。总资产周转率越快，表示企业综合运营效率较高。计算公式为：

$$\text{总资产周转率(次)}=\frac{\text{营业总收入}}{\text{总资产平均余额}}$$

$$总资产周转率(天)=\frac{365}{总资产年周转次数}$$

森马服饰2018年总资产平均余额为1 510 546万元，营业总收入为1 571 913万元，周转次数为1.04次，即351天周转1次。计算如下：

$$森马服饰2018年总资产周转率(次)=\frac{1\,571\,913}{(1\,656\,771+1\,364\,321)/2}$$

$$=\frac{1\,571\,913}{1\,510\,546}=1.04(次)$$

$$森马服饰2018年总资产周转率(天)=365/1.04=351(天)$$

按照上述计算资产周转率的方法，还可以计算出流动资产周转率和固定资产周转率。固定资产周转率对于制造企业具有特殊意义，因为固定资产是制造企业的重要生产能力，其效率高低直接影响企业的资产效率和盈利能力。流动资产周转率对所有工商企业都是重要的指标，对于流动资产占比高的轻工企业和零售企业更为重要。

12.2.4 杜邦分析图

财务报表之间、财务报表项目之间是关联的，财务比率之间也存在关联关系。企业的资产运营效率高，意味着占用资金少，资金成本相对较低，在利润率既定的条件下，获得的利润总额可能更高。假定一件服装的利润是30元，如果一年周转2次（卖出2次），当年的利润是60元；如果一年周转5次（卖出5次），当年的利润就是150元。因此，周转率的快慢会影响企业利润水平。

杜邦公司和通用汽车公司的首席财务官弗兰克·唐纳森·布朗（Frank Donaldson Brown，1885—1965）在20世纪20年代利用财务比率之间的联系，开发了财务分析模型，称为杜邦分析图。杜邦分析图以所有者权益报酬率（ROE）为起点，逐步将财务比率分解，直至找到影响所有者权益报酬率的根本财务因素。

首先，将所有者权益报酬率分解为总资产报酬率和财务杠杆。

$$所有者权益报酬率=\frac{净利润}{总资产}\times\frac{总资产}{所有者权益}=总资产报酬率\times财务杠杆$$

其次，将总资产报酬率分解为净利润率和总资产周转率。

$$总资产报酬率=\frac{净利润}{营业收入}\times\frac{营业收入}{总资产}=净利润率\times总资产周转率$$

最后，将各个指标进一步分解，如净利润分解为收入和费用，费用分为营业成本、销售费用、管理费用等。总资产周转率分为各单项资产的周转率，如应收账款周转率、存货周转率等，如图12-1所示。

将森马服饰2018年的会计数据代入图12-1，即可得到森马服饰的杜邦分析图，如图12-2所示。

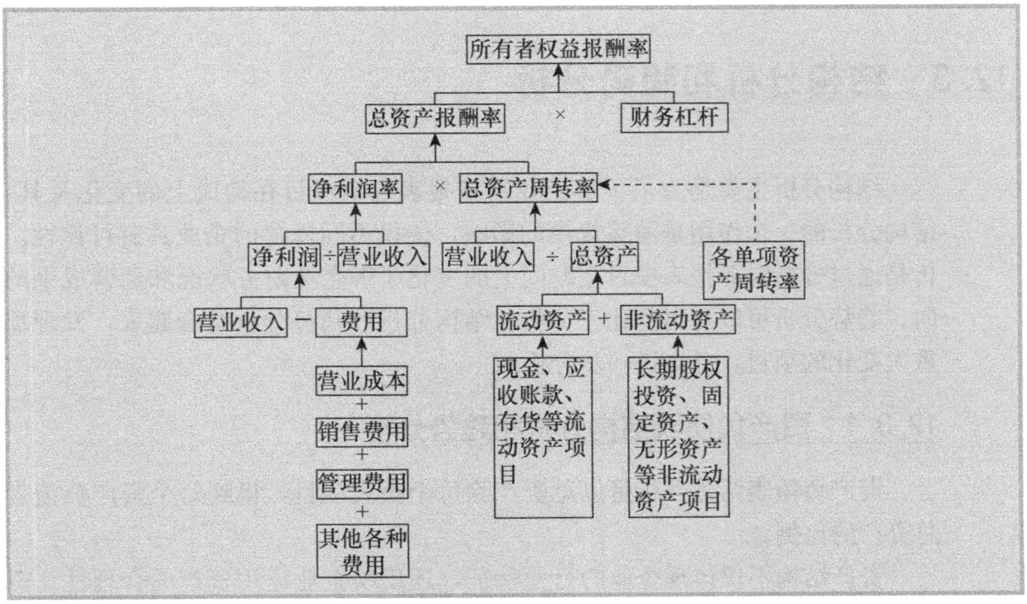

图 12－1　杜邦分析图

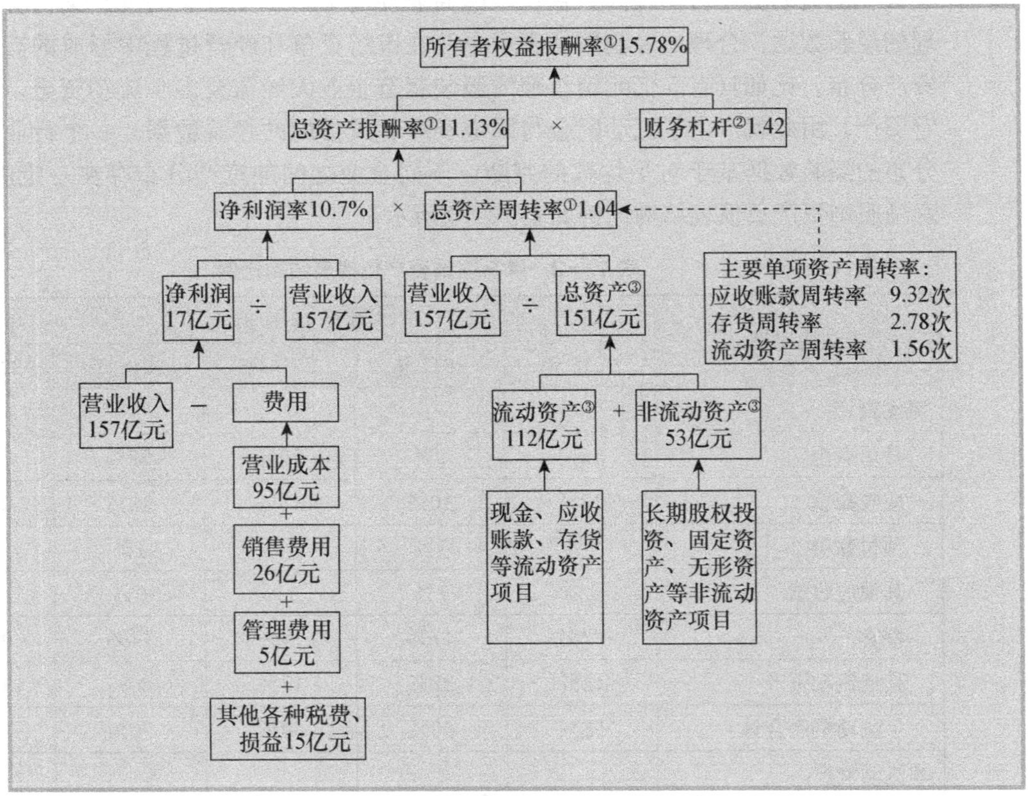

图 12－2　森马服饰杜邦分析图

注：财务报表数据截至 2018 年年末。

①分母为平均余额；总资产报酬率的分子为净利润。

②分子、分母为平均余额。

③平均余额。

12.3 结构分析和趋势分析

结构分析主要是为了了解企业财务报表各个项目在构成上的变化及其合理性，结构分析的一个作用是消除规模的影响，使得不同规模的企业具有可比性。趋势分析是通过分析财务报表项目在时间上的变化了解企业财务状况和经营成果的趋势走向。趋势分析可以与财务比率分析、结构分析和趋势分析结合起来，发现那些出现重大变化的项目，并做进一步分析。

12.3.1 资产负债表结构分析和趋势分析

资产负债表结构分析是以总资产除每个报表项目，得到每个资产负债表项目占总资产的比例。

资产结构不仅体现企业的行业特征，还反映企业运用资产的合理性。资本密集型企业的固定资产占比较高，而轻工业企业的流动资产占比较高；与制造业相比，零售业的流动资产占比较高。在特定的商业环境下，一个行业的资产结构会形成合理的经验数据。合理的经验数据表示企业在市场竞争和经营过程中形成的有效率的资产分布，比如具有5亿元销售额的服装制造企业大约需要多少流动资金，多少固定资产，由此就产生了流动资金与固定资产有效搭配的经验数据。一个行业的资产分布的经验数据基于对平均数的判断，不同企业之间的资产分布存在一定的差异。森马服饰资产负债表结构比例如表12-3所示。

表12-3　森马服饰资产负债表结构比例

结构比例	截至12月31日				
	2018年	2017年	2016年	2015年	2014年
流动资产					
货币资金	15%	9%	19%	22%	39%
应收账款	12%	10%	15%	13%	10%
预付款项	1%	1%	1%	1%	1%
其他应收款	1%	1%	1%	0%	1%
存货	27%	17%	17%	14%	10%
其他流动资产	12%	27%	17%	20%	13%
流动资产合计	68%	66%	69%	70%	74%
非流动资产					
可供出售金融资产	3%	3%	3%	2%	0%
投资性房地产	7%	9%	9%	8%	6%
固定资产净额	12%	8%	9%	12%	15%

续表

结构比例	截至12月31日				
	2018年	2017年	2016年	2015年	2014年
在建工程	2%	6%	1%	0%	0%
无形资产	5%	3%	4%	2%	1%
长期待摊费用	1%	1%	0%	0%	0%
递延所得税资产	2%	2%	2%	2%	2%
其他非流动资产	1%	1%	0%	2%	1%
非流动资产合计	32%	34%	31%	30%	26%
资产总计	100%	100%	100%	100%	100%
流动负债					
短期借款	1%	0%	0%	0%	0%
应付票据	3%	3%	2%	3%	3%
应付账款	16%	14%	9%	7%	8%
预收款项	1%	1%	1%	1%	0%
应付职工薪酬	2%	1%	1%	1%	1%
应交税费	3%	1%	3%	2%	2%
其他应付款	1%	1%	1%	1%	1%
流动负债合计	27%	21%	18%	15%	15%
非流动负债					
长期借款	1%	0%	0%	0%	0%
预计负债	4%	4%	4%	4%	2%
非流动负债合计	6%	5%	5%	5%	3%
负债合计	32%	26%	23%	21%	18%
股东权益					
股本	16%	20%	21%	23%	6%
资本公积	15%	18%	20%	22%	43%
盈余公积	7%	7%	7%	6%	6%
未分配利润	29%	29%	30%	28%	27%
归属于母公司股东权益合计	67%	74%	77%	79%	82%
股东权益合计	68%	74%	77%	79%	82%
负债和股东权益总计	100%	100%	100%	100%	100%

注：删除了金额小于1%的项目，如长期股权投资、商誉、递延所得税负债、递延收益、少数股东权益等，导致有些小计、合计数看起来有误差。

从表12-3中可以看出森马服饰2018年年末资产负债表的构成具有如下特征：

(1) 在资产构成中，流动资产比重大，占了大约2/3，非流动资产为1/3。

（2）存货和应收账款占流动资产的比重接近60%，剩余多为现金和准现金（其他流动资产）。

（3）固定资产和在建工程占非流动资产的大约40%。

（4）资金来源主要是股东的资金和股东未分配的留存利润，资产负债率只有32%，68%都是股东权益。

（5）在负债中，流动负债约占80%，应付账款和应付票据约占流动负债的70%，日常资金基本上都来自供应商欠款。森马服饰的长期负债主要是预计负债（占长期负债的比例约为70%），是估计的退货金额。

森马服饰的资产负债构成基本上体现了以服装设计、销售为主的特征。轻工企业的流动资产占比高，设备等固定资产投入较小，非流动资产较少。森马服饰采用外包加工模式，固定资产中没有加工设备，非流动资产更少。

由于固定资产等非流动资产少，对长期资金的需求不大，所以，流动负债占了负债的绝大部分，特别是在IPO后获得了股东投入的长期资金，对长期资金的需求更小。

从结构比例变化情况看，森马服饰2018年的财务状况发生了以下变化：

（1）2018年应收账款占比上升了2%，比2017年多5.3亿元，应收账款余额明显增加。从增长率角度看，2018年营业收入增长了30%，应收账款增长了37%，明显高于营业收入增长率，这说明应收账款控制不够有力。2018年应收账款周转率高于2017年得益于2017年的应收账款控制成效。

（2）2018年存货占比明显提高，表明森马服饰在收入增长的同时存货也大幅增加。2018年营业成本增长了22%，存货增长了85%，存货周转率明显下降。2017年存货108天周转1次，2018年131天周转1次，几乎多了1个月。存货大幅增加影响了森马服饰的经营活动现金流量。

（3）现金占比上涨幅度较大，现金和准现金（其他流动资产）占总资产的27%，与往年相比略有降低，但仍然保持了较高比例。一方面表现出良好的流行性，另一方面反映了公司保有较多的富余现金。

（4）非流动资产占比下降，表明森马服饰总资产的增长中，流动资产的增长幅度高于非流动资产，特别是存货的增长幅度较大。

2018年收购KIDILIZ[①]对森马服饰的资产结构产生了较大影响，对将来资产配置的效率和效果将产生怎样的影响，需要在今后的发展当中观察分析。

由于新业务的拓展，森马服饰的资产结构发生了较大变化，公司不再从事单一的服装设计、销售业务。森马服饰资产结构的变化体现了其战略上的转型：要构建服装产业集群、儿童产业集群、电商产业集群和新兴产业集群。

---

① KIDILIZ集团总部设在法国巴黎，全球共有8家子公司，拥有11 000个销售网点和829家门店，2017年实现销售额4.27亿欧元。KIDILIZ集团在6个国家开设了11个采购办公室，全面实施全球化采购。KIDILIZ集团旗下主要业务包括：Z品牌业务（1983年创立），Absorba品牌业务（1949年创立），Catmini品牌业务（1972年创立），KIDILIZ多品牌集合店业务（2015年创立），授权品牌业务（主要包括Kenzo Kids，Levi's 3 Kids，Paul Smith Junior等5个品牌），其他自有品牌批发业务和电商业务。

12.3.2　利润表结构分析和趋势分析

利润表结构分析是以营业总收入除利润表的各个项目，反映利润表各项目占营业总收入的比例。利润表各项目的结构比例也表达了财务比率的含义，如净利润率等。森马服饰利润表结构比例如表 12-4 所示。

表 12-4　森马服饰利润表结构比例

	2018 年	2017 年	2016 年	2015 年	2014 年
一、营业总收入	100%	100%	100%	100%	100%
二、营业总成本	88%	88%	83%	82%	83%
其中：营业成本	60%	64%	62%	62%	64%
税金及附加	1%	1%	1%	1%	1%
销售费用	16%	15%	14%	12%	11%
管理费用	3%	2%	5%	4%	4%
研发费用	2%	3%	0%	0%	0%
财务费用	0%	−1%	−1%	−2%	−2%
资产减值损失	6%	4%	3%	4%	4%
加：投资收益	1%	1%	1%	1%	1%
三、营业利润	13%	13%	17%	19%	18%
加：营业外收入	1%	0%	0%	0%	0%
减：营业外支出	0%	0%	0%	0%	0%
四、利润总额	14%	13%	18%	19%	18%
减：所得税费用	4%	3%	4%	5%	5%
五、净利润	11%	9%	13%	14%	13%

从表 12-4 中可以看出森马服饰利润表的构成有如下特征：

(1) 2018 年营业成本占营业收入的比例下降了 4 个百分点，表明森马服饰的毛利率得到显著改善，服装生产成本得到有效控制。经营分析提供的信息显示，境外销售产品（KIDILIZ 品牌）的毛利率高达 63%，如果能够维持，将对森马服饰今后的毛利率有重大贡献。

(2) 管理费用比例相对稳定，研发费用单列造成管理费用占比下降，近 5 年两项费用占比之和均约为 5%，但销售费用占比持续提高。2018 年研发费用占比 2%是一个较为经典的比例，对于服装设计而言，高效率开发可以满足新品开发的需要。

(3) 资产减值损失比例大幅增加，主要是受到计提投资性房地产减值损失的影响。其中，存货跌价损失仍然保持较大金额，结合森马服饰计提的预计负债，一方面显示森马服饰在季节性和时尚性方面所隐含的市场风险，另一方面表明森马服饰较为稳健的经营策略。

(4) 尽管销售利润率不如前几年高，但仍然保持稳定，2017 年出现大幅下跌后，2018 年得到一定程度的恢复，显示出森马服饰较强的产品盈利能力和对费用的控制能力。

森马服饰利润表各项目的增长率如表12-5所示。

表12-5 利润表项目增长率

	2018年	2017年	2016年	2015年	2014年
一、营业总收入	30.71%	12.74%	12.83%	16.05%	11.70%
二、营业总成本	30.09%	19.58%	15.08%	14.70%	10.96%
其中：营业成本	22.05%	17.96%	11.56%	13.14%	10.47%
税金及附加	34.09%	−6.04%	35.59%	1.85%	−0.37%
销售费用	45.76%	21.17%	29.93%	21.94%	−0.28%
管理费用	82.82%	−48.25%	42.61%	23.82%	19.57%
研发费用	3.10%				
财务费用	4.41%	−9.28%	50.79%	−8.24%	22.66%
资产减值损失	86.13%	60.85%	−28.41%	10.78%	29.42%
加：投资收益	60.52%	−8.68%	34.77%	6.91%	473.44%
三、营业利润	37.65%	−19.03%	3.93%	21.82%	19.26%
加：营业外收入	1 645.71%	−47.64%	−13.35%	−34.47%	−41.83%
减：营业外支出	38.81%	−28.34%	0.88%	32.75%	−70.23%
四、利润总额	49.84%	−19.30%	3.71%	20.31%	18.29%
减：所得税费用	53.06%	−19.04%	1.59%	12.22%	12.52%
五、净利润	48.75%	−19.38%	4.45%	23.39%	20.65%

结合利润表的结构比例可以看出，森马服饰利润表主要项目的增长具有如下特征：

（1）营业收入的增长保持较高水平，过去5年连续超过两位数增长，2018年取得了30%以上的增长，表现出较强的市场竞争力。收购KIDILIZ产生了积极影响，但2018年只合并了10—12月的利润表，营业收入为7亿元。2018年营业收入的增长主要来自森马服饰的产品。

（2）2018年营业成本的增长率大大低于营业收入的增长率，表明森马服饰的毛利率明显提高。

（3）2018年销售费用增长幅度较大，高于营业收入的增长幅度，销售费用占营业收入的比重也有所提高。营业成本显示出营业收入增长的规模效应，但销售费用没有显示出营业收入增长的规模效应。

（4）管理费用增长幅度高达82%，但从占营业收入的比重看，管理费用仍然保持了合理水平，管理费用的控制是有效的。扣除单列研发费用的影响，管理费用增长率为38.7%，其中合并KIDILIZ产生了一定影响。

（5）从表12-6中可以看出，森马服饰2018年毛利率在两个方面得到了明显改善：一是休闲服饰和儿童服饰的毛利率都提高了，休闲服饰的毛利率提高了近8个百分点；二是高毛利产品儿童服饰的销售收入比重继续提高，从2017年的52.6%增长到了56.14%，这种产品结构的变化提高了森马服饰的综合毛利率，改善了公司的盈利能力。

表 12-6 森马服饰 2018 年产品结构和毛利率变化情况　　金额单位：万元

	2018 年			2017 年		
	金额	占营业收入比重	毛利率	金额	占营业收入比重	毛利率
休闲服饰	679 161	43.21%	36.98%	563 427	46.85%	29.31%
儿童服饰	882 470	56.14%	42.23%	632 154	52.56%	41.52%
其他	10 282	0.65%	14.52%	7 049	0.59%	—
合计	1 571 913	100.00%		1 202 630	100.00%	

（6）营业利润（毛利减期间费用）增长情况显著改善，扭转了过去两年营业利润增长不力的局面。森马服饰营业利润及其增长率如表 12-7 所示。

表 12-7 森马服饰营业利润及其增长率　　金额单位：万元

	2018 年	2017 年	2016 年	2015 年	2014 年
营业总收入	1 571 913	1 202 630	1 066 717	945 445	814 713
减：营业成本	946 586	775 567	657 490	589 367	520 914
税金及附加	11 137	8 305	8 839	6 519	6 401
销售费用	257 038	176 344	145 539	112 012	91 857
管理费用	52 190	28 547	55 164	38 681	31 240
研发费用	36 431	35 337			
营业利润	268 531	178 530	199 685	198 866	164 301
营业利润增长率	50.41%	−10.59%	0.41%	21.04%	23.39%

注：由于森马服饰的财务费用是负数，计算营业利润时予以剔除。

（7）总体上看，2018 年森马服饰的营业收入、营业利润、利润总额、净利润保持了同步增长，非经常性损益影响不大，业绩的可持续性可以合理预计。

12.4 财务报表分析的比较标准

就单个企业而言，很多财务比率不是越高越好。比如，存货周转率越快，表明企业的存货占用资金越少，资金利用效率越高，但也表明企业流动资金相对紧张，市场暂时缺货的风险较高，容易被竞争对手挤占市场份额。此外，报表使用者很难对单个企业的财务比率的好坏做出判断。比如，一家企业的毛利率为 20%，流动比率为 1.5，是高还是低？没有基准，没有比较，就很难做出高低好坏的判断。因此，财务比率分析需要选择比较的标准，以此来判断企业财务比率的高低、好坏。

财务比率分析通常采用的比较标准有三种：历史标准、行业标准或者竞争对手标准和计划标准。企业当期实际财务比率与历史标准相比，可以判断企业财务比率的变化趋势以及改善状况，了解企业主要财务指标体现的经营和管理水平的进步状况；与行业标准相比，可以判断企业在行业中所处的地位，与竞争对手相比，可以判断企业的竞争优势。由于企业所处的环境和时间不同，历史标准、行业标准和竞争对手标准都在一定程度上不可比。因此，将企业当期实际财务比率与计划目标比较更有价值，能表现企业距离计划目标的差距。由于外部人很难获得企业的计划目标，采用计划标准只限于企业内部的分析。

以下仍然以森马服饰为例，采用行业平均值和竞争对手（美邦服饰）标准，比较森马服饰主要财务比率与这两个标准的差异（见表12-8至表12-13）。

12.4.1 行业比较

森马服饰2018年营业收入为157.2亿元，高于美邦服饰的76.8亿元，处于同类上市公司的第三位。

从盈利能力角度看（见表12-8），森马服饰的毛利率在同行业居中，但销售利润率显著高于行业平均水平，总资产报酬率和净资产收益率也大大高于行业平均水平。从盈利质量看，森马服饰每1元销售收入带来的经营活动净现金流量与行业平均值持平。从表12-9中可以看出，营业收入增长率和利润总额增长率都显著高于行业平均水平。主要财务指标显示，森马服饰的盈利能力显著优于行业平均水平。

从财务风险角度看（见表12-9），森马服饰的资产负债率与行业平均水平相当，流动比率和速动比率高于行业平均水平，表明森马服饰的流动性状况在同行业中占据优势。

从营运能力角度看（见表12-9），森马服饰的资产营运效率整体高于行业平均水平，存货周转率、流动资产周转率和总资产周转率都高于行业平均水平，显示森马服饰的营运控制能力高于行业平均水平。

12.4.2 与主要竞争对手比较

森马服饰在2011年年报中披露，其休闲服装的主要竞争对手有美特斯邦威（美邦服饰）、以纯、班尼路、真维斯和佐丹奴等国内品牌及ZARA、H&M、UNIQLO等国际品牌，童装的主要竞争对手有安奈儿、小猪班纳、派克兰帝、博士娃等国内品牌及史努比、米奇、耐克等国际品牌。下面比较森马服饰与美邦服饰的财务指标（见表12-10至表12-13）。

从表12-10至表12-13中可以看出森马服饰与美邦服饰在主要财务指标方面的不同：

（1）美邦服饰的营业收入2018年增长了19%，扭转了过去几年增长不力的状况，森马服饰的营业收入近几年则一直保持两位数以上的增长率，2018年增长了31%，显示出强大的市场竞争力。两家公司收入规模的差异越来越大，2018年，美邦服饰的营业收入不到森马的一半。美邦服饰的利润总额近5年来都不是很稳定，3年下滑，2年上涨，波动幅度大，2017年和2015年发生亏损。森马服饰的利润总额除2017年出现较大幅度下滑外，其他年份都是增长，2018年实现了约50%的增长率。

表 12-8 森马服饰与行业平均值比较表（一）

	营业收入（亿元）	毛利率	销售利润率	销售费用/收入	管理费用/收入	研发费用/收入	减值/收入	ROA	ROE	现金流量/收入
海澜之家	190.9	40.84%	18.10%	9.43%	5.76%	0.26%	2.01%	16.74%	28.48%	13.00%
搜于特	185.2	7.98%	18.10%	1.75%	1.01%	0.18%	0.97%	7.54%	8.10%	−3.00%
森马服饰	**157.2**	**39.78%**	**10.70%**	**16.35%**	**3.32%**	**2.32%**	**5.52%**	**15.02%**	**15.78%**	**6.08%**
美年健康	84.6	47.56%	11.50%	23.96%	6.83%	0.45%	0.30%	10.18%	13.70%	18.00%
太平鸟	77.1	53.43%	7.27%	34.58%	6.26%	1.46%	2.71%	12.76%	16.41%	11.00%
美邦服饰	76.8	44.66%	0.53%	35.31%	1.98%	2.03%	4.08%	1.58%	1.41%	8.10%
奥特佳	40.9	19.04%	0.85%	4.40%	8.59%	2.16%	3.12%	1.24%	0.67%	7.00%
七匹狼	35.2	42.60%	10.37%	16.91%	7.51%	1.33%	9.08%	5.42%	6.43%	9.00%
报喜鸟	31.1	61.06%	1.64%	37.26%	12.57%	1.72%	5.55%	3.43%	1.92%	11.00%
奥康国际	30.4	35.74%	4.48%	15.15%	9.39%	1.33%	2.54%	3.65%	3.38%	10.00%
贵人鸟	28.1	28.65%	−24.66%	24.79%	7.46%	2.87%	5.37%	−7.36%	−33.37%	20.00%
朗姿股份	26.6	57.95%	7.68%	35.94%	11.25%	3.11%	2.88%	5.10%	5.07%	2.04%
红豆股份	24.8	27.91%	8.38%	12.47%	7.30%	0.37%	1.08%	4.80%	4.81%	−1.00%
探路者	19.9	28.95%	−11.39%	17.28%	8.66%	2.45%	13.45%	−6.91%	−9.09%	−8.00%
希努尔	17.2	16.61%	8.39%	7.02%	3.05%	0.00%	0.70%	6.73%	6.75%	4.00%
安正时尚	16.5	63.27%	17.04%	31.76%	8.89%	4.52%	3.65%	9.36%	10.48%	6.00%
摩登大道	15.6	41.46%	0.51%	23.61%	7.25%	3.25%	5.59%	0.76%	0.32%	−6.00%
嘉麟杰	8.8	20.29%	2.02%	12.42%	8.41%	1.31%	0.07%	0.23%	1.86%	−1.00%
开开实业	8.8	24.13%	4.00%	11.11%	8.65%	0.00%	1.43%	4.52%	7.01%	4.00%
华斯股份	5.0	25.78%	2.63%	10.10%	10.34%	2.73%	2.19%	0.59%	0.69%	−40.00%
中值	**29.3**	**37.76%**	**5.88%**	**16.63%**	**7.49%**	**1.59%**	**2.80%**	**4.66%**	**4.94%**	**6.04%**

注：本表财务指标根据新浪财经频道的上市公司财务报表数据计算获得。

表 12-9　森马服饰与行业平均值比较表（二）

	应收账款周转率	存货周转率	流动资产周转率	固定资产周转率	总资产周转率	资产负债率	流动比率	速动比率	营业收入增长率	利润总额增长率
海澜之家	29.83	1.26	0.97	5.32	0.7	55.75%	1.69	0.95	4.89%	4.15%
搜于特	10.32	7.34	2.23	23.14	1.81	45.00%	1.83	1.2	0.93%	−86.14%
森马服饰	**9.32**	**2.78**	**1.56**	**10.14**	**1.04**	**32.44%**	**2.55**	**1.55**	**30.71%**	**49.84%**
美年健康	5.01	42.32	1.63	3.87	0.59	55.39%	0.87	0.85	35.70%	42.36%
太平鸟	14.33	1.96	1.58	20	1.2	46.86%	1.86	1.18	7.98%	24.74%
美邦服饰	9.27	1.73	1.8	5.82	1.11	60.08%	1.02	0.48	18.62%	116.33%
奥特佳	3.3	3.14	0.99	3.17	0.32	37.97%	1.58	1.16	−21.09%	−77.94%
七匹狼	9.94	2.21	0.6	10.34	0.41	32.46%	2.14	1.79	14.01%	17.01%
报喜鸟	8.04	1.52	1.79	5.16	0.74	33.47%	1.36	0.73	19.55%	250.74%
奥康国际	2.71	2.42	0.86	6.45	0.6	18.53%	3.73	2.88	−6.70%	−36.01%
贵人鸟	1.78	4.03	0.86	4.21	0.46	67.81%	0.77	0.61	−13.52%	−338.78%
朗姿股份	7.22	1.29	0.92	4.48	0.37	41.00%	1.54	1.14	13.10%	3.20%
红豆股份	10.23	7.06	0.9	6.08	0.45	26.17%	1.78	1.59	−8.53%	−67.45%
探路者	4.37	4.19	0.82	8.62	0.66	15.38%	5.63	4.84	−34.34%	−109.68%
希努尔	5.66	9.04	1.5	7.6	0.61	31.80%	0.95	0.71	121.99%	301.05%
安正时尚	13.76	0.96	0.74	3.07	0.48	24.41%	3.87	2.53	16.09%	1.29%
摩登大道	5.64	2.2	1.07	3.73	0.46	25.95%	2.29	1.55	69.56%	−88.35%
嘉麟杰	8.44	3.01	1.27	2.74	0.68	14.34%	3.64	1.8	−0.47%	−131.26%
开开实业	7.99	4.73	1.86	5.26	0.85	50.75%	1.45	0.97	−8.79%	−7.99%
华斯股份	4.14	0.66	0.37	1.17	0.19	24.67%	2.49	1.4	−20.91%	122.15%
中值	**8.02**	**2.6**	**1.03**	**5.29**	**0.6**	**32.96%**	**1.81**	**1.19**	**6.44%**	**2.25%**

注：本表财务指标根据新浪财经频道的上市公司财务报表数据计算获得。

表 12-10 森马服饰与美邦服饰主要财务指标比较表（一）

	营业收入同比增长率					利润总额同比增长率				
	2018 年	2017 年	2016 年	2015 年	2014 年	2018 年	2017 年	2016 年	2015 年	2014 年
森马服饰	31%	13%	13%	16%	12%	50%	−19%	4%	20%	18%
美邦服饰	19%	−1%	4%	−5%	−16%	116%	−283%	223%	−154%	−49%

表 12-11 森马服饰与美邦服饰主要财务指标比较表（二）

	销售毛利率					销售净利率					净资产报酬率					总资产报酬率				
	2018 年	2017 年	2016 年	2015 年	2014 年	2018 年	2017 年	2016 年	2015 年	2014 年	2018 年	2017 年	2016 年	2015 年	2014 年	2018 年	2017 年	2016 年	2015 年	2014 年
森马服饰	40%	36%	38%	38%	36%	11%	9%	13%	14%	13%	16%	11%	15%	15%	13%	15%	11%	15%	16%	15%
美邦服饰	45%	47%	44%	44%	45%	0.5%	−5%	1%	−7%	2%	1.4%	−10%	1%	−13%	4%	1.58%	−4%	4%	−1%	5%

表 12-12 森马服饰与美邦服饰主要财务指标比较表（三）

	销售费用/营业总收入					管理费用/营业总收入				
	2018 年	2017 年	2016 年	2015 年	2014 年	2018 年	2017 年	2016 年	2015 年	2014 年
森马服饰	16.35%	15%	14%	12%	11%	3.32%	5%	5%	4%	4%
美邦服饰	35.31%	40%	38%	35%	33%	1.98%	4%	5%	5%	3%

表 12-13 森马服饰与美邦服饰主要财务指标比较表（四）

	应收账款周转率（次）					存货周转率（次）					总资产周转率（次）					经营性现金净流量/营业总收入				
	2018 年	2017 年	2016 年	2015 年	2014 年	2018 年	2017 年	2016 年	2015 年	2014 年	2018 年	2017 年	2016 年	2015 年	2014 年	2018 年	2017 年	2016 年	2015 年	2014 年
森马服饰	9.32	7.14	6.14	7.25	9.63	2.78	3.38	4.08	5.9	7.93	1.04	0.9	0.98	1.09	1.2	6%	18%	8%	9%	9%
美邦服饰	9.27	16.42	21.82	26.09	23.89	1.73	1.55	1.98	2.13	2.41	1.11	1.01	0.99	0.9	0.97	8%	−5%	5%	−3%	20%

注：本表财务指标根据新浪财经频道的上市公司财务报表数据计算获得。

(2) 最近5年森马服饰的毛利率比美邦服饰低大约5%～10%，但其净利润率比美邦服饰高出10%以上，表现出两者渠道模式的差异，森马服饰主要采用加盟店的方式，而美邦服饰的直营店更多。森马服饰2018年的毛利率上涨到40%，缩小了与美邦毛利率的差距。

(3) 最近5年美邦服饰的销售费用率一直比森马服饰高出20%左右甚至更多。直销模式能获得更高的毛利率，但需要承担更高的销售费用，如员工工资、租赁费、装修费、水电费等。如果美邦服饰的销售费用处于合理水平，其毛利率至少要比森马服饰高出约20%才能获得相当的净利润率。

(4) 近年来两家公司的管理费用率比较接近，但森马服饰2018年的管理费用率较美邦服饰高出约1.3%，绝对数高出约3.7亿元。

(5) 森马服饰的存货周转率高于美邦服饰，但应收账款周转率和总资产周转率较低。森马服饰总资产周转率较低的主要原因是占用了过多的富余现金。美邦服饰较高的应收账款周转率与其直营模式有关。

美邦服饰2018年的营业收入约为76.8亿元，森马服饰2018年的营业收入约为157.2亿元，森马服饰的净利润为16.8亿元，而美邦服饰的净利润为0.4亿元，相比之下，森马服饰的经营效率和效果都更好。森马服饰与美邦服饰利润表项目的差异如表12-14所示。

表12-14 森马服饰与美邦服饰利润表项目的差异 金额单位：万元

项目	森马服饰		美邦服饰		森马服饰减美邦服饰的差额	
	2018年	2017年	2018年	2017年	2018年	2017年
一、营业总收入	1 571 913	1 202 630	767 737	647 236	804 176	555 394
二、营业总成本	1 382 537	1 062 770	770 329	682 145	612 208	380 625
其中：营业成本	946 586	775 567	424 857	340 118	521 729	435 449
税金及附加	11 137	8 305	4 337	4 438	6 799	3 867
销售费用	257 038	176 344	271 060	251 046	−14 022	−74 702
管理费用	52 190	28 547	15 167	18 645	37 023	9 902
研发费用	36 431	35 337	15 555	16 058	20 876	19 278
财务费用	−7 580	−7 929	8 054	6 497	−15 634	−14 426
其中：利息费用	944	100	6 409	5 578	−5 464	−5 479
利息收入	11 361	8 615	366	448	10 996	8 167
资产减值损失	86 736	46 600	31 299	45 343	55 437	1 257
加：其他收益	4 545	3 603	3 311	845	1 234	2 758
投资收益	12 706	7 915	4 833	3 865	7 873	4 050
其中：对联营企业和合营企业的投资收益	124	−207	4 833	3 865	−4 709	−4 073
公允价值变动收益	939	—	—	—	939	—
资产处置收益	456	−249	−73	−356	529	108
三、营业利润	208 022	151 129	5 479	−30 555	202 543	181 685

续表

项目	森马服饰		美邦服饰		森马服饰减美邦服饰的差额	
	2018 年	2017 年	2018 年	2017 年	2018 年	2017 年
加：营业外收入	20 051	1 149	851	1 202	19 200	−54
减：营业外支出	1 248	899	1 452	527	−204	372
四、利润总额	226 826	151 379	4 878	−29 880	221 948	181 260
减：所得税费用	58 671	38 332	842	600	57 829	37 732
五、净利润	168 155	113 047	4 036	−30 480	164 119	143 527

通过比较森马服饰和美邦服饰利润表项目，可以对 2018 年经营状况得到以下发现：

（1）尽管森马服饰的毛利率较低，但由于销售规模大，毛利额比美邦服饰多出 28 亿元。

（2）森马服饰的销售费用比美邦服饰低 1.4 亿元，管理费用高 3.7 亿元，研发费用高 2.1 亿元，三项加起来，森马服饰比美邦服饰高 4.4 亿元。由于森马服饰只有少量短期借款，其财务费用比美邦服饰低 1.6 亿元。森马服饰的期间费用合计比美邦服饰高 2.8 亿元。用毛利额减去期间费用的影响，森马服饰的营业利润比美邦服饰高出约 25 亿元。

（3）美邦服饰的净利润不高甚至出现亏损的重要原因是销售费用率过高。美邦服饰近年来的毛利率大约为 45%，销售费用率约为 35%，只有 10%的空间留给管理费用、研发费用、财务费用、资产减值损失等，最终净利润的空间较小。美邦服饰销售费用率高与其直营模式相关，工资费用、租赁费用、装修费用、水电费都会相应增加。两家公司间接费用的进一步比较如表 12－15 所示。

表 12－15 森马服饰与美邦服饰间接费用比较 单位：万元

项目	森马服饰		美邦服饰		森马服饰减美邦服饰的差额	
	2018 年	2017 年	2018 年	2017 年	2018 年	2017 年
销售费用项目						
工资及福利	90 897	62 453	92 109	83 885	−1 211	−21 432
租赁费	46 308	33 632	93 610	85 811	−47 302	−52 179
运杂费	21 977	16 745	15 969	15 598	6 008	1 147
广告宣传费	33 003	22 188	9 623	10 891	23 380	11 297
装潢修理费	7 420	5 447	17 671	15 933	−10 251	−10 486
服务外包费	22 065	13 900	9 503	6 422	12 562	7 478
折旧费	4 294	4 664	4 366	4 869	−72	−204
水电费	3 427	2 584	7 410	6 483	−3 983	−3 898
差旅费	4 375	2 891	3 557	3 881	819	−990
办公费	4 549	3 218	901	568	3 648	2 650
联营店铺分成费用	4 526	—	—	—	4 526	—
代理品牌商标使用费	2 414	—	—	—	2 414	—

续表

项目	森马服饰		美邦服饰		森马服饰减美邦服饰的差额	
	2018年	2017年	2018年	2017年	2018年	2017年
其他	11 781	8 620	16 341	16 706	−4 560	−8 086
合计	257 038	176 344	271 060	251 046	−14 022	−74 702
管理费用项目						
工资及福利	24 113	15 702	8 359	10 062	15 754	5 641
折旧费	3 415	1 668	2 278	1 787	1 137	−119
服务外包费	4 104	—	680	1 785	3 423	−1 785
办公费	2 487	1 968	488	364	1 999	1 604
租赁费	2 173	978	592	851	1 580	127
差旅费	1 363	663	295	671	1 068	−8
无形资产摊销	3 266	1 801	—	—	3 266	1 801
限制性股票费用	2 409	—	—	—	2 409	—
其他	8 859	5 766	2 474	3 124	6 385	2 642
合计	52 190	28 547	15 167	18 645	37 023	9 902
研发费用项目						
工资及福利	17 520	13 788	10 582	11 434	6 938	2 354
试制费	14 792	17 093	—	—	14 792	17 093
折旧及摊销	—	—	1 672	1 717	−1 672	−1 717
差旅费	1 111	882	323	366	789	516
外部服务费	—	—	1 345	855	−1 345	−855
其他	3 008	3 574	1 633	1 686	1 375	1 887
合计	36 431	35 337	15 555	16 058	20 876	19 278

表12－15显示，从绝对额看，2018年美邦服饰的销售费用只比森马服饰高1.4亿元，但其营业收入不到森马服饰的一半，如果用产生销售收入的同等效率衡量，美邦服饰的销售费用实质上比森马服饰高一倍以上。从绝对额看，美邦服饰销售费用中的工资及福利、租赁费、装修费、水电费比森马服饰多6亿元。

美邦服饰2018年短期借款的余额约为11亿元。现金流量表显示，当年的银行借款为17.8亿元，当年归还的借款约21.3亿元。森马服饰2018年1.7亿元的短期借款和1.6亿元的长期借款都是合并KIDILIZ产生的银行债务，还获得了约7 500万元的利息收入，相比之下，美邦服饰的财务费用高于森马1.6亿元。

间接费用的差异体现了两家公司在渠道建设方面的差异。森马服饰主要采用加盟店的模式，不需要投入资金建设自己的店面，也不需要自己聘用并管理大量员工。

2018年，森马服饰的加盟店有9 123家，直营店有763家，加盟店的销售额占店铺销售额的84%，占营业总收入（含KIDILIZ和线上销售收入）的60%。截至2018年年末，森马品牌终端店铺有3 830家，巴拉巴拉品牌终端店铺有5 293家。美邦服饰 2018 年年报中没有披露店铺的详细信息，根据以前年度的信息，美邦直营店完成的销售额大约占全部销售额的 50%，为此，美邦服饰建设了更多的直营店。直营店需要租场地、装修、聘用员工，这都需要大量的投入，管理成本也会因此增加。美邦服饰销售费用中高于森马服饰的租赁、装修、人工、水电费等与直营店建设是相关的。但直营店的投入可以视为资本投资，而且直营店能获得更多更可靠的客户需求信息，如果对直营店的管理得当，可以产生长期效益。门店情况如表 12-16 至表 12-18 所示。

表 12-16　森马服饰门店情况（不含 KIDILIZ 集团）

模式	2018 年期初		2018 年增加		2018 年减少		2018 年期末	
	数量（个）	面积（m^2）	数量（个）	面积（m^2）	数量（个）	面积（m^2）	数量（个）	面积（m^2）
直营	679	134 621.65	313	49 542.74	229	28 923.43	763	155 240.96
加盟	7 744	1 367 567.32	1 663	353 316.19	1 047	138 175.59	8 360	1 582 707.92
合计	8 423	1 502 188.97	1 976	402 858.93	1 276	167 099.02	9 123	1 737 948.88

表 12-17　KIDILIZ 集团门店情况

模式	2018 年期初		2018 年增加		2018 年减少		2018 年期末	
	数量（个）	面积（m^2）	数量（个）	面积（m^2）	数量（个）	面积（m^2）	数量（个）	面积（m^2）
直营	470	53 472.00	2	180	17	1 694.00	455	51 958.00
联营	285	20 842.00	3	229	8	545	280	20 526.00
加盟	47	3 828.00	—	—	—	—	47	3 828.00
合计	802	78 142.00	5	409	25	2 239.00	782	76 312.00

表 12-18　森马服饰不同类型门店的销售额　金额单位：万元

模式	2018 年	2017 年	增长额	增长率
直营	208 512.21	146 269.88	62 242.33	42.55%
其中：森马业务	176 214.91	146 269.88	29 945.03	20.47%
KIDILIZ 业务	32 297.30	—	32 297.30	—
加盟	931 837.87	737 189.42	194 648.45	26.40%
其中：森马业务	899 588.58	737 189.42	162 399.16	22.03%
KIDILIZ 业务	32 249.29	—	32 249.29	—
联营	10 405.08	—	10 405.08	—
其中：KIDILIZ 业务	10 405.08	—	10 405.08	—
合计	1 150 755.16	883 459.30	267 295.86	30.26%
电子商务	410 876.48	312 121.89	98 754.59	31.64%
其中：森马业务	408 093.76	312 121.89	95 971.87	30.75%
KIDILIZ 业务	2 782.72	—	2 782.72	—

习　题

（一）辨析与思考

Q12-1 财务报表是反映企业财务状况、经营成果和现金流量的一个信息库。每张报表背后都是一个鲜活的企业，报表记录着它们成长的轨迹和奋斗的历程。不同的使用者都可以从中解读出有用的信息。

投资者：拿到报表后，我会第一时间查看利润表，了解今年的利润如何，每股收益是多少。毕竟投资需要追求回报，不然就白忙了。

信贷员：我们银行最关心的是企业的偿付能力如何，眼看就要到期的债务是否能如期收回本金和利息，资产负债率是否过高，还能不能继续放贷，股利分配、财务指标等是否符合贷款合同的要求。

管理者：今年利润完成得怎样？年终的奖金有戏吗？在哪些方面公司还有改善的余地？

监管者：上市公司的信息披露是否合规？会计处理是否符合会计准则的要求？年报审计工作是否符合规定的程序和要求？盈利水平是否符合再融资的条件？

证券分析师：这家公司值不值得推荐？是建议投资者买入、持有还是卖出？

竞争对手：他们有没有超过我们啊？他们采用的是高利润率、低周转率战略还是低利润率、高周转率战略？他们在哪些方面是领先的？与我们的差距有多大？

员工：我们的收入水平在同行业中如何？公司是否还有发展后劲？我们是否需要继续待在公司？

请综合上述对话内容，简述财务报表分析的作用。

Q12-2 财务趋势分析还可以针对周期趋势，同比增长率就是一个周期性比较指标，能够很好地反映时间周期各对应期间的变化情况。另外，还可以针对经济周期、行业周期、企业或者产品项目的生命周期进行分析，例如通过分析产品项目的生命周期（包括引入期、成长期、成熟期、衰退期等）来考察企业所处的周期位置以及这种周期对企业经营状况的影响。你认为经济周期、产品生命周期对企业的财务状况有什么影响？

Q12-3 雅戈尔2008年财务报告显示其投资收益为22亿元，而营业利润为21亿元。这说明什么？

Q12-4 2009年M地产全部利润总计约40亿元。2009年存货增加约199亿元，应收账款增加约56亿元，两者相加一共约占用260亿元现金，即便把当年利润40亿元全部用掉，还有220亿元资金缺口。房地产企业通常通过预收款来解决资金缺口，也就是通常所说的卖期房，从买房人手里预先拿到钱，等房子盖好了再交房。通过卖期房获得的预收款有200多亿元，抵消220亿元的现金缺口，营业活动现金流还有10多亿元亏空。通过预收账款来解决资金缺口的方法可以持续吗？

Q12-5　下列是某公司某年度的财务比率变化情况，请分析可能导致变化的原因，并对该公司做出总体评价。

(1) 流动比率由 2 倍增加到 3 倍。

(2) 存货周转率由 10 次下降到 8 次。

(3) 净资产报酬率由 18%上升到 25%。

(4) 资产负债率由 55%上升到 70%。

(二) 练习题

E12-1　练习常用财务比率的计算

某企业的资产负债表和利润表如表 12-19 和表 12-20 所示。

表 12-19　资产负债表

编制单位：×企业　　　　20×8 年 12 月 31 日　　　　金额单位：万元

	20×8 年	20×7 年
流动资产：		
货币资金	51 940	95 337
应收票据		30
应收账款	26 405	12 213
预付款项	48 785	7 886
其他应收款	5 476	1 496
存货	36 001	30 071
流动资产合计	168 607	147 033
非流动资产：		
投资性房地产	21 391	15 563
固定资产	41 475	28 367
在建工程	16 689	33
无形资产	4 419	4 599
商誉	1 295	1 370
长期待摊费用	688	1 095
递延所得税资产	3 302	1 029
非流动资产合计	89 260	52 055
资产总计	257 867	199 088
流动负债：		
短期借款	9 500	9 451
应付票据	1 115	1 498
应付账款	18 349	9 398
预收款项	15 595	10 761

续表

	20×8年	20×7年
应付职工薪酬	3 976	2 174
应交税费	7 617	3 638
应付利息	15	15
其他应付款	2 160	1 231
流动负债合计	58 327	38 165
非流动负债：		
预计负债	11 905	
递延所得税负债	1 088	1 190
其他非流动负债	98	124
非流动负债合计	13 090	1 314
负债合计	71 417	39 479
所有者权益（或股东权益）：		
实收资本（或股本）	29 375	28 968
资本公积	92 352	87 306
盈余公积	7 524	5 247
未分配利润	55 752	38 089
少数股东权益	1 447	
归属于母公司所有者权益合计	185 003	159 610
所有者权益合计	186 450	159 610
负债和所有者权益总计	257 867	199 088

表12-20 利润表

编制单位：×企业　　　　20×8年度　　　　金额单位：万元

	20×8年	20×7年
一、营业总收入	125 775	109 185
其中：营业收入	125 775	109 185
二、营业总成本	97 509	88 049
其中：营业成本	57 617	53 356
税金及附加	1 657	1 110
销售费用	20 783	19 275
管理费用	16 440	13 011
财务费用	−644	637
资产减值损失	1 657	659
三、营业利润	28 266	21 137

续表

	20×8 年	20×7 年
加：营业外收入	1 248	1 060
减：营业外支出	149	89
其中：非流动资产处置净损失	21	14
四、利润总额	29 365	22 108
减：所得税费用	5 103	3 610
五、净利润	24 263	18 498
减：少数股东权益	—23	
归属于母公司所有者的净利润	24 286	18 498
七、每股收益：		
（一）基本每股收益（元）	0.83	0.74
（二）稀释每股收益（元）	0.81	0.73

要求：

根据上述资产负债表和利润表计算该企业当年的毛利率、营业利润率、净利润率、总资产报酬率、净资产收益率、流动比率、速动比率、资产负债率、应收账款周转率、存货周转率、流动资产周转率和总资产周转率。

E12-2 练习财务报表结构比例的计算和分析

根据 E12-1 的资产负债表和利润表计算各项目的结构比例，并解释下列项目变化的可能原因：

(1) 货币资金。

(2) 预付账款。

(3) 在建工程。

(4) 预计负债。

(5) 资本公积。

(6) 营业成本。

(7) 资产减值损失。

E12-3 练习财务比率和财务报表的勾稽关系

某企业的财务比率如下所示：

存货周转率	3.31（次）
流动比率	1.23（倍）
净利润率	19.09%
毛利增长率	41.39%
净资产报酬率	45.51%

要求：

请根据上述财务比率，计算该企业资产负债表（表 12-21）和利润表（表 12-22）中空缺项目的金额。

表 12-21　资产负债表　　　　金额单位：万元

	年初数	年末数		年初数	年末数
流动资产：			流动负债：		
货币资金	1 800	?	应付账款	3 200	3 818
应收账款	1 500	1 800	应交税费	680	710
存货	2 100	?	应付职工薪酬	980	1 020
流动资产小计	5 400	?	流动负债小计	4 860	5 548
非流动资产：			所有者权益：		
长期股权投资	1 000	1 060	实收资本	3 300	3 300
固定资产	3 000	3 300	盈余公积	320	782
非流动资产小计	4 000	4 360	未分配利润	920	?
			所有者权益小计	4 540	5 612
资产总计	9 400	?	负债和所有者权益总计	9 400	?

表 12-22　利润表　　　　金额单位：万元

	上年数	当年数
一、营业总收入	10 000	12 100
二、营业总成本	7 980	9 020
营业成本	6 800	7 610
税金及附加	180	220
销售费用	590	710
管理费用	420	490
资产减值损失	50	40
减：投资收益	60	50
三、营业利润	2 020	3 080
四、利润总额	2 020	3 080
减：所得税费用	505	770
五、净利润	1 515	?

E12-4　分析财务比率的行业特征

表 12-23 是 6 家公司的财务报表项目的金额，它们分别是软件、百货、房地产、机械制造、航空、银行等行业的企业。

要求：

请根据这些数据的特征，推测这些公司分别属于哪个行业。

表 12-23　6 家公司财务报表项目金额表　　　　金额单位：元

公司	交易性金融资产	应收账款	存货	流动资产	固定资产	资产总计	非流动负债	负债合计	营业总收入	销售费用	所属行业
A		214 845	382 457	802 147	156 965	1 048 271	91 189	893 347	804 698	63 221	
B		4 578	23 430	90 827	48 526	195 625	686	75 501	299 286	11 646	
C		58 718	10 989 814	14 667 166	32 294	15 232 797	5 141 097	12 030 764	3 589 412	80 284	
D	2 738	318 064	93 232	2 098 813	8 822 495	15 521 961	6 288 720	11 352 029	8 096 268	550 343	
E		88 001	1 824	238 685	53 190	476 592	16 515	220 012	297 883	135 925	
F	1 522 900				1 503 800	240 250 770		226 850 100	7 137 700		

（三）案例

C12-1　华为投资控股有限公司案例①

华为投资控股有限公司（以下称华为）创立于 1987 年，是全球领先的 ICT（信息与通信）基础设施和智能终端提供商，致力于把数字世界带入每个人、每个家庭、每个组织，构建万物互联的智能世界。截至目前华为有 18.8 万员工，业务遍及 170 多个国家和地区，服务 30 多亿人口。

华为是一家 100%由员工持有股份的民营企业。华为通过工会实行员工持股计划，参与人数为 96 768，参与人仅为公司员工，没有任何机构、政府部门持有华为股权。

持股员工选举产生 115 名持股员工代表，持股员工代表会选举产生董事长和其他 16 名董事，董事会选举产生 4 名副董事长和 3 名常务董事，轮值董事长由 3 名副董事长担任。

轮值董事长以轮值方式主持公司董事会和常务董事会。董事会行使公司战略与经营管理决策权，是公司战略、经营管理和客户满意度的最高责任机构。

董事长主持持股员工代表会。持股员工代表会是公司最高权力机构，对利润分配、增资和董事、监事选举等重大事项进行决策。

华为的业务包括运营商业务、企业业务和消费者业务三大类。运营商业务主要是为全球电信运营商客户提供系列产品、服务和商业解决方案，包括：无线网络、固定网络、云核心网、电信软件、IT 基础设施、网络能源、专业服务和网络部署服务等。企业业务是利用云计算、软件定义网络、大数据、物联网等新 ICT 技术打造支撑数字化的基础设施平台，为政府及公共事业、金融、能源、交通、制造等各行业客户提供数字化转型相关的产品及服务。消费者业务是为消费者和商业机构提供智能手机、平板电脑、可穿戴设备、家庭融合终端等智能设备及针对这些设备的应用。消费者业务提出了“1＋8＋N”全场景智慧化生态战略，以手机为主入口，以 AI 音箱、平板、PC、可穿戴设备、车机、AR/VR、智能耳机、智能大屏为辅入口，结合照明、安防、环境等泛 IoT（物联网）设备，积极打造智能家居、智能车载、运动健康等重要场景下的用户全场景智慧生活体验。

以下是华为 2018 年的会计信息（见表 12-24 至表 12-31）。

表 12-24　华为营业收入的业务构成　　金额单位：百万元

	2018 年	2017 年
运营商业务	294 012	297 838
企业业务	74 409	60 091
消费者业务	348 852	240 372
未分配项目	3 929	5 320
合计	721 202	603 621

① 本案例资料摘自华为投资控股有限公司 2018 年年度报告。

表 12-25　华为营业收入的区域构成　　金额单位：百万元

	2018 年	2017 年
中国	372 162	312 532
欧洲、中东、非洲	204 536	164 603
亚太	81 918	71 199
美洲	47 885	39 470
其他	14 701	15 817
合计	721 202	603 621

表 12-26　利润表

编制单位：华为投资控股有限公司　　金额单位：百万元

项目	2018 年	2017 年
收入	721 202	603 621
销售成本	443 031	365 479
销售毛利	278 171	238 142
研发费用	101 509	89 690
销售和管理费用	105 199	92 681
其他净收支	1 824	613
营业利润	73 287	56 384
净财务收入/（费用）	253	—573
应占联合营公司业绩	106	317
税前利润	73 646	56 128
所得税	14 301	8 673
净利润	59 345	47 455

表 12-27　资产负债表

编制单位：华为投资控股有限公司　　金额单位：百万元

	2018 年 12 月 31 日	2017 年 12 月 31 日
资产		
商誉及无形资产	7 964	5 327
物业、厂房及设备	74 662	56 089
长期租赁预付款	6 896	5 152
于联合营公司权益	562	750
其他投资，含衍生工具	18 725	5 965
递延所得税资产	17 257	18 565
合同资产	601	—
应收账款及应收票据	3 588	2 451
其他资产	5 423	5 665
非流动资产合计	**135 678**	**99 964**
存货及其他合同成本	96 545	72 352
合同资产	47 675	—
应收账款及应收票据	91 995	107 595
其他资产	28 042	25 371

续表

	2018 年 12 月 31 日	2017 年 12 月 31 日
其他投资，含衍生工具	81 751	24 596
现金及现金等价物	184 106	175 347
流动资产合计	**530 114**	**405 261**
资产总计	**665 792**	**505 225**
权益		
本公司所有者应占权益	232 658	175 585
非控制权益	407	31
权益总计	**233 065**	**175 616**
负债		
借款	66 170	38 338
递延政府补助	1 209	1 340
递延所得税负债	1 937	1 471
其他负债	4 161	1 702
非流动负债合计	**73 477**	**42 851**
借款	3 771	1 587
应付雇员福利	98 164	91 857
应付所得税	4 191	4 390
应付账款及应付票据	96 919	72 866
合同负债	58 278	—
其他负债	87 683	95 825
准备	10 244	20 233
流动负债合计	**359 250**	**286 758**
负债总计	**432 727**	**329 609**
权益及负债总计	**665 792**	**505 225**

注：其他投资均为持有的金融资产。

表 12-28 现金流量表

编制单位：华为投资控股有限公司 金额单位：百万元

	2018 年	2017 年
经营活动现金流量		
销售商品及提供服务收到的现金	795 520	669 545
支付给供应商及雇员的现金	768 796	618 305
其他经营活动现金流量	47 935	45 096
经营活动产生的现金流量净额	74 659	96 336
投资活动使用的现金流量净额	−93 880	−24 657
筹资活动产生/（使用）的现金流量净额	26 926	−16 936
现金及现金等价物		
净增加额	7 705	54 743
年初余额	175 347	123 047
汇率变动的影响	1 054	−2 443
年末余额	184 106	175 347

应收账款账龄分析表如表 12－29 所示。

表 12－29　应收账款账龄分析表　　　金额单位：百万元

账龄	2018 年年末	2017 年年末
未逾期	74 276	89 420
逾期 90 天内	13 559	15 090
逾期 90 天至 1 年	5 229	5 061
逾期 1 年以上	1 803	2 452
小计	94 867	112 023
减：减值准备	3 815	5 699
合计	91 052	106 324

注：应收账款一般在开票 30 天后到期。

存货构成情况如表 12－30 所示。

表 12－30　存货构成情况表　　　金额单位：百万元

项目	2018 年年末	2017 年年末
原材料	35 448	19 005
在产品	17 065	10 776
产成品	26 308	16 967
发出商品	11 397	21 690
其他存货	4 283	3 914
小计	94 501	72 352
其他合同成本	2 044	—
合计	96 545	72 352

确认为费用并计入损益的存货金额如表 12－31 所示。

表 12－31　确认为费用并计入损益的存货金额情况表　　　金额单位：百万元

	2018 年	2017 年
已销售存货的账面价值	375 606	292 621
已计提存货减值	5	1 166
合计	375 611	293 787

华为对 2018 年的财务状况做了如下分析：

截至 2018 年年底，现金与短期投资余额达到人民币 265 857 百万元，同比增长 33.0%。

2018 年，应收账款周转天数为 70 天，较 2017 年的 63 天增加 7 天；存货周转天数为 77 天，较 2017 年的 71 天增加 6 天；应付账款周转天数为 77 天，较 2017 年的 72 天增加 5 天。

截至 2018 年年底，长短期借款合计人民币 69 941 百万元，较 2017 年年底的人民币 39 925 百万元增加了 75.2%，主要是保障 5G、云、人工智能和智能终端以及面向未来研究与创新、品牌与渠道建设等持续加大投入。

要求：

根据以上会计信息，对华为 2018 年的财务状况和经营成果做出简要评价。

C12-2　银广夏案例

1. 背景资料

1993 年 8 月 28 日，银广夏由广夏（银川）磁技术有限公司、深圳广夏微型软盘有限公司、深圳广夏录像器材有限公司合并改组并吸收其他六家发起人共同发起成立。银广夏成立后，深圳广夏微型软盘有限公司、广夏（银川）磁技术有限公司和深圳广夏录像器材有限公司的企业法人资格即被取消。1993 年 11 月 26 日银广夏获准发行 3 000 万股人民币普通股，股票于 1994 年 6 月 17 日在深圳证券交易所挂牌上市。

公司的主营业务为：新技术产品的开发、生产、销售；动植物养殖、种植、加工、销售；天然物产的开发、加工、销售；食品、日用品、酒的开发、生产、销售；房地产开发兼营餐饮、客户服务、经济信息等。

2001 年 8 月《财经》杂志封面文章《银广夏陷阱》爆出该公司造假丑闻。

表 12-32 和表 12-33 是银广夏 1998—2000 年的一些主要财务数据。

表 12-32　银广夏 1998—2000 年的主要财务指标①　　金额单位：元

项目	2000 年度	1999 年度	1998 年度	
			调整前	调整后
主营业务收入	908 988 746.19	383 579 946.11	609 380 866.98	606 284 594.58
净利润	417 646 431.07	127 786 600.85	89 154 459.23	58 471 777.15
总资产	3 151 295 340.92	2 191 828 506.71	1 603 984	1 521 986 251.79
所有者权益	1 208 528 066.42	942 460 049.35	580 681 484.62	512 744 881.87
每股收益（摊薄）	0.827	0.51	0.405	0.266
每股净资产	2.39	3.73	2.64	2.33
每股经营活动现金流量净额	0.25	—0.02	2.36	—0.094
净资产收益率	34.56	13.56	15.36	11.40

表 12-33　银广夏 1999—2000 年现金流量简表（合并）②　　金额单位：元

项目	2000 年	1999 年
一、经营活动产生的现金流量		
经营活动现金流入	581 642 652.15	432 242 809.24
经营活动现金流出	457 538 996.64	428 817 861.50
经营活动产生的现金流量净额	124 103 655.51	(5 575 052.26)
二、投资活动产生的现金流量		
投资活动现金流入	23 698 972.97	3 634 868.60
投资活动现金流出	279 617 325.49	375 804 987.44
投资活动产生的现金流量净额	(255 918 352.52)	(372 170 118.84)

①② 摘自银广夏 2000 年度财务报告。

续表

项目	2000年	1999年
三、筹资活动产生的现金流量		
筹资活动现金流入	785 665 553.43	950 430 308.80
筹资活动现金流出	440 488 691.89	294 615 618.17
筹资活动产生的现金流量净额	345 176 861.54	655 814 690.63
四、现金及现金等价物净增加	277 351 464.53	278 069 519.43

2. 公司业绩、分红方案与股票市场表现

银广夏1994—1997年每股收益为0.23～0.32元；1998年业绩开始上升，最高为2000年，每股收益约0.83元，此后开始下滑。表12-34是银广夏1994—2002年的每股收益。

表12-34 银广夏1994—2002年的每股收益①

年份	每股收益（EPS）
1994年	0.29
1995年	0.24
1996年	0.32
1997年	0.23
1998年	0.40
1999年	0.51
2000年	0.83
2001年	−0.78
2002年	0.01

银广夏对投资者的分红采用的是“送、配、转”方案。表12-35是银广夏1994—1999年度实施的分红方案。

表12-35 银广夏1994—1999年度分红方案② 单位：股

利润分配年度	实施时间	送配方案	配股数量	送配转基数股份	配股后数量
1994年	1995年7月4日	10送4	2 960	7 400	10 360
1995年	1995年10月11日	10配3	898.8	7 400	11 258.8
1995年	1996年7月23日	10送3	3 377.640	11 258.8	14 636.44
1996年	1997年5月20日	10送转4	5 854.576	14 636.44	20 491.016 0
1997年	1997年7月7日	10配3	1 529.313 8	11 258.8	22 020.329 8
1999年	1999年9月9日	10配3	3 242.739 3	22 020.329 8	25 263.069 1
1999年	2000年4月20日	10转10	25 263.069 0	25 263.069 0	50 526.138 0

银广夏股票价格从1999年12月30日的13.97元涨至2000年12月29日完全填权后的37.73元，市盈率45.6倍，折合为除权前的价格75.98元，较一年前启动时

①② 根据银广夏1994—2002年度财务报告整理。

的价位上涨 440%。银广夏 2000 年每股收益为 0.827 元，2000 年 4 月实施 10 送 10 的分红方案。

2001 年 8 月被曝造假后公司股票连续出现 15 个跌停板。图 12－3 是银广夏 1998—2004 年的股价走势情况。

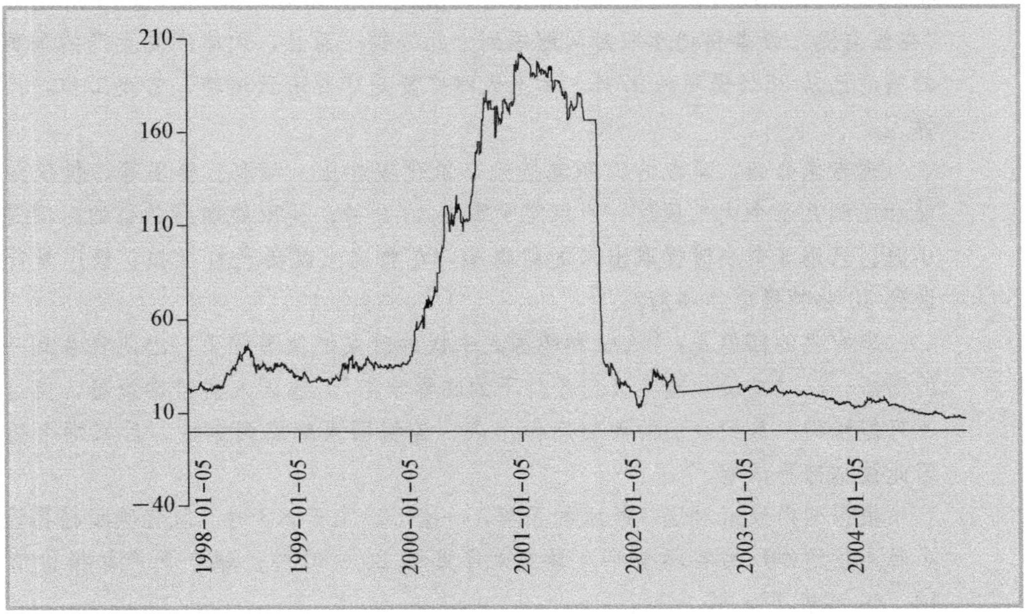

图 12－3 银广夏 1998—2004 年的股价走势图

3. 利润的主要来源

生物原料萃取和医用玻璃制品是银广夏的主要利润来源，2000 年这两项业务为银广夏赚取 8.2 亿元的销售收入。天津广夏是银广夏的主要利润贡献者。1999 年，银广夏利润总额 1.58 亿元中的 76%来自天津广夏（据张吉生一次内部讲话）。

银广夏通过在安徽芜湖和银川安装的两条 1 500 立升×3 "二氧化碳超临界萃取"① 生产线，完成蛋黄、桂皮、生姜等的萃取，形成蛋黄卵磷脂、桂皮精油、桂皮含油树脂和生姜精油、生姜含油树脂等产品并出口到德国。

1998 年 10 月 19 日银广夏发布公告称，天津广夏与德国诚信公司签订出口供货协议，天津广夏每年将向这家德国公司提供利用二氧化碳超临界萃取技术所生产的蛋黄卵磷脂 50 吨，桂皮精油、桂皮含油树脂和生姜精油、生姜含油树脂产品 80 吨，金额超过 5 000 万马克。

2001 年 3 月 1 日，银广夏发布公告称，与德国诚信公司签订每年 20 亿元人民币、连续三年总共 60 亿元的供货总协议，公司每年需要向德方提供桂皮精油 150 吨、桂皮含油树脂 150 吨、生姜精油 160 吨、生姜含油树脂 160 吨、脱咖啡因茶叶 9 000 吨、天然咖啡因 157.5 吨、茶多酚 24 吨、当归根油 24 吨、银杏酮酯 30 吨、

① "二氧化碳超临界萃取"是根据二氧化碳在不同温度和压力下的性质进行天然原料萃取的技术。

丹皮酚26吨、丹参酮15吨、葛根素10吨等萃取产品。

4. 对银广夏产量和售价的质疑

2001年3月，银广夏总裁李有强在银川告诉记者，天津广夏已掌握了特别技术，能大幅提升产能。他以蛋黄卵磷脂的提取为例说，天津广夏的500立升×3设备已经将萃取时间从10个小时缩短到3个小时并进一步缩短到30分钟；今后通过上一套“在线监测”设备将把萃取时间缩短到十几分钟；而且，天津广夏生产的蛋黄卵磷脂的精度已从35%提高到97%。加上天津广夏是“四班三运转”日夜工作，产量自然惊人。

据专家介绍，萃取的工序包括给二氧化碳加压、萃取、释压等。仅仅给二氧化碳加压到几十个大气压这一步就至少需要40分钟；提取卵磷脂必需的时间是五六个小时。只用3个小时提取出来的卵磷脂，在精度上就要大打折扣。银广夏凭什么能做到30分钟提取卵磷脂？

李有强的回答是：“大伙和德国人吃饭的时候把他灌醉了，因此我拿到一张绝密的图纸——‘二氧化碳在任何条件下的临界状态’。德国人卖给你设备，但这个东西不可能给你。等到我们的卵磷脂做出来，连德国人都感到惊讶。后来那个德国人还因此被总部降了职。”

根据国内专家对这一技术的了解，一套500立升×3的二氧化碳超临界设备（24小时连续运作）的实际全年产量绝对不超过20～30吨。银广夏产品报价情况如表12-36和表12-37所示。

表12-36 生姜精油价格对比① 单位：元/千克

产品名称	银广夏	国际价格（伦敦）	北京星龙
生姜精油	2 800～3 600	100美元（人民币827元）	1 000～1 200

表12-37 银广夏两次报价对比② 单位：马克/千克

产品名称	1998年	2001年3月
生姜精油	550～700	700～900
生姜含油树脂	150～250	160～200
桂皮精油	900～1 100	700～1 100
桂皮含油树脂	160～200	200～500
蛋黄卵磷脂	平均300	

5.《财经》文章披露的利润造假过程

《财经》杂志2001年8月发表《银广夏陷阱》一文，披露了银广夏利润造假的过程。

1999年的财务造假从购入原材料开始。董博虚构了北京瑞杰商贸有限公司、北京市京通商贸有限公司、北京市东风实用技术研究所等单位，让这几家单位作为天

①② 数据根据2001年8月《财经》封面文章《银广夏陷阱》整理。

津广夏的原材料提供方，虚假购入萃取产品原材料蛋黄粉、姜、桂皮、产品包装桶等物，并到黑市上购买发票、汇款单、银行进账单等票据，从而伪造了这几家单位的销售发票和天津广夏发往这几家单位的银行汇款单。

有了原材料的购入，便有了产品的售出，董博伪造了总价值5 610万马克的货物出口报关单四份、德国捷高公司北京办事处支付的金额5 400万元的出口产品货款银行进账单三份。为完善造假过程，董博又指使时任天津广夏萃取有限公司总经理的阎金岱伪造萃取产品生产记录，于是，阎金岱便指使天津广夏职工伪造了萃取产品虚假原料入库单、班组生产记录、产品出库单等。

最后，董博虚构了天津广夏萃取产品出口收入23 898.60万元。后该虚假的年度财务报表经深圳中天勤会计师事务所审计后，并入银广夏公司年报，当年，银广夏公司向社会发布的虚假净利润高达12 778.66万元。

次年，财务造假行动继续进行，只是此次已不再需要虚构原材料供货方。据董博称，依旧是接受丁功民的指示，伪造了虚假出口销售合同、银行汇款单、销售发票、出口报关单及德国诚信贸易公司支付的货款进账单，同时指使天津广夏职工伪造了虚假财务凭据。

结果，2000年天津广夏共虚造萃取产品出口收入72 400万元，虚假的年度财务报表由深圳中天勤会计师事务所审计，注册会计师刘加荣、徐林文出具无保留意见后，向社会发布虚假净利润41 764.643 1万元。

2001年年初，为进一步完善造假程序，董博虚报销售收入，从天津市北辰国税局领购增值税专用发票500份。除向正常销售单位开具外，董博指使天津广夏职员付树通以天津广夏公司的名义向天津禾源公司（系天津广夏公司萃取产品总经销商）虚开增值税专用发票290份，价税合计22 145.659 4万元，涉及税款3 764.761 9万元，后以销售货款没有全部回笼为由，仅向北辰区国税局缴纳“税款”500万元。

2001年5月，为实现中期利润分红，银广夏总裁李有强以购买设备为由，向上海金尔顿投资公司借款1.5亿元打入天津禾源公司，又以销售萃取产品回款的形式打回天津广夏账户，随后其中1.25亿元以天津广夏利润的形式上缴广夏公司。

6. 证监会认定的违规事实

2002年4月23日，证监会发布的处罚决定认定银广夏自1998年至2001年累计虚构销售收入104 962.60万元，少计费用4 845.34万元，导致虚增利润77 156.70万元。其中：1998年虚增利润1 776.10万元，由于银广夏主要控股子公司天津广夏1998年及以前年度的财务资料丢失，银广夏1998年度利润的真实性无法确定；1999年虚增利润17 781.86万元，实际亏损5 003.20万元；2000年虚增利润56 704.74万元，实际亏损14 940.10万元；2001年1—6月虚增利润894万元，实际亏损2 557.10万元。

7. 法院公诉内容及庭审情况

2002年12月20日上午，银广夏特大虚假利润案在宁夏银川开庭审理，银广夏被指控在1999—2000年间的几乎全部报表利润都属造假。

银广夏董事局副主席兼总裁李有强当庭承认董博所言属实，天津广夏的账都是假的。

曾任天津广夏财务总监后升任董事长的董博自称受银广夏董事、财务总监、总会计师兼董事会秘书丁功民指使操作了财务造假。

据董博当庭供述，1999年11月，他接到了广夏（银川）实业有限公司财务总监、总会计师兼董事会秘书丁功民的电话，要求他将每股的利润做到0.8元。董博便进行了相应的计算，得出天津广夏需要制造多少利润，进而根据这一利润计算出天津广夏需要多大产量、多少销售量以及购买多少原材料等数据。

起诉书认为：这两年的造假都是在李有强的同意下进行的。李有强当庭对此未做辩解。

据董博当庭供述，在造假过程中，部分财务单据及所涉及的银行公章是其在电脑上制作出来的。

同时，法庭上公诉人指控深圳中天勤会计师事务所刘加荣、徐林文二人在银广夏上述造假过程中，没有实施有效的询证、认证和核查程序，属"明知"银广夏公司及天津广夏公司的财会报告"可能"虚假，依然签署了"无保留意见"的审计报告。

这样，依据庭审及起诉书，银广夏造假是一个李有强同意、丁功民授意、董博实施、阎金岱协助，刘加荣、徐林文"明知"有假而不为的过程。

8. 处罚及判决

(1) 财政部对会计师事务所和注册会计师的处罚。财政部的处罚决定称，中天勤会计师事务所未能发现银广夏的严重财务问题，存在重大审计过失，严重损害了广大投资者的合法权益和证券市场"三公"原则，违反了《中华人民共和国注册会计师法》《中国注册会计师独立审计准则》等注册会计师质量控制基本准则，依据《中华人民共和国注册会计师法》等有关条款，决定依法吊销签字注册会计师刘加荣、徐林文的注册会计师资格；吊销中天勤会计师事务所的执业资格，并会同证监会吊销其证券、期货相关业务许可证。

(2) 证监会的处罚决定。

1) 根据《证券法》第一百七十七条的规定，对银广夏处以罚款60万元，并责令其改正；

2) 鉴于银广夏的部分责任人员已移送司法机关追究其刑事责任，待司法机关查清此案后，再对银广夏的有关责任人员予以行政处罚。

(3) 法院的判决。2003年9月16日宁夏回族自治区银川市中级人民法院对银广夏刑事案做出一审判决：以提供虚假财会报告罪判处原天津广夏董事长兼财务总监董博有期徒刑三年，并处罚金人民币10万元；分别判处原银川广夏董事局副主席兼总裁李有强、原银川广夏董事兼财务总监兼总会计师丁功民、原天津广夏副董事长兼总经理阎金岱有期徒刑二年零六个月，并处罚金3万元至8万元。以出具证明文件重大失实罪分别判处被告人深圳中天勤会计师事务所合伙人刘加荣、徐林文有期徒刑二年零六个月、二年零三个月，并各处罚金3万元。

问题：

(1) 你对银广夏原董事局副主席兼总裁李有强对“银广夏凭什么能做到30分钟提取卵磷脂?”的回答有何感想？你认为从事商业活动最需要遵循的商业伦理是什么？

(2) 如果你是天津广夏公司的财务总监董博，你会不会按照银广夏财务总监丁功民的指示去办？(银广夏与天津广夏是母子公司。)

(3) 天津广夏伪造了哪些重要的原始凭证？这些原始凭证对收入的确认会产生什么影响？假如你是公司的会计人员，你根据这些原始凭证编制了记账凭证，公司最后被查出造假，请问会计师对原始凭证的真伪你该不该负责？

(4) 负责银广夏审计的深圳中天勤会计师事务所1999年和2000年连续两年为银广夏出具了标准的无保留意见的审计报告。银广夏事件被揭发后，为什么注册会计师刘加荣、许林文和会计师事务所都受到了处罚？会计信息与审计的关系是什么？

(5) 如果银广夏利润造假属实，但1999年与2000年现金流量表中现金及现金等价物却分别有近2.8亿元的净增加，这说明了什么？

(6) 通过银广夏股票价格的涨跌，你认为公司业绩、公司重大事件与股票价格有什么关系？股票价格会受哪些因素的影响？

要求：

(1) 仔细阅读案例、查阅相关资料，观看《揭开银广夏骗局》视频，以小组(5人)为单位制作一份PPT(15页以内)；

(2) 确定每个人的演讲顺序，以小组为单位上台展示并回答问题；

(3) 控制演讲时间在15分钟之内；

(4) 提交PPT，并对每人的分工和贡献做具体说明。

提示：

(1) 经济业务、凭证(如何识别交易已经完成)与报表之间的关系。

(2) 技术(与同业正常萃取时间、提取纯度比较)、产量、价格(合同价格、市场价格)与收入的关系。

(3) 现金流量与公司业务背离的原因。

(4) 财务报表与审计的关系。

(5) 经营业绩与股票的市场表现。

附　录

表 1

1 元终值系数表

$FVIF=(1+i)^n$，式中，i——利率，n——期数

n	0.5%	1.0%	1.5%	2%	3%	4%	5%	6%	7%	8%	9%	10%	12%	15%	20%	25%
1	1.005 00	1.010 00	1.015 00	1.020 00	1.030 00	1.040 00	1.050 00	1.060 00	1.070 00	1.080 00	1.090 00	1.100 00	1.120 00	1.150 00	1.200 00	1.250 00
2	1.010 03	1.020 10	1.030 23	1.040 40	1.060 90	1.081 60	1.102 50	1.123 60	1.144 90	1.166 40	1.188 10	1.210 00	1.254 40	1.322 50	1.440 00	1.562 50
3	1.015 08	1.030 30	1.045 68	1.061 21	1.092 73	1.124 86	1.157 63	1.191 02	1.225 04	1.259 71	1.295 03	1.331 00	1.404 93	1.520 88	1.728 00	1.953 13
4	1.020 15	1.040 60	1.061 36	1.082 43	1.125 51	1.169 86	1.215 51	1.262 48	1.310 80	1.360 49	1.411 58	1.464 10	1.573 52	1.749 01	2.073 60	2.441 41
5	1.025 25	1.051 01	1.077 28	1.104 08	1.159 27	1.216 65	1.276 28	1.338 23	1.402 55	1.469 33	1.538 62	1.610 51	1.762 34	2.011 36	2.488 32	3.051 76
6	1.030 38	1.061 52	1.093 44	1.126 16	1.194 05	1.265 32	1.340 10	1.418 52	1.500 73	1.586 87	1.677 10	1.771 56	1.973 82	2.313 06	2.985 98	3.814 70
7	1.035 53	1.072 14	1.109 84	1.148 69	1.229 87	1.315 93	1.407 10	1.503 63	1.605 78	1.713 82	1.828 04	1.948 72	2.210 68	2.660 02	3.583 18	4.768 37
8	1.040 71	1.082 86	1.126 49	1.171 66	1.266 77	1.368 57	1.477 46	1.593 85	1.718 19	1.850 93	1.992 56	2.143 59	2.475 96	3.059 02	4.299 82	5.960 46
9	1.045 91	1.093 69	1.143 39	1.195 09	1.304 77	1.423 31	1.551 33	1.689 48	1.838 46	1.999 00	2.171 89	2.357 95	2.773 08	3.517 88	5.159 78	7.450 58
10	1.051 14	1.104 62	1.160 54	1.218 99	1.343 92	1.480 24	1.628 89	1.790 85	1.967 15	2.158 92	2.367 36	2.593 74	3.105 85	4.045 56	6.191 74	9.313 23
11	1.056 40	1.115 67	1.177 95	1.243 37	1.384 23	1.539 45	1.710 34	1.898 30	2.104 85	2.331 64	2.580 43	2.853 12	3.478 55	4.652 39	7.430 08	11.641 53
12	1.061 68	1.126 83	1.195 62	1.268 24	1.425 76	1.601 03	1.795 86	2.012 20	2.252 19	2.518 17	2.812 66	3.138 43	3.895 98	5.350 25	8.916 10	14.551 92
13	1.066 99	1.138 09	1.213 55	1.293 61	1.468 53	1.665 07	1.885 65	2.132 93	2.409 85	2.719 62	3.065 80	3.452 27	4.363 49	6.152 79	10.699 32	18.189 89
14	1.072 32	1.149 47	1.231 76	1.319 48	1.512 59	1.731 68	1.979 93	2.260 90	2.578 53	2.937 19	3.341 73	3.797 50	4.887 11	7.075 71	12.839 18	22.737 37
15	1.077 68	1.160 97	1.250 23	1.345 87	1.557 97	1.800 94	2.078 93	2.396 56	2.759 03	3.172 17	3.642 48	4.177 25	5.473 57	8.137 06	15.407 02	28.421 71
16	1.083 07	1.172 58	1.268 99	1.372 79	1.604 71	1.872 98	2.182 87	2.540 35	2.952 16	3.425 94	3.970 31	4.594 97	6.130 39	9.357 62	18.488 43	35.527 14
17	1.088 49	1.184 30	1.288 02	1.400 24	1.652 85	1.947 90	2.292 02	2.692 77	3.158 82	3.700 02	4.327 63	5.054 47	6.866 04	10.761 26	22.186 11	44.408 92
18	1.093 93	1.196 15	1.307 34	1.428 25	1.702 43	2.025 82	2.406 62	2.854 34	3.379 93	3.996 02	4.717 12	5.559 92	7.689 97	12.375 45	26.623 33	55.511 15
19	1.099 40	1.208 11	1.326 95	1.456 81	1.753 51	2.106 85	2.526 95	3.025 60	3.616 53	4.315 70	5.141 66	6.115 91	8.612 76	14.231 77	31.948 00	69.388 94
20	1.104 90	1.220 19	1.346 86	1.485 95	1.806 11	2.191 12	2.653 30	3.207 14	3.869 68	4.660 96	5.604 41	6.727 50	9.646 29	16.366 54	38.337 60	86.736 17
21	1.110 42	1.232 39	1.367 06	1.515 67	1.860 29	2.278 77	2.785 96	3.399 56	4.140 56	5.033 83	6.108 81	7.400 25	10.803 85	18.821 52	46.005 12	108.420 22
22	1.115 97	1.244 72	1.387 56	1.545 98	1.916 10	2.369 92	2.925 26	3.603 54	4.430 40	5.436 54	6.658 60	8.140 27	12.100 31	21.644 75	55.206 14	135.525 27
23	1.121 55	1.257 16	1.408 38	1.576 90	1.973 59	2.464 72	3.071 52	3.819 75	4.740 53	5.871 46	7.257 87	8.954 30	13.552 35	24.891 46	66.247 37	169.406 59
24	1.127 16	1.269 73	1.429 50	1.608 44	2.032 79	2.563 30	3.225 10	4.048 93	5.072 37	6.341 18	7.911 08	9.849 73	15.178 63	28.625 18	79.496 85	211.758 24
25	1.132 80	1.282 43	1.450 95	1.640 61	2.093 78	2.665 84	3.386 35	4.291 87	5.427 43	6.848 48	8.623 08	10.834 71	17.000 06	32.918 95	95.396 22	264.697 80
26	1.138 46	1.295 26	1.472 71	1.673 42	2.156 59	2.772 47	3.555 67	4.549 38	5.807 35	7.396 35	9.399 16	11.918 18	19.040 07	37.856 80	114.475 46	330.872 25
27	1.144 15	1.308 21	1.494 80	1.706 89	2.221 29	2.883 37	3.733 46	4.822 35	6.213 87	7.988 06	10.245 08	13.109 99	21.324 88	43.535 31	137.370 55	413.590 31
28	1.149 87	1.321 29	1.517 22	1.741 02	2.287 93	2.998 70	3.920 13	5.111 69	6.648 84	8.627 11	11.167 14	14.420 99	23.883 87	50.065 61	164.844 66	516.987 88
29	1.155 62	1.334 50	1.539 98	1.775 84	2.356 57	3.118 65	4.116 14	5.418 39	7.114 26	9.317 27	12.172 18	15.863 09	26.749 93	57.575 45	197.813 59	646.234 85
30	1.161 40	1.347 85	1.563 08	1.811 36	2.427 26	3.243 40	4.321 94	5.743 49	7.612 26	10.062 66	13.267 68	17.449 40	29.959 92	66.211 77	237.376 31	807.793 57
40	1.220 79	1.488 86	1.814 02	2.208 04	3.262 04	4.801 02	7.039 99	10.285 72	14.974 46	21.724 52	31.409 42	45.259 26	93.050 97	267.863 55	1 469.771 57	7 523.163 85
50	1.283 23	1.644 63	2.105 24	2.691 59	4.383 91	7.106 68	11.467 40	18.420 15	29.457 03	46.901 61	74.357 52	117.390 85	289.002 19	1 083.657 44	9 100.438 15	70 064.923 22

表 2

1 元现值系数表

$PVIF=(1+i)^{-n}$，式中，i——利率，n——期数

n	0.5%	1.0%	1.5%	2%	3%	4%	5%	6%	7%	8%	9%	10%	12%	15%	20%	25%
1	0.995 02	0.990 10	0.985 22	0.980 39	0.970 87	0.961 54	0.952 38	0.943 40	0.934 58	0.925 93	0.917 43	0.909 09	0.892 86	0.869 57	0.833 33	0.800 00
2	0.990 07	0.980 30	0.970 66	0.961 17	0.942 60	0.924 56	0.907 03	0.890 00	0.873 44	0.857 34	0.841 68	0.826 45	0.797 19	0.756 14	0.694 44	0.640 00
3	0.985 15	0.970 59	0.956 32	0.942 32	0.915 14	0.889 00	0.863 84	0.839 62	0.816 30	0.793 83	0.772 18	0.751 31	0.711 78	0.657 52	0.578 70	0.512 00
4	0.980 25	0.960 98	0.942 18	0.923 85	0.888 49	0.854 80	0.822 70	0.792 09	0.762 90	0.735 03	0.708 43	0.683 01	0.635 52	0.571 75	0.482 25	0.409 60
5	0.975 37	0.951 47	0.928 26	0.905 73	0.862 61	0.821 93	0.783 53	0.747 26	0.712 99	0.680 58	0.649 93	0.620 92	0.567 43	0.497 18	0.401 88	0.327 68
6	0.970 52	0.942 05	0.914 54	0.887 97	0.837 48	0.790 31	0.746 22	0.704 96	0.666 34	0.630 17	0.596 27	0.564 47	0.506 63	0.432 33	0.334 90	0.262 14
7	0.965 69	0.932 72	0.901 03	0.870 56	0.813 09	0.759 92	0.710 68	0.665 06	0.622 75	0.583 49	0.547 03	0.513 16	0.452 35	0.375 94	0.279 08	0.209 72
8	0.960 89	0.923 48	0.887 71	0.853 49	0.789 41	0.730 69	0.676 84	0.627 41	0.582 01	0.540 27	0.501 87	0.466 51	0.403 88	0.326 90	0.232 57	0.167 77
9	0.956 10	0.914 34	0.874 59	0.836 76	0.766 42	0.702 59	0.644 61	0.591 90	0.543 93	0.500 25	0.460 43	0.424 10	0.360 61	0.284 26	0.193 81	0.134 22
10	0.951 35	0.905 29	0.861 67	0.820 35	0.744 09	0.675 56	0.613 91	0.558 39	0.508 35	0.463 19	0.422 41	0.385 54	0.321 97	0.247 18	0.161 51	0.107 37
11	0.946 61	0.896 32	0.848 93	0.804 26	0.722 42	0.649 58	0.584 68	0.526 79	0.475 09	0.428 88	0.387 53	0.350 49	0.287 48	0.214 94	0.134 59	0.085 90
12	0.941 91	0.887 45	0.836 39	0.788 49	0.701 38	0.624 60	0.556 84	0.496 97	0.444 01	0.397 11	0.355 53	0.318 63	0.256 68	0.186 91	0.112 16	0.068 72
13	0.937 22	0.878 66	0.824 03	0.773 03	0.680 95	0.600 57	0.530 32	0.468 84	0.414 96	0.367 70	0.326 18	0.289 66	0.229 17	0.162 53	0.093 46	0.054 98
14	0.932 56	0.869 96	0.811 85	0.757 88	0.661 12	0.577 48	0.505 07	0.442 30	0.387 82	0.340 46	0.299 25	0.263 33	0.204 62	0.141 33	0.077 89	0.043 98
15	0.927 92	0.861 35	0.799 85	0.743 01	0.641 86	0.555 26	0.481 02	0.417 27	0.362 45	0.315 24	0.274 54	0.239 39	0.182 70	0.122 89	0.064 91	0.035 18
16	0.923 30	0.852 82	0.788 03	0.728 45	0.623 17	0.533 91	0.458 11	0.393 65	0.338 73	0.291 89	0.251 87	0.217 63	0.163 12	0.106 86	0.054 09	0.028 15
17	0.918 71	0.844 38	0.776 39	0.714 16	0.605 02	0.513 37	0.436 30	0.371 36	0.316 57	0.270 27	0.231 07	0.197 84	0.145 64	0.092 93	0.045 07	0.022 52
18	0.914 14	0.836 02	0.764 91	0.700 16	0.587 39	0.493 63	0.415 52	0.350 34	0.295 86	0.250 25	0.211 99	0.179 86	0.130 04	0.080 81	0.037 56	0.018 01
19	0.909 59	0.827 74	0.753 61	0.686 43	0.570 29	0.474 64	0.395 73	0.330 51	0.276 51	0.231 71	0.194 49	0.163 51	0.116 11	0.070 27	0.031 30	0.014 41
20	0.905 06	0.819 54	0.742 47	0.672 97	0.553 68	0.456 39	0.376 89	0.311 80	0.258 42	0.214 55	0.178 43	0.148 64	0.103 67	0.061 10	0.026 08	0.011 53
21	0.900 56	0.811 43	0.731 50	0.659 78	0.537 55	0.438 83	0.358 94	0.294 16	0.241 51	0.198 66	0.163 70	0.135 13	0.092 56	0.053 13	0.021 74	0.009 22
22	0.896 08	0.803 40	0.720 69	0.646 84	0.521 89	0.421 96	0.341 85	0.277 51	0.225 71	0.183 94	0.150 18	0.122 85	0.082 64	0.046 20	0.018 11	0.007 38
23	0.891 62	0.795 44	0.710 04	0.634 16	0.506 69	0.405 73	0.325 57	0.261 80	0.210 95	0.170 32	0.137 78	0.111 68	0.073 79	0.040 17	0.015 09	0.005 90
24	0.887 19	0.787 57	0.699 54	0.621 72	0.491 93	0.390 12	0.310 07	0.246 98	0.197 15	0.157 70	0.126 40	0.101 53	0.065 88	0.034 93	0.012 58	0.004 72
25	0.882 77	0.779 77	0.689 21	0.609 53	0.477 61	0.375 12	0.295 30	0.233 00	0.184 25	0.146 02	0.115 97	0.092 30	0.058 82	0.030 38	0.010 48	0.003 78
26	0.878 38	0.772 05	0.679 02	0.597 58	0.463 69	0.360 69	0.281 24	0.219 81	0.172 20	0.135 20	0.106 39	0.083 91	0.052 52	0.026 42	0.008 74	0.003 02
27	0.874 01	0.764 40	0.668 99	0.585 86	0.450 19	0.346 82	0.267 85	0.207 37	0.160 93	0.125 19	0.097 61	0.076 28	0.046 89	0.022 97	0.007 28	0.002 42
28	0.869 66	0.756 84	0.659 10	0.574 37	0.437 08	0.333 48	0.255 09	0.195 63	0.150 40	0.115 91	0.089 55	0.069 34	0.041 87	0.019 97	0.006 07	0.001 93
29	0.865 33	0.749 34	0.649 36	0.563 11	0.424 35	0.320 65	0.242 95	0.184 56	0.140 56	0.107 33	0.082 15	0.063 04	0.037 38	0.017 37	0.005 06	0.001 55
30	0.861 03	0.741 92	0.639 76	0.552 07	0.411 99	0.308 32	0.231 38	0.174 11	0.131 37	0.099 38	0.075 37	0.057 31	0.033 38	0.015 10	0.004 21	0.001 24
40	0.819 14	0.671 65	0.551 26	0.452 89	0.306 56	0.208 29	0.142 05	0.097 22	0.066 78	0.046 03	0.031 84	0.022 09	0.010 75	0.003 73	0.000 68	0.000 13
50	0.779 29	0.608 04	0.475 00	0.371 53	0.228 11	0.140 71	0.087 20	0.054 29	0.033 95	0.021 32	0.013 45	0.008 52	0.003 46	0.000 92	0.000 11	0.000 01

表3

1元年金终值系数表

$FVIFA=\frac{(1+i)^n-1}{i}$，式中，$i$——利率，$n$——期数

n	0.5%	1.0%	1.5%	2%	3%	4%	5%	6%	7%	8%	9%	10%	12%	15%	20%	25%
1	1.000 00	1.000 00	1.000 00	1.000 00	1.000 00	1.000 00	1.000 00	1.000 00	1.000 00	1.000 00	1.000 00	1.000 00	1.000 00	1.000 00	1.000 00	1.000 00
2	2.005 00	2.010 00	2.015 00	2.020 00	2.030 00	2.040 00	2.050 00	2.060 00	2.070 00	2.080 00	2.090 00	2.100 00	2.120 00	2.150 00	2.200 00	2.250 00
3	3.015 02	3.030 10	3.045 22	3.060 40	3.090 90	3.121 60	3.152 50	3.183 60	3.214 90	3.246 40	3.278 10	3.310 00	3.374 40	3.472 50	3.640 00	3.812 50
4	4.030 10	4.060 40	4.090 90	4.121 61	4.183 63	4.246 46	4.310 13	4.374 62	4.439 94	4.506 11	4.573 13	4.641 00	4.779 33	4.993 38	5.368 00	5.765 63
5	5.050 25	5.101 01	5.152 27	5.204 04	5.309 14	5.416 32	5.525 63	5.637 09	5.750 74	5.866 60	5.984 71	6.105 10	6.352 85	6.742 38	7.441 60	8.207 03
6	6.075 50	6.152 02	6.229 55	6.308 12	6.468 41	6.632 98	6.801 91	6.975 32	7.153 29	7.335 93	7.523 33	7.715 61	8.115 19	8.753 74	9.929 92	11.258 79
7	7.105 88	7.213 54	7.322 99	7.434 28	7.662 46	7.898 29	8.142 01	8.393 84	8.654 02	8.922 80	9.200 43	9.487 17	10.089 01	11.066 80	12.915 90	15.073 49
8	8.141 41	8.285 67	8.432 84	8.582 97	8.892 34	9.214 23	9.549 11	9.897 47	10.259 80	10.636 63	11.028 47	11.435 89	12.299 69	13.726 82	16.499 08	19.841 86
9	9.182 12	9.368 53	9.559 33	9.754 63	10.159 11	10.582 80	11.026 56	11.491 32	11.977 99	12.487 56	13.021 04	13.579 48	14.775 66	16.785 84	20.798 90	25.802 32
10	10.228 03	10.462 21	10.702 72	10.949 72	11.463 88	12.006 11	12.577 89	13.180 79	13.816 45	14.486 56	15.192 93	15.937 42	17.548 74	20.303 72	25.958 68	33.252 90
11	11.279 17	11.566 83	11.863 26	12.168 72	12.807 80	13.486 35	14.206 79	14.971 64	15.783 60	16.645 49	17.560 29	18.531 17	20.654 58	24.349 28	32.150 42	42.566 13
12	12.335 56	12.682 50	13.041 21	13.412 09	14.192 03	15.025 81	15.917 13	16.869 94	17.888 45	18.977 13	20.140 72	21.384 28	24.133 13	29.001 67	39.580 50	54.207 66
13	13.397 24	13.809 33	14.236 83	14.680 33	15.617 79	16.626 84	17.712 98	18.882 14	20.140 64	21.495 30	22.953 38	24.522 71	28.029 11	34.351 92	48.496 60	68.759 58
14	14.464 23	14.947 42	15.450 38	15.973 94	17.086 32	18.291 91	19.598 63	21.015 07	22.550 49	24.214 92	26.019 19	27.974 98	32.392 60	40.504 71	59.195 92	86.949 47
15	15.536 55	16.096 90	16.682 14	17.293 42	18.598 91	20.023 59	21.578 56	23.275 97	25.129 02	27.152 11	29.360 92	31.772 48	37.279 71	47.580 41	72.035 11	109.686 84
16	16.614 23	17.257 86	17.932 37	18.639 29	20.156 88	21.824 53	23.657 49	25.672 53	27.888 05	30.324 28	33.003 40	35.949 73	42.753 28	55.717 47	87.442 13	138.108 55
17	17.697 30	18.430 44	19.201 36	20.012 07	21.761 59	23.697 51	25.840 37	28.212 88	30.840 22	33.750 23	36.973 70	40.544 70	48.883 67	65.075 09	105.930 56	173.635 68
18	18.785 79	19.614 75	20.489 38	21.412 31	23.414 44	25.645 41	28.132 38	30.905 65	33.999 03	37.450 24	41.301 34	45.599 17	55.749 71	75.836 36	128.116 67	218.044 60
19	19.879 72	20.810 90	21.796 72	22.840 56	25.116 87	27.671 23	30.539 00	33.759 99	37.378 96	41.446 26	46.018 46	51.159 09	63.439 68	88.211 81	154.740 00	273.555 76
20	20.979 12	22.019 00	23.123 67	24.297 37	26.870 37	29.778 08	33.065 95	36.785 59	40.995 49	45.761 96	51.160 12	57.275 00	72.052 44	102.443 58	186.688 00	342.944 70
21	22.084 01	23.239 19	24.470 52	25.783 32	28.676 49	31.969 20	35.719 25	39.992 73	44.865 18	50.422 92	56.764 53	64.002 50	81.698 74	118.810 12	225.025 60	429.680 87
22	23.194 43	24.471 59	25.837 58	27.298 98	30.536 78	34.247 97	38.505 21	43.392 29	49.005 74	55.456 76	62.873 34	71.402 75	92.502 58	137.631 64	271.030 72	538.101 09
23	24.310 40	25.716 30	27.225 14	28.844 96	32.452 88	36.617 89	41.430 48	46.995 83	53.436 14	60.893 30	69.531 94	79.543 02	104.602 89	159.276 38	326.236 86	673.626 36
24	25.431 96	26.973 46	28.633 52	30.421 86	34.426 47	39.082 60	44.502 00	50.815 58	58.176 67	66.764 76	76.789 81	88.497 33	118.155 24	184.167 84	392.484 24	843.032 95
25	26.559 12	28.243 20	30.063 02	32.030 30	36.459 26	41.645 91	47.727 10	54.864 51	63.249 04	73.105 94	84.700 90	98.347 06	133.333 87	212.793 02	471.981 08	1 054.791 18
26	27.691 91	29.525 63	31.513 97	33.670 91	38.553 04	44.311 74	51.113 45	59.156 38	68.676 47	79.954 42	93.323 98	109.181 77	150.333 93	245.711 97	567.377 30	1 319.488 98
27	28.830 37	30.820 89	32.986 68	35.344 32	40.709 63	47.084 21	54.669 13	63.705 77	74.483 82	87.350 77	102.723 13	121.099 94	169.374 01	283.568 77	681.852 76	1 650.361 23
28	29.974 52	32.129 10	34.481 48	37.051 21	42.930 92	49.967 58	58.402 58	68.528 11	80.697 69	95.338 83	112.968 22	134.209 94	190.698 89	327.104 08	819.223 31	2 063.951 53
29	31.124 39	33.450 39	35.998 70	38.792 23	45.218 85	52.966 29	62.322 71	73.639 80	87.346 53	103.965 94	124.135 36	148.630 93	214.582 75	377.169 69	984.067 97	2 580.939 41
30	32.280 02	34.784 89	37.538 68	40.568 08	47.575 42	56.084 94	66.438 85	79.058 19	94.460 79	113.283 21	136.307 54	164.494 02	241.332 68	434.745 15	1 181.881 57	3 227.174 27
40	44.158 85	48.886 37	54.267 89	60.401 98	75.401 26	95.025 52	120.799 77	154.761 97	199.635 11	259.056 52	337.882 45	442.592 56	767.091 42	1 779.090 31	7 343.857 84	30 088.655 38
50	56.645 16	64.463 18	73.682 83	84.579 40	112.796 87	152.667 08	209.348 00	290.335 90	406.528 93	573.770 16	815.083 56	1 163.908 53	2 400.018 25	7 217.716 28	45 497.190 75	280 255.692 86

表 4

1 元年金现值系数表

$$PVIFA=\frac{1-(1+i)^{-n}}{i}$$，式中，i——利率，n——期数

n	0.5%	1.0%	1.5%	2%	3%	4%	5%	6%	7%	8%	9%	10%	12%	15%	20%	25%
1	0.995 02	0.990 10	0.985 22	0.980 39	0.970 87	0.961 54	0.952 38	0.943 40	0.934 58	0.925 93	0.917 43	0.909 09	0.892 86	0.869 57	0.833 33	0.800 00
2	1.985 10	1.970 40	1.955 88	1.941 56	1.913 47	1.886 09	1.859 41	1.833 39	1.808 02	1.783 26	1.759 11	1.735 54	1.690 05	1.625 71	1.527 78	1.440 00
3	2.970 25	2.940 99	2.912 20	2.883 88	2.828 61	2.775 09	2.723 25	2.673 01	2.624 32	2.577 10	2.531 29	2.486 85	2.401 83	2.283 23	2.106 48	1.952 00
4	3.950 50	3.901 97	3.854 38	3.807 73	3.717 10	3.629 90	3.545 95	3.465 11	3.387 21	3.312 13	3.239 72	3.169 87	3.037 35	2.854 98	2.588 73	2.361 60
5	4.925 87	4.853 43	4.782 64	4.713 46	4.579 71	4.451 82	4.329 48	4.212 36	4.100 20	3.992 71	3.889 65	3.790 79	3.604 78	3.352 16	2.990 61	2.689 28
6	5.896 38	5.795 48	5.697 19	5.601 43	5.417 19	5.242 14	5.075 69	4.917 32	4.766 54	4.622 88	4.485 92	4.355 26	4.111 41	3.784 48	3.325 51	2.951 42
7	6.862 07	6.728 19	6.598 21	6.471 99	6.230 28	6.002 05	5.786 37	5.582 38	5.389 29	5.206 37	5.032 95	4.868 42	4.563 76	4.160 42	3.604 59	3.161 14
8	7.822 96	7.651 68	7.485 93	7.325 48	7.019 69	6.732 74	6.463 21	6.209 79	5.971 30	5.746 64	5.534 82	5.334 93	4.967 64	4.487 32	3.837 16	3.328 91
9	8.779 06	8.566 02	8.360 52	8.162 24	7.786 11	7.435 33	7.107 82	6.801 69	6.515 23	6.246 89	5.995 25	5.759 02	5.328 25	4.771 58	4.030 97	3.463 13
10	9.730 41	9.471 30	9.222 18	8.982 59	8.530 20	8.110 90	7.721 73	7.360 09	7.023 58	6.710 08	6.417 66	6.144 57	5.650 22	5.018 77	4.192 47	3.570 50
11	10.677 03	10.367 63	10.071 12	9.786 85	9.252 62	8.760 48	8.306 41	7.886 87	7.498 67	7.138 96	6.805 19	6.495 06	5.937 70	5.233 71	4.327 06	3.656 40
12	11.618 93	11.255 08	10.907 51	10.575 34	9.954 00	9.385 07	8.863 25	8.383 84	7.942 69	7.536 08	7.160 73	6.813 69	6.194 37	5.420 62	4.439 22	3.725 12
13	12.556 15	12.133 74	11.731 53	11.348 37	10.634 96	9.985 65	9.393 57	8.852 68	8.357 65	7.903 78	7.486 90	7.103 36	6.423 55	5.583 15	4.532 68	3.780 10
14	13.488 71	13.003 70	12.543 38	12.106 25	11.296 07	10.563 12	9.898 64	9.294 98	8.745 47	8.244 24	7.786 15	7.366 69	6.628 17	5.724 48	4.610 57	3.824 08
15	14.416 62	13.865 05	13.343 23	12.849 26	11.937 94	11.118 39	10.379 66	9.712 25	9.107 91	8.559 48	8.060 69	7.606 08	6.810 86	5.847 37	4.675 47	3.859 26
16	15.339 93	14.717 87	14.131 26	13.577 71	12.561 10	11.652 30	10.837 77	10.105 90	9.446 65	8.851 37	8.312 56	7.823 71	6.973 99	5.954 23	4.729 56	3.887 41
17	16.258 63	15.562 25	14.907 65	14.291 87	13.166 12	12.165 67	11.274 07	10.477 26	9.763 22	9.121 64	8.543 63	8.021 55	7.119 63	6.047 16	4.774 63	3.909 93
18	17.172 77	16.398 27	15.672 56	14.992 03	13.753 51	12.659 30	11.689 59	10.827 60	10.059 09	9.371 89	8.755 63	8.201 41	7.249 67	6.127 97	4.812 19	3.927 94
19	18.082 36	17.226 01	16.426 17	15.678 46	14.323 80	13.133 94	12.085 32	11.158 12	10.335 60	9.603 60	8.950 11	8.364 92	7.365 78	6.198 23	4.843 50	3.942 35
20	18.987 42	18.045 55	17.168 64	16.351 43	14.877 47	13.590 33	12.462 21	11.469 92	10.594 01	9.818 15	9.128 55	8.513 56	7.469 44	6.259 33	4.869 58	3.953 88
21	19.887 98	18.856 98	17.900 14	17.011 21	15.415 02	14.029 16	12.821 15	11.764 08	10.835 53	10.016 80	9.292 24	8.648 69	7.562 00	6.312 46	4.891 32	3.963 11
22	20.784 06	19.660 38	18.620 82	17.658 05	15.936 92	14.451 12	13.163 00	12.041 58	11.061 24	10.200 74	9.442 43	8.771 54	7.644 65	6.358 66	4.909 43	3.970 49
23	21.675 68	20.455 82	19.330 86	18.292 20	16.443 61	14.856 84	13.488 57	12.303 38	11.272 19	10.371 06	9.580 21	8.883 22	7.718 43	6.398 84	4.924 53	3.976 39
24	22.562 87	21.243 39	20.030 41	18.913 93	16.935 54	15.246 96	13.798 64	12.550 36	11.469 33	10.528 76	9.706 61	8.984 74	7.784 32	6.433 77	4.937 10	3.981 11
25	23.445 64	22.023 16	20.719 61	19.523 46	17.413 15	15.622 08	14.093 94	12.783 36	11.653 58	10.674 78	9.822 58	9.077 04	7.843 14	6.464 15	4.947 59	3.984 89
26	24.324 02	22.795 20	21.398 63	20.121 04	17.876 84	15.982 77	14.375 19	13.003 17	11.825 78	10.809 98	9.928 97	9.160 95	7.895 66	6.490 56	4.956 32	3.987 91
27	25.198 03	23.559 61	22.067 62	20.706 90	18.327 03	16.329 59	14.643 03	13.210 53	11.986 71	10.935 16	10.026 58	9.237 22	7.942 55	6.513 53	4.963 60	3.990 33
28	26.067 69	24.316 44	22.726 72	21.281 27	18.764 11	16.663 06	14.898 13	13.406 16	12.137 11	11.051 08	10.116 13	9.306 57	7.984 42	6.533 51	4.969 67	3.992 26
29	26.933 02	25.065 79	23.376 08	21.844 38	19.188 45	16.983 71	15.141 07	13.590 72	12.277 67	11.158 41	10.198 28	9.369 61	8.021 81	6.550 88	4.974 72	3.993 81
30	27.794 05	25.807 71	24.015 84	22.396 46	19.600 44	17.292 03	15.372 45	13.764 83	12.409 04	11.257 78	10.273 65	9.426 91	8.055 18	6.565 98	4.978 94	3.995 05
40	36.172 23	32.834 69	29.915 85	27.355 48	23.114 77	19.792 77	17.159 09	15.046 30	13.331 71	11.924 61	10.757 36	9.779 05	8.243 78	6.641 78	4.996 60	3.999 47
50	44.142 79	39.196 12	34.999 69	31.423 61	25.729 76	21.482 18	18.255 93	15.761 86	13.800 75	12.233 48	10.961 68	9.914 81	8.304 50	6.660 51	4.999 45	3.999 94

图书在版编目（CIP）数据

会计学：原理与方法/夏冬林，秦玉熙编著. —3 版. —北京：中国人民大学出版社，2019.11
教育部经济管理类核心课程教材
ISBN 978-7-300-27599-4

Ⅰ.①会… Ⅱ.①夏…②秦… Ⅲ.①会计学-高等学校-教材 Ⅳ.①F230

中国版本图书馆 CIP 数据核字（2019）第 237035 号

教育部经济管理类核心课程教材
会计学——原理与方法（第 3 版）
夏冬林　秦玉熙　编著
Kuaijixue：Yuanli yu Fangfa

出版发行	中国人民大学出版社			
社　　址	北京中关村大街 31 号	邮政编码	100080
电　　话	010－62511242（总编室）		010－62511770（质管部）
	010－82501766（邮购部）		010－62514148（门市部）
	010－62515195（发行公司）		010－62515275（盗版举报）
网　　址	http://www.crup.com.cn		
经　　销	新华书店		
印　　刷	天津鑫丰华印务有限公司	版　　次	2013 年 6 月第 1 版
规　　格	185 mm×260 mm　16 开本		2019 年 11 月第 3 版
印　　张	24.75 插页 1	印　　次	2025 年 12 月第 6 次印刷
字　　数	530 000	定　　价	55.00 元

中国人民大学出版社　管理分社

教师教学服务说明

中国人民大学出版社管理分社以出版工商管理和公共管理类精品图书为宗旨。为更好地服务一线教师，我们着力建设了一批数字化、立体化的网络教学资源。教师可以通过以下方式获得免费下载教学资源的权限：

- ★ 在中国人民大学出版社网站 www.crup.com.cn 进行注册，注册后进入“会员中心”，在左侧点击“我的教师认证”，填写相关信息，提交后等待审核。我们将在一个工作日内为您开通相关资源的下载权限。
- ★ 如您急需教学资源或需要其他帮助，请加入教师 QQ 群或在工作时间与我们联络。

中国人民大学出版社　管理分社

教师 QQ 群： 648333426(工商管理)　1057207274(财会)　648117133(公共管理)
教师群仅限教师加入，入群请备注（学校+姓名）

联系电话： 010-62515782，82501868，82501048，62514760

电子邮箱： glcbfs@crup.com.cn

通讯地址： 北京市海淀区中关村大街甲 59 号文化大厦 1501 室（100872）

管理书社　　人大社财会　　公共管理与政治学悦读坊